ラッセ・ヘジェ・ペデルセン［著］
内山朋規／角間和男／浦壁厚郎［訳］

ヘッジファンドのアクティブ投資戦略

効率的に非効率な市場

一般社団法人 金融財政事情研究会

EFFICIENTLY INEFFICIENT
by Lasse Heje Pedersen

Copyright © 2015 by Princeton University Press
Japanese translation published by arrangement with Princeton University Press
through The English Agency (Japan) Ltd.
All rights reserved.
No part of this book may be reproduced or transmitted in any form or
by any means, electronic or mechanical, including photocopying,
recording or by any information storage and retrieval system,
without permission in writing from the Publisher

メインテーマのまとめ

要約表Ⅰ. 効率的に非効率な市場

市場の効率性	投資へのインプリケーション
効率的市場仮説 （efficient market hypothesis） 　すべての時点で、すべての価格に、すべての関連する情報が反映されているという考え方。	**パッシブ投資** 　価格にすべての情報が反映されるなら、市場に勝とうとする努力は無駄である。アクティブ運用に手数料を払う投資家は、手数料の分だけ市場をアンダーパフォームすると予想される。 **しかし、だれも市場に勝とうとしなければ、いったいだれが市場を効率的にするのか。**
非効率的市場 （inefficient market） 　投資家の非合理性や行動バイアスから、市場価格は重大な影響を受けるという考え方。	**アクティブ投資** 　ナイーブな投資家によって、ファンダメンタルズとほとんど関係なく価格が上下するなら、市場に勝つことは簡単だろう。 **しかし、市場は非常に競争的であり、大部分のプロの投資家は市場に勝てない。**
効率的に非効率な市場 （efficiently inefficient market） 　市場は非効率であるが、その程度は効率的に決まるという考え方。プロの投資家間の競争により市場はほとんど効率的であるが、コストやリスクに対する報酬を得られる程度には非効率性が残っている。	**比較優位性をもつ運用者によるアクティブ投資** 　経済学的な根拠のある少数の投資スタイルを用いて、市場に勝つことができるアクティブ運用者がいる。ただし、投資できる資本の額は限られる。 **本書の基礎をなすこの考え方は、ある種の戦略がなぜ機能するのか、証券価格がどのように定まるのかを理解するためのフレームワークを与える。**

要約表Ⅱ．ヘッジファンドの戦略と巨匠

古典的なヘッジファンド戦略 アクティブ投資の利益の源泉	本書でインタビューする巨匠 古典的戦略を象徴する投資家
裁量的株式投資 （discretionary equity investing） 　各企業の事業のファンダメンタルズを分析することにより、株式を選択する。	リー・エインズリー三世 （Lee Ainslie Ⅲ） 　株式選択に長けた「トラの子」（ジュリアン・ロバートソンの後継者）のスター。
ショートバイアス戦略 （Dedicated Short Bias） 　利益の過大申告や欠陥のある事業計画をもつ会社を見つける。	ジェームズ・チェイノス （James Chanos） 　エンロンを破綻前に空売りした伝説的な金融探偵。
株式クオンツ （quantitative equity） 　大量の証券を売買するために科学的手法とコンピュータ・モデルを用いる。	クリフ・アスネス （Cliff Asness） 　クオンツの指導者にしてモメンタム投資発見の先駆者。
グローバルマクロ投資 （global macro investing） 　グローバルな債券、通貨、クレジット、株式市場のマクロ的な変化にベットする。	ジョージ・ソロス （George Soros） 　「イングランド銀行を破った」マクロ哲学者。
マネージド・フューチャーズ戦略 （managed futures strategies） 　グローバルに先物やフォワードを用いてトレンド追随取引を行う。	デイビッド・ハーディング （David Harding） 　システマティックなトレンド検知システムの考案者。
債券裁定取引 （fixed-income arbitrage） 　債券と債券先物、スワップなど類似する証券間の相対価値に基づく取引。	マイロン・ショールズ （Myron Scholes） 　ノーベル賞を獲得した先見的な学術アイデアに基づいた取引。
転換社債裁定取引 （convertible bond arbitrage） 　流動性が低く割安な転換社債を買って、株式でヘッジをする。	ケン・グリフィン （Ken Griffin） 　ハーバードの寮の部屋で取引を始め、巨大ビジネスを構築した少年王。
イベントドリブン裁定取引 （event-driven arbitrage） 　合併や子会社のスピンオフ、財務的困窮といった特定のイベントに乗じる。	ジョン・A・ポールソン （John A. Paulson） 　サブプライムで「史上空前の取引」を行ったイベント・マスター。

要約表Ⅲ. 投資のスタイルとリターンの源泉

投資のスタイル さまざまな取引戦略で用いられる普遍的な手法	リターンの源泉 効率的に非効率な市場で機能する理由
バリュー投資（value investing） ファンダメンタルズに対して価格が低い割安な証券（たとえば株価純資産倍率や株価収益率が低い株式）を買うこと。一方で割高な証券をショートすることもある。	**リスクプレミアムと過剰反応** リスクプレミアムが大きい証券や人気のない証券は割安になる。特に数年間も続く悪いニュースに投資家が過剰反応すると、それが顕著になる。
トレンド追随投資 （trend-following investing） 価格が上昇している証券を買い、一方で下落している証券をショートする。すなわちモメンタムや時系列モメンタム。	**当初の過小反応とその後の過剰反応** 行動バイアスやハーディング、資本の流出入によって、株価はニュースに対して当初は過小に反応し、時間とともに織り込み、最終的には行き過ぎるため、トレンドが生まれる。
流動性供給（liquidity provision） 流動性リスクが高い証券を買うこと、または流動性が必要な他の投資家が売却している証券を買うこと。	**流動性リスクプレミアム** 投資家は通常、取引コストや流動性リスクが低い証券を保有したがるため、流動性の低い証券のリターンにはプレミアムがあるはず。
キャリー取引（carry trading） 「キャリー」の大きい証券、すなわち、もし市場環境が変わらなければ（つまり価格が不変であれば）より高いリターンを生むであろう証券を買うこと。	**リスクプレミアムと摩擦** リスクプレミアムはキャリーに反映される傾向があるため、キャリーはタイムラグがなくかつ観測可能な期待リターンの指標である。
低リスク投資（low-risk investing） レバレッジをかけて安全な証券を買い、一方でリスクの大きい証券をショートすること。低ベータベットとも呼ばれる。	**レバレッジ制約** 他の投資家がレバレッジを避けるために高リスクな「宝くじ」資産を求めることから、低リスク投資によってレバレッジのリスクプレミアムから収益を得る。
クオリティ投資（quality investing） クオリティの高い証券、すなわち収益性が高く、安定的で、成長していて、経営がうまくいっている証券を買って、逆の証券を空売りすること。	**緩慢な調整** クオリティ特性の強い証券の価格はすでに高いはずであるが、市場の調整が緩慢ならば、それらのリターンは高くなるだろう。

序　文

　ヘッジファンド運用者としての最初の経験は、何億ドルものお金が失われるのを目の当たりにすることだった。その損失は驚くほど長く続いた。時々刻々変化するP&L（損益）をスクリーン上でみていると、10分ごとに数百万ドルの損失が新たに発生するのが数日間にもわたって続いた。これは効率的市場におけるランダムウォークの理論に逆らう明確なパターンであり、皮肉にも私自身の理論と顕著に類似するものだった。

　このことについて述べる前に、少し話をさかのぼろう。私のファイナンスのキャリアは、2001年に博士号を取得してスタンフォード大学経営大学院を卒業した後、ニューヨーク大学スターン・スクール・オブ・ビジネスに着任したところから始まる。博士論文の研究は、流動性リスクがはびこる市場で価格がどのように定まるのかを調べることだった。そして、ニューヨークという、世の中の動きの中心にある大きな大学に在籍することによって、象牙の塔の内と外で何が起こっているかを発見する手がかりが得られることを望んでいた。

　私はより大きな流動性リスクをもつ証券、つまり流動性危機で値を下げる証券に対して、投資家がどのようにより高いリターンを要求するのかを研究し続けた。そして研究を掘り下げ、流動性スパイラルがどのように起こりうるのかを示した。レバレッジをかけた投資家が資金調達問題に陥り、皆で出口に殺到する際に流動性スパイラルは発生する。これにより価格の自己強化的な下落と反発が起こる。

　私は関連する研究に全力を尽くし、機会あるごとに投資銀行家やヘッジファンドのトレーダーと、現実の市場の詳細な仕組みについて議論をした。また、中央銀行で研究を発表し、彼らの考え方を理解しようとした。しかし、

売買執行や証拠金が実際にどのような役割を果たしているかを理解したいと心から思っても、壁に突き当たることが多かった。トレーディングフロアの外にいる学術研究者として、実際の市場の働きの深層にまでたどり着くことは非常にむずかしかったのである。一方で、市場について詳しく知っているトレーダーには、それらが総体としてどのように働いているかについて研究するだけの時間も視点もなかった。私は現実世界の洞察を厳密かつ学術的なモデルに結びつけたいと望んでいた。

　2006年にAQRから連絡を受けた。AQRは、科学的手法を用いたヘッジファンドとロングオンリー投資を業とするグローバルな資産運用会社である。胸の高鳴りを覚えた私はすぐにコンサルタントとしてAQRの仕事を開始した。AQRとの仕事は、より新しい世界を開いてくれた。資産運用業界のインサイダーとなり、証券がどのように売買されるのか、レバレッジの資金調達がどうなされるのか、売買戦略がどのように執行されるのか、これらを知っている人々についにアクセスできるようになったのである。それはAQRの同僚であり、彼らを通じて知ったウォール街の人々であった。そして、最も刺激的だったのは、私自身の研究が実務に使われるようになったことである。1年後、AQRから、2007年7月1日よりフルタイムで働くためにニューヨーク大学を休職するよう説き伏せられた。グリニッジビレッジからコネチカット州グリニッジへ引っ越した際に受けた最初の大きなショックは、常に喧騒に包まれていたマンハッタンと比べて夜の闇が暗く静かなことだった。しかし、より大きなショックが目の前に迫っていた。

　私の仕事はグローバル・アセットアロケーション・チームのメンバーとしてシステマティックなトレーディング戦略を開発することだった。このチームはグローバルな株価指数、債券、コモディティ、通貨を対象としていた。また、グローバル株式の銘柄選択と裁定取引チームで行われていた研究に関与する機会もあった。しかし、フルタイムの実務家としての船出は、偶然にもサブプライム信用危機と時を同じくしていたのである。

　2007年7月に働き始めた時、AQRはサブプライム市場に対して逆方向にベットしたことから利益を得ていたものの、株式市場の不可解な動きを体験

し始めていた。サブプライム危機の波及効果として、他のクオンツの株式投資家は株式のロングやショートのポジションの一部を清算し始め、これが株価に対して微妙な影響を及ぼしたのである。割安な株式はより安くなり、割高な株式はより高くなったが、一方で全体的な株価は比較的変化しなかった。この影響は市場全体をみている人や少数の株式だけを調査している人にはみえなかったが、分散化されたロングショートのクオンツポートフォリオというレンズを通すと、ますますはっきりみえるようになってきた。

　8月上旬、多くのクオンツ運用を行う株式投資家が出口に殺到し始め、8月6日月曜日の週には状況がさらに悪化した。長期的な研究そっちのけでP&Lのスクリーンをじっとみつめ、どう対処しようかと考えあぐねていた。P&Lは数秒単位で更新され、たえず損失が積み上がっていくのがわかった。そこに、私の理論モデルにおけるものとあらゆる点が似すぎているほどよく似た流動性スパイラルが、まさに現実に起こっていたのである。数百万ドルのお金が失われていくのをみてどのような感情を抱いたかを説明するのはむずかしいが、それは痛みを伴うものだった。たとえ自分の取り組んでいた戦略が実際には影響を受けなかったとしても、そして、たとえニューヨーク大学で終身在職権をもっていてそこに戻ることが生涯保証されていたとしても、やはり心が痛んだ。弾丸が頭上を飛んでいくのを経験しない限り、戦争とはどういうものなのかを説明することはできないといわれてきたが、トレーディング危機の真っただ中の状況においても同じようなことがいえる。この本のためにインタビューした多くの成功した運用者がなぜ自己規律能力の重要性を強調するかがよくわかる。

　このとき頭にめぐり続けたのは「何をすべきか」という問いであった。価格下落に影響を及ぼしたり価格が反発したときの潜在的利益が減ったとしても、リスクを削減するためにポートフォリオの一部を売り始めるべきなのだろうか。それとも、そのままにしておくべきなのだろうか。あるいは、この先価格が急回復したときの利益をふやすためにポジションを積み増すべきなのだろうか。もしくは、このイベントの影響を受けない、人目につかない固有のファクターにポートフォリオの中身を変更すべきだろうか。学者として

まさにこの種の流動性スパイラルに関するモデルを使ってこれらの重要な議論に取り組んでいたが、実務を行っていたわけではないことははっきりさせておきたい。まだ自分が学者に偏り過ぎていて実務家として不十分だったのではないかと懸念している。『ゴッドファーザー』でロバート・デュバル演じるトム・ハーゲンが、弁護士としての指向があまりに強く、シチリア人としての指向が足らなかったため、「戦時法律相談役」を下ろされたという役柄と似たようなものだった。

　こうした問いに答えるためにはまず、われわれが直面しているのが流動性スパイラルなのか、それとも効率的市場のランダムウォークにおける不運な歩みの一つなのかを知る必要があった。効率的市場の理論に基づけば、価格は時間とともにランダムに変動するはずであるのに対し、流動性スパイラルの理論によれば、強制売却によって下落した価格は後になって反発しやすい。これらは、われわれのポートフォリオのポジションのつくり方に対してまったく異なるインプリケーションを与える。月曜日には、われわれは流動性イベントに直面していることを完全に確信した。すべての市場の動きは、明らかに流動性イベントの方向に向いており、ランダムウォーク理論（10分間隔でみた損失が何日も続くことはほとんどあり得ないことを意味する）に逆らっていたのである。

　直面しているのは流動性イベントで、最終的に価格が反発すると知ることは重要である。しかし、それがいつ起こり、何をするべきかを知ることは別問題で、答えは複雑だ。本書はクオンツイベントと効率的に非効率な市場におけるリスク管理の一般原則について詳述するが、それがどのように終わったかを手短に述べておこう。レバレッジがそれほど大きくないファンドについては、なんとか従来どおりの運用を続け、金曜日の朝にようやく急反発が始まると、損失の大部分を取り戻すことができた。よりレバレッジがかかっていたヘッジファンドについては、強制売却のリスクを抑えるためにポジションを圧縮したが、市場が反発する直前に、相場のボトム付近でポジションを戻し始めた。利益が出始めた時、その利益の拡大ペースは損失のペースよりもずっと速いものになった。

私は「平時」に戻り、新しいトレーディング戦略の開発や他の長期的な研究に元どおり励むようになった。注意深く調査し、さまざまなタイプのトレーディング戦略とリターンの源泉を理解しようとした。幸運にも投資チームをまたいで多くの偉大な人々と働くことができ、本書のなかで議論される8種類の戦略すべての要素を使った新たなファンドの開発に携わることができた。すなわち、株式ロングショート、ショート（空売り）、株式クオンツ、グローバルマクロ、マネージド・フューチャーズ、債券裁定取引、転換社債裁定取引、そしてイベントドリブン投資である。

　理論と実践の融合が好きな私は、AQRと学界の両方の世界に足を突っ込むことに決めた。学界では、ニューヨーク大学に始まり、米国での14年間を経て、故国デンマークに戻ったいまは、コペンハーゲン・ビジネススクールにも所属し、ヘッジファンド戦略に関する新たなコースで教鞭をとっている。このコースは、自分の研究や経験、そして同僚やインタビューさせていただいた方々、ゲストで講義をしていただいたヘッジファンド運用者の方々からの知見に基づいて、私が考案したものである。このコースの講義ノートが徐々に発展し、本書になった。

本書の想定読者

　金融市場に興味をもつ人ならだれでも本書を読むことができる。詳細に研究したい人にも、数式を飛ばして直感的な説明とインタビューに集中したい人にも、さまざまなレベルの方に読んでいただけるものになっている。金融の実務家のための資料としても、学生の教科書としても、使えるように意図して執筆した。ヘッジファンド、年金基金、寄贈基金、ミューチュアルファンド、保険会社、銀行、中央銀行で働いている金融の実務家、そしてスマートな資金がどのように投資され、市場価格がどのように決まっているかについて興味があるすべての人にとって、本書が役に立つことを願っている。

　本書は教科書として使うこともできる。ニューヨーク大学のMBAの学生

やコペンハーゲン・ビジネススクールの修士課程の学生向けに、投資やヘッジファンド戦略に関するコースを教える際にこの教材を使ってきた。幅広いコースにおいて、（私のコースの場合と同様に）メインの教科書として、または副読用の教材として本書を使うことができる。本書は大学の学部専門課程の学生から博士課程の学生までを対象としており、なかには効率的に非効率な市場について考えることから研究アイデアを得た学生もいる。なお、ウェブサイト（www.lhpedersen.com）には、各章の演習問題や他の教材が掲載されている。

謝　　辞

　　AQRキャピタル・マネジメント、ニューヨーク大学、コペンハーゲン・ビジネススクールをはじめとする同僚から、この本のためにいただいた数限りないアイデアに深く感謝する。AQRでは以下の方々に特に感謝の意を表したい。実際の取引についてほとんど何も知らなかった時に資産運用について多くのことを教えてくれたJohn Liew、オフィスに押しかけたときにはいつも素晴らしい知見を（しばしば冗談のなかに隠されていたが）共有してくれたCliff Asness、事業化する方法についての思慮深いビジョンを持ち合わせていた（そして実務の世界に引き込もうとしてくれた）David Kabiller、最速のクオンツのバックテスト職人として素晴らしい共同作業をしてくれたAndrea Frazzini、学界からAQRに移籍するという経験と当初のオフィスを共有してくれたToby Moskowitz、彼は偉大なオフィスメートである。Yao Hua Ooiは多くのプロジェクトにおいて素晴らしいチームワークを発揮してくれた。Aaron Brown、Brian Hurst、Ari Levine、Mike Mendelson、Scott Metchick、Mark Mitchell、Lars Nielsen、Todd Pulvino、Scott Richardson、Mark Stein、Rodney SullivanをはじめAQRの他の方々には本書の原稿に対して有益なコメントをいただいた。特に、Antti IlmanenとRonen Israelからは本書のために多くの識見を与えていただいた。

　　ニューヨーク大学スターン・スクール・オブ・ビジネスとコペンハーゲン・ビジネススクールの同僚と学生にも深く感謝する。ニューヨーク大学の同僚であるViral Acharya、Yakov Amihud、Xavier Gabaix、Thomas Philippon、Matt Richardson、William Silber、Marti Subrahmanyam、Stijn Van Nieuwerburgh、Jeff Wurgler、そしてコペンハーゲン・ビジネススクールの同僚であるDavid Lando（彼は学部学生だった時に最初に金融に興味をもたせ

てくれた)、Søren Hvidkjær、Niklas Kohl、Jesper Lund、Kristian Miltersenとの議論によって励まされたことが本書にとって本当に役に立った。論文の共著者にも大変感謝している。すでに名前があがった人々のほかでは、バークレーのNicolae Gârleanu、プリンストンのMarkus Brunnermeier、博士論文の指導教員であるスタンフォードのDarrell DuffieとKen Singleton、すべての人々が私にとって重要な意味をもっている。

　大事なことを言い忘れていたが、複数のキャリアを追求することを許してくれたうえに、効率的に非効率な私の人生において何が本当に重要であるかを思い出させてくれる妻と子どもに感謝する。

著者紹介

　ラッセ・ヘジェ・ペデルセン（Lasse Heje Pedersen）は、著名で優れた学者であり資産運用者である。コペンハーゲン・ビジネススクールとニューヨーク大学スターン・スクール・オブ・ビジネスのファイナンス教授で、流動性リスクや、資産価格、取引戦略に関して多くの影響力のある学術論文を発表している。彼の研究は、ベン・バーナンキ（Ben Bernanke）など世界の中央銀行総裁、優れた資産運用者、そして何千もの学術論文や業界論文によって引用されている。いくつもの受賞歴があり、最も注目すべきものには40歳未満で最も優れたEUの経済学者に与えられるBernácer Prizeがある。Banquede France-TSE Prize、Fama-DFA Prize、Michael Brennan Awardも受賞している。

　ラッセはAQRキャピタル・マネジメントのプリンシパルとして彼の研究を応用している。AQRはヘッジファンドとロングオンリーをあわせて1,000億ドル以上の資産をもつグローバルな資産運用会社である。彼はいくつかのファンドの立ち上げをサポートし、株式市場やマクロ市場における取引戦略と裁定取引戦略を開発した。また、ポートフォリオの最適化、トレードの執行、リスクのモデル化に関する応用研究も行っている*。

　AQRと学界での経験に加え、以下の役職を務めてきた。世界金融危機の間に流動性問題に対処するためのニューヨーク連邦準備銀行に置かれた流動性ワーキンググループのメンバー、ニューヨーク連銀の金融政策パネルのメンバー、NASDAQおよびFTSEの経済顧問委員会の委員、米国ファイナンス学会のディレクター、そしてJournal of FinanceやQuarterly Journal of

---

*　本書における見解は筆者によるものであり、必ずしもAQR キャピタル・マネジメント, LLC、その関連会社またはその従業員の見解を表してはいない。

Economicsなどいくつかのジャーナルの編集委員を務めている。学士号と修士号をコペンハーゲン大学から、博士号をスタンフォード大学経営大学院から授与されている。

目 次

はじめに ……………………………………………………………………… 1
 Ⅰ 効率的に非効率な市場 ……………………………………………… 4
 Ⅱ グローバルトレーディング戦略—本書の概要— ……………… 10
 Ⅲ 投資スタイルとファクター投資 ………………………………… 20

第Ⅰ部 アクティブ投資

第1章　ヘッジファンドなどスマートな資金を理解する …………… 26
 1.1 目的と報酬 ………………………………………………………… 28
 1.2 パフォーマンス …………………………………………………… 31
 1.3 ヘッジファンドの組織形態 ……………………………………… 34
 1.4 経済におけるヘッジファンドの役割 …………………………… 36

第2章　取引戦略の評価
   —パフォーマンス測度— …………………………………… 38
 2.1 アルファとベータ ………………………………………………… 38
 2.2 リスク報酬レシオ ………………………………………………… 41
 2.3 パフォーマンス測度の推定 ……………………………………… 46
 2.4 時間ホライズンとパフォーマンス測度の年率換算 …………… 47
 2.5 ハイウォーターマーク …………………………………………… 49
 2.6 ドローダウン ……………………………………………………… 50
 2.7 低流動性や価格の遅行性に関するパフォーマンス測度の調整 … 51

2.8 パフォーマンス要因分析 ……………………………………… 53
2.9 バックテストとトラックレコード ………………………… 54

第3章 戦略の発見とバックテスト
　　　―効率的に非効率な市場における収益の獲得― ………… 55
3.1 価格は効率的に非効率な水準で情報を反映する ………… 56
3.2 流動性リスクに対する効率的に非効率な報酬 …………… 59
3.3 取引戦略のバックテストの方法 …………………………… 66
3.4 ポートフォリオと回帰の同値性 …………………………… 72

第4章 ポートフォリオ構築とリスク管理 ……………………… 77
4.1 ポートフォリオ構築 ………………………………………… 78
4.2 リスク管理 …………………………………………………… 82
4.3 ドローダウン・コントロール ……………………………… 86

第5章 取引戦略と資金調達
　　　―市場流動性と資金調達流動性― ………………………… 89
5.1 取引コストを考慮した最適取引 …………………………… 91
5.2 取引コストの計測 …………………………………………… 95
5.3 期待取引コストの推定 ……………………………………… 97
5.4 インプリメンテーション・ショートフォール
　　　―取引するコストと取引しないコスト― ……………… 99
5.5 取引戦略や運用者のキャパシティ ………………………… 101
5.6 取引戦略の資金調達―レバレッジの定義― ……………… 104
5.7 レバレッジの源泉―ヘッジファンドのバランスシート― ……… 105
5.8 レバレッジの限界―証拠金所要額― ……………………… 108
5.9 資金調達流動性リスクとギャンブラーの破産 …………… 114
5.10 流動性スパイラル―皆が出口に殺到するとき― ………… 115
5.11 略奪取引 ……………………………………………………… 119

目　次　xv

第Ⅱ部

株式戦略

第6章 株式の評価と投資の基礎 …………………………………………… 122

6.1 効率的に非効率な株式市場 ……………………………………… 124
6.2 本源的価値と配当割引モデル …………………………………… 125
6.3 利益、純資産、残余利益モデル ………………………………… 128
6.4 他の株式評価のアプローチ ……………………………………… 130

第7章 裁量的株式投資 ……………………………………………………… 132

7.1 バリュー投資 ……………………………………………………… 134
7.2 クオリティ投資と適正価格のクオリティ ……………………… 139
7.3 ウォーレン・バフェット
　　　—究極のバリュー投資家にしてクオリティ投資家— ……… 145
7.4 保有期間とカタリスト …………………………………………… 147
7.5 アクティビスト投資 ……………………………………………… 148
7.6 フローやセンチメントに基づく取引 …………………………… 149
7.7 リー・S・エインズリー三世（マーベリック・キャピタル）
　　　へのインタビュー ……………………………………………… 150

第8章 ショートバイアス戦略 …………………………………………… 162

8.1 空売りの仕組みとむずかしさ …………………………………… 163
8.2 空売り摩擦により会社は過大評価されうる …………………… 167
8.3 企業vs空売り投資家—空売りは社会にとって善か悪か— …… 171
8.4 事例研究—エンロン— …………………………………………… 175
8.5 ジェームズ・チェイノス（キニコス・アソシエーツ）への
　　　インタビュー …………………………………………………… 179

第9章 株式クオンツ投資·· 189
　9.1　ファンダメンタル・クオンツ投資······························ 192
　9.2　統計的裁定取引·· 212
　9.3　高頻度取引―効率的に非効率なマーケットメイク―············ 218
　9.4　クリフ・アスネス（AQRキャピタル・マネジメント）への
　　　インタビュー·· 224

第Ⅲ部

アセットアロケーションとマクロ戦略

第10章 アセットアロケーションの基礎
　　　―主要資産クラスのリターン―······························ 238
　10.1　戦略的資産配分·· 240
　10.2　マーケットタイミングと戦術的資産配分····················· 245
　10.3　主要資産クラスのリターンを理解する························ 250

第11章 グローバルマクロ投資·· 262
　11.1　キャリー取引··· 263
　11.2　中央銀行のモニタリング······································ 268
　11.3　経済発展に基づく取引·· 272
　11.4　国の選択と他のグローバルマクロ取引······················· 279
　11.5　テーマ型グローバルマクロ··································· 284
　11.6　ジョージ・ソロスの理論―膨張／破裂サイクルと再帰性―··· 285
　11.7　ジョージ・ソロス（ソロス・ファンド・マネジメント）への
　　　　インタビュー·· 290

第12章 マネージド・フューチャーズ
―トレンド追随投資― 297
- 12.1 トレンドのライフサイクル 300
- 12.2 トレンドに基づく取引 304
- 12.3 分散化した時系列モメンタム戦略 305
- 12.4 分散投資の恩恵 311
- 12.5 時系列モメンタムによるマネージド・フューチャーズの
  リターンの分析 313
- 12.6 実装―マネージド・フューチャーズの運用法― 317
- 12.7 デイビッド・ハーディング（ウィントン・キャピタル・
  マネジメント）へのインタビュー 319

第Ⅳ部
裁定取引戦略

第13章 裁定に基づくプライシングと取引の基礎 328
- 13.1 裁定に基づくプライシングと取引
  ――般的なフレームワーク― 329
- 13.2 オプションの裁定取引 331
- 13.3 需要ベースのオプションプライシング 338

第14章 債券の裁定取引 339
- 14.1 債券の基礎 340
- 14.2 利回りを定めるもの―経済と中央銀行― 348
- 14.3 期間構造の水準、傾き、曲率に基づく取引 351
- 14.4 債券のキャリーとキャリー取引 358

14.5	オンザランvsオフザラン	360
14.6	スワップとスワップスプレッド	363
14.7	クレジットリスクとクレジット取引	364
14.8	モーゲージ取引	366
14.9	金利ボラティリティ取引と他の債券裁定取引	367
14.10	ノーベル賞受賞者マイロン・ショールズへのインタビュー	368

第15章 転換社債の裁定取引 …… 379

15.1	転換社債とは	379
15.2	転換社債裁定取引の流れ	381
15.3	転換社債の評価	383
15.4	転換社債のヘッジ	386
15.5	転換社債をいつ転換すべきか	388
15.6	転換社債裁定取引の損益	389
15.7	転換社債の類型	396
15.8	転換社債ポートフォリオのヘッジできるリスクとできないリスク	398
15.9	ケン・グリフィン（シタデル）へのインタビュー	403

第16章 イベントドリブン投資 …… 410

16.1	合併裁定取引	412
16.2	スピンオフ、スプリットオフ、カーブアウト	434
16.3	ディストレスト投資と他のイベントドリブン投資	439
16.4	ジョン・A・ポールソン（ポールソン社）へのインタビュー	442

参考文献 …… 458
事項索引 …… 470
訳者紹介 …… 485

はじめに

　本書は、ヘッジファンドのような洗練された投資家が用いる取引戦略について書かれたものである。主要な取引戦略を実行する方法を示し、これらがなぜ機能するのか、そして時になぜ機能しないのかを説明する[1]。また、そうした戦略を開発し、取引を行って成功した優れたヘッジファンド運用者へのインタビューも掲載している。さらに、取引戦略の視点を通して、要約表Ⅰのように、金融市場がどのように機能し、証券の価格が効率的に非効率な状況でどのように定まるのかを示す。

　ヘッジファンドは常に秘密主義が強く、時には強すぎるがゆえに、ファンドがどのように戦略を実行しているかについて、投資家は漠然とした考え方しかわからない。この秘匿性によって高い手数料が正当化され、この業界への参入も抑制されている。本書は、主要なヘッジファンド戦略を白日のもとにさらす。最も重要な戦略を取り上げ、取引戦略を評価する方法、取引する方法、リスクを管理する方法、そして新しい戦略をつくりだす方法を述べることにより、取引の全体像を明らかにする。

　各々のヘッジファンド戦略を真に理解し、興味深いものにするため、要約表Ⅱのとおり、各スタイルの先駆者で第一線のヘッジファンド運用者へのイ

---

[1] 本書が提示するのは投資に関する学術的な手法であり、投資アドバイスではない。取引戦略が「機能する」(work)というとき、ファイナンス学者および資産運用者としてこの語を使用する。すなわち、歴史的に正の平均リターンを生み出し、将来にわたりアウトパフォームする可能性があることを意味する。しかし、常にそうだということでもなければ、リスクがないということでもない。そして世界は変わりうる。クリフ・アスネス(Cliff Asness)がいうように、「もし整備士があなたの車は10年のうち6、7年くらいは動くだろうという意味で「機能する」という言葉を使ったら、あなたはその整備士をクビにするだろう。しかし、資産運用が「機能する」傾向にあるとはそういうことなのだ」。

ンタビューも行った。「トラの子」（Tiger Cub）のスターであるリー・S・エインズリー（Lee S. Ainslie）からは、彼がタイガー・マネジメント（Tiger Management）で伝説のジュリアン・ロバートソン（Julian Robertson）のもとで働き、磨き上げてきた手法に基づく株式の選択方法について学ぶ。有名な空売り投資家のジム・チェイノス（Jim Chanos）は、欠陥のある事業計画や詐欺的な経営陣をもつ会社のショートにどのようにベットするのか、そして、どのように崩壊前のエンロンを見つけたかを説明する。クオンツの先駆者クリフ・アスネス（Cliff Asness）は、コンピュータ・モデルによってどのように何千もの証券を売り買いするか、そして、バリューや他のファクターを補うものとして、モメンタム効果に関する彼の学術的発見をいかに実世界の投資戦略に転用したのかを論ずる。「イングランド銀行を破った」ジョージ・ソロス（George Soros）が話すのは、マクロ環境に対する大規模なベットと市場の動きに対する彼の考え方である。デイビッド・ハーディング（David Harding）は、いかにシステマティックなトレンド検知システムを開発したか、そしてトレンドがいかに伝統的な市場効率の考え方に逆らうかを論ずる。マイロン・ショールズ（Myron Schloes）は、ノーベル賞を受賞した洞察に基づいてどのように債券市場で取引したかを説明する。ケン・グリフィン（Ken Griffin）からは、ハーバードの寮の部屋で転換社債の売買を始めた頃の様子と、いかに「少年王」から大会社の経営者に成長したかを聞く。最後に、ジョン・ポールソン（John Paulson）には、合併絡みの裁定取引とイベントドリブン投資について、有名なサブプライムに関する「史上空前の取引」を交えて解説してもらう。

インタビューに応じてくれた運用者たちには眩いばかりの輝きがあり、ヘッジファンド業界は運用の天才が、きわめて高いリターンをまさに魔法を使って生み出している不可解な世界とみなされることが多かった。しかし、ヘッジファンドリターンの世界の大部分は、魔法に依拠することなく、機能するだけの正当な理由をもつ多くの古典的取引戦略によって、説明することができる。世の中には、固有なヘッジファンド戦略の数よりも多くのヘッジファンドが存在する。ヘッジファンドのリターンが魔法ではないなら、主要

なヘッジファンド戦略は学ぶことも理解することもできる。本書はその一般的な原理を教えるものである。長期的に成功するために、ヘッジファンドは利益が出る確率が高い反復可能なプロセスを必要とする。本書では、優れた運用者の教えに基づき、これらのプロセスの多くを説明する。もちろん、この知識を実践に移すには多くの労力が必要で、さらには規律、資本、知力、取引基盤も必要となる。これら必要なスキルすべてを会得する人だけが、効率的に非効率な市場で利益をあげることができる。

さまざまな取引戦略や数多くのヘッジファンドの巨匠たちが、多様な手法で多岐にわたる資産クラスへの投資を行っているとはいえ、いくつかの「投資スタイル」と呼ぶべき共通の包括的原理がある。本書は主要な投資スタイルについて論じ、多くの投資戦略やヘッジファンドの巨匠たちが、要約表Ⅲに記したバリュー投資、トレンド追随投資、流動性供給などの主要なスタイルに頼っていることを示す。これらのスタイルには十分な一般性があり、たとえ具体的な実装方法や用語が市場や投資家によって異なるとしても、幅広い資産クラスや市場で機能する。

また、本書では証券の価格がどのように定まり、市場がどのように機能するのかについても、伝統的なファイナンスの教科書とは異なるかたちで示す。伝統的な教科書では、典型的に数式で債券や株式の価値を書き表し、理論がそういっているのだから証券の価格はそのように定まるのだと主張する。対して本書では、市場価格が理論価値と異なるものになる可能性と、それにどう対応すべきかを慎重に分析する。市場価格と理論価値の相違には、以下の2つの解釈が可能である。(1)市場価格が理論価値より低ければ買い、さもなければ売るという取引機会を表している。そういった機会が生じる理由は後で詳しく議論するとして、それが繰り返し生じるのであれば、取引戦略につながる。(2)差異があることは理論価値が間違っていることを表している可能性もある。(1)か(2)のどちらが真実なのか、どうすればわかるのだろうか。現実の取引ないしバックテストを行って、もし儲かれば(1)が、損をすれば(2)が真実である。

換言すれば、本書が前提とするのは、取引戦略は資産価格理論の然るべき

検定になり、そしてその逆、すなわち資産価格理論は然るべくして取引戦略のもととなることである。本書で、ファイナンス理論をどのように取引アイデアに結びつけられるのか、そして、取引結果をどのようにファイナンス理論に結びつけられるのかを提示する。

I 効率的に非効率な市場

持続的に収益があがる取引戦略を探すには、証券が取引される市場を理解する必要がある。金融市場に関する根本的な問題として、それが効率的か否かということがあり、この問題については熱い論争が続いている。たとえば2013年のノーベル経済学賞では、効率的市場の父であり擁護者でもあるユージン・ファーマ（Eugene Fama）と、行動経済学の父であるロバート・シラー（Robert Shiller）、効率的市場の検定方法[2]を発展させたラース・ハンセン（Lars Hansen）が共同受賞した。要約表Iにまとめたように、ファーマによって定義された効率的市場では、市場価格はすべての関連する情報を反映している。言い換えれば、市場価格は常にファンダメンタル価値に等しく、ニュースが出ると価格はその新たな情報を完全に織り込むように瞬時に反応する。市場が十分に効率的ならば、収集できるであろうすべての情報がすでに価格に反映されているため、アクティブ投資は無駄である。しかし、アクティブ投資家がいなければ、そもそもだれが市場を効率的にするのだろうか。さらに、投資家がアクティブ運用者に数十億ドルもの手数料を払っていることを考えると、証券市場が非効率的であるか（それによってアクティブ運用者が市場をアウトパフォームすることができる）、あるいは資産運用市場が非効率

---

[2] 市場が効率的かどうかを検定するのがむずかしいのは、ほとんどの検定が特定の資産価格モデルに頼らなければならないためである。ゆえに、異常リターンが観測されることは「結合仮説」の棄却、すなわち市場が効率的ではないか、あるいは資産価格決定モデルが誤っているかのいずれかであり、両者を識別できない。しかし、同じキャッシュフローをもつ2つの証券が異なる価格で取引されている状況（すなわち裁定機会）が観測されれば、摩擦のない効率的市場が棄却されることになる。

的であるか(なぜなら無価値のものに投資家が手数料を支払っているため)のいずれかである。したがって、これらすべての市場が完全に効率的であるということは論理的にあり得ない[3]。

一方、シラーは証券の市場価格がファンダメンタルズから乖離することを確信している。その理由は、人々は間違いを犯し、全体として相殺されない共通のバイアスの影響を受けるからである。人間は誤りを犯す。すなわち、うろたえ、群がり、熱狂する。しかし、もし大部分の投資家が完全にナイーブで、市場価格がファンダメンタルズとほとんど関係しなければ、市場よりも高いパフォーマンスを達成することは簡単なはずだろう。実際には、決して簡単ではない。大多数の投資のプロたち(たとえば多くのミューチュアルファンドなど)は市場にほとんど勝てていない。多額の資本をもつ多数の洗練された資産運用者たちが最良の投資パフォーマンスをあげるために激しい競争をしており、彼らが安く買って高く売ることにより、市場はより効率的になる。

私の考えでは、真実はこれら両極端の間のどこかにあるが、これらの間の任意の場所ではない。真実は、両極端のケースと同様に明確に定義されている。すなわち市場は効率的に非効率である。

さまざまな需要圧力や制度摩擦によって価格はファンダメンタル価値から乖離する。資産運用者間の激しい競争によって抑制されるものの、このプロセスにより市場はある程度効率的でありながらも非効率な状態になる。つまり、コストやリスクを負担することに対する報酬として、資産運用者が優れたパフォーマンスを獲得しうるほどには非効率である。一方で、あらゆるコストを考慮した後に資産運用者に渡る報酬が新たな運用者の参入や追加的な

---

[3] Grossman and Stiglitz (1980) は、投資家には情報を集めるインセンティブがなければならないために、効率的市場の理論がパラドックスを伴うことを示した。彼らは証券市場が「不均衡の均衡水準」を必然的にもたなければならないことを述べている。この主張は、投資家がアクティブ運用に多額の手数料を支払うという事実と整合的である。Berk and Green (2004) は、証券市場は効率的ではないが資産運用市場は効率的であることを論じている。これに対して筆者の主張は、証券市場と資産運用市場のいずれもが効率的に非効率だということである。

資本の投入には見合わないほどには効率的である。

効率的に非効率な市場では、資産運用者はサービスを市場に提供することに対して、すなわち流動性を供給することに対して、報酬を受け取る。これはハンバーガー店が、肉と野菜とバンズを組み合わせたものをハンバーガーとして便利な場所で提供するというサービスに対して報酬を受け取るのと同様である。ハンバーガー店の利益はコストの観点から効率的に非効率な競争によって決まるが、それは資産運用者の超過リターンがコストとリスクの観点から効率的に非効率な流動性の価格を反映して定まるのと同様である。資産運用者が投資家にもたらすコスト控除後の超過リターンは、効率的に非効率な資産運用市場を反映している。

流動性とは取引が執行できる可能性のことで、資産運用者が「流動性を供給する」際に、彼らの反対側に立つ他の投資家が取引を行う際の助けとなる。資産運用者が収益をあげるのは、流動性の需要者がファンダメンタル価値とは必ずしも等しくない価格で取引する機会に価値を見出すからである（客が材料の価値よりも高い価格でハンバーガーを買うのと似ている）。たとえば、リスクを抑制する必要があって取引する投資家もいれば（たとえば、農家のようなコモディティの生産者や航空会社のようなコモディティの消費者によるヘッジ）、換金や投資の必要性から取引する者もいる（たとえば、結婚資金のために債券を売り、後になって結婚祝いとして受け取ったお金を投資する場合や、ミューチュアルファンドが資本の流出入によってポートフォリオをリバランスする必要がある場合）。多くの投資家はイベントリスクを避けるために合併交渉中の株式を売りたいと考えるし、年金基金は規制に沿うために取引することがある。銀行は所要自己資本が異なるためにある特定の証券を類似の証券より選好することがあるだろう。多くの投資家は取引がむずかしい流動性の低い証券を保有することを好まない一方で、高いリターンを得るチャンスがある投機的な証券を好む投資家もいる。資産運用者は、これらの取引の反対側に立つことによって報酬を受け取るが、彼らの激しい競争がこの報酬をゼロに近づけることはあり得ても、取引に流動性リスクがある以上、この流動性の価格が完全にゼロになることはない。流動性リスクは重要な概念であり、

最悪のタイミングで売却を余儀なくされて、大きな取引コストを被るリスクを意味する。

　資産運用者が被るコストは、投資家が受け取るリターンを低下させる。そのうえ、資産運用者は自分たちの努力や技術、内部の運営コスト（たとえば、トレーダーの人件費、コンピュータ費用、賃料、弁護士費用や監査費用）を手数料として投資家に課す。もし効率的に非効率な市場から運用者が抽出することが期待される利益のほうが大きければ、投資家はこうしたコストや手数料を喜んで負担するだろう。

　効率的に非効率な市場における価格やリターンは、完全に効率的な場合の値にどの程度近いのだろうか。もちろん、競争があることによって、すべての関連する市場の摩擦（取引コストや流動性リスク、資金調達コスト）を控除した後の証券のリターンは、一貫して市場平均を上回ることがきわめてむずかしいという意味で、完全に効率的な水準に非常に近い。しかし、リターンがほとんど効率的であっても、価格は将来のキャッシュフローの現在価値から大幅に乖離することはあり得る。この一見するとパラドックスのようなことを理解するには、たとえば割安な株式を買ったときのリターンが今日と明日の両方の価格によって決まることに注意しよう。たとえ価格が効率的な水準から大きく乖離しているとしても、もし明日の価格は効率的な水準からさらに乖離しえて、流動性コストが高ければ、期待リターンはさほど魅力的ではないかもしれない。

　ダーウィンの適者生存の法則に従って自然が進化するのとまさに同じように、市場はたえず進化して、効率的な非効率性の水準に近づいていく。完全な市場効率性という伝統的な経済学の概念は、自然が進化するのをやめた「完全適応」種の平衡に達するという考え方に対応する。しかし、自然には最も適応した生物の形態がただ一つあるのでもなければ、今日まで生き残ったあらゆる生物が「完全適応」しているのでもない。同様に金融市場では、生き残ってきた投資家や戦略の形態がいくつかある。そして、市場の力が価格を効率的な水準に向かわせようとする一方で、新たなニュースが到着するたびに需要と供給のショックが価格に影響を与え続け、市場は絶え間なく進

化していく。

　自然と同様に、金融市場内外の多くの社会的ダイナミクスが効率的な非効率性の水準を生じさせている。たとえば、政治のプロセスは非効率になりうるが、それでも政治家には競争相手よりも効率的にみせようとするインセンティブが働く。しかし、政治システムにおいて競争が十分に効率的なプロセスをもたらさないのは、有権者が自分たちの代表をモニターする能力に生じる摩擦のためである（金融市場の摩擦に対応する）。同様に、交通におけるダイナミクスも効率的に非効率なものになりうる。たとえば、混雑している高速道路を運転するとき何が起こるか考えてみよう。それぞれの車線が同じくらいのスピードで動くのは、車線変更をする車によって各車線を走る車の数が比較的均等になるためである。しかし、車線のスピードがまったく同じでないのは、車線変更の「コスト」と交通状況の変化による。車線のスピードは車線変更してもおそらくほとんど意味がないくらいの効率的に非効率な水準に達するが、車線変更に比較優位性がある人々にとってはそれを行う意味は依然としてある。頻繁な車線変更とスピードの上昇によって運転リスクは高まるが、それは金融市場において頻繁な取引と高いレバレッジがリスクを高めるようなものである。

　表1のとおり、効率的に非効率な市場の経済メカニズムは新古典派経済学とは根本的に異なる。新古典派の原理は経済学を理解するための基本的な柱を構成しており、世界の大学であまねく教えられ続けている。経済学的な考え方はほとんど常にこの新古典派の基準を参照して理解されるが、この柱によって現実の世界が正確に記述されるという確信は、2007年に始まった世界金融危機や、それ以前の流動性危機、そして数十年にわたる研究によって揺らいでいる。モディリアーニ－ミラーの定理（Modigliani-Miller Theorem）とは対照的に、企業は借入れによる恩恵と財務が困窮することによるコストのバランスをとり、流動性危機時にキャッシュに困ると企業は自らの投資方針を変更するに違いない。また、2ファンド分離定理（Two-Fund Separation Theorem）によれば、すべての投資家は市場ポートフォリオをキャッシュと組み合わせてもつかレバレッジをかけてもつべきであるが、現

表1　新古典派のファイナンスや経済学の原理 vs 効率的に非効率な市場の原理

新古典派のファイナンスや経済学	効率的に非効率な市場
モディリアーニーミラー 資本構成の無効性	資本構成は重要 資金調達の摩擦のため
2ファンド分離 だれもが市場とキャッシュを組み合わせたポートフォリオを買う	投資家は異なるポートフォリオを選択 個々の投資家の資金調達制約に依存
資本資産評価モデル 期待リターンは市場のリスクに比例	流動性リスクと資金調達制約 期待リターンに影響する
一物一価とブラック―ショールズ 無裁定によって定まるデリバティブ価格	裁定機会 需要圧力がデリバティブ価格に影響すると生じる
マートンルール 満期および配当支払時を除き、コールオプションは行使されず、転換社債は転換されない	最適な早期行使・早期転換 キャッシュ化、空売りコストの節約、取引コストの制限
リアルビジネスサイクル（実物的景気循環）とリカードの等価原理 マクロ経済は政策や財政とは無関係	クレジットサイクルと流動性スパイラル マクロ経済、資産価格、資金調達制約との相互作用により引き起こされる
テイラールール 金利を重視する金融政策	2つの金融政策手段 金利政策（借入れのコスト）と担保政策（借入れの規模）

実世界のほとんどの投資家はこれと異なるポートフォリオを保有している。レバレッジを避けるかわりにリスク性証券を集中保有する投資家もいれば、安全性の高い証券にレバレッジをかける（ウォーレン・バフェット（Warren Buffett）のような）投資家もいる。資産のリターンは（CAPMのように）市場リスクのみから影響を受けるのではなく、市場と資金調達の流動性リスクから影響を受ける。これは資金調達のむずかしい証券や取引コストが高まるリスクを伴う証券を保有することに対して、投資家が報酬を求めるためである。裁定取引の機会が生じると一物一価の法則が成り立たなくなるが、実際に通貨市場（カバー付金利平価の不成立）、クレジット市場（CDSと債券の間のベーシス）、転換社債市場、株式市場（シャム双生児（Siamese twin）株式の間のス

プレッド)、オプション市場で、裁定機会が生じている。投資家は、キャッシュを用意する必要性や大きな空売りコストに直面すると、満期や配当支払前にオプションを行使し、転換社債を転換する(マートンルール(Merton's Rule)に逆らった行動)。金融市場の摩擦は実体経済に影響し、中央銀行による融資といった非伝統的金融政策が流動性の枯渇を解決するために重要になりうる[4]。

II グローバルトレーディング戦略
―本書の概要―

　効率的に非効率な市場において、非効率性を利用して利益を得るのは簡単なことではない。それには多大な努力、徹底的な分析、取引基盤の構築コスト、熟練した技術をもつ人々の機会コストを要する。したがって、アクティブ投資家として成功するには専門性はもちろん、規模が必要となることも多く、資金の運用は通常、ミューチュアルファンド、ヘッジファンド、年金基金、自己取引トレーダー、保険会社のような多くの資金をまとめて運用する運用者によってなされる。本書の第I部では、アクティブ投資のための主要なツールについて説明する。図1にみるように、取引戦略の評価、発見、最

---

[4] モディリアーニ―ミラーの定理は、財務困窮コスト、税、行動論的な影響によって成り立たなくなる(Baker and Wurgler(2012)やその参考文献を参照)。Calvet, Campbell and Sodini(2007)やFrazzini and Pedersen(2014)は、2ファンド分離定理からのシステマティックな乖離について論じており、制約を課されている個人やミューチュアルファンドはよりリスクのある株式を保有し、レバレッジド・バイアウト(LBO)やウォーレン・バフェットはより安全な株式にレバレッジをかける。理論的にも実証的にも、要求リターンは取引コスト(Amihud and Mendelson, 1986)、市場流動性のリスク(Acharya and Pedersen, 2005)、資金調達の流動性制約(Gârleanu and Pedersen, 2011)から影響を受ける。裁定機会は裁定の限界(Shleifer and Vishny, 1997)により生じ、具体的な例を本書のなかで取り上げる。マートンルールからの逸脱についてはJensen and Pedersen(2012)によって示されている。クレジットサイクル(Kiyotaki and Moore, 1997、Geamakoplos, 2010)や流動性スパイラル(Brunnermeier and Pedersen, 2009)は、レバレッジや資金調達の摩擦によって起こる。2つの金融政策手段に関する理論的および実証的事例については、Ashcraft, Gârleanu and Pedersen(2010)やその参考文献を参照。

図1　本書で取り上げるアクティブ投資のための基本ツール

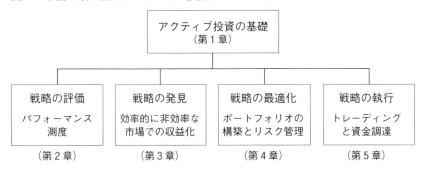

適化、執行をいかに行うかを学ぶ。

　最も制約がなく洗練された投資家はヘッジファンドであろう。そこでヘッジファンド戦略を中心に考える。ヘッジファンドに注目するといっても、本書の戦略は他のほとんどのアクティブ投資家にとってもコアとなる戦略である。1つ異なるのは、ヘッジファンドがロングの投資（証券価値の上昇にベットする）と空売り（証券価値の下落にベットする）の両方ができるのに対し、他の大半の投資家はロングのみで投資する。しかし、その差は思うよりも些細である。IBMに投資してCISCOを空売りするヘッジファンド戦略は、（ベンチマーク対比で）IBMをオーバーウェイトしてCISCOをアンダーウェイトするミューチュアルファンドに相当する。

　本書ではヘッジファンド戦略を上位レベルで、株式戦略（equity strategy）、マクロ戦略（macro strategy）、裁定取引戦略（arbitrage strategy）に分類する。株式ヘッジファンドは主に株式に、マクロ・ヘッジファンドは主に市場全体（たとえば、通貨、債券、株価指数、およびコモディティ）に投資する。裁定取引ファンドは主に関連し合う証券のペアの相対的な価値にベットする。図2のとおり、これら3種類に大別した取引戦略をさらに細分化し、これは本書の第Ⅱ部以降の構成を示している[5]。それぞれの章は自己完結し

5　ヘッジファンドには多くの分類方法があり、ヘッジファンド指数やデータベースによって異なる。ここで用いている戦略の下位分類は、クレディスイス・ヘッジファンド指数と似ており、ほかのほとんどの分類とも類似している。

図2　本書で分析する古典的なヘッジファンド戦略

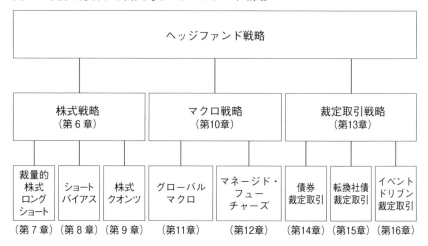

ており、独立して読むことも可能である。たとえば、イベントドリブン投資に最も関心がある読者は、直接第16章まで飛ばして読むこともできる（そして、基礎的な章である第1章から第5章を参照すればよい）。

株式戦略

　株式戦略を裁量的株式ロングショート（discretionary long-short equity）、ショートバイアス戦略（dedicated short bias）、株式クオンツ（quant equity）に細分化する。裁量的株式ロングショートの運用者は、典型的に各企業の価値のファンダメンタル分析や、企業価値に対する収益性の比較、成長見通しの分析に基づいて、株式のロングやショートをする。また、経営者を訪問して、業務を見学し、経営の質も分析する。さらに、会計上の数字も調べ、数値の信頼性を評価して、将来のキャッシュフローを査定する。ほとんどの場合、特定の企業にベットするが、業界全体に対する見通しをもつこともある。バリュー投資家と呼ばれる株式運用者は、過小評価されている企業を買い、長期的に保有することに注力する。ウォーレン・バフェットはバリュー投資家の好例である。この取引戦略を実行するには逆張りの行動が必要になるこ

とが多く、これは会社が割安になるのは他の投資家から見捨てられているときだけだからである。そのため、他の投資家がパニックに陥って、割安な株式が忌避されているときに買うことになる。次のトレーダーの言葉にあるように、標準的な行動に逆らうことは想像以上にむずかしい。

儲かる場合を除き、逆張りは簡単である。

異なるアプローチとして、より短期的な機会を利用するものがある。たとえば、ある企業の次の決算発表を他の市場参加者よりも正確に予想することに努め、もし他の市場参加者が予想するよりも利益が高くなると考えるなら、発表の前に買って発表の後に売ればよい。より一般化すれば、そうした機動的なトレーダーは、次の金言に基づいて、何かが広く知れ渡る前にポジションを構築し、情報が価格に織り込まれるとポジションを解消する。

噂で買って、ニュースで売れ。

もし噂が真実だと知っているなら、違法なインサイダー取引に手を染めている可能性がある（映画『ウォール街』でマイケル・ダグラスが演じたゴードン・ゲッコウのように）。

株式ロングショートの運用者はショートよりもロングのポジションを大きくとるのが通常であるが、ショートバイアス戦略は逆である。両者が用いるテクニックは似てはいるものの、後者は空売りすべき企業を探すことに注力する。空売りとは、株価が下落することに対するベットである。株式の買いが株価の上昇によって利益が得られるのとまったく同様に、ショートポジションでは価格が下がることによって利益が得られる。実際には、空売りは株式を借りてそれをたとえば100ドルの時価で売ることによって実行される。その後、たとえば翌日に、株式を買い戻して貸し手に返す必要がある。もし株価が90ドルに下落すれば、株式を売った時よりも安く買い戻し、差額の10ドルだけ儲かる。逆に、もし株価が上昇すれば損をする。

ショートバイアス戦略の運用者は、下落しそうな企業を探す。たとえば、空室が多いホテルや、医者が処方しない（または新たなリスクがある）薬を製

造する製薬会社、粉飾や会計上不適切な報告をしている会社である。株式は下落するよりも上昇することのほうが多いため（株式リスクプレミアムと呼ばれる）、ショートバイアス戦略の運用者は市場が平均的に上昇するトレンドと戦うことになる。そして、おそらくこの理由により、ヘッジファンドのなかでこのグループはきわめて少数派である（悲観的な運用者ばかりだという話もある）。

　株式ロングショートやショートバイアス戦略のヘッジファンドのほとんどすべて（さらには、ヘッジファンド全体のほとんど）は、裁量的取引を行っている。つまり、買いまたは売りの判断は、トレーダーのもつ経験に基づく評価や、各種の情報、直感などを前提とする裁量に任される。この伝統的な取引の形態は、定量的投資すなわちクオンツ投資と対照的なものとみなすことができる。クオンツは自らの取引ルールを明示的に定め、これをシステマティックに実行するシステムを構築する。彼らは小規模に分散化された多数の取引のそれぞれにおいて小さな優位性をつくりだし、非定量的な方法では簡単には実行できないような洗練されたアイデア処理の方法を用いる。市場参加者が即時かつ完全には価格に織り込めない可能性のある関係を特定するために、経済学、ファイナンス、統計学、数学、コンピュータ・サイエンス、工学的なツールと知見を大量のデータとともに利用する。クオンツはこれらの関係に依拠した取引シグナルを生成するコンピュータ・システムを構築して、取引コストを考慮したうえでポートフォリオの最適化を実行し、数秒ごとに何百もの命令を送る自動執行スキームにより取引を行う。言い換えると、人間監視のもとでさまざまなプログラムが走るコンピュータのなかにデータを取り込むことによって取引が行われる。

　高頻度取引（high-frequency trading）を専門にし、ポジションを構築した後、ミリ秒から分単位以内でこれを解消するクオンツもいる。また、統計的裁定取引（statistical arbitrage）を専門にし、統計パターンに基づいて日次の頻度で取引を行うクオンツもいる。一方、低頻度の取引に注力するファンダメンタル・クオンツ投資（あるいは株式市場中立投資）と呼ばれる取引を行うクオンツもいて、割安な株式を買って割高な株式を売るために、裁量的ト

レーダーと同様のファクターを多く考慮する。しかし、ファンダメンタル・クオンツはコンピュータ・システムを使ってこれをシステマティックに行う点で異なる。

　裁量的取引には、個々の取引目的にあわせた分析ができることや、私的な会話といったソフトな情報を使える点で優位性がある。しかし、労働集約的な手法である以上、深く分析できるのは限られた数の証券のみであり、しかも裁量はトレーダーの心理的バイアスの影響にさらされる。一方、クオンツ取引には、取引アイデアを世界中の数千もの証券に適用でき、分散投資の恩恵を受けられるという優位性がある。さらに、クオンツは取引アイデアをロボットのような規律をもたせて適用することができる。規律はもちろんすべてのトレーダーにとって重要だが、以下のようなことわざもある。

ルールをもち、常にルールに従うべきだが、いつ破るのかも知らなければならない。

　クオンツといえども、ときには「ルールを破る」必要がある。たとえばデータの取込みに問題があると判明した場合や、2008年に投資銀行リーマン・ブラザーズが破綻したようなモデルの範囲外にある重要なイベントが突然起こる場合である。

　クオンツにはまた、効率的なポートフォリオを構築でき、戦略のバックテストができるという優位性もある。バックテストとは、過去にその戦略に従っていたらどの程度うまくいっていたかをシミュレーションすることである。もちろん過去の成功が将来の成功を保証するものではないが、少なくとも機能しなかったルールの使用を除くことができる。さらに、システマティックな投資によって、心理的バイアスの影響を少なくともある程度は抑制できる。クオンツ手法の欠点は、定量的なデータに依存することと、コンピュータ・プログラムがリアルタイムの人間の判断を取り込む能力に限界があることである。

　裁量的取引とクオンツ手法のいずれを使用するにしても、分析ツールについて学ぶことは有用であり、本書はそのようなツールの提供を目指す。先に

はじめに　15

明かしておくが、私はクオンツである。とはいっても、本書に記述する方法は、裁量的であろうが定量的（クオンツ）であろうが、すべての運用者にとって不可欠であると信じている。事実、多くの厳格な裁量的トレーダーは、取引アイデアの大がかりな実装の前に過去のパフォーマンスを分析することが多い。たとえば、リー・エインズリーはインタビューのなかで、マーベリック・キャピタルにおける基本的な投資プロセスに情報を提供し、リスク管理をサポートする、定量的システムを同社でいかに構築したのかを語っている。

マクロ戦略

　映画『ウォール街』のゴードン・ゲッコウが株式トレーダーなら、映画『大逆転』のデューク兄弟とエディー・マーフィーは、オレンジジュースの価格の方向にかけるために先物市場を使うマクロトレーダーである。本書ではマクロ戦略をグローバルマクロ（global macro）とマネージド・フューチャーズ（managed futures）に細分化する。グローバルマクロのトレーダーは世界中で起こる経済全般の事象にベットする。たとえば株式市場全体が上がるのか下がるのか、インフレは金の価格急騰をもたらすのか、または新興国市場の通貨は上昇するのか崩壊するのかについての見通しをもつ。一部のマクロトレーダーが大きなポジションをとるのは、以下のスタンリー・ドラッケンミラー（Stanley Druckenmiller）の言葉からも明らかである。彼はこれをジョージ・ソロスから学んでいる（Schwager, 2008）。

　　取引に相当な確信があるときには、したたかにその機会を突くべきである。勇気をもって豚（貪欲）になれ。

　一方で、以下のように論じて、分散化しリスク管理がなされたアプローチを目指す向きもある。

　　雄牛（ブル相場）でも熊（ベア相場）でも儲かるが、豚は畜殺される。（貪欲になりすぎると痛い目にあう）

　この格言によると、ロングポジションをとっても（雄牛）、ショートポジ

ションをとっても（熊）、利益をあげることができるが、リスクをコントロールできなければ（豚）、結局は失敗する。インタビューで、ジョージ・ソロスもリスク管理をかなり重視すると説明しているが、同時に利益が大きく損失が限定されているまれなケースでは激しく攻めるべきとも考えている。

　両格言の差は、グローバルマクロのトレーダーが非常に多様であることを反映している。その違いはバックグラウンドの多様性に由来し、トレーダーのなかには正式な経済学教育をほとんど受けていない者から元中央銀行エコノミストまでいる。彼らはさまざまなアプローチをとり、データを分析する者もいれば、中央銀行の一挙手一投足を観察する者も、新しいグローバル取引のアイデアを求めて世界を旅する者さえいる。テーマトレーダーのグローバルマクロ・ファンドは、少数のテーマに注目したうえで、個々のテーマをさまざまな取引に置き換えて表現する。たとえば、中国が爆発的な成長率を続けることがテーマになるなら、中国株や中国が輸入するコモディティ、対中国ビジネスが大きい企業や業界を買って、このテーマを表現するだろう。

　グローバルマクロのトレーダーは互いに非常に異なるものの、類似点もある。たとえば、彼らは正のキャリーを稼ぐ見通しを表現するのをしばしば好む。これが意味するのは、状況が変わらなければ収益が得られるということである。それゆえ、意図的か否かはともかく、彼らはいわゆるキャリー取引、特に、高金利通貨に投資し、低金利通貨を空売りする通貨キャリー取引に対するエクスポージャーをもつことが多い。この戦略の本質はある通貨を低金利で借りて他の高金利通貨に投資することで、金利差分を稼ぐことである。しかし、通貨の相対価値が変化するリスクにさらされている。

　マネージド・フューチャーズ（商品投資顧問業者（commodity trading advisor, CTA）とも呼ばれる）は、グローバルマクロと同じ証券、つまり債券先物や、株価指数先物、通貨の先渡し（フォワード）、商品先物の多くを売買する。この投資家は価格のトレンドを見つけることに注力することが多く、価格上昇のトレンドにある証券を買い、下落トレンドにある証券を売る。たとえば、金の価格が上がり続けていれば、マネージド・フューチャーズのヘッジファンドは、次の格言を拠り所に、金の先物を買って価格が上がり続

けるのにベットするだろう。

トレンドは友人。

マネージド・フューチャーズのヘッジファンドは、ファンダメンタル・データよりも価格データに注目し、統計的手法（マネージド・フューチャーズのクオンツ）や経験則（テクニカル分析）を用いる。そして、トレンドが生じている市場や、行き過ぎたトレンド、逆のトレンドが生じることによる反転を特定しようとする。そこには、人々がニュースに過小反応することからトレンドが始まるという哲学がある。ファンダメンタルズに追いつくまでしばらく価格が同一方向に動くと、他のトレーダーもポジションに群がり始める。その後、過剰反応に至り、最終的に回帰する。マネージド・フューチャーズの投資家は、ニュースを追いかけるよりはむしろ価格に注目し、以下の格言に従って動く。

チャートをみれば、ニュースがわかる。

マネージド・フューチャーズの投資家にとってリスク管理は中心課題であり、上述のジョージ・ソロスの表明するグローバルマクロの考え方とは異なる哲学を適用する。マネージド・フューチャーズの投資家が損失を被るのはトレンドの方向が変わるときで、この場合、彼らはポジションをひっくり返して新しいトレンドに乗ろうと準備する。

裁定取引戦略

次に、裁定取引戦略（アービトラージ戦略）を扱う。具体的には、債券裁定取引（fixed-income arbitrage）、転換社債裁定取引（convertible bond arbitrage）、イベントドリブン投資（event-driven investment）である。債券裁定取引は多数のいわゆる収束取引（convergence trade）に基づく。収束取引では、価格は異なるが類似した証券を特定して、安いほうを買って高いほうを売り、価格の収束に期待する。債券は有限の満期をもつため、最終的には収束するはずであるが、その収束が早く起こるほど、取引の収益性は高まる。

収束取引の最大のリスクは、価格の格差が広がって取引に損失が生じたときに、トレーダーが取引の解消を余儀なくされることである。経済学者だった（トレーダーでもあった）ジョン・メイナード・ケインズは、以下の言葉でこのリスクをよく表現している。

市場は、あなたに支払余力がある期間よりも長く、非合理であり続ける可能性がある。

債券裁定取引の典型例には、オンザラン国債とオフザラン国債、イールドカーブ取引、スワップスプレッドに対するベット、モーゲージ取引、先物と現物債券のベーシス取引、債券とクレジット・デフォルト・スワップ（credit default swap, CDS）のベーシス取引がある。

別の古典的な裁定取引として、転換社債の取引がある。転換社債は、事前に決められた転換比率で株式に転換できる社債で、普通社債とその企業の株式を原資産とするコールオプションが組み合わさったものとみなせる。オプションのプライシングの技術を用いて、転換社債の価値はその会社の株価とボラティリティの関数として計算される。転換社債を迅速に売ることは困難で、投資家にとって流動性リスクが報われる必要があるため、転換社債の理論価格は市場価格より高い傾向がある。転換社債の裁定取引は、割安な転換社債の買いと、株式のショートなどのリスクのヘッジから構成される。

最後がイベントドリブンのヘッジファンドである。これは企業のイベントに関連して生じる機会を利用する。古典的な取引に、合併裁定取引（リスクアービトラージとも呼ばれる）がある。企業買収では、投資家に保有株を提供させるために、買収者は時価より高い買い値を提示する。買収の公表とともに株価は急上昇するが、通常は完全には提示価格に達しない。その差はディールが失敗するリスクを反映したもので、加えて多くの投資家が公表直後に保有株式を売ることも影響している。合併裁定取引を行う運用者は、典型的に公表後、最初に価格がジャンプした後にターゲット企業を買い（その企業が合併のターゲットになりそうだと事前に見通していれば別である）、ターゲット企業の株価と合併する側が提示する価格の差から利益を得る。合併と

は対極にある企業イベントに、1つの会社が2つになる子会社のスピンオフやスプリットオフがあり、これらもイベント運用者にとっての機会となる。イベント運用者は株式だけではなく、たとえば社債やローンなど、企業のさまざまな証券を取引する。同一企業が発行するさまざまな証券間の相対価値に関する取引は、資本構成裁定取引（capital structure arbitrage）と呼ばれる。あるいは、困窮状態にある企業に注目し、その企業の債権者委員会で積極的な役割を演じ、企業が置かれた状況を好転させようとするイベント運用者もいる。

Ⅲ 投資スタイルとファクター投資

　さまざまなタイプの運用者が相異なった投資戦略をそれぞれの資産クラスで実行しているとはいえ、それらの境界を超えて広汎に存在する投資の「スタイル」があると考えられる。ここでは、要約表Ⅲに示したように、何を買って何を売るかを決定する方法として投資スタイルを定義する。投資スタイルは幅広い資産クラスや市場に適用することができる。

　スタイル投資が広範囲に適用可能であることは、システマティックに実装可能であることを意味し、これをファクター投資と呼ぶ。たとえば、バリューファクターやモメンタムファクターなどがわれわれの研究する投資ファクターである。スタイル投資はファクター投資に適しているが、リターンを得るという観点からは、ファクターに基づく手法だけではなく、裁量に基づく手法を含めて多くのアプローチがあることがわかるだろう。

　そのいい例として、本書でインタビューした運用者のほとんどは、なんらかのかたちでバリュー投資（割安な証券を買って割高な証券を売る）やモメンタム投資（価格が上昇している証券を買って下落している証券を売る）を利用している。ヘッジファンドの巨匠たちは異なる言葉で呼んでいるが、本書のインタビューのうちバリューとモメンタムに関連した部分を表2に簡潔に引用した。アスネスの言葉からは、バリューとモメンタムが明らかに投資戦略の

表2 至るところにあるバリューとモメンタム

インタビューした専門家	バリューおよびモメンタムに関する本書の引用
リー・エインズリー (Lee Ainslie)	マーベリックで最も標準的なバリュエーション指標は、持続可能なフリーキャッシュフローを企業価値と比較することです。……短期的な予想に同調することも間違いなく重要です。
ジェームズ・チェイノス (James Chanos)	キニコス・アソシエーツが専門にするのは空売り、つまり、ファンダメンタルズからみて過大評価されていて価格が下落しそうな証券を発見して利益を得る投資技術です。……どんなによいポジションだと思っても、もしわれわれの想定の逆に動けば圧縮します。
クリフ・アスネス (Cliff Asness)	われわれが探し求めているのは、バリューやモメンタムに関する学術的アイデアに基づいて、これから状況がよくなる割安株と、逆にショートするための状況が悪くなる割高株です。
ジョージ・ソロス (George Soros)	膨張と破裂の理論を構築しました……。バブルとは、状態が平衡に近いところから平衡とはほど遠いところに移るときです。この2つのストレンジアトラクターがあり、すべては認識と現実との間の相互作用です。
デイビッド・ハーディング (David Harding)	トレンドこそだれもが探し求めているものです。
マイロン・ショールズ (Myron Scholes)	方向にベットしないなら、債券ビジネスの大部分は負のフィードバック型のビジネスです。方向へのベットは、正のフィードバック型すなわちトレンド追随型です。
ケン・グリフィン (Ken Griffin)	相対価値取引の観点から市場を見始めました。
ジョン・ポールソン (John Paulson)	ターゲットの株式は提示価格の近くまで急上昇しますが、ディールが完了しないリスクがあるため、提示価格よりもいくぶん割り引かれて取引されます。

(出所) 本書中のインタビューと2003年5月15日のSECでのチェイノスの証言

中心に置かれていることがわかる。そして、バリューとモメンタムが至るところに適用できるという洞察ももっていた。すなわち、どんな資産クラスでも、上昇トレンドにある割安な資産を買い、下落トレンドにある割高株を売る6。ソロスは膨張／破裂サイクルに着目しているが、バブルに乗るときは

本質的にはモメンタム投資となり、バブルが弾けて経済が平衡状態に近づくと判断される際にはバリュー投資家となる。ショールズは、債券裁定取引が多くの場合に負のフィードバック取引に基づくことの実情を語る。これは平均回帰にベットする一種のバリュー投資であり、トレンドの持続にベットする正のフィードバック取引によって補完される。エインズリーとチェイノスはファンダメンタル・バリューに基づいた投資に注力するが、短期的な動きも考慮し、それは通常モメンタムに基づく。先物市場において、システマティックなトレンド追随投資を古くから行っている投資家の一人がハーディングである。一方で、グリフィンとポールソンは相対価値に投資機会を求める。

要約表Ⅲにあるように、他の投資スタイルの一つに、流動性の供給がある。これは、流動性リスクが大きい証券や流動性を求める他の投資家が売却する証券を買うことを意味する。この投資スタイルには、流動性リスクプレミアムを得るために転換社債を買うグリフィンから、イベントリスクをおそれて流動性を求める投資家が売り叩いている合併のターゲット企業を買うポールソン、クレジットサイクルに乗るソロス、統計的裁定取引を通して流動性を供給するアスネスまで、さまざまな形態がある。

また、キャリー取引は「キャリー」(carry) が大きい証券、すなわち市場の状況が変わらない（つまり価格が変わらない）という条件のもとで、より大きなリターンをもたらす証券を買う投資スタイルである。たとえば、グローバルマクロの投資家は、通貨キャリー取引を行うことで知られ、高金利通貨に投資する。債券トレーダーは高い利回りの債券を、株式投資家は配当利回りの高い株式を、コモディティトレーダーは正の「ロールリターン」をもたらす商品先物を好む。

低リスク投資 (low-risk investing) は、安全な証券がもつ高いリスク調整後リターンから収益を引き出すスタイルである。この投資スタイルは、さまざまな市場で異なる方法により行われる。低リスク投資は、リスクの低い株

---

6 Asness, Moskowitz and Pedersen (2013) を参照。

式にレバレッジをかけて買い、リスクの高い株式を空売りする株式ロングショート戦略で行うことができる(「低ベータベット」(betting against beta)とも呼ばれる)。低リスク投資は株式ロングオンリー戦略として行われることもあり、相対的に安全な株式、つまりディフェンシブな株式を買う。あるいは、リスクパリティ投資と呼ばれるアセットアロケーション戦略としても適用可能で、債券市場においても機能する。

　最後に、クオリティ投資(quality investing)は、クオリティの高い証券を買ってクオリティの低い証券を空売りするスタイルである。前者は、たとえば収益性が高く、安定的で、成長し、経営が優れた企業を指す。高クオリティ証券は当然ながら類似の低クオリティ証券よりも平均的に価格が高い。そのため投資家はクオリティとの比較で割安な証券を求めることから、クオリティ投資はバリュー投資と密接に関係する。

第 I 部

アクティブ投資

第1章

ヘッジファンドなどスマートな資金を理解する

　市場を効率的に非効率なものにさせるアクティブ投資家にはさまざまなタイプがある。そのような投資家には、内部に運用執行機能をもつ洗練された巨大年金基金、寄贈基金、投資銀行のディーラーや自己取引トレーダー、コモディティ産出企業のトレーディング部門、ミューチュアルファンド、自己取引を行う企業、ヘッジファンドが含まれる。それぞれのケースにおいて、トレーダーが結ぶ契約や利益分配に関する合意には多少の違いがあり、トレーダーの直面する組織特有の政治的な圧力や懸念もさまざまである。本書が焦点を当てるのは取引戦略であってプレーヤーではないため、もし個々の取引組織の形態を詳しく論じると本来の道を大きく外れてしまうだろう。しかし、取引戦略を現実の投資家と関連づけるため、市場に打ち勝つために最も純粋にベットしているプレーヤーであるヘッジファンドを理解しておくことには価値がある。

　よく知られているように、ヘッジファンドが何たるかを定義することはむずかしい。簡単にいえば、収益を得るために多種多様で複雑な取引戦略を実践している投資ビークルである。「ヘッジ」という用語はロング（買い）とショート（売り）のポジションを両方もつことによって市場リスクを低減するという意味で、「ファンド」という用語は運用者と投資家が拠出する資金のプールを意味する。アスネスは皮肉を込めて以下のように定義している。

　ヘッジファンドとは、行動の制約が相対的に緩い投資資金のプールである。（いまのところは）規制があまりなく、非常に高い手数料を課し、投

> **資家からの返金の要求に必ずしも応じず、通常はその行動を明らかにすることもない。利益を生み出すことを常に求められていて、失敗すると、投資家は資金を引き出して利益を生んでいる他のファンドへと向かう。ヘッジファンドは100年に一度の災害を3、4年おきに引き起こす。たいていはスイスのジュネーブにいる金持ちのために、コネチカット州グリニッジにいる別の金持ちによって運用されている。**
>
> ──クリフ・アスネス（Cliff Asness, 2004）

　ヘッジファンドは、他の投資会社、たとえばミューチュアルファンドに適用される規制の多くを免除されている。開示義務が限定されるのはもちろん、取引についても多くの自由があるが、この自由と引き換えに、資金の調達方法については制約を受けている。自由という点に関して、ヘッジファンドはレバレッジ、空売り、デリバティブ、成功報酬制を用いることができる。制約という点に関しては、ヘッジファンドに投資するには適格投資家でなければならない。つまり、一定の資産規模や金融知識のいずれかまたは両方をもたなければヘッジファンドへの投資が認められない（これは、小規模でおそらく洗練されていない投資家を、ヘッジファンド戦略が内包する複雑さと理解困難なリスクから保護するためである）。また、ヘッジファンドはこれまで勧誘禁止義務が課されてきた。広告を出したり、投資してもらうために積極的に人に接触したりすることはできない（現在この規制は厳格化されつつある部分もあるが、たとえば米国の最近の新規産業活性化法（Jumpstart Our Business Startups Act、JOBS法）などに関連して緩和されようとしている部分もある）。

　アクティブ投資の歴史は市場と同じくらい長く、ヘッジファンドは半世紀以上前から存在している。最初の正式なヘッジファンドは、1949年にアルフレッド・ウィンズロウ・ジョーンズ（Alfred Winslow Jones）によってつくられたファンドとみなされている。ジョーンズは株式でロングとショートのポジションをとり、1955年から1965年にかけて670%という目覚ましいリターンをあげたことが報告されている。空売りはジョーンズよりかなり前から広く用いられていたが、ロングとショートのポジションのバランスをとること

で、市場全体の動きのかなりの部分を相殺しつつ、同時にショートポジションに対するロングポジションの相対的なパフォーマンスの高さから利益が得られるという洞察がジョーンズにはあった。フォーチュン誌が1966年にジョーンズの成績を報じてから、ヘッジファンドに対する関心が高まり始め、1968年に証券取引委員会（SEC）は米国で140のヘッジファンドの存在を認識した。1990年代には、機関投資家がヘッジファンドを採用し始めたため、ヘッジファンド業界に対する関心は劇的に高まった。2000年代には、運用資産数十億ドルのヘッジファンドがごく普通になり、ヘッジファンド業界の総資産は世界金融危機前に約2兆ドルのピークをつけた。金融危機の間には落ち込んだものの、その後新たなピークに達しようとしている。

ヘッジファンドにはレバレッジがあるため、総ポジションが運用資産額に比べて非常に大きい。また、高い回転率により、ポジションの大きさと比較して取引高が大きく、ヘッジファンドによる取引が市場の総取引高に占める比率はきわめて高い。結果として、ヘッジファンドによる取引は現在、市場の全取引のうちかなりの割合を占めている。効率的に非効率な市場では、ヘッジファンドに配分される資本の額が拡大し続けることはあり得ない。なぜなら、流動性に対する需要が限られているとすれば、得られる利益の額にも限度があり、したがってアクティブ投資に対するニーズには限界があるからである[1]。

1.1 目的と報酬

資産運用者（アセットマネージャー）の目的は、ベンチマーク対比で利益をあげることにより、投資家に付加価値をもたらすことである。ミューチュアルファンドは一般に市場インデックスをベンチマークとして市場を上回ろうとするが、ヘッジファンドには一般にキャッシュ・ベンチマーク（絶対リ

---

[1] Pastor and Stambaugh（2012）は、アクティブ運用業界の効率的な規模として、上限があるものの大きな値を推定している。

ターン・ベンチマークとも呼ばれる）が与えられている。ヘッジファンドは株式市場に勝とうとするのではなく、どのような環境においても利益をあげようとする。これが「ヘッジ」というゆえんである。対照的に、ミューチュアルファンドのリターンは、通常S&P 500（Standard & Poor's 500）のような株式市場や債券市場のインデックスをベンチマークとして測られる。それゆえ、S&P 500が10%下落しても、ミューチュアルファンドの下落が8%なら、ベンチマークを上回っていることに対して投資家から賞賛される。一方、ヘッジファンドのベットは市場の動きに依存すべきではないということから、8%の下落は投資家から責められることになる。逆に、S&P 500が20%上昇するなかでミューチュアルファンドが16%上昇した場合、ミューチュアルファンドへの投資家は平均以下だった株を選択したことに対して不満を抱く。しかし市場に対して本当に中立な（多くはそうではないが）ヘッジファンドに投資した投資家は、ヘッジしたベットが絶対値で収益をあげたことに満足する。市場から独立したリターンをもつヘッジファンドは、投資家の分散投資に大きく寄与する可能性がある。

　資産運用会社は、投資サービスに対する報酬を請求する。ミューチュアルファンドは運用管理報酬（資産額の一定割合）を課すが、ヘッジファンドは成功報酬も求めることが多い。運用管理報酬は管理者の固定費用をカバーするためのもので、成功報酬はよりよい運用を行おうとする資産運用会社のインセンティブを強化するものである。また成功報酬により、ヘッジファンドは従業員に対してパフォーマンスに応じたボーナスを支払うことも可能になる[2]。

　報酬はファンドによって大きく異なるが、ヘッジファンドの古典的な報酬体系は「2の20」とされてきた。すなわち、リターンに関係なく支払われる2%の運用管理報酬と、20%の成功報酬である。たとえば、ヘッジファンドが12%のリターンをあげた場合、運用管理報酬控除後のリターンは10%とな

---

[2] ヘッジファンドのインセンティブの役割については、Goetzmann, Ingersoll and Ross（2003）、Agarwal, Danieland Naik（2009）、Aragon and Nanda（2012）、Buraschi, Kosowski and Sritrakul（2014）によって研究されている。

る。成功報酬は10%の20%、つまり2％であり、投資家に残るのは8％となる。成功報酬には、短期国債金利のような目標最低収益率（ハードルレート）が設けられることもある。この場合、ヘッジファンドはこれを超えるリターンをあげた場合にのみ成功報酬が支払われることになる。しかし、ファンドが株式市場のリターンを上回るかどうかで成功報酬が決まることは通常ない。

　ヘッジファンドの成功報酬は、ハイウォーターマーク（high water mark, HWM）方式をとることが多い。これは、ヘッジファンドが損失を出した場合、その損失が回復されるまで成功報酬を請求しないことを意味する。桟橋を支える橋脚につけられた印をみることによって水位を判断するのと同じように、ヘッジファンドは累積パフォーマンスの経過を追い続け、それが新高値に達したときにのみ成功報酬を請求する。ただし、HWMが投資家によって異なることには注意を要する。損失を被った直後のヘッジファンドに新しい投資家がついたとすると、利益が出ればすぐにその投資家に対して成功報酬を請求できる（新しい投資家は、ヘッジファンドが埋め合わせるべき損失をまったく被っていないため）。

　報酬は資産運用会社にとっては収入であるが、投資家にとってはコストである。資金運用の手数料は高いため、投資家は自らが支払う手数料について、手数料が全体でいくらか、運用者による付加価値に比べて手数料の割合はどのくらいか、そして長期的な投資パフォーマンスへの影響はどうかに注意を払うべきである。高い報酬を請求しながら（明示的または非明示的に）インデックスに追随する運用者が存在し、パフォーマンスは毎年その報酬分だけインデックスを下回るため、長期のリターンを大きく毀損してしまう。報酬は、運用者が提供する実質的な運用の規模や品質との対比によって評価されるべきである。実質的な運用の規模はアクティブリスク、すなわちベンチマークからの乖離のボラティリティ（トラッキングエラー）として測られる。そのため、運用者がベンチマークから外れない運用をすれば、報酬は非常に低くて当然である。同様に、同じヘッジファンドで高リスクのものと低リスクのものを運用している運用者は、リスクの大きいファンドに対してより大きな報酬を要求するのが一般的である。この実質的な運用規模の測度によっ

て、ヘッジファンドがなぜミューチュアルファンドより高い報酬を要求するかを説明できる。それは、ヘッジファンドがより多くの資産運用サービスを実質的に提供しているからである（ミューチュアルファンドのリターンの大部分はベンチマークを受け渡すだけ）。

　金融業界におけるコストの重要性を理解するには、退職に向けた家計の貯蓄にコストがどうのしかかるのかを考えればよい。退職に向けた貯蓄は年金基金で運用されるが、その職員へ報酬を払うためのコストがかかる。年金基金は資産運用者の選定を支援してもらうため手数料をかけて投資コンサルタントを雇うこともあり、加えて資産運用者に支払う手数料も必要である。年金基金がファンド・オブ・ファンズに投資するなら、さらに別の手数料もかかる。そして最後のコストは、アクティブ運用者が売買を行うことで発生する取引コストである（これはディーラーや銀行の収益となる）。各段階の手数料がパッシブ運用のコスト並みでないならば、運用者は取引を通して大きな付加価値を生む必要がある。最終投資家が市場に打ち勝つには、「二重の非効率性」が存在しなければならない。第一に、アクティブ運用者が超過リターンをあげられるほどに証券市場は非効率であること、第二に、期待される超過リターンよりも手数料が安い運用者を最終投資家が見つけられるほどに資産運用市場は非効率なことである。

1.2　パフォーマンス

　多くの有名なヘッジファンド運用者が素晴らしいリターンをあげているが、こうした運用者が示しているのは最高のパフォーマンスであって、典型的なヘッジファンドのリターンではない。資産運用のスキルに関するもっと厳密な証拠はあるだろうか。

　この疑問に対して答えるのはむずかしく、特にヘッジファンドについてはそうである。これにはいくつかの理由がある。まず、ヘッジファンドのリターンのデータはかなり貧弱で、限られた期間についてのみ利用可能であり、

重大なバイアスも含まれている。ヘッジファンドのデータベースが、データベース・プロバイダーに報告することを選択したヘッジファンドのリターンからなる点に注意すれば、理由がわかる。ヘッジファンドが唯一報告する必要があるのは投資家に対してであり、通常は非常に秘匿性が高い。そのため、ヘッジファンドのリターンに関する包括的な情報源はない。ヘッジファンドは自らを売り込むためにリターンを報告する（広告が禁止されていることは前述のとおりだが、データベースの実績リターンをみた投資家が集まってくることを期待できる）。この状況は、データベースにいくつかのバイアスをもたらす。第一に、ヘッジファンドがデータベースへの報告を開始する際に、過去のすべてのリターンも報告し、データベースに遡及して収録される。ファンドはよいパフォーマンスをあげた後に報告し始める可能性が高いため、遡及バイアス（backfill bias）が生じる。すなわち、パフォーマンスが比較的良好に経過しているファンドは報告を開始する可能性が高い一方で、当初からパフォーマンスの悪いファンドは決してデータベースには入らない。データベースや研究者のなかには、報告開始から一定期間以後のリターンのみを対象とし、遡及データを無視することによってこのバイアスを考慮するものもある。第二の影響は、劣悪なパフォーマンスに陥ったときに報告を停止するヘッジファンドがあることで、生存者バイアス（survivorship bias）をもたらす。また、これらとは反対の影響をもつバイアスとして、最も成功したヘッジファンドはデータベースに報告をしないことが多いという事実から生じるものがある。こうしたファンドは自らの秘密を重視し、顧客へのさらなる露出を必要としていない。実際、キャパシティ（運用可能な額）には限度があるため新たな投資を受け入れられないことがある。それゆえ、データベースにはルネッサンス・テクノロジーズ（Renaissance Technologies）のようなファンドの優れた実績リターンが含まれていない。

　こうしたバイアスをすべて考慮に入れ、特に手数料控除前のパフォーマンスを対象にすると、最高位グループのヘッジファンドやミューチュアルファンドには取引スキルがたしかに存在するという証拠がある。さらに、上位の運用者が上位であり続けることがそれ以外の運用者に比べて多いという、パ

フォーマンスの持続性を示す証拠を得た研究もある。しかし、その持続性は強くはないため、資金の配分をする際にパフォーマンスの後追いに気をつけなければならない。すなわち、運用者の長期間の実績や投資手法、チーム力を軽視して、安値で解約して高値で投資するといったことにならないようにすべきである[3]。

多くのヘッジファンドのリターンの推定値に含まれるバイアスはかなり大きいという証拠もある。このバイアスは単なる丸め誤差の程度ではなく、平均リターンに対する認識を数パーセントポイント変えるほどである。さらに、ヘッジファンドのリターンは、平均的にみて市場に中立とはいえない。ヘッジファンド指数は株式市場との相関が高く、そして相関は以前よりも高くなっている。また、ヘッジファンドのリターンは負の歪度と正の超過尖度をもつことが多く、時としてリターンは下方向に大きく振れることがある。実際、小規模なものを中心にヘッジファンドの消滅率は高く、業界全体には何度かの激震に見舞われた傷跡も残っている。これには、ロングターム・キャピタル・マネジメント（LTCM）、ベアー・スターンズ（Bear Stearns）のクレジットファンド、アマランス（Amaranth）の破綻も含まれる。

本書では実際のヘッジファンドのパフォーマンスには注目せず、本題であるヘッジファンドが実践する取引戦略の研究に焦点をあわせることで、こうした問題を避ける。ヘッジファンドの主要戦略は長期的には成功することのほうが多く、それは市場が効率的に非効率であるという経済学的な理由によるものであることがわかるだろう。

---

[3] ヘッジファンドのパフォーマンスについては、Fung and Hsieh（1999）、Malkiel and Saha（2005）、Kosowski, Naik and Teo（2007）、Griffin and Xu（2009）、Jagannathan, Malakhov and Novikov（2010）を参照。ミューチュアルファンドのパフォーマンスについては、Kosowski, Timmermann, Wermers and White（2006）、Fama and French（2010）、Berk and van Binsbergen（2013）を参照。Berk and Green（2004）は、運用者のスキルに大きくかつ持続的な差があっても、優れた運用者には資金が集まり、運用規模の増加とともにリターンが低下する（収穫逓減）ために、報酬控除後のリターンには高い持続性が生じないことを論じている。

1.3 ヘッジファンドの組織形態

ヘッジファンドは契約によって組織され、その形態はさまざまであるが、大手のヘッジファンドが用いている典型的なマスター－フィーダー（master-feeder）構造を図1.1に示した。

この構造はみかけほど複雑ではない。要は、資金が存在している「ファンド」と、トレーダーをはじめとする従業員が働いている「運用会社」は、契約のうえで区別されるということである。ただし、この全体の構造（または関連した部分）を単にヘッジファンドと呼ぶことが多い。

ヘッジファンドの投資家はフィーダーファンド（feeder fund）に投資する。フィーダーファンドが存在する唯一の目的は実際に取引が行われるマスターファンド（master fund）に投資することである（小規模なヘッジファンドでは

図1.1　ヘッジファンドのマスター－フィーダー構造

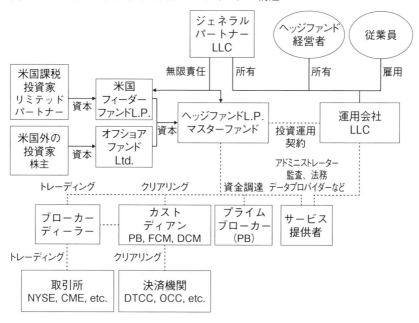

投資家が直接マスターファンドに投資することもある)。マスター－フィーダー構造が便利なのは、運用者はただ一つのマスターファンドの運用に集中できると同時に、さまざまな投資家のニーズにあわせた多様な投資商品(フィーダーファンド)をつくれるからである。米国の課税投資家は一般に国内に登記されるフィーダーファンドを好むが、外国人投資家と米国の非課税投資家は、ケイマン諸島などの国際金融センターに設立された外国籍のフィーダーファンドを好む。さまざまなフィーダーファンドをどこに登記するかという税に起因する違いに加え、パフォーマンス特性を多様な投資家グループにあわせるためにフィーダーファンドを用いることもできる。たとえば、ベースとなる投資が同じでも、異なる通貨建てのフィーダーファンドを複数設定することができる。この場合、外貨建てフィーダーファンドは、マスターファンドへの投資に為替ヘッジを加えたものになる。マスター－フィーダー構造のもう一つの用途は、異なるリスク水準のフィーダーファンドを用意することである。仮にマスターファンドのボラティリティが年率20%だとして、あるフィーダーファンドはマスターファンドと同じボラティリティを、別のフィーダーファンドはその半分のボラティリティをもつようにできる。この低リスクのフィーダーファンドは単に資金の半分をマスターファンドに、残り半分をMMFに投資すればよく、これによってリスクを半減させることができる。

　マスターファンドには資金のプールがあり、そこですべての取引が行われる。マスターファンドは運用会社と投資運用契約(investment management agreement, IMA)を結び、戦略の開発と実行、トレーディングといった投資サービスの提供を受ける。したがって、すべての従業員、たとえばトレーダー、リサーチアナリスト、オペレーション、営業、コンプライアンス・法務を担うスタッフなどは運用会社で働いており、運用会社を所有するのはヘッジファンドの経営者である。ファンドとその先にいる投資家は資本を所有し(そして、ヘッジファンド経営者自身も通常はそのファンドに対する投資家である)、運用会社はこのファンドのために取引を行う。また、マスターファンドは通常は事業組合(パートナーシップ)として組織される。フィーダー

ファンドは有限責任組合員（リミテッドパートナー）で、運用会社によって所有される会社が無限責任組合員（ジェネラルパートナー）となる。

ヘッジファンドは、トレーディング、カストディ（保管管理）とクリアリング（清算）、資金調達、その他のサービスを提供する業者と契約を結ぶ。このうちトレーディングは、ブローカー／ディーラーを通じて行う。通常、ブローカーは取引所上場証券について単に取引所へのアクセスを容易にするだけだが、ディーラーは店頭（OTC）市場でヘッジファンドの取引を仲介する。また、カストディとはヘッジファンドが保有する証券を保管し、配当を受け取り、議決権の行使を管理するサービスである。

クリアリングとは、トレーダーが電話で「done!（決め！）」と叫んだ時からその取引が実際に決済されるまでの処理を指し、株式の受渡とその逆方向の資金の流れが確実になされるよう手配する。カストディとクリアリングはカストディアン、プライムブローカー（prime broker, PB）、先物取引業者（futures commission merchant, FCM）、デリバティブ清算業者（derivatives clearing merchant, DCM）によって行われる。プライムブローカーはヘッジファンドに資金調達の提供も行う。これはレバレッジを提供することで、資本を上回る価値の証券を買うための資金をヘッジファンドに貸し、その証券を担保として保有する。

さらに、ヘッジファンドはほかにも多くのサービス提供者と連携する。ヘッジファンドのアドミニストレーターは第三者としてポジションを評価し、公式の純資産価額を算出する。監査人はヘッジファンドの資産と運営に関してさらなる検証を行う。法律顧問はさまざまな契約関係をサポートし、データベンダーはデータを提供する。

1.4 経済におけるヘッジファンドの役割

ヘッジファンドのような投資家は、たびたびメディアで批判される。たとえば、自社の株式が空売りされることは、株価が下落するはずという意見の

存在を示唆するため、それを好む会社はない。多くの場合、株価下落はその会社の事業の状態が悪いことによるもので、他のいかなる理由によるものでもないが、ヘッジファンドを含めて空売りをする主体は、会社の問題を引き起こした原因だとして訴えられることもある。

　一般的にいって、ヘッジファンドは経済においていくつかの有用な役割をたしかに果たしている。まず、彼らは企業に関する情報を収集し、売買を通してこの情報を価格に織り込ませることによって市場をより効率的にする。資本市場は経済における資源配分のツールなので、効率性が高まれば経済の実際の成果を改善させることができる。市場が効率的であれば、高い成長が見込まれる会社の株価は上昇し、これによって資本を調達して新しいプロジェクトに投資できるようになる。逆に、もはやニーズがない財やサービスを生産している会社の株価は下落し、合併されるなどして、工場がより生産性の高い用途に転用されるかもしれない。さらにCEOは、株価がより多くの情報を反映して効率的になることでよりよい意思決定ができるだろうし、アクティブ投資家が彼らを監視すれば、意思決定はより思慮深いものになるだろう。ヘッジファンドのもう1つの有用な役割は、（消費を平準化するためなどの）買いや売り、ヘッジや保険の買い、あるいは単に特定の種類の証券を好むといったニーズをもつ投資家に対して、流動性を供給することである。そして最後に、ヘッジファンドはリターンを分散化する追加的な手段を投資家に提供する。要するに、ヘッジファンドをはじめとするスマートな資金は、効率的に非効率な市場において自然に存在しているのである。

第2章

取引戦略の評価
―パフォーマンス測度―

　ヘッジファンドの全般的なパフォーマンスの評価や、ヘッジファンドが利用してきた特定の戦略の評価に用いることが可能な、わかりやすい測度について検討しよう。この測度は、次章で議論するように、ヘッジファンドが検討・立案し、バックテストによってシミュレーションを行う戦略を評価する際にも用いることができる。

2.1 アルファとベータ

　取引のパフォーマンスを測る最も基本的な測度はもちろんリターンである。ある所与の期間 t におけるリターンを R_t と置く。リターンは、アルファ部分とベータ部分に分けられることが多い。ベータはその戦略が市場の動きにさらされている程度を表し、アルファは市場の動きに起因するパフォーマンスを考慮した後の超過リターンを表す。アルファ α とベータ β は、リスクフリー金利 R^f に対する戦略の超過リターン $R^e = R_t - R^f$ を市場の超過リターン $R_t^{M,e}$ に回帰して算出される。

$$R_t^e = \alpha + \beta R_t^{M,e} + \varepsilon_t$$

　ベータは、その戦略が市場にどの程度追随するかを表す。たとえば $\beta = 0.5$ のとき、市場が10％上昇すると、他が同じままであれば、この戦略は0.5×10％＝5％だけ上昇する。たとえば、資金の半分を株式市場に投資して残り

半分をキャッシュで保有すると、ポートフォリオ全体の β は0.5になる。この場合、市場が10%上昇すると、戦略の超過リターンは、上記のとおり5％となる。さらに一般に、パフォーマンスは固有のリスク（ε_tで測られる）にも依存する。たとえば、市場全体でなく生命工学関連株だけに投資すれば、ε_tは市場に対して生命工学関連株式がどの程度、相対的に高いパフォーマンスなのかを表す。固有リスクは正にも負にもなりうるが、平均するとゼロで、市場の動きとは独立である。

戦略のベータを知ることは、さまざまな理由で役に立つ。たとえば、ヘッジファンドと他の投資を組み合わせる場合、固有リスクの大部分は分散化されるが、ベータリスクは分散化されない。さらに、市場エクスポージャー（ベータリスク）は、たとえばインデックスファンドや上場投資信託（ETF）、先物を買うことによって、非常に低い手数料で簡単に得られる。そのため、市場エクスポージャーに対して高い手数料を払うべきではない。

多くのヘッジファンドは、市場中立（マーケットニュートラル）である（もしくはそう主張している）。この重要な概念は、ヘッジファンドのパフォーマンスが株式市場の上昇または下落に依存しないことを意味する。つまり、ヘッジファンド戦略は単純に市場の上昇にかけていないため、強気相場（ブル）でも弱気相場（ベア）でも収益をあげられる可能性は等しくある。市場中立であることは、数学的に $\beta = 0$ を意味する。

ベータの別の使用法として、戦略を市場中立にする方法を得ることができる。実際、たとえその戦略が市場中立でないとしても、市場に対するエクスポージャーをヘッジして消すことで市場中立にすることができ、ヘッジ比率は β で与えられる。具体的には、ヘッジファンド戦略へのエクスポージャー1ドルに対して、市場を β ドルだけ空売りすればよい。その場合、市場中立の戦略のパフォーマンスは以下になる。

$$\text{市場中立の超過リターン} = R_t^e - \beta R_t^{M,e} = \alpha + \varepsilon_t$$

固有リスク ε_t は平均的にゼロなので、市場中立戦略の期待超過リターンは以下になる。

$$E(\text{市場中立の超過リターン}) = \alpha$$

これにより、リスクフリー金利と市場エクスポージャーを上回る期待リターンがアルファ α によって与えられることがわかる。アルファが回帰式において最も魅力的な項であるのはいうまでもない。アルファはすべてのアクティブ運用者が追い求める聖杯である。アルファは市場エクスポージャーを超えて上乗せされる戦略の付加価値を測るものであり、ヘッジファンドの取引スキルから（あるいは、アルファが実現リターンに基づいて推定されることを考えると運から）もたらされる。

ヘッジファンドのベータがゼロ（すなわち市場中立のヘッジファンド）で、アルファが年率6％の場合、このヘッジファンドはリスクフリー金利を年率6％上回るリターンをあげることが期待される。たとえば、リスクフリー金利が年率2％なら、期待リターンは8％である。しかし、実現する固有ショックによっては、実際に実現するリターンはこれを大幅に上回ることも下回ることもあり得る。

古典的な資本資産価格モデル（capital asset pricing model, CAPM）によれば、任意の証券やポートフォリオの期待リターンは、システマティックリスク、すなわちベータのみで決定される。言い換えると、CAPMによる予測ではいかなる投資のアルファもゼロに等しい。したがって、ヘッジファンドがアルファを探求することは、CAPMに抗って、システマティックリスクの対価として得られる報酬以上のリターンを得ようとするものである。ヘッジファンドの真のアルファとベータの推定には大きな誤差を伴う。

あるヘッジファンドのアルファが6％と推定されたとして、これが運なのかスキルなのかを見分けるにはどうすればよいだろうか。この問題に対処するため、研究者は t 値、すなわちアルファをその推定値の標準誤差で割った値を確認する（これはどのような回帰分析ツールでも出力される）。t 値が大きいことはアルファが大きく、推定の信頼性が高い（たいていは実績データが長期であることによる）ことを意味する。特に、t 値が2より大きいことはアルファが統計学的に有意にゼロとは異なることを意味し、CAPMに反旗を

翻すだけのスキルが存在する証拠となる（ただし、運用者がパフォーマンスの最も高いファンドだけを示すことなどによる偽陽性やバイアスが存在する可能性は残されている）。t値が2未満であれば、アルファの推定値に大きなノイズが含まれていることを意味し、運によって達成されたのかもしれない。

　市場エクスポージャーだけではなく、複数のリスクエクスポージャーに対する超過リターンを計算することもできる。たとえば研究者はFama and French（1993）による以下の3ファクターモデルを考慮することが多い。

$$R_t^e = \alpha + \beta^M R_t^{M,e} + \beta^{HML} R_t^{HML} + \beta^{SMB} R_t^{SMB} + \varepsilon_t$$

ここで、R^{HML}はバリュー（割安）戦略のリターン、R^{SMB}はサイズ（規模）戦略のリターンを表す。具体的には、HML（high-minus-low）ファクターは、純資産株価倍率（book-to-market ratio, B/M）の高い株式をロング、低い株式をショートしたもので、同様にSMB（small-minus-big）ファクターは、小型株をロング、大型株をショートしたものである。したがって、β^{HML}は当該戦略がB/Mの高い株式（すなわちこの評価測度では割安な株式）にどの程度偏っているかを表し、β^{SMB}は小型株にどの程度偏っているかを表す。ゆえに3ファクター回帰におけるアルファは、市場リスク、バリューリスク、サイズリスクを調整した後の超過リターンを意味する。換言すれば、このアルファという測度は、単に市場リスクをとったり、（平均的に他の株式を上回る傾向がある）小型・割安株式に偏らせたりした以外のヘッジファンドの取引スキルを測るものである。

2.2　リスク報酬レシオ

　これまでみてきたように、正のアルファは好ましいが、負のアルファは好ましくない。しかし、正のアルファの値が小さいよりも大きいほうが常に好ましいかといえば、そうとは限らない。第一に、アルファはある戦略から得られる市場中立のリターンの大きさを示してはいるが、リスクについては何

も語らない。第二に、アルファは戦略のポジションの大きさに依存する。たとえば、同じ戦略でも、レバレッジを2倍にかけた戦略は、レバレッジがない戦略の2倍のアルファをもつ。しかし、戦略の質は中身で決まり、パフォーマンス測度は両方のケースで同じであるべきである。

　こうした問題はリスク報酬レシオ（risk-reward ratio）によって解決できる。ヘッジファンドへの投資を考慮している投資家は、ファンドがとっているリスクとの比較で、期待超過リターン$E(R-R^f)$がどの程度得られるのかを把握したいと考えるだろう。シャープレシオ（Sharpe ratio, SR）はこうした測度で、リスク調整後リターンとも呼ばれ、リスク1単位当りの投資の報酬として測られる。

$$SR = \frac{E(R-R^f)}{\sigma(R-R^f)}$$

投資の報酬は単純にリスクフリー金利に対する期待超過リターン、つまり銀行にお金を置くことよりもどの程度よいのかを示す。リスクは超過リターンの標準偏差σ（ボラティリティとも呼ばれる）によって測られ、σの推定方法については後述する。投資家はリターンが高くリスクが低いことを好むため、明らかにSRが高いほど好ましい（ただし、ヘッジファンドのリターンに歪度や暴落リスクがある場合、投資家の選好はシャープレシオで把握できるものよりももっと複雑と考えるべきかもしれない）。

　SRではすべての超過リターンがヘッジファンドの功績とみなされるが、上述のように、アルファと市場エクスポージャーは異なる。リスク調整後の異常リターン（abnormal return）に焦点を当てることでこの問題を考慮したのがインフォメーションレシオ（information ratio, IR）で、リスク調整後アルファとも呼ばれる。

$$IR = \frac{\alpha}{\sigma(\varepsilon)}$$

ここで、アルファと固有リスクεは、ヘッジファンドの超過リターンをベンチマークの超過リターン$R_t^{b,e}$に回帰することにより得られる。

$$R_t^e = \alpha + \beta R_t^{b,e} + \varepsilon_t$$

　特定のベンチマークを上回ることが求められているならば、IRは通常、回帰によらずに算出される。この場合、IRはベンチマークR^bを上回るリターンの期待値とそのボラティリティの比率から単純に計算される[1]。

$$\mathrm{IR} = \frac{\mathrm{E}(R - R^b)}{\sigma(R - R^b)}$$

つまり、IRはトラッキングエラーで測ったリスク1単位当り、どの程度ベンチマークを上回るのかを示す。トラッキングエラーは戦略とベンチマークのリターンの差で、トラッキングエラー・リスクはリターン格差の標準偏差である。ヘッジファンドの多くはベンチマークをキャッシュそのもの（タンス預金、つまり$R^b = 0$）と考えて、以下の単純なIRを報告している。

$$\mathrm{IR} = \frac{\mathrm{E}(R)}{\sigma(R)}$$

リスクフリー金利を引かない分だけこれは常にSRよりも大きい。実際に多くのヘッジファンドはこの測度を報告しているが、リスクフリー金利分のリターンをヘッジファンドの功績とみなすことになる（かつ金利水準に依存する）ため、この測度は合理的ではないと考えられる。なお、少し後に議論するように、通常、IRは年率換算値として報告される。

　SRとIRはいずれもリスク調整後リターンの計算方法であるが、トレーダーや投資家のなかには以下のようにいう者もいる。

リスク調整後リターンなど絵に描いた餅だ。

　たとえば、わずか2％のリスクでリスクフリー金利を3％上回ったとすれば、実績SRは1.5という素晴らしい値となる。投資家のなかには、「まあ、それでも3％だけだね。私はもっと大きなリターンを望んでいたのだが」という者もいるかもしれない。この批判が妥当か否かはいくつかの点による。

1　このIRの第二の定義は、ベンチマークの回帰係数を1とした場合に第一の定義に一致する。

まず、戦略のリスクが実際に長期にわたって低いのか、それともその期間にたまたま暴落に遭遇しなかっただけなのか（たとえば、アウト・オブ・ザ・マネーのオプションを売って、市場が暴落するまで少額のプレミアムを稼ぎ続けているような場合）による。もし本当にリスクが低いと思うなら、問題は、より高いリターンやリスクにするために、その戦略にレバレッジをかけられるかどうかということになる。レバレッジをかけることで、リスク調整後リターンを自分のものにすることができる。投資家がより多くの資金をヘッジファンドに投入するという方法もあるが、多くの投資家は大きな元本のエクスポージャーをもつことを好まず、予備的なキャッシュを必要とする。したがって、ヘッジファンドが実際にレバレッジをかけられるかどうかが問われる。この問に対する答えは、以下のアルファ証拠金レシオ（alpha-to-margin (AM) ratio, Gârleanu and Pedersen, 2011）によって与えられる。

$$AM = \frac{\alpha}{証拠金}$$

　この比率が意図するのは、レバレッジを最大限にかけた場合の市場中立戦略のリターンを計算することである。AMレシオを理解するには、ヘッジファンドはどのような戦略にもレバレッジをかけることが可能だが、レバレッジには上限があることを知らなければならない。なぜなら、5.8節で詳しく論じるように、ヘッジファンドは証拠金所要額の制約を受けるからである。戦略にかけられる最大レバレッジは証拠金の逆数となる。たとえば証拠金所要額が10%なら、ヘッジファンドは10倍のレバレッジをかけることができ、この場合のAMレシオは市場中立期待リターンの10倍となる。より具体的には、アルファが年率3%ならばAMレシオは30%である。これは、ヘッジファンドが100ドルの資本を保有し、10倍のレバレッジをかけて1,000ドルを当該戦略に投資すれば、3%×1,000ドル＝30ドルのアルファをもつことを意味する。これは100ドルの資本の30%である。このヘッジファンドは、流動性の低い証券に投資するアルファが7%でレバレッジをかけられない（証拠金が100%の）別の戦略よりも、こちらの戦略を好むかもしれない。なぜならこの別の戦略は、高いアルファにもかかわらずAMレシオが7%と低いた

めである。投資運用におけるAMレシオは、コーポレートファイナンスにおける自己資本利益率（return on equity, ROE）に相当するものとみなせる。

　AMレシオとIRには密接な関係がある。AMレシオは、単位リスク当りの報酬（IR）に、その戦略がかけられるレバレッジの限度、つまり証拠金資本1単位当りのリスクを乗じたものに等しい。

$$AM = IR \times \frac{\sigma(\varepsilon)}{証拠金}$$

　甚大な暴落リスクをもつヘッジファンドの戦略については、ボラティリティが最良のリスク測度とはいえないかもしれない。暴落リスクを捕捉するために分母を修正したパフォーマンス測度として、リスク調整後資本収益率（risk-adjusted return on capital, RAROC）がある。

$$RAROC = \frac{E(R - R^f)}{経済資本}$$

ここで、経済資本（economic capital）とは、一定の信頼区間のもとで被る最悪のケースの損失に耐えるために保持しておかねばならない資本の額を表す。このために、分母は日々の変動ではなく暴落リスクに対応している。経済資本は、バリューアットリスク（value-at-risk, VaR）やストレステストによって推定され、これらの概念についてはリスク管理に関する4.2節で論じる。また、ソルティーノレシオ（Sortino ratio, S）は、下方リスクを用いて以下のように表される。

$$S = \frac{E(R - R^f)}{\sigma^{downside}}$$

ここで、下方リスク（すなわち下方偏差）$\sigma^{downside}$は、ある許容可能な最低リターン（minimum acceptable return, MAR）より上を切断したリターン分布の標準偏差として、以下により算出される。

$$\sigma^{downside} = \sigma(R1_{|R<MAR|})$$

MARにはリスクフリー金利やゼロが用いられることが多い。$1_{|R<MAR|}$は、リターンがMAR未満ならば1、それ以外の場合にはゼロの値をとる指示関

数である。したがって、MARを超えるリターンの分布は下方リスクに影響を与えない。ソルティーノレシオは、投資家が悪い状況だけを気にするという暗黙の仮定に基づいており、毎年5％のリターンを2年間得ることと、最初の年に9％、次の年に1％得ることの違いを、投資家は気にかけないことを前提にしている。これに対して、SRは投資家が前者のほうを好むという前提に基づく。

2.3 パフォーマンス測度の推定

期待リターン、標準偏差、および回帰係数を推定するために用いられる標準的な方法がある。期待リターンは、T期間について得られたデータを使って、実現リターンの平均値として推定される。この際に、以下の幾何平均が用いられることもあれば[2]、

$$\text{幾何平均} = [(1+R_1) \times (1+R_2) \times \cdots \times (1+R_T)]^{1/T} - 1$$

次の算術平均が用いられることもある。

$$\text{算術平均} = [R_1 + R_2 + \cdots + R_T]/T$$

幾何平均は、ヘッジファンドに資本を追加することも引き出すこともないバイアンドホールドの投資家が経験するものに対応する。一方、算術平均は、統計学の観点から最適な推定量であり、また、ある条件のもとで、ヘッジファンドへの投資金額のエクスポージャーを一定に保つために資本の追加や引出しをする投資家が経験するものにより近い。幾何平均を使うにしろ算術平均を使うにしろ、将来の期待リターンのどのような推定値にも非常に多くのノイズが含まれることを心にとどめておく必要がある。推定値の精度はサンプル期間の長さとともに高まるが、長期間のデータを用いたとしても期待

---

[2] たとえば、米国のミューチュアルファンドには幾何平均を報告することが求められている。

リターンの推定はむずかしい。

標準偏差 σ は、多くの場合、期待リターンよりも高い精度で推定することが可能である。σ は、以下のように算術平均 $\overline{R}$ の周りの偏差の二乗を用いて推定される分散 σ^2 の平方根である。

$$\text{分散の推定値} = [(R_1 - \overline{R})^2 + (R_2 - \overline{R})^2 + \cdots + (R_T - \overline{R})^2]/(T-1)$$

2.4 時間ホライズンとパフォーマンス測度の年率換算

パフォーマンス測度は、測定期間の長さ（時間ホライズン）に依存する。例として、表2.1は、年率のシャープレシオが1の戦略を他の時間ホライズンについて計測すると、まったく異なる値になることを示している。たとえば、4年間ではシャープレシオが2であり、1日の場合には0.06となる。

したがって、パフォーマンス測度について言及する際には、ホライズンを明確にしなければならない。さらに、2つの異なる戦略やヘッジファンドのパフォーマンスを比較するときも、パフォーマンス測度が同じ時間ホライズンで計算されていることを確認しなければならない。このため標準的な時間ホライズンがあると便利で、パフォーマンス測度は年率換算されることが多い。年次データを使って計算することもあるが、多くの場合には、より高い

表2.1 パフォーマンス測度と時間ホライズン

計測期間	シャープレシオ	損失確率
4年	2	2.30%
1年	1	16.00%
1四半期	0.5	31.00%
1カ月	0.3	39.00%
1営業日	0.06	47.50%
1分	0.003	49.90%

頻度のデータを使って計算されて、年率に変換される。

　期待リターンを年率換算するには、以下のように、単純に1年当りの期間数 n を期待リターンにかける。

$$\mathrm{ER}^{\mathrm{annual}} = \mathrm{ER} \times n$$

たとえば月次で測定されたリターンでは、$n=12$ をかけることによって年率のリターンを算出できる。週次リターンの場合は52を、毎営業日のリターンの場合は260（祝日を考慮する場合はこれより少なくなる）をかければよい。この方法は算術平均を使って平均値が計算されている場合は自然で、幾何平均を用いている場合には、以下のように複利効果を考慮に入れてリターンを年率換算するほうが自然である。

$$\mathrm{ER}^{\mathrm{annual}} = (1+\mathrm{ER})^n - 1$$

　リターンは時系列に（ほぼ）独立であるため、分散は期間に比例する。たとえば、年率の分散は月率の分散の12倍である。一般に年率の分散は、計測された分散に1年当りの期間数 n をかけることにより得られる。

$$\mathrm{var}^{\mathrm{annual}} = \mathrm{var} \times n$$

このため、標準偏差は1年当りの期間数の平方根を乗じたものになる。

$$\sigma^{\mathrm{annual}} = \sigma \times \sqrt{n}$$

　リスク測度そのものの年率換算値についても、構成要素をそれぞれ年率換算すれば計算することができる。たとえば、1年当り n 期間で計測されるシャープレシオ（SR）を年率換算すると、以下になる。

$$\mathrm{SR}^{\mathrm{annual}} = \mathrm{ER}^{\mathrm{annual}} / \sigma^{\mathrm{annual}} = \mathrm{SR} \times \sqrt{n}$$

　この公式で表2.1のSRの値を説明できる。つまり、SRの年率値は常に1で一定であるが、期間数 n を変化させると、SRの値は $\mathrm{SR} = \mathrm{SR}^{\mathrm{annual}}/\sqrt{n}$ に従って変化する。計測頻度 n をふやすと、SRの値は減少する。

どの頻度で損益（P&L）やSRを計測するかによって、リスクの感じ方は変わる。たとえば、リアルタイムで損益が動くモニターをみるヘッジファンドのマネージャーのように、頻繁に損益を計測すると、P&Lをみる時点ごとのSRは低くなり、リスクに対してより痛みを感じる。高い頻度の時間間隔で戦略が高リスクであると感じる理由を理解する１つの方法として、ある一定の期間において損失が生じる確率を計算するとよい。単純化してリターンが正規分布に従うものと仮定しよう（現実世界では明らかに成り立たないが）。この場合、損失確率を以下のように計算できる。

$$\Pr(R^e < 0) = \Pr(\mathrm{E}(R^e) + \sigma N < 0) = \Pr(N < -\mathrm{SR})$$

ここで、Nは平均ゼロ、標準偏差１の正規分布に従う確率変数を表す。この式から、損失確率はSRのみによって決まることがわかる。表２．１には、年率のSRが１の場合の損失確率も示されている。このような優れた戦略においてでさえ、１分間隔では損失が発生する確率が約50%である。そのため、この頻度でP&Lを計測していると、たとえ素晴らしい年でも２回に１回は損失を目の当たりにすることになるだろう。それが非常に痛みを感じることであるとしても、なんら不思議ではない。

2.5 ハイウォーターマーク

ヘッジファンドのハイウォーターマークHWMとは、過去に達成した最も高い価格P_t（すなわち最も高い累積リターン）を指す。

$$\mathrm{HWM}_t = \max_{s \leq t} P_s$$

通常は、リターンがこのHWMを上回ったときにのみ、ヘッジファンドは成功報酬を請求する。つまり、損失が出ているならばそれをまず埋め合わせなければならず、HWMを上回った利益にのみ成功報酬を課す。

2.6 ドローダウン

ヘッジファンド戦略にとって重要なリスク測度にドローダウン（drawdown, DD）がある。DD は、損失が始まった時点からの累積損失で、ピーク（すなわち HWM）からのドローダウンを率で表すと以下になる。

$$DD_t = (HWM_t - P_t)/HWM_t$$

ここで、P_tは時点 t における累積リターンである[3]。言い換えると、ドローダウンはピーク（HWM）から失われた額を表す。ヘッジファンドが現在ピークにあるならドローダウンはゼロであり、それ以外の場合は正の値をとる。ドローダウンは、その年の年初など他の時点に対する相対値として計測されることもある。大きなドローダウンが生じることは、収益的に負でリスクも大きい。大規模なドローダウンは、直接的な損失にとどまらず、投資家による解約や取引先からの懸念をもたらすことになる。たとえば、プライムブローカーが、ポジションの証拠金所要額を引き上げたり、あるいは供給している資金を完全に回収してしまいかねない。戦略を評価する際に、過去の期間における最大ドローダウン（maximum drawdown, MDD）が考慮されることもある。

$$MDD_T = \max_{t \leq T} DD_T$$

図2.1は、ヘッジファンド戦略の一例で、HWM、ドローダウン、最大ドローダウンを示している。

---

[3] このドローダウンの計算式は、複利方式で計算された累積リターン指数、すなわち$P_t = P_{t-1} \times (1 + R_t)$に基づいている。もし累積リターン指数が単にリターンの累計（すなわち対数リターン）$P_t = P_{t-1} + R_t$に基づいて計算されるなら、ドローダウンも加算的な方法$DD_t = HWM_t - P_t$によって定義される。また、ドローダウンを負の値として扱う投資家もいるが、これは本書の定義に負の符号をつけることに相当する。

図2.1 ヘッジファンド戦略のハイウォーターマーク（HWM）とドローダウン（DD）

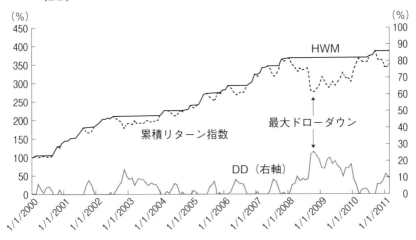

2.7 低流動性や価格の遅行性に関するパフォーマンス測度の調整

　ヘッジファンドのなかには一見したほどにはヘッジされていないものがある。その理由を以下の例で考えてみよう。レイト・キャピタル・マネジメント（LCM）というヘッジファンドが100％を株式市場に投資しながら、時価評価を常に1カ月遅れで行っているとしよう。たとえば、株式市場が1月に3％上昇した場合、LCMは2月に3％のリターンを報告する。この場合、LCMの株式市場ベータ β^{LCM} はほとんどゼロのようにみえるだろう。なぜなら、ベータは市場との共分散によって定まり、リターンが時間的にずれているためである。

$$\mathrm{cov}(R_t^{\mathrm{LCM},e}, R_t^{M,e}) = \mathrm{cov}(R_{t-1}^{M,e}, R_t^{M,e}) \cong 0$$

つまり、LCMのリターンは先月の市場リターンで、市場リターンは時系列に（ほぼ）独立なため、LCMのベータは標準的な回帰ではゼロのようにみえ

てしまう。

$$R_t^{\text{LCM},e} = \alpha + \beta R_t^{M,e} + \varepsilon_t$$

 α の推定値は、株式市場リターンの平均になるため、（長期的には）正の値をもつ。したがって、標準的な推定によれば、LCMはアルファを生み出しているようにみえる。しかし、遅行して時価評価することが本当に投資家に価値を提供しているだろうか。また、LCMに投資することは長期的にみて市場に対するヘッジになるのだろうか。もちろんそうでなく、市場に投資して損失を被るなら、LCMに投資したところで、翌月にはやはり損失を被ることになる。

 この例は明らかに現実性を欠くが、得られる一般的な教訓は読者の想像以上に現実的である。多くのヘッジファンドは何日も取引されない流動性の低い証券に投資することがあり、したがって月末価格が「古い」ことがある。この問題は、公知の価格による透明性が存在しない店頭（OTC）市場で取引されている証券では特に深刻になりうるが、取引所に上場されていても流動性が低い証券であれば同様に問題となる。このため、ヘッジファンドのリターンは、市場のボラティリティすべてが必ずしも反映されない、遅行した価格表示に基づいて計算されるかもしれない。この遅れによって、市場との連動性（ベータ）が誤って測定され、アルファは過大評価されてしまう。これを調整するには、同じ期間の市場リターンのみに回帰するのではなく、ラグをおいた市場リターンにも回帰すればよい[4]。

$$R_t^e = \alpha^{\text{adjusted}} + \beta^0 R_t^{M,e} + \beta^1 R_{t-1}^{M,e} + \cdots + \beta^L R_{t-L}^{M,e} + \varepsilon_t$$

 この多変量回帰によるアルファは、市場エクスポージャーの遅れが勘案されており、現在および過去の市場の動きに対するエクスポージャーを考慮した後でのヘッジファンドの付加価値をとらえる。そして、以下によってすべてを織り込んだ「真の」ベータを推定できる。

---

 [4] この問題は Asness, Krail and Liew (2001) によって指摘された。彼らは、Scholes and Williams (1977) や Dimson (1979) によるラグ付 β の手法を提案している。

$$\beta^{\text{all-in}} = \beta^0 + \beta^1 + \cdots + \beta^L$$

LCMの例では、この方法により $\beta^{\text{all-in}} = 1$、$\alpha^{\text{adjusted}} = 0$ となり、この仮想的なヘッジファンドによって加えられる真の価値（がないこと）が示される。現実に存在する多くのヘッジファンドやヘッジファンド指数を評価する際に、この調整は大きな違いを生む。他のパフォーマンス測度についても、遅行した価格に関する問題を調整することが可能である。たとえば、インフォメーションレシオを調整するために、すべてを織り込んだヘッジリターン $R_t^e - (\beta^0 R_t^{M,e} + \beta^1 R_{t-1}^{M,e} + \cdots + \beta^L R_{t-L}^{M,e})$ のシャープレシオを使うことができる。

$$\text{IR}^{\text{adjusted}} = \frac{\alpha^{\text{adjusted}}}{\sigma(\varepsilon)}$$

2.8 パフォーマンス要因分析

　ヘッジファンドは、自らのリターンの要因を頻繁に確認する。このプロセスをパフォーマンス要因分析（performance attribution）と呼ぶ。たとえば前四半期を振り返り、主にどの取引がリターンに正の寄与をし、どの取引がリターンを減じたかを調べる。これはヘッジファンドの顧客とのコミュニケーションにおいても、内部での企画や評価においても役立つ。ヘッジファンドへの投資家の観点からパフォーマンス要因分析が有用なのは、投資プロセスやリターンの源泉、ファンドがさらされているリスクファクターに関する知見が得られるためである。ヘッジファンドの内部では、どの投資戦略が機能しているのか、どのトレーダーの投資が成功しやすいのかを判断するために、パフォーマンス要因分析を用いることができる。

2.9 バックテストとトラックレコード

パフォーマンスを評価するうえで、取引コストや運用報酬を控除する前のグロスと控除した後のネットを区別することは重要である。取引コストや運用報酬を控除する前か後のどちらで考えるのかは、パフォーマンス測度の使用目的による。投資家は、明らかにヘッジファンドの取引コストや運用報酬控除後のパフォーマンスを気にするが、それは投資家が享受できるのはネットリターンだからである。ヘッジファンドのトラックレコード（実績）は運用期間中に生じたすべての報酬やコストを控除した後に実現するパフォーマンスである。複数の報酬体系を有するヘッジファンドもあるが（たとえば、成功報酬はないが運用管理報酬は高いという選択肢と、安い運用管理報酬に高い成功報酬を組み合わせた選択肢）、この場合は最も保守的な報酬体系を用いてトラックレコードを報告しなければならない。

ヘッジファンドは、戦略のバックテストも考察する。つまり、過去にとったであろう投資行動を仮定して、過去のパフォーマンスをシミュレートする。投資家の関心は最終的にはネットリターンであるが、ヘッジファンドはバックテストでグロスリターンをみることによって取引アイデアを内部で精査するだろう。実際、まず戦略にメリットがあるのかを判断するため、グロスリターンが期待どおりに正か否かを調べる。そして、その戦略に儲かる見込みがあるなら、次に戦略が取引コストに耐えられるか、最終的には投資家に付加価値を提供できるものかを考察する。ファンドの実現リターンは当然ながら取引コスト控除後のネットリターンだが、バックテストにおいて取引コストを調整するのは複雑である。そこで、バックテストを行う方法と取引コストの考慮の仕方、取引のレバレッジと資金調達に関連する問題について、次に詳しく検討していく。

第3章

戦略の発見とバックテスト
―効率的に非効率な市場における収益の獲得―

　常に儲かることが保証されている取引戦略は存在しないが、長い期間にわたって損失よりも利益を多くもたらしてきた戦略は存在する。ある種の戦略がなぜ収益を生むのかを理解することは重要である。もちろん理由の1つは運である。しかし、われわれにとって関心があるのは、将来にわたって収益をあげ続けることが期待できる戦略、すなわちアルファを生み出す反復可能なプロセスである。再現可能なアルファのプロセスを見つけるには、利益の背後に隠れている経済学を理解しなければならない。これは以下のような格言にも通ずる。

　　だれがカモか知らないやつがカモだ。

　取引戦略の基礎をなす経済学を理解することは重要だが、このゲームに本当の「カモ」がいる必要はない。たとえ見つけたとしても、おそらく再現可能なプロセスではない。自分の取引の相手方がだれで、なぜ相手方に立つのかを理解する必要があるという意味で、この格言を単にとらえればよい。自分が利益を出すことのほうが多いのであれば、反対側の人々は何を動機として取引を行っているのか。そして、それらの人々は将来もその取引を続けるのか。あらゆる買い手に対して売り手がいて、自分の取引の反対側に常にだれかがいることを思い出そう。たとえ自分が取引の経済学を理解していなくとも、彼らは理解しているかもしれない。図3.1に示すように、再現可能な取引の利益には2つの主な源泉があると考えられる。すなわち流動性リスクと情報の優位性である。以下で論じるように、図3.1は流動性リスクと

図3.1 ヘッジファンド戦略における主な利益の源泉

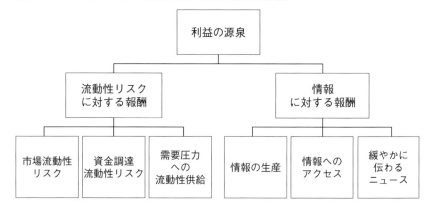

情報の優位性をさらにどう分解できるかも示している。取引による利益の源泉を理解した後に、新しい取引アイデアをバックテストする方法を検討する。

3.1 価格は効率的に非効率な水準で情報を反映する

経済のファンダメンタルズに関する情報が効率的に価格に反映されるには、だれかが情報を集め、それに基づいて取引を行わなければならない。ヘッジファンドはそうした情報を生産する役割を担っている。情報の生産がなぜ再現可能な利益の源泉になりうるのかを理解するには、まず市場は完全には効率的になりえず、常にすべての情報を反映するとは限らないことに注意しよう。もし市場が完全ならば、情報を集めたうえでそれに基づいて取引するインセンティブをだれももたない。だとすれば、そもそも市場はどのように効率的になるのであろうか。あるいは、簡単に儲けられるほど市場が非効率であるはずもない。もしそうなら、ヘッジファンドや他のアクティブ投資家はさらに多くの取引を行うインセンティブをもつだろう。市場価格に含まれる情報は効率的に非効率でなければならず、十分に情報が反映されれば収益をあげるのは困難になるが、情報を集めて取引したいと思う者がいないほどに

は効率的ではない（Grossman and Stiglitz, 1980）。

情報の生産：ヘッジファンドはさまざまな方法で情報を生み出す。方法の1つは、会社やその将来利益の見通しについて広範に分析することである。情報を収集して加工する作業は、ファンダメンタル分析と呼ばれる。消費者からの需要や業界動向に関する広範囲な調査を行って、堅調かつ事業見通しが過小評価されている会社を買うことや、詐欺的な会社や不適切に利益を開示している会社を見つけ出して空売りをすることもある。優れたジャーナリストが真実を暴き、いち早く記事にして報道しようとするのとまさに同じように、新しい情報と洞察に基づいてだれよりも早く取引しようとする。また、会社を改善したりコストを削減する方法のアイデアを経営陣に提供することによって、ヘッジファンドはより直接的に情報をつくりだすこともある。

情報へのアクセス：単に情報の入手に優れることも利益の源泉となる。その最も極端な例が違法なインサイダー取引、つまりヘッジファンドが内部情報に基づいて取引をすることである。たとえば、従業員や役員は会社の利益や合併に関する機密情報を提供するかもしれない。投資家は、このような違法なインサイダー取引が疑われるところに決して近寄ってはならない。インサイダー取引は他の市場参加者にとって不公平である。金融業では信用が拠り所であり、見つかればヘッジファンドなどの金融機関はあっという間に破綻に追い込まれる。ただし、ヘッジファンドが私的にデータや情報を得てよい合法的な状況はある。たとえば、医者に電話をかけてどの薬を処方しているか尋ねた後、この情報に基づいて製薬会社の株式を売買することは合法である。

行動ファイナンスと裁定の限界：第三の利益の源泉は、価格が単純にニュースやその他の一般に利用可能な情報をいつも即座に完全に織り込むとは限らないことである。たしかに多くの関連する情報が市場価格に反映されるものの、すべての情報が直ちに完全なかたちで価格に集約されるわけではない。たとえば、会社が業績を公表すると、価格は良いニュースに対して上昇し、悪いニュースに対して下落するが、平均的にみて価格の動きは過小である。そのため、良いニュースが公表された後、平均的に価格のドリフトは

数週間にわたって上向きになり、逆に悪いニュースが出た後は価格のドリフトがしばらく下向きになる。この効果は決算公表後ドリフト（post-earnings-announcement drift）と呼ばれる。さらに視野を広げてみれば、最初に過小反応した後に、遅れて過剰反応するという一般的な傾向が存在し、トレンドやモメンタムを形成する。これについては、株式クオンツとマネージド・フューチャーズに関する第9章と第12章で詳述する。

　なぜこうした効果が生じるのだろうか。ある説明によれば、一部の投資家（ノイズトレーダー）が行動バイアスにとらわれ、価格をファンダメンタルズから乖離させる共通の誤りを犯す。しかし、なぜこの誤りはスマートな投資家によって修正されないのだろうか。実際に部分的には修正されるが、裁定の限界（limits of arbitrage）によって部分的なものにとどまる（Shleifer and Vishny, 1997, Shleifer, 2000）。教科書的な裁定は理論的にすべてのミスプライスを取り除くが、現実の世界ではいかなる「裁定」取引にもリスクがあり、限られた程度にしか裁定されない。裁定はコストとリスクによって制限されるため、裁定取引はミスプライスを完全には取り除かず、効率的に非効率な水準でミスプライスは持続する。

　では、実世界における裁定の限界とはどのようなものだろうか。第一に、裁定取引はしばしばファンダメンタル・リスクにさらされる。ヘッジファンドが過小評価された石油会社のような割安な証券を買っても、ランダム事象（CEOの交通事故死や石油採掘設備の爆発など）によって株式のパフォーマンスが悪化するリスクはなお存在する。第二に、ノイズトレーダー・リスクにさらされる。これは、ヘッジファンドが割安な証券を買っても、価格がファンダメンタル価値に近づく前にさらに割安になる可能性があることを意味する（De Long, Shleifer, Summers and Waldmann, 1993）。この状況はヘッジファンドに短期的な損失をもたらす（たとえその取引が事前的に「正しい」としても）。この結果、資本流出が起こり、ファンドは価値が上昇するまで生き続けられない可能性がある。第三に、たとえばジョージ・ソロスがITバブルの時に行ったように、ヘッジファンドはバブルに逆らうよりも、これに乗ろうとするかもしれない。他のスマートな投資家がミスプライスに逆ら

う取引を先送りし、バブルに便乗するだろうと考える場合には特にそうである（Abreu and Brunnermeier, 2003, Brunnermeier and Nagel, 2004）。これらのリスクと次に議論される流動性リスクがあるため、ヘッジファンドは自らがとるポジションの大きさを制限する。そのため、裁定取引を行う者が互いに競い合っているにもかかわらず、ミスプライスは完全には取り除かれないのであろう。

　要約すると、新たな素晴らしい取引アイデアを探しているのなら、ほとんどの投資家が見落としている情報の存在や、さまざまな情報源を結びつける新たな手法、情報を素早く取得する洗練された方法について考えるべきである。さらに、どのような種類の情報が裁定の限界によって価格に十分に織り込まれないのかも考えなければならない。

3.2　流動性リスクに対する効率的に非効率な報酬

　アクティブ投資家が利益をあげることができるもう1つの理由に、リスクをとることに対する報酬がある。たとえば、ヘッジファンドは平均的に株式市場をロングしていて、株価は平均的に上昇するため（株式プレミアムと呼ばれる）、付随する市場リスクに対する報酬を得られる。しかし、投資家にとって株式市場のエクスポージャーをとることは容易なので、それはベータであってアルファではない（パフォーマンス測度に関する前章で議論したとおりである）。ここで議論したいのは、単純な株式市場へのエクスポージャー以外のリスク、特に流動性リスクに対する報酬として、ヘッジファンドがいかにアルファを獲得するかである。

　流動性リスクは、取引コストが上昇するリスク（市場流動性リスク）や、特にレバレッジをかけたヘッジファンドでキャッシュが尽きるリスク（資金調達流動性リスク）、需要圧力に対応するリスクから構成される。流動性リスクは裁定取引に対する重要な制約である。上で議論した裁定に関する他の限界と同様に、ミスプライスを修正するトレーダーの能力は流動性リスクに

よって制限される。

　流動性リスクは、裁定の限界をもたらすだけでなく、流動性リスクプレミアムを生むことによって直接的に市場価格に影響を与える。別の言い方をすれば、効率的に非効率な市場における自然な構成要素として、流動性リスクに価格がつく（これに対して、他の裁定の限界が問題になるのは一部のノイズトレーダーが価格を本来のものから乖離させるときのみである）。次に、流動性リスクがどのように価格に影響を及ぼすかをみてみよう。

市場流動性リスク

　多くの証券の流動性は非常に低い、つまり取引コストが大きい。そのような証券は、ちょうど売る必要があるときに、さらに流動性が低下することが多く、これは以下の格言でも確認できる。

　　入れてはもらえるが、出してもらえない。
　　（行きはよいよい、帰りは怖い）

　ポジションを外すことができないリスク、あるいはポジションを外すには高い取引コストを支払わなければならないリスクは、市場流動性リスク（market liquidity risk）と呼ばれる。たとえば2008年秋に、転換社債をはじめとする流動性が低い証券のビッド・アスク・スプレッドは1％未満から5％以上に拡大した。多くの場合にはビッド（買値）さえ提示されず、喜んで反対側のポジションをとる相手を見つけることができた場合にしか、取引ができなかっただろう。

　当然ながら投資家は市場流動性リスクをとることに対する報酬を求めるため、流動性が低い証券は安く、より高いグロスの平均リターンをもたらす。たとえば転換社債は市場流動性リスクのプレミアムがある分、理論価値（転換社債は派生証券であるため株式価格から推定できる）に比べて割安になりやすい。また、ハーバード大学寄贈基金は、プライベートエクイティ（未公開株式）に投資して5年間や10年間資金を寝かせることと引き換えに、どれくらいの追加リターンが必要かと問われた時、基金のCEOは以下のように答

えている。

流動性がないことに対する付加的なリターンを得なければなりません。公開株式の期待リターンに対する上乗せ分として、少なくとも年率で平均300ベーシスの流動性プレミアムを求めています。

——ハーバード・マネジメントCEO, Jane Mendillo
(『バロンズ』2014年2月8日)

　流動性リスクの存在は、標準的な資本資産価格モデル（CAPM）が実際にあまり機能しない重要な理由の1つである。流動性を調整したCAPMのほうが、金融市場をよく近似できるだろう[1]。このモデルでは、投資家は証券iのリターンR^iから取引コストTC^iを控除したものに関心をもつ。結果として、CAPMはネットリターン$R^i - TC^i$に適用される。

$$E(R^i - TC^i) = R^f + \beta^i \lambda$$

ここでλはリスクプレミアム、β^iは証券iと市場全体Mのネットリターンとの共分散を表す。

$$\beta^i = \frac{\text{cov}(R^i - TC^i, R^M - TC^M)}{\text{var}(R^M - TC^M)}$$

これは、グロスリターンが次のように定まることを意味する。

$$E(R^i) = R^f + E(TC^i) + (\beta^{R^i, R^M} + \beta^{TC^i, TC^M} - \beta^{TC^i, R^M} - \beta^{R^i, TC^M}) \lambda$$

　この式によれば、投資家の要求リターン$E(R^i)$は、リスクフリー金利と、期待取引コスト$E(TC^i)$、およびリスクプレミアムλを乗じた4つのリスクに対する報酬の和となる。期待取引コストが高ければ要求リターンも高いの

---

[1] 流動性を調整したCAPMはAcharya and Pedersen (2005) によって導出され、株式についてはPastor and Stambaugh (2003)、社債についてはLin, Wang and Wu (2011)、ヘッジファンドのリターンについてはSadka (2010) によってさらなる証拠が提示されている。Amihud and Mendelson (1986) は流動性水準の影響を報告している。

は当然であるが、リスクプレミアムもまた直感的に理解できる。最初のβ^{R^i,R^M}は標準的な市場ベータで、証券のリターンR^iと市場リターンR^Mの共分散に依存する。二番目の項β^{TC^i,TC^M}は、証券の取引コストTC^iと市場全体の取引コストTC^Mの連動性を表し、連動性が高い証券ほど投資家は高いリターンを要求することを意味する。つまり、トレーダーは多くの証券が売買できなくなるときに流動性が枯渇してしまうような証券を好まない。第三のリスクプレミアムβ^{TC^i,R^M}は、市場が下落する際に流動性が低下するような証券を保有することに報酬を求めることを意味する。そのようなときこそ投資家は本当にお金を必要としていることが多いためである。最後のプレミアムβ^{R^i,TC^M}は、流動性危機の際に価値が下落するような証券を保有することに対して投資家が報酬を求めることを表している。

　実際には、これらすべての種類の市場流動性リスクは密接に関連している。要は、トレーダーが市場流動性リスクをもつ証券を買おうとするのは、そのリスクに対する報酬が得られる場合だけであり、その報酬は安い価格、つまり高い期待リターンで買えることで得られる。すなわち、このリスクをとることを厭わないヘッジファンドは、市場流動性リスクプレミアムを得ることができる。さらにいえば、保有期間が長く、比較的安いコストで売買する能力があるヘッジファンドは、高いネットリターンを獲得できるだろう。実際、頻繁に売買せず賢く売買しながら、市場流動性リスクプレミアムのおかげで安く仕込むことができて、しかも危機時の強制売却を避けることができるヘッジファンドならば、高いリターンが得られる。しかし、これにはリスクがあり、ファンドが得るのはその報酬である。流動性スパイラルの最中で他の参加者が大きなポジションを売っている時に、価値が下落している証券を買うことは通常危険である。底値に達するのがいつかはわからない。このことをトレーダーは以下のようにいう。

落ちてくるナイフはつかむな。

　この流動性リスクの理論によって、たとえば債券の裁定取引を行うヘッジファンドが獲得するプレミアムをうまく説明できる。後で詳しく議論するよ

うに、こうしたヘッジファンドは多くの場合ほとんど同一の証券のペアを取引する。すなわち、流動性が低い割安な証券を買って、対応する流動性が高い証券を空売りすることで、市場流動性リスクに対する報酬であるスプレッドを獲得する。

流動性を調整したCAPMは、取引コストと流動性リスクが高まる流動性危機において何が起こるかも示す。つまり、投資家が市場の流動性リスクに対してさらに高い報酬を求めることで要求リターンは上昇し、結果として価格は急落する。そのような流動性危機は特定分野に特化した市場で頻繁に起こるが、複数の市場をまたぐような広範囲に及ぶ危機も10年に2回程度の割合で起こる。

流動性の低い証券を取引することは市場の流動性リスクプレミアムを獲得する方法の1つであるが、これ以外にもマーケットメイクという方法がある。背景に、多くの投資家が即座に取引できることを欲する一方で、市場では買い手と売り手が常に同時に存在するとは限らないことに留意しよう。そのため注文の流れは断続的で、価格はファンダメンタル価値の周りで動き回る。マーケットメイカーはこのことを利用し、取引の相手側となって価格変動をならす。見方を変えれば、これは流動性サービスを供給することでもある。ここではマーケットメイカーという用語を一般的な意味で用いている。たとえば高頻度トレーダーは、そう呼ばれないとしても、マーケットメイカーとして効果的な役割を演じることが多い。ビッド・アスク・スプレッドやマーケットインパクトによってマーケットメイカーが獲得できる利益が、この流動性サービスに伴うリスクに対する報酬である。

資金調達流動性リスク

ヘッジファンドがとる他の重要なリスクに資金調達流動性リスク（funding liquidity risk）がある。これは取引のポジションを維持するための資金が途中で手当できなくなるリスクである。別の言い方をすれば、ファンドが証拠金制約に抵触する、あるいは抵触しそうなためにポジションを解消せざるをえなくなるリスクである。証券のなかには高い証拠金所要額のために調達す

るのがむずかしいものもあり、そうした多額の資金が必要な証券を保有することに対して、資本制約のある投資家が報酬を求めるのは自然である。証拠金を調整したCAPMによれば、証拠金所要額とともに要求リターンは上昇する（Gârleanu and Pedersen, 2011）。

$$E(R^i) = R^f + \beta^i \lambda + m^i \psi$$

ここで、m^iは証券iの証拠金所要額で、ψは資本を縛ることに対する報酬である。資金調達制約とレバレッジ制約に関する他のインプリケーションとして、多くの投資家は安全な証券にレバレッジをかけるよりも、リスクがある証券を買うほうを好むというのがある。それぞれの資産クラス内において、リスクの低い証券に比べて、リスクの高い証券のリスク調整後リターンが低い理由をこのインプリケーションから説明することができる。リスクの高い株式のポートフォリオは、低リスクの株式にレバレッジをかけたポートフォリオよりもパフォーマンスが悪い傾向がある。たとえば、長期国債のポートフォリオはレバレッジをかけた短期国債のポートフォリオよりもパフォーマンスが悪く、クレジット市場でも同様である（Frazzini and Pedersen, 2014）。こうした効果は資産クラスをまたいでも存在し、いわゆるリスクパリティ投資はこれに基づいている（Asness, Frazzini and Pedersen, 2012）。

もちろん市場流動性リスクと資金調達流動性リスクは相互に関連し、ともに要求リターンに影響を与える。

$$E(R^i) = R^f + \beta^i \lambda + \dfrac{\text{市場流動性リスク}}{\text{に対する報酬}} + \dfrac{\text{資金調達流動性リスク}}{\text{に対する報酬}}$$

取引コストと市場流動性リスクが高い証券は調達がむずかしい傾向があり、その逆も成り立つ。5.10節で論じるように、これらのリスクは互いに強め合い、流動性スパイラルを生み出すことがある。

需要圧力への流動性供給

最後に、需要圧力（demand pressure）に対して流動性を供給することで利益を得ようとするヘッジファンドの傾向もアルファの源泉となる。たとえ

ば、ある証券に著しい買い圧力が生じると、価格は上昇し、結果として将来の期待リターンは異常に低くなる。逆に見捨てられて価格が低下し、期待リターンが高くなる証券もあるだろう。こうした状況では、逆張りの取引戦略が利益をもたらす。これは安く買って、高く売ることで実質的に流動性を供給していることになる[2]。

　需要圧力はさまざまな理由から生じる。たとえば、イベントドリブン型ヘッジファンドの運用者が取引する際の背景となる企業イベントの多くには、需要圧力が伴う。合併が発表されると、アナウンス時にターゲット企業の株価は急騰するが、もし合併計画が破談になれば株価は反落する。このイベントリスクのために、ミューチュアルファンドをはじめとする多くの投資家はターゲット企業の株式を売り、それによって株価には下落圧力がかかる。この場合、合併裁定取引のヘッジファンドは、ターゲット企業から構成される分散化されたポートフォリオを買うことによって、流動性を供給する。したがって、合併が破談になるイベントリスクに対する保険を売っているものとみなせる。住宅が火事に遭ったときの補償を売ることで保険会社が利益を得るのとまったく同様に、合併裁定取引のヘッジファンドの利益は合併計画の破談に対する保険を売ることによって得られる。

　さまざまなリスクをヘッジしたがる投資家がいることも需要圧力が生じる源泉である。たとえば指数オプション、特にプットオプションを買う大きなヘッジ需要が存在し、オプションの価格を引き上げている。同様に企業は、製造や生産のリスクをヘッジする際に、コモディティ市場で需要圧力をしばしば生じさせている。

　多くの制度摩擦によっても需要圧力は生じる。たとえば、一部の投資家は

---

[2] 需要圧力は株式価格に影響を与えることが明らかとなっている。たとえば、株価指数への組入れ（Shleifer, 1986, Wurgler and Zhuravskaya, 2002）、オプション価格（Gârleanu, Pedersen and Poteshman, 2009）、債券利回り（Krishnamurthy and Vissing-Jorgensen, 2012, Greenwood and Vayanos, 2014）、先物価格（Keynes, 1923, de Roon, Nijman and Weld, 2000）、モーゲージ担保証券（Gabaix, Krishnamurthy and Vigneron, 2007）がある。さらに、ヘッジファンドをはじめとするスマートな資金が利用可能な資本の変化が、転換債券の価格や合併のスプレッドに関連している（Mitchell, Pedersen and Pulvino, 2007）。

投資適格から外れた債券を保有することができず、その結果、格下げされた債券には売却の需要圧力が生じる。ほかにも、コモディティにおけるパッシブ投資家の例がある。彼らは伝統的に、期近（最も満期が近い限月）の先物を保有し、S&P GSCI指数（以前のゴールドマン・サックス・コモディティ指数）の定まった周期に従って、先物の満期が近づくと次の限月に乗り換える。この乗換えによって、期近物を売って期先物を買おうとする需要圧力が生じる。

最後に、行動バイアスも需要圧力を生み出す。投資家の想像力をかき立てて需要が生まれる証券もあれば、反対に見過ごされる証券もあるだろう。たとえば、多くの顧客と直接的な関係をもつ会社の株式は過剰な需要を生み出すことがある。クリスピー・クリーム（Krispy Kreme）が長年そうだったし、それ以前ではインターネット関連株が当てはまる。

以上をまとめると、流動性の低い証券の取引や調達において優位に立つか、需要圧力に逆らうことにより、有望な取引戦略を見つけることができるだろう。

3.3 取引戦略のバックテストの方法

ひとたび取引アイデアを思いつけば、バックテストは強力なツールになる。取引戦略のバックテストとは、その戦略が過去においてどうだったのかをシミュレートすることを指す。もちろん、必ずしもヒストリカルパフォーマンスが将来のパフォーマンスを予測するものではないが、それでもバックテストは大変役立つ。たとえば、取引アイデアの多くはたいてい筋が悪く、それはバックテストを通して見極めることができる。ある取引アイデアがあるとして、過去20年以上にわたるパフォーマンスをシミュレーションしたところ、この戦略がまったく機能しないことがわかったとしよう。この事実を取引開始前に知りたいかと問われれば、もちろん「知りたい」と答えるに違いない。知っていれば取引を行わないだろうし、それによって多額の損失を避けられるからである。バックテストによって戦略のリスクがわかり、改良する方法についてのアイデアが得られる。

バックテストの実行―取引ルールとその周辺―

バックテストを実行するには、以下の要素が必要である。

- **ユニバース**：取引する証券の母集団。
- **シグナル**：入力値として使われるデータ、データの出所、データの分析方法。
- **取引ルール**：シグナルに基づいて取引する方法。シグナルを見直してポジションをリバランスする頻度や、ポジションの大きさなど。
- **時間のラグ**：戦略が実行可能であるためには、入力データは用いられる時点で入手可能でなければならない。たとえば、国内総生産（GDP）を用いる場合、値が遅れて公表されるため、ある年の数値は翌年1月1日には使用できないことを考慮する必要がある。また、シグナルとして終値を使う場合、それと同じ終値で売買できることを仮定するのは現実的ではない（研究者はしばしばそうするが）。たとえば1、2日後の終値を使うなどして、時間のラグをおいて売買が行われることを仮定するほうがより慎重である。

一般論としてバックテストの要素を論じると少々抽象的になるが、取引戦略に関する章で述べる具体的な事例を通じて、バックテストの概念はより現実的になるだろう。取引ルールには多くの種類があるが、ここではポートフォリオ・リバランス・ルール（portfolio rebalance rule）と入退出ルール（enter-exit rule）の2つの大分類に分けて論じる。前者はマクロ的な見方によるもので、後者はミクロの視点から取引を積み上げるものである。

- **ポートフォリオ・リバランス・ルール**：この取引ルールではポートフォリオ全体を考えて、リバランスの方法を定める。各時点において以下を行う。

  - 最適ポートフォリオを決定する
  - この最適ポートフォリオにリバランスするため、（机上で）取引する

第3章　戦略の発見とバックテスト

この種の取引ルールの例として、各月の最終取引日に純資産株価倍率によって上位10%の割安株を特定するものと仮定しよう。そして、これらの銘柄からなる等ウェイトのポートフォリオを購入し、1カ月間保有する。翌月末にその時点での割安な上位10%の銘柄にリバランスし、これを繰り返すものとする。したがって常に取引は行われ、ポートフォリオの銘柄数は安定的である（変わるのは、ユニバースが変わるときだけ）。あるいは別の例として、ユニバースに含まれるすべての証券のリスクと期待リターンを毎月推定し、最も高いシャープレシオをもつポートフォリオにリバランスすることを考えよう。この例では、常にそれぞれの証券のポジションをもつが、各ポジションの大きさは時間とともに変動し、ロングとショートが入れ替わることもある。この場合、ある特定の取引が有効かどうかを確認するのは容易ではない。IBM株の取引を開始して後に手仕舞うのではなく、IBM株に常にロングまたはショートのエクスポージャーをもち、それが時間とともに変化するからである。

- **入退出取引ルール**：もう1つのアプローチは、個別取引の観点から考えるものである。

    - それぞれの資産ごとに、取引を開始する時点と初期ポジションの大きさを定める
    - 時間の経過とともに、状況に応じてポジションの大きさをどう変えていくかを定める
    - その取引を終了する時点を定める

たとえば、金の価格が過去20日間の最高値を上回ったときに（商品取引顧問業者（CTA）やマネージド・フューチャーズのトレーダーはこれをブレークアウトと呼ぶ）、金の先物を買うとしよう。そして、金の価格が過去10日間の最安値を割るまでそのポジションを維持するものとする。この種の入退出ルールでは、金を保有する時点もあれば、保有しない時点もある。さ

らに、多くの証券を対象にしてこの種の取引ルールを実行すると、時点ごとにポジションの数が変わるため、リスクは時間とともに変動する。

どのようなバックテストや取引ルールであっても、次に議論するように、バイアスと取引コストに留意する必要がある。

データマイニングとバイアス

バックテストでは、現実世界で実際に取引を行って実現するパフォーマンスよりもとてもよくみえる。これは多くの理由により、あらかじめ予想できる。まず、世界は変化し続け、過去に機能した取引戦略が同じように機能するとは限らない。この原因には、多くの人々がこうした戦略を追求しているために、その競争圧力によって価格が修正され、収益性が低下する可能性が考えられる[3]。

おそらくはさらに重要な理由は、いかなるバックテストもデータマイニングのバイアスの影響を受けることである。どのようなバックテストであれ、ある程度のバイアスから逃れることはできない。たとえば、ある取引アイデアを分析する際、最終的にいくつか異なる実装に至り、過去に機能したものに魅力を感じてしまう。その結果、（意識的にあるいは無意識的に）過去に機能したという理由で、その取引アイデアの実装を選択してしまう。しかし、これは過去の時点では知りえなかったはずである。さらに、あるバックテストが過去最も機能したとしても、それは単なる偶然かもしれない。もしそうなら、これに基づいて実際に取引しても、おそらく将来は機能しないだろう。あるいは、ある取引でだれかが儲かったという話を聞いてそのバックテストを試みたとする。しかしこの場合、単なる偶然かもしれず、バックテストにはよくみえるバイアスがかかる（友人がすでにそう教えてくれているのだ）。こうした避けられないバイアスによって、バックテストのリターンは割り引いてみるべきで、実際のリターンをより重視すべきである。入力項目が多く、

---

[3] こうした効果の重要性に関する測定や検定については、Harvey and Liu (2013)、Harvey, Liu and Zhu (2013)、McLean and Pontiff (2013) を参照。

さまざまな微調整や最適化がなされているバックテストほど割り引いてみるべきである。

バックテストを評価するうえで、避けられないバイアスが与える影響を考慮するべきであるが、一方で回避可能なバイアスも多く存在し、経験豊かなトレーダーや研究者がバイアスを排除しようと努力してきた。1つは、バイアスのない証券のユニバースを用いることの重要性である。たとえば、S&P 500指数に現在組み入れられている株式だけを考慮すると、サンプルにはバイアスが含まれることになる。15年前には今日の構成銘柄は知りえなかった。パフォーマンスがよいという理由で銘柄が指数に組み入れられることも多く、組み入れられるほどにパフォーマンスが良好な銘柄を15年前には知らなかったはずである。もしS&P 500の銘柄を使いたいなら、バックテストの対象時点における指数構成銘柄を使うべきで、これが過去の時点で実際にできたことである。

取引シグナルと取引ルールにバイアスがないこともまた重要である。そのためには、上で示したように、時間のラグを適切に取り扱う必要がある。たとえば、多くのアナウンスは対象とするイベントの後に行われ（第1四半期の決算が発表されるのは第2四半期のどこかであるし、GDPやインフレ率などのマクロ経済統計も遅れて公表される）、改定値が判明するのはさらにその後である。

パラメータの最適化や推定をする場合にも、自然にバイアスは生じる。たとえば1990年から2010年までのデータを対象に回帰によって期待リターンを推定し、そのパラメータを用いて同じ期間について戦略のバックテストを行うと、戦略のパフォーマンスにはバイアスが含まれ、現実にはあり得ないほどよくみえてしまう。パラメータは最適に推定されるが、これを前もって知ることはできないし、将来における最適なパラメータを現時点で知ることもできない。この欺くような手法はインサンプル検定（in-sample test）と呼ばれ、これに対してアウトオブサンプル検定（out-of-sample test）では、シミュレーション上の取引よりも前の期間のデータを使ってパラメータを推定する。アウトオブサンプルの検定にはさまざまな方法がある。1つの方法は、

サンプルを2つに分けたうえで、前半のサンプルからパラメータを推定し、後半のサンプルで取引をシミュレーションするものである。もう1つの方法は「ローリングウィンドウ」を用いるものである。すなわち、各期間（たとえば各月）について、それより古いデータを用いてパラメータを推定し、その月の取引のシミュレーションを行う。そして、1カ月分を加えたより長い期間の過去データを新たに用いて、翌月の取引のシミュレーションを順次繰り返す。ただし、いうまでもなく、インサンプルのバイアスを回避する最も簡単な方法は、特定のパラメータの値に依存しないほど単純な戦略を考えることである。

　目標は、将来に機能する戦略を見つけることであり、可能な限り最高のバックテストの結果を得ることでないことは、常に心にとどめておかねばならない。たとえ多少の調整をしても機能するような頑健なプロセスを得る努力をすべきである。

バックテストにおける取引コストの補正

　取引コストは取引戦略のリターンを低下させる。したがって、取引コストを考慮することによって、バックテストは格段に現実的になる。バックテストを補正するには、まずすべての証券とその取引規模に対して、予想取引コストを推定する必要がある。推定値はブローカーから得られることが多いが、5.3節で論じるように、自身で推定することもできる。予想取引コストが与えられれば、以下の簡単な方法でバックテストを補正することができる。すなわち、バックテストにおいて取引が生じる各時点での予想取引コストを計算し、バックテストのリターンからそのコストを控除する。たとえば、月次のポートフォリオ・リバランス・ルールを採用する場合、バックテストの各月において、以下のようにする。

・ポートフォリオのリターンを計算する
・新しい証券ポジションとそのために必要な取引を計算する
・すべての証券について予想取引コストを計算し、それらを合計する

・最後に、予想総取引コストをポートフォリオのリターンから控除する

　バックテストにおいて取引コストを補正することは、取引戦略の回転率が高いほど重要になる。さらに、取引コストによって最適な取引ルールの構築方法が変わるほか、取引コストにはほかにも重要なインプリケーションがある。これについては5.1節で論じる。

3.4　ポートフォリオと回帰の同値性

　注意深くバックテストを行うことで取引戦略のシミュレーションは現実に近づく。一方で、回帰を行うことも有効な手段である。突き詰めれば、成功する取引戦略はリターンを予測できるシグナルに依拠しており、このシグナルを検証する別の方法が予測回帰である。この回帰では、将来のリターンを左辺に、事前に既知のシグナルを右辺に用いる。

　以下にまとめるとおり、証券をソートしていくつかのポートフォリオに区分し、ポートフォリオの相対パフォーマンスを比較することは、回帰係数を見ることとほぼ同値である。

メタ定理：任意の予測回帰はポートフォリオのソートとして表現することができ、任意のポートフォリオのソートは予測回帰として表現することができる。具体的には、

(a)　時系列回帰はマーケットタイミング戦略に対応する。
(b)　クロスセクション回帰は銘柄選択戦略に対応する。
(c)　単回帰は証券を1つのシグナルによりソートすることに対応する。二変量回帰は証券を2つのシグナルにより二重ソートすることに対応する。これによって、あるシグナルにもう一方のシグナルを上回る追加的な価値があるかどうかが判断できる。そして、多変量回帰は複数のシグナルによるソートに対応する。

(a)……この主張を理解するため、ある証券(たとえば株式市場全体)の超過リターンR^eを予測変数F(たとえば配当利回り)に時系列回帰することを考える。

$$R^e_{t+1} = a + bF_t + \varepsilon_{t+1}$$

事前に既知のシグナルによって将来のリターンを予測したいため、予測変数の時間を表す添字が現時点tであるのに対し、左辺のリターンは将来時点$t+1$であることに注意しよう。回帰係数bの最小二乗法(OLS)による推定値は以下により与えられる。

$$\hat{b} = \frac{\sum_t (F_t - \overline{F}) R^e_{t+1}}{\sum_t (F_t - \overline{F})^2} = \sum_t x_t R^e_{t+1}$$

これはロングショートのタイミング戦略の累積リターンとみなすことができ、ポジションは以下である。

$$x_t = k(F_t - \overline{F})$$

ここで、スケーリングファクター$k = 1/\sum_t (F_t - \overline{F})^2$はタイミング取引のシャープレシオには影響を及ぼさない。このタイミング戦略は、シグナルF_tが平均$\overline{F}$を上回るときに証券をロング、シグナルが平均を下回るときにはショートするものである。回帰係数が正ならば、このタイミング戦略は収益を生み、そうでなければ収益を生まない。この結果は回帰とタイミング戦略に密接な関係があることを示している。実際、回帰係数はタイミング戦略の累計利益である(さらには、この戦略のリスク調整後リターンは、回帰係数のt値と密接な関係がある)。

回帰は特定のタイミング戦略に対応するが、これ以外にもシグナルにマーケットタイミングを計る能力があるかどうかを分析する多くの方法がある。たとえば、シグナルFの値によって時系列サンプルを低位3分の1、中位3分の1、高位3分の1という3つのグループに分ける。そして、分割した3つのサンプルに基づき、Fの値が高いときに市場のリターンが

平均的に高く、Fの値が低いときにリターンが平均的に低いかどうかを調べる。

(b) ……タイミング戦略が時系列回帰に対応するのとまったく同様に、銘柄選択戦略も回帰と同値である。銘柄選択戦略は、各証券iの予測変数をF^iとする以下のクロスセクション回帰に対応する。

$$R^i_{t+1} = a + bF^i_t + \varepsilon^i_{t+1}$$

任意の時点tにおいて、複数の証券を横断してこの回帰を行うことができ、各時点における回帰係数の推定値$\hat{b}_t$は以下で与えられる。

$$\hat{b}_t = \frac{\sum_i (F^i_t - \overline{F}_t) R^i_{t+1}}{\sum_i (F^i_t - \overline{F}_t)^2} = \sum_i x^i_t R^i_{t+1}$$

先の式との唯一の違いは、ここでの和は時間tではなく証券iに関する点である。この回帰係数は、ロングショートの銘柄選択戦略のtから$t+1$までの期間に実現する利益を表している。証券iのポジションは、$k_t = 1/\sum_i (F^i_t - \overline{F}_t)^2$を用いて以下で与えられる。

$$x^i_t = k_t (F^i_t + \overline{F}_t)$$

つまりこの戦略のポジションは、ある時点において、すべての証券の平均よりも高いシグナルをもつ証券をロングし、低いシグナルをもつ証券をショートする。

ファーマ–マクベス法（Fama and MacBeth, 1973）により、全期間における回帰係数の推定値$\hat{b}$は単に各期間における回帰係数の単純平均として与えられる。

$$\hat{b} = \frac{1}{T} \sum_{t=1}^{T} \hat{b}_t$$

これはロングショート戦略による利益の時系列平均である。この戦略のリスクは利益のボラティリティ、すなわち回帰係数のボラティリティとな

る。
$$\hat{\sigma} = \sqrt{\frac{1}{T-1}\sum_{t=1}^{T}(\hat{b}_t - \hat{b})^2}$$

したがって、銘柄選択戦略のシャープレシオは、
$$\text{SR} = \frac{\hat{b}}{\hat{\sigma}}$$

で、回帰における推定値の t 値と密接な関係がある。
$$t\,\text{値} = \sqrt{T}\,\frac{\hat{b}}{\hat{\sigma}}$$

t 値の絶対値が2を超えれば回帰係数が統計的に有意とみなされることをふまえれば、統計的有意性は、長期間 T にわたって高いシャープレシオが実現したことに対応していることがわかる。これは直感的にも理解でき、ある戦略が長期間にわたって機能していたということは、運を超える理由で機能している可能性が高いことを意味する。

(c) ……リターンを複数の取引シグナルに、たとえば F と G に回帰することもできる。
$$R_{t+1}^{i} = a + b^{F}F_{t}^{i} + b^{G}G_{t}^{i} + \varepsilon_{t+1}^{i}$$

この場合、回帰係数 b^F は、G に基づく取引をすでに行っていることを所与とした、F に基づく取引の利益に対応する。たとえば、あるヘッジファンドが G に基づく取引をすでに行っており、F に基づく取引も行うかどうかを検討する場合、F が平均的に儲かるというだけでは不十分である。F に基づく戦略を追加するためには、このシグナルが G にはまだ織り込まれていない新しい情報を加えることで、リスクを大きく高めることなく、ポートフォリオ全体を改善するものでなければならない。多変量回帰における回帰係数はこの限界的な改善効果を表す。新たなシグナルに付加価値があるか否かは、単純にポートフォリオを調べることによっても分析できる。具体的には、証券を各期で F と G によって二重ソートをすれば、G

の値がほとんど同じ証券について、Fの値が高いほうが低いほうのパフォーマンスを上回るかどうかを確認できる。回帰の利点の1つは右辺に多くの変数を容易に付け加えられることである。一方で、証券の四重ソートを実行するのはむずかしい。

最後の留意点として、タイミング戦略は銘柄選択戦略よりもバイアスをもちやすいことを指摘しておく。ポジションの大きさが予測変数の時系列平均値$\overline{F}$に依存するにもかかわらず、この平均値は期初にはわからないため、時系列回帰は「欺くような」インサンプルのバックテストに対応する。同様に、シグナルが上位、中位、下位のどの三分位になるかを考慮することにも欺きがある。これもまた事前にはわからない。どの時点においても、その時点までに観測されたシグナルと比較して、シグナルが三分位のどこに属するのかを（あるいは、他のアウトオブサンプルの予測方法によって）問うのがより正確なバックテストである。

一方、銘柄選択戦略はこの問題に悩まされない。この戦略では、ある証券のシグナルをその時点における他の証券の平均的なシグナルと単に比較するだけである。したがって、シグナルが期間全体でみてどのくらいなら高く、どのくらいなら低いのかを知っておく必要はない。必要なのは、他よりもよい特性をもつ証券を見つけることだけである。たとえば、純資産株価倍率（B/M）が高く割安な株式をロングし、低いB/Mの株式をショートするとしよう。このためにはB/Mの「適正な」水準を知る必要はなく、単にこの特性値によって株式をソートすればよい。

以上をまとめると、金融経済学において、回帰分析と取引戦略は、言い換えれば統計学と経済学は、密接に関係している。取引戦略は、実務家にとって利益を追求するために役に立ち、研究者にとって資産価格理論を検定する手段として役立つ。

第 4 章

ポートフォリオ構築とリスク管理

　ヘッジファンドの職務は、可能な限り最良のリスク調整後リターンを提供することである。そのためにはまず、これまで論じたような、収益が期待できる取引を見つける必要がある。取引戦略をいくつか特定できたら、次にこれらを組み合わせて全体を1つのポートフォリオにしなければならない。ポートフォリオの構築では、(1)各取引に含まれるリスクを推定し、(2)リスクと期待リターンの最適なトレードオフを実現するために各ポジションの規模とその変更方法を選択する。

　アクティブ投資家はとりわけリスク管理を重視する必要がある。リスク管理はポートフォリオの構築に不可欠で、加えて自律的な統制手段を備えた、独立したリスク管理チームをもつべきである。ヘッジファンドのポートフォリオにおけるリスクは、さまざまな理由によって時間とともに変化する。第一に投資機会は変化し、投資機会がよいときほど、人々はより多くを投資したいと考える。第二に、市場リスクが時間とともに変化するため、同じポジションでも環境によってリスクは変動する。第三に、ヘッジファンドがそれぞれに異なるものにベットしても、相互の関連性の強さは時点によって変化する。第四に、レバレッジを用いると、ヘッジファンドはドローダウンを乗り切れない状況が起こりうる。このため、債権者が資金供給を引き上げる、あるいは投資家が資本を引き上げる前に、対応する準備ができていなければならない。

　ポートフォリオ構築は、常に更新された最新のリスク値に基づくべきであり、投資機会を所与にして、適切な水準のリスクをとるべきである。またリ

スク管理においては、リスクを一定の限度内に確実に抑え、下方テールリスクを管理し、大きなドローダウンが生じるリスクを制限する。これらを同時に実行しなければならない。

4.1 ポートフォリオ構築

　アクティブ投資家と一言でいっても、ポートフォリオの構築方法は多様である。ルールと直感に頼る投資家もいれば、定式化されたポートフォリオの最適化を実行するためにコンピュータ・アルゴリズムを用いる投資家もいる。しかし、成功したヘッジファンドのほとんどが支持するいくつかの一般的な原則がある。

・ポートフォリオ構築の第一の原則は分散化である。実際、ファイナンスにおける唯一のフリーランチは分散化であるという格言がある。
・第二の原則は、ポジションの限度額を設定することである。これにより、個々の証券に対する想定エクスポージャーやそのリスク寄与度を制限する。たとえば、私がヘッジファンド戦略の授業をする際に、MBAの学生に対して成功した取引を紹介することがある。その一例が、負のスタブ取引（第16章のイベントドリブン投資でさらに詳細に論じる）のような純粋な裁定取引である。学生たちがその取引について理解した後、ポジションの大きさを決めるように伝えたところ、多くの学生が資本の少なくとも40%を投資すると答えた。次の週に状況をみると、ほとんどすべての学生のポジションは吹き飛んでいた（まったく取引をしようとしなかった1、2人の学生を除く）。証拠金資本をシミュレートすると、追加証拠金を払うことができず、ポジションの大部分は清算を余儀なくされていることがわかった。たとえその取引が最終的には収束するものであっても、損失を出すか完全に破綻してしまう結果に至る。たった1つのポジションによって破綻してしまうリスクを抑制して、分散化を図る簡単かつ効果的な方法は、ポジ

ションに限度額を設定することである。たとえばジェームズ・チェイノスは、すべてのポジションが純資産価額（NAV）の5％未満となるようにし、この限度額に近づくとポジションを削減すると述べている。

- 第三の原則として、より強い確信をもてる取引により大きなベットをすべきである。本当に確度が高いのはどの取引かを考え、最も大きなリスクは確実にその取引でとらなければならない。
- 第四の原則として、リスクの観点からベットする金額を考えるべきである。ポジションのリスクの大きさは、ポジションの想定金額とその証券に内在するリスクに依存する。
- 第五の原則として、相関は重要である。ロングポジションにとって、他のロングポジションとの高い相関は悪く、ショートポジションとの高い相関はよい。たとえば、リー・エインズリーは、各業種内でロングとショートの両方のポジションをもつことを好み、類似の証券のロングとショートをもつことによってリスクを抑制している。さらに、業種間でもロングを分散化し、相関の低いロングポジションによってもリスクを抑制している。
- 最後の原則として、リスクと確信度に応じてポジションの大きさを変更し続けるべきである。重要なのは、これが多くの人にとって直感に反することである。ある学生は、シミュレーション上の損益（P&L）が悪化したとき、「この取引で頑張ります。変更するわけにはいきません」といい、さらに2日間シミュレーションを続けると、彼のポジションは立ち行かなくなってしまった。成功するヘッジファンドは自分のポジションと運命をともにすることはないし、ベットを不用意に大きくすることもない。たとえば、リー・エインズリーは各取引のリスクとリターンのトレードオフを常に分析して、ポジションをふやすか減らすかを決めている。「維持」は選択肢にない。これに関連するトレーダーの格言に以下がある。

トレーダーは記憶をもってはならず、何も忘れてはならない。

どのような過程で現在のポジションに至ったかとは関係なく、今後どうなるかを基準に最適な行動をするべきだという意味で、投資家は「記憶をもた

ない」ようにしなければならない。投資家が「何も忘れてはならない」とは、あらゆる経験やデータを用いて、リスクや期待リターンに関する可能な限り最善の予想をすべきという意味である。

クリフ・アスネスのようなクオンツは、この目的を達成するために定式化されたポートフォリオの最適化手法を用いる。実際に世界中の何千もの証券を取引する場合、上記のようなポートフォリオ構築の原則を効果的に実装するためには計算能力が必要となる。この最も単純な方法は平均分散アプローチで、ポートフォリオ $x = (x^1, \cdots, x^S)$ を選ぶことが最終目標である。x^s は証券 s に投資する資本（すなわち資金の額）を表す。期初の富を W とし、ポートフォリオ x を選ぶと、翌期の富は以下になる。

$$\text{将来の富} = x^1(1+R^1) + \cdots + x^S(1+R^S) + (W - x^1 - \cdots - x^S)(1+R^f)$$

ここで、$R^1, \cdots, R^S$ は個々のリスク証券への投資リターンで、最後の項はリスクフリーの短期市場にリターン R^f で投資した資金（リスク証券への投資の合計金額が期初の富 W よりも大きい場合は、レバレッジをかけるために借り入れた資金）を表している。超過リターン $R^{e,s} = R^s - R^f$ を用いて、この将来の富に関する式を書き直すと、

$$\text{将来の富} = W(1+R^f) + x^1 R^{e,1} + \cdots + x^S R^{e,S}$$

になる。言い換えれば、将来の富は、現在の富 W がリスクフリー金利で増加したものと、リスク証券に投資することによって得られる超過リターンの和に等しい。目標は、分散によって測られるリスクを制約して、期待される将来の富を最大化することである。ポートフォリオ最適化問題をベクトルで表すと以下になる（x に依存しない最初の項は無視する）。

$$\max_{x} \mathrm{E}(x'R^e) - \frac{\gamma}{2}\mathrm{var}(x'R^e)$$

ここで、γ はリスク回避係数、$\mathrm{E}(R^e)$ は証券の超過リターンの期待値ベクトルを表す。分散共分散行列を Ω とすれば、ポートフォリオ問題を以下のように書き直すことができる。

$$\max_x x' \mathrm{E}(R^e) - \frac{\gamma}{2} x' \Omega x$$

この問題を解くには1階の条件を考えればよく、xについて微分したものがゼロに等しいと置くと、

$$0 = \mathrm{E}(R^e) - \gamma \Omega x$$

になり、以下の最適ポートフォリオが得られる。

$$x = \gamma^{-1} \Omega^{-1} \mathrm{E}(R^e)$$

最適ポートフォリオの特徴として、期待リターンが高く、分散が小さく、他のポジションとの低い相関をもつ証券に対して大きなポジションをとる。

　このポートフォリオは、理論上は最適であるが、実務上はいくつかの理由で問題が多い（Black and Litterman, 1992）。第一に、リスクや期待リターンはさまざまな手法を用いて推定されるが、誤差を伴うために、理論上の最適ポートフォリオは実際にはうまくいかない可能性がある。リスクやリターンの推定値にはさまざまな要因から生じるノイズが含まれており、これらを用いた最適化の結果は、極端なロングとショートのポジションになりがちで、アウトオブサンプルのパフォーマンスを悪化させる。そのためクオンツは、ノイズの影響を受けにくい、より頑健なポートフォリオの最適化に努める。より頑健なポートフォリオを得るために、リスクと期待リターンの推定値を縮小（shrink）することや、ポートフォリオに制約条件を加える、あるいは頑健な最適化手法が用いられる。基本的な平均分散最適ポートフォリオの第二の問題は、現実のポートフォリオが、しばしばポジションや売買量の大きさに関して多くの制限を受けることである。そして、これらの制約条件を問題に組み込むことは可能だが、慎重に取り扱わない限り、ゆがんだ解になることが多い。第三の問題は、基本的な1期間最適ポートフォリオでは、投資家が時間経過とともに繰り返し取引を行うことや、その過程で取引コストがかかることが考慮されない点である。しかしこの問題は、より洗練された動的なモデルによって対処することができる（Gârleanu and Pedersen, 2013,

2014)。こうした問題があるにせよ、ポートフォリオの最適化は非常に有用なツールになりうる。ただし、このテーマをすべて取り扱うことは本書の範囲を超える。ポートフォリオを慎重に最適化すれば、分散化の恩恵を十分に享受し、過度に集中投資することなく効率的に確信度の高い取引ができ、時間変動するリスクや期待リターンに基づいてシステマティックにポジションを調整することができ、しかもポートフォリオ選択に主観が入る余地を最小化できる。

要約すると、優れたポートフォリオの構築技術は、一連の取引アイデアに対して、望ましいリスク・リターン特性を獲得するのに役立つ。システマティックなアプローチによって、トレーダー自身の行動バイアス、つまりある種の間違いを犯す傾向を減じることができる。たとえば、あるポジションに損失が出ていると、好む理由がもはやその証券には当てはまらなくなっていても、そのポジションにしがみつこうとする傾向が人々にある。あるいは、ある証券に大きな利益が出てくると、人々は利益を確定させるために売るのを好んでしまう。

4.2 リスク管理

リスクの計測

リスクは複数の異なる方法で計測することができ、またそうすべきである。わかりやすくて、広く用いられるリスク測度の1つがボラティリティ（リターンの標準偏差）である。ボラティリティは正規分布のみに適用できると考える人がいるが、それは正しくない。正しくは、ボラティリティは非正規な分布については暴落リスクをうまくとらえることができない。実際、正規分布において2標準偏差のリターンはまれで、5標準偏差の事象はほとんど発生しないが、現実のヘッジファンドのリターンは正規分布に従っておらず、これは当てはまらない。ヘッジファンド戦略で2標準偏差の事象はよくあるこ

とで、5標準偏差の事象も確実に起こるだろう。この事実に留意すれば、リターンの分布が比較的対称で、あまりに極端な暴落リスクがない限りにおいては、ボラティリティは依然として有用なリスク測度となりうる。しかし、極端な暴落リスクがあるような戦略については、ボラティリティは適切なリスク測度ではない。たとえばアウト・オブ・ザ・マネーのオプションを売る戦略では、小さな正のリターンをほとんどの日に得られるが、まれに大きな損失を被り、ボラティリティではリスクをうまくとらえることができない。規模が大きなポートフォリオのボラティリティを計算するには資産間の相関を考慮する必要があり、これにはポートフォリオ全体のシミュレーションや、ファクターモデルのような統計モデルを用いることができる。

　他のリスク測度として、バリューアットリスク（value-at-risk, VaR）はテールリスク（非正規性）をとらえようとするものである。図4.1のように、VaRはある特定の信頼水準における最大損失額を表す。たとえば95%や99%といった信頼水準で起こりうる損失の最大値である。

　たとえば以下の場合、ヘッジファンドの期間1日の95%VaRは1,000万ドルである。

$$\Pr(損失 \leq 1{,}000万ドル) = 95\%$$

VaRを推定する単純な方法として、過去のリターンを値でソートして、悪い

図4.1　バリューアットリスク

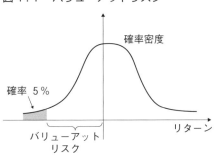

x軸は起こりうるリターンの結果、y軸は対応する確率密度を表す。

ほうから5％、良いほうから95％のリターンを特定する。これが95％VaRである。もし歴史が繰り返されれば、損失がこの値よりも小さい確率は95％となる。このように過去のリターンをみることによってVaRを推定できるが、ポジションが大きく変化していると、この方法では誤ってしまう。この場合には、現在のポジションを対象に、たとえば過去3年間のリターンをシミュレーションするほうがより正確であろう。

VaRの1つの問題は、VaRよりも大きい損失を被る場合、その損失がどの程度大きいものになりうるかがわからないことである。そのような極端なテールの損失の大きさは、理論的には、期待ショートフォール（expected shortfall, ES）と呼ばれるリスク測度によって把握できる。期待ショートフォールは、損失がVaRを超える条件のもとでの期待損失額である。

$$ES = E(損失|損失＞VaR)$$

さらに別のリスク測度にストレス損失がある。この測度は、さまざまなストレステストを実行することによって計算される。さまざまなシナリオのもとでポートフォリオのリターンをシミュレートし、そのなかで最悪の損失として与えられる。そのようなストレスシナリオには、1998年のロングターム・キャピタル・マネジメント（LTCM）に対する救済措置前後の株価のショック、9.11テロ、リーマン・ブラザーズ破綻などの過去の重要事象だけでなく、主権国家（たとえばギリシャ）の破綻や、金利の急変動、株価に対する大きなショック、ボラティリティの急騰、証拠金所要額の大幅な上昇といった将来起こりうる事象も含めることができる。

ボラティリティは比較的正常な市場における一定期間のリスクを測定するもので、VaRについても、ある程度同じことがいえる。一方、ストレステストは極端な事象が発生する期間のリスクを知るものである。実際、ボラティリティやVaRは、推定に必要な十分なデータをもとにした、日々のリスクの統計的測度である。ストレステストは、リスクを正確に推定するためのデータが十分にない場合や、数日間にわたるような事象について調べる。先に論じた流動性スパイラルは重要なリスクではあるものの、ボラティリティ

の推定値ではとらえきれない可能性がある。ストレステストが重要な点は、たとえ損失の予測や確率の推定ができなくても、ストレス事象によって破綻してしまうほどの大きなポジションをとらないようにし、予見可能な事象に備えることである。もちろん、危機時に実際に起こることはいかなるストレステストとも厳密には一致しないが、予見できる事象への備えによって現実を生き抜くための規律が得られるだろう。

リスク管理──予見的リスクコントロール──

　リスクをどう測ろうとも、管理する必要がある。リスク管理は予見的（すなわち将来の悪いイベントが起こる前にリスクをコントロールする）であると同時に、対処的（危機時にどうすべきかという計画をもっておく）でなければならない。対処的リスク管理には通常、ドローダウン・コントロール（以下に詳述）やストップロス・メカニズムがある。

　損失に対処する前であっても、リスクを予見的に管理することは可能である。予見的リスク管理には、分散化、リスク限度額、流動性管理、オプションなどの手段によるテールヘッジなど、いくつかの形態がある。

　リスクをコントロールするために、ヘッジファンドはリスク限度額を設定することが多い。これによって、ファンドがとるリスクの大きさを事前に制限する。リスク限度額は、ファンド全体のレベルにも、各々の資産クラスや戦略といったより細かいレベルにも設定されることがある。また、想定エクスポージャー（推定リスクの大きさに関係なく）を制限するポジション限度額を設定することも多い。

　さらに、戦略的リスク目標（strategic risk target）をもつヘッジファンドもある。これは、ファンドが長期的にとりたいと考える平均的なリスク水準である。たとえば、ファンドのボラティリティを基準にして戦略的リスク目標を定め、その大きさを債券程度のボラティリティから株式程度のボラティリティまで、すなわち年率で5％から25％までのどこかの値に設定することが多い。各時点でヘッジファンドが望ましいと考えるリスクは戦術的リスク目標（tactical risk target）と呼ばれることがあり、その水準を投資機会や市

場環境、直近のパフォーマンスに応じて、戦略的リスク目標の周りで変化させる。特に、重大な損失が生じると、ヘッジファンドはポジションの圧縮とリスク削減を余儀なくされることが多い。これはまさに対処的リスク管理であり、次に議論する。

4.3 ドローダウン・コントロール

　予見的リスク管理は損失が生じる前にポートフォリオのリスクを管理しようとするものであるのに対し、ドローダウン・コントロールは損失が拡大したときにそれを限定する対処的メカニズムである。レバレッジを用いるヘッジファンドにとって、危機を確実に乗り切る単純な方法がないため、ドローダウン・コントロールは重要であるが、そのためヘッジファンドは、たとえば25%といった最大許容ドローダウン（maximum acceptable drawdown, MADD）を事前に決めておき、自らのドローダウンがそれより悪化するリスクを最小化したいと考えることがある[1]。現在のドローダウンをDD_tとすると、実用的なドローダウンのコントロール政策に以下がある。

$$VaR_t \leq MADD - DD_t$$

この不等式の右辺は、最大許容ドローダウンと現在のドローダウンとの差で、すでに生じた損失額を所与としたうえで許容できる最大損失額を意味する。左辺はバリューアットリスクで、現在のポジションと現在の市場リスクを所与に、ある信頼水準における最大損失額を表す。したがって、このドローダウン政策は、ある信頼水準においてドローダウンがMADDを超える損失が発生しないようにリスクを抑制するものである。

　この不等式が満たされない場合には、ヘッジファンドはリスクを削減する必要がある。つまり、ポジションを解消することによって、この不等式が満

---

[1] この節はGrossman and Zhou（1993）に基づく。

たされる水準までVaRを低下させる。戦略が回復してドローダウンが縮小すれば、再びリスクを増加させることができる。

このドローダウンのシステムを実際に用いるには、左辺のVaRの算出方法（たとえば期間や信頼水準）とMADDを選択する必要がある。この選択はヘッジファンドのリスクと流動性に依存する。低リスクのファンドほど、投資家やカウンターパーティのドローダウンに対する許容度は低いと考えられるので、より厳しい限度額を設定すべきである。逆に高リスクのファンドほど、取引コストを抑制するためにドローダウン・システムがあまり頻繁に作動しないよう、より緩い限度額を設定すべきである。すなわち、大きなリスクをとるなら、大きなドローダウンを受け入れなければならない。

ドローダウン・コントロールによって、逆境に対処するための明確な計画（どのタイミングでどの程度のリスクを削減するか）が得られる。ドローダウンをコントロールする明確な計画がなければ、トレーダーは困難な状況下で自分の感情をコントロールするのがむずかしくなるだろう。実際、ポジションに損失が出た後にリスクを削減することには痛みが伴う。トレーダーは、ポジションを解消すると損失が確定するように感じてしまい、そのまま状況を乗り切ろうとすることが多い。その結果、損失が拡大し、悲惨な結果に陥る。リスク管理は損をする計画では決してない。下の格言にもあるように、投資家はリスク管理によって莫大な損失を避けることができる。

最初の損失は最小の損失である。

5.10節で論じるように、ポジションの解消を余儀なくされるトレーダーが現れる流動性スパイラルの時期には、価格は下落した後に反騰する傾向がある。価格が下がると、トレーダーはポジションをもちこたえようとするが、資金が枯渇したりパニックになるために、ついには屈服して底値近くで売るはめになる。ほとんどのトレーダーが底値近くで売ろうとする理由は、この行動こそが底値を定めるためである。そして、売りが終わると価格は反騰し始める。このロジックが以下の言葉の背景にあるのだろう。

トレーダーたるものパニックに陥ってはならぬ。だが、もしパニックになりそうなら先になれ。

そして、以下のポーカーの格言が背景にあるのはほぼ間違いない。

最も強気な下手のプレーヤーが最大の損失を被る。

ポーカーにたとえて「上手（うわて）」と「下手（したて）」に分けて考えよう。上手はポジションを持ち続けることができ、安値で買い増すことさえ可能である。彼らには、危機を乗り切るだけの財力と感情的な強さがある。対照的に下手は、損失が生じるとポジションを売却しなければならない。たとえばレバレッジがかかったヘッジファンドは下手といえる。なぜなら、追加証拠金制約に抵触してポジションの清算を余儀なくされるからである。あるいは、そうなる前にプライムブローカーが引き金を引く可能性もある。下手のうち最初に「パニック」に陥り、ほとんどすぐにポジションを畳んでしまう者が被る損失は、底値での売却を強いられる「最も強気な下手」よりも小さい。もちろんトレーダーは、自分が最終的に危機を乗り切ることができるのか、それとも清算を余儀なくされるのかを知る由はない。しかし、感情的なストレスがない事前の状態で、確固たるドローダウン政策を決めておくのはよい考えである。

　ドローダウン・コントロールのために事前に定められた計画は、適切なタイミングでリスクを減らすのに役立つだけではなく、投資家が損失（の一部）を取り戻すために遅れずに市場に再参入するための助けにもなる。リスク削減を余儀なくされたばかりのトレーダーは「火傷」を負い、ポジションを再び拡大するのを怖がることがあるだろう。しかし、システマティックなドローダウン・コントロールのシステムがあれば、ポジションが十分に回復してリスクが低下したとき、市場に再参入するタイミングのシグナルを出してくれる。

第 5 章

取引戦略と資金調達
―市場流動性と資金調達流動性―

　投資戦略の執行には主に2つのコストがかかる。すなわち、(1)戦略の取引をする際に被る取引コスト（transaction cost）、(2)戦略にレバレッジをかける際に被る資金調達コスト（funding cost）である。

　取引コストの源泉を理解するために、まず大部分の投資家にとって、取引のつど、手数料などの直接的なコストがかかることに注意しよう。しかし、より重要なのは、ビッド・アスク・スプレッドやマーケットインパクト・コストといった間接的な取引コストの存在である。これらの概念を理解するために、まずビッド価格は株式を売ることができる価格（潜在的買い手がこの価格をつける（ビッド））で、アスク価格は株式を買うことができる価格である（現在の保有者がこの価格を求める（アスク））ことに注意しよう。ビッド・アスク・スプレッドは、ビッド価格がアスク価格よりも低いことから生じる。したがって、ある株式を買ってすぐに売れば、ビッド・アスク・スプレッドに等しい額の損失を被ることになる。マーケットインパクト・コストは大量の株式を売買するときに発生する。大量の株式を買う過程で価格が引き上げられ、株式を売る過程で価格が押し下げられるためである。

　証券には高い取引コストがかかるものもあれば、低いコストで取引できるものもある。取引コストの高い証券は流動性が低いといわれ、その反対が流動性の高い証券である。そして、取引コストが急騰するおそれがある証券は、市場流動性リスク（market liquidity risk）が大きいといわれる。

　資金調達コストが発生するのは、トレーダーがレバレッジをかけて投資を行い、保有するキャッシュや空売り代金から得られる金利よりも高い金利で

資金を借りなければならないときである。また、レバレッジには資金調達流動性リスク（funding liquidity risk）が伴う。これは、トレーダーが自分のポジションの資金調達を続けることができず、投げ売りによる清算を余儀なくされるリスクである。

　こうした執行コスト（市場流動性コストと資金調達流動性コスト）は、すべての取引戦略の利益を徐々に蝕むため、アクティブ投資家にとって重要である。レバレッジをかけずにバイアンドホールドを行うパッシブ投資家にはわずかな執行コストしかかからないのに対し、アクティブ投資家は頻繁に売買を行うことがあり、売買の頻度が高いほど取引コストの影響に悩まされることになる。さらに、トレーダーがとるポジションが大きくなるほど、またレバレッジを大きくかけるほど、執行コストの重要性は増す。執行コストはさまざまな影響を与え、

(a)　戦略が有効に機能するか否か
(b)　どのような取引ルールが最善か
(c)　どの銘柄を取引すべきか
(d)　どのくらいの規模で取引すべきか

といったことを左右する。

　回転率が高い取引ルール（すなわち、取引頻度が高いルールや取引規模が大きいルール）は、取引コストを考慮しない机上のシミュレーションでは最良であっても、実際には劣った取引戦略かもしれない。言い換えれば、取引コストを考慮しないグロスリターンが仮に高くても、ネットリターンは低いかもしれない。コストを考慮して取引戦略を修正する最善の方法は何か。これが本章で最初に議論するテーマである。次に、取引を執行する際に被る取引コストをどのように測るのか、これを取引の決定前にどのように推定するのかについて述べ、さらに取引戦略のキャパシティなど、ヘッジファンドへの影響について広く論じる。最後に、投資における資金調達の方法、証拠金所要額に起因するレバレッジの限界、ギャンブラーの破産と略奪取引のリスク

について考える。

5.1 取引コストを考慮した最適取引

　完全な流動性がある世界では、すべてのアイデアを取引に活かして、大きなポジションを頻繁にとったり、外したりしたいと考えるだろう。しかし現実の世界では、無制限の取引は取引コストによって最適ではなくなる。最適な取引政策は、直面する市場構造や取引コストの種類に依存する。具体的には、最適取引戦略は売買に規模の経済が働くかどうかに依存する。すなわち、小さな部分に分けて売買するのと、1つの大きなブロックで売買するのでは、どちらがコストを安くできるのか、つまり取引量の大きさによって取引コストが増加するのか、一定なのか、減少するのかに依存する。以下では、この3種類の取引コストの類型に注目し、対応する市場の構造について説明する[1]。

- **（取引サイズの関数としての）増加取引コスト：マーケットインパクト**：今日の株式市場や先物市場のように、呼び値の最小単位が小さく流動性が高い電子市場では、プロのトレーダーにとってビッド・アスク・スプレッドや手数料は非常に小さい。しかし、ビッド価格やアスク価格で取引できる金額は、大規模なヘッジファンドが執行する必要がある額と比較して小さいことが多い。したがってこうした市場において、大規模トレーダーにとっての取引コストの主な要因はマーケットインパクトである。売買するポジションが大きいほど価格も大きく動くため、この種の取引コストは売買金額とともに増加する。こうした取引コストに対処するには、売買を多数の小口注文に分けて、その小口注文を根気強く時間をかけて執行すれば

---

[1] 本節は以下の論文に基づいている。Gârleanu and Pedersen (2013) は、取引コストが二次で増加し、取引シグナルのアルファの減衰速度が異なる場合の最適取引戦略を導出している。Constantinides (1986) は比例コストについて議論している。Liu (2004) などでは固定コストが扱われている。Duffie, Gârleanu and Pedersen (2005、2007) は店頭市場における取引について議論している。

よい。これについては後に詳述する。

- **一定取引コスト：ビッド・アスク・スプレッド**：（平均的にコストが一定のとき、総取引コストは売買金額に比例することから、比例取引コストとも呼ばれる）このケースは他の2つのケースの間にある。取引コストは売買金額によって増加も減少もせず、平均コストは単に一定である。取引コストの主たる要因がビッド・アスク・スプレッドや手数料である場合がこれに該当する。たとえば、トレーダーのすべてのポジションがビッド価格またはアスク価格で執行できるなら、マーケットインパクトについて心配する必要はない。このような状況は、市場の呼び値の刻みが大きく、マーケットメイカーがビッド・アスク・スプレッドから多額の収益を得られ、この結果、価格を提示するマーケットメイカーが多数存在して、大規模な売買ができる場合に生じる。

- **減少取引コスト**：店頭（OTC）市場での取引では、ディーラーに電話をかけて注文することが多い。ディーラーにとっては、リテール投資家からの小口注文でも機関投資家からの大口注文でも、執行するのに要する時間はおおむね同じである。ディーラーは、反対の売買をしたい投資家を見つけるか、さもなければポジションをヘッジするために、電話で価格を交渉するのに時間を要する。もしディーラーがすべての顧客に価格に対して定率で取引コストを課せば、小口注文には時間を割くだけの価値はないだろう。したがって、取引コスト率は大口注文よりも小口注文のほうが高くなる傾向がある。こうした市場では、注文を小口に分割するのではなく、むしろ、ディーラーが時間を割くだけの価値がある大きさにして注文するのが望ましい。つまり、最適ポジションから大きく乖離するまでは同じポジションを維持し、大口の取引を行って最適ポジションにするのがよい。ヘッジファンドは取引を執行する際、安いビッド価格を得るために、複数のディーラーに電話をする（あまりに大きな取引を行うと価格が動いてしまい、この結果、店頭市場においても増加取引コストになることには注意しよう。このため、取引額があまりに大きくなるまで待つべきではないし、もしそうなってしまったなら、適切な大きさの金額に分割するのが合理的だろう）。

それぞれのケースにおける最適取引戦略の概要を示したのが図5.1である。x軸は時間、y軸は株式数を表す。実線は取引コストがない世界における最適株式数を表し、この「ペーパーポートフォリオ」は3つのケースで同じである。黒丸付きの線は取引コストを考慮した場合の最適ポジションを表す。3つのパネルがそれぞれ異なる市場に対応しているため、黒丸付きの線は3つの図で異なる。

　上段は、流動性のある電子市場における最適ポジションを示したもので、Gârleanu and Pedersen（2013）の戦略を用いた増加コストの場合の最適ポジションである。この戦略では、ペーパーポートフォリオに近づける小さな取引を連続的に行う[2]。具体的にこの図の戦略では、ペーパーポートフォリオに近づけるように30%だけ常に取引を行う。つまり、各期における新たなポートフォリオは、30%のペーパーポートフォリオに70%の既存ポートフォリオを加えたものになる。したがって、最適ポジションは、ペーパーポートフォリオに近い状態にすることで多くのアルファを獲得すると同時に、図でポジションの大きさが滑らかに推移していることからわかるように、ペーパーポートフォリオよりも取引が非常に少なくすることと、マーケットインパクトを抑えるために小さな取引を多数行うことによって、取引コストを抑制する。

　図5.1の中段は、平均取引コストが一定の場合の最適戦略を示している。このケースでは、最適なペーパーポジションの周りに2本の点線で示された、取引を行わない領域が存在する。ポジションがこの領域の内側にある限りは、取引せずにポジションを維持する。部分的に水平になる黒丸付きの線がこの最適ポジションである。仮に売買をしないでポジションが領域の外に出たら、ポジションを領域の縁まで動かすのが最適である。したがって、最適戦略は多数の小刻みな取引を領域の縁で行うことになり、最適取引によってポートフォリオはペーパーポートフォリオから大きく乖離させないよ

---

[2] Gârleanu and Pedersen（2013）によれば、マーケットインパクトが取引量に対して線形で、総取引コストが取引量の二乗で増加するとき、この取引戦略は最適である（訳注：取引コストはマーケットインパクトに取引量を乗じたもの）。

図5.1　3つの異なる市場の最適取引

(a) 増加取引コスト

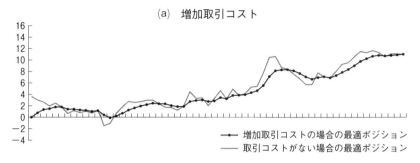

(b) 一定取引コスト

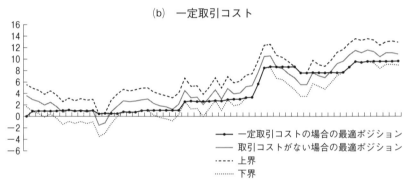

(c) 減少取引コスト

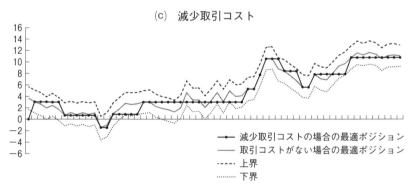

上段は、売買金額が大きくなると（マーケットインパクト・コストによって）取引コストが増加するような電子市場における最適取引戦略を表す。中段は、取引コストが一定（すなわち、すべての売買金額に対して同率のコスト）の市場における最適戦略を表す。下段は、売買金額の増加に対して取引コストが減少する（たとえば、すべての売買金額に対して取引コストが定額の）店頭市場における最適戦略を表す。

うにする。この領域の幅はビッド・アスク・スプレッドの大きさによって決まる。

　図5.1の下段は、何株取引しても取引コストの額が不変であるような極端なかたちで、1株当りの取引コストが減少していく店頭市場のケースを示している。このケースでは、取引する際には常に最適なペーパーポートフォリオにまで動かす。しかし、最適なペーパーポートフォリオの周りにある領域の外にポジションが出たときにのみ売買することで、取引コストを削減する。

5.2 取引コストの計測

　取引コストを測る方法にはいくつかあるが、3つの主要な尺度は、実効コストと実現コスト、そして出来高加重平均価格に対するコストである。これらについて順に考えていく。

　実効コスト（effective cost）とは、執行価格と取引開始前の市場価格との差（にすべての手数料を加えたもの）を指す。買い注文については、1株当りの実効コスト$TC^\$$が以下になる。

$$TC^\$ = P^{execution} - P^{before}$$

ここで$P^{execution}$はすべての購入株式に対して平均的に支払った価格であり、P^{before}は取引を始める直前の仲値相場（ミッドクォート、ビッド価格とアスク価格の平均）である。同様に、売却の場合は、

$$TC^\$ = -(P^{execution} - P^{before})$$

である。取引コストは価値に対する比率として算出することが多く、これをTCと置く。

第5章　取引戦略と資金調達　95

$$TC = TC^{\$}/P^{\text{before}}$$

この取引コストの尺度に関して、第一に、コストの生じる原因がビッド・アスク・スプレッドとマーケットインパクトのいずれでもこの尺度は機能する。これは単に、実際の売買執行価格と、売買を始めた時の想定価格（すなわちバックテストで使うであろう価格）との差である。もし単純にアスク価格で買うならばTCはビッド・アスク・スプレッドの半分であり、もし買い値を動かしてもTCに反映される。第二に、取引が長期間にわたる場合には、TCの計測に相当なノイズが含まれる。自らの売買とは無関係なさまざまな理由によって価格は動き、執行価格にノイズが入り込むためである。

第二の取引コストの尺度はいわゆる実現コスト（realized cost）である。買い手にとっての実現コストは、以下のとおり測定される。

$$TC^{\$,\ \text{realized}} = P^{\text{execution}} - P^{\text{later}}$$

先と同様に、売り手にとっては符号が逆になる。ここで、P^{later}は売買終了からある程度時間がたって価格が再び安定した、たとえば5分後の仲値価格（ミッド価格）を表す。この取引コストの尺度がとらえるものを直感的に解釈すれば、買った直後に常に価格が下がる傾向があるなら、それはコストとして課されているのと同じということである。こうした傾向は、自身の価格圧力によって（たとえば単にアスク価格で買うことによって）買い値が上昇したことから生じる。実効コストは市場に参加する前の実勢価格より買い手がどれほど高く買ったかを測るのに対し、実現コストは自身の注文が執行された後の実勢価格よりどれほど高く買ったかを測る。一方は価格に対するインパクトをみるのに対し、もう一方はその後の価格のリバーサルをみている。もし価格に対する注文のインパクトが長期間にわたり残れば、実効コストは実現コストよりも大きくなる（価格は部分的に回帰するだけで、もとの水準までは戻らないため）。マーケットインパクトもまたコストなので、実効コストは実際の世界での取引と、コストがない仮想的な取引の違いを正しく計測する。

最後の取引コストの尺度は、執行価格をいわゆる出来高加重平均価格

（volume-weighted average price，VWAP）と比較するものである。買い手にとってこの尺度は以下になる。

$$TC^{\$,\ VWAP} = P^{execution} - P^{VWAP}$$

　この尺度の考え方は、自分が売買した価格と他の人がその日に売買した平均価格とどのくらい違うのかを測ることである。もちろん完璧な尺度はなく、$TC^{\$,\ VWAP}$にもノイズが含まれるし、誤解を招きやすい。これを考えるため、あなたが終日、市場における唯一の買い手だったとしよう。あなたは買い続ける一方で、他の参加者は消極的な売り方となり、価格が切り上がるものとする。あなたはすべての売買に参加するため、自身の平均執行価格は定義によりVWAPに等しい。したがってこの場合、明らかに大きな取引コストを負担しているにもかかわらず$TC^{\$,\ VWAP} = 0$となる。対照的に、実効コスト$TC^{\$}$には大きなコスト、すなわち高い執行価格と寄り付きの低い価格との差が反映されるだろう。同様に、実現コスト $TC^{\$,\ realized}$によっても、高い執行価格と、翌日に市場が反落して実勢となるであろう低い価格との差に起因する高いコストを測定できるだろう。

5.3　期待取引コストの推定

　多数の取引執行 $i = 1, \cdots, I$ のそれぞれについて取引コストTC_iを測定したものとする。これらは期待取引コストのノイズを含む観測値である。期待取引コストがすべての取引について一定と仮定すると、観測されたコストの平均値として期待取引コストを推定できる。

$$\hat{E}(TC) = \frac{1}{I} \sum_i TC_i$$

この期待取引コストは、どの取引戦略を用いるべきか、どれくらいの頻度で取引をすべきかなどを決めるのに有用である。さらに、取引コストを考慮するためにバックテストをどう修正すればよいかもわかる。

もちろん、取引コストは証券ごとに異なる。たとえば、出来高の小さい小型株は大型株に比べて取引コストが大きい傾向がある。さらに、前述のとおり取引コストは売買金額の大きさに依存する。したがって一般には、期待取引コストを売買金額、証券の特性、そして市場環境の関数として推定するのが望ましい。

　たとえば米国株ユニバースのように多数の証券が存在する場合、証券ごとに取引コストを推定することはまれで、ボラティリティや日々の出来高（daily trading volume, DTV）、発行済株式数、浮動株数といった証券の特性に取引コストが依存するものと仮定する。また取引コストは、市場全体のボラティリティ、流動性供給者の資本やリスク選好度といった市場環境、企業の業績発表の有無などに依存するため、時間とともに変動する。ヘッジファンドは取引の前に取引コストを見極めて、取引に伴うコストと利益のトレードオフの評価に努める。このため、現在のビッド・アスク・スプレッドや指値注文の板の厚さといった市場の状況も確認する。

　最大手のヘッジファンドは独自の取引システムや取引コストの推定値を用いるが、多くの投資銀行や専門取引業者は自分たちの売買システムを利用して効率的に売買を執行する機能を提供したり、期待取引コストに関するアドバイスを提供している。

　プロのトレーダーにとって取引コストの大きさはどの程度であろうか。Engle, Ferstenberg and Russell（2012）は、モルガン・スタンレーが2004年に執行した注文に基づいて、平均取引コストをNYSE株式では8.8bp、NASDAQ株式では13.8bpと推定している。これは、トレーダーが1万ドル相当のNYSE株を買う場合、期待取引コストが8.8ドルであることを意味する。このコストがそれほど大きくないことは、明らかに米国の大型株市場の流動性が非常に高いことを反映している。しかし、特にポートフォリオの入替えを頻繁に行うならば、トレーダーはやはり取引コストに注意を払う必要がある。

　取引コストの推定値は小口注文については小さく、約4bpとわずかである。一方、通常の出来高の1％を超える大口注文については、推定平均コストは

27bpとなる。また、時間をかけて執行される注文に比べると、急ぎの執行注文のほうが取引コストは大きい。

Frazzini, Israel and Moskowitz（2012）は、ある大手運用機関による1998年から2011年までの実際の売買データを用いて、おおむね同等な取引コストの推定値を得ている。2011年の米国株式のサンプルにおいて、取引コストの中央値は4.9bp、金額加重平均（大きな売買により大きな重みをつける）では9.5bpである。グローバル株式の推定取引コストはより高く、中央値が5.9bp、金額加重平均が12.9bpである。予想されるように、推定取引コストは大口注文に比べて小口注文のほうが小さい。通常の出来高の10%程度を占める売買については、推定取引コストは約40bpである。

典型的な出来高の10%以上を売買する場合には取引コストが相当に高まるため、トレーダーは通常そのような大きな売買を避けようとする。この経験則は時間を通して当てはまり、たとえば、ある株式の典型的な出来高が1日1億株で、その10%以上の売買を避けたいとすると、1日に可能な売買は1,000万株、2日間なら2,000万株、3日間なら3,000万株などとなり、これは直感にあう。つまり、忍耐強く行えば、その分大きなマーケットインパクトを与えずに多くの株式を売買することができる。

5.4 インプリメンテーション・ショートフォール
―取引するコストと取引しないコスト―

これまで取引コストを考慮した最適取引の方法について議論してきた。そして、取引コストのある世界では、ない世界よりも取引を減らすのが一般に最適であることを確認した。現実のパフォーマンスは、取引コストのない完全な世界のパフォーマンスとは以下の2つの理由で異なる。つまり、(1)現実の世界では取引コストを被り、(2)取引コストを抑制するために、結果として確度の高い収益機会を逃す可能性があったとしても、取引パターンを変えることになる。インプリメンテーション・ショートフォール（implementation shortfall, IS）はこれらのコストの両方をとらえる尺度で、取引コスト

(transaction cost, TC)と、取引パターンの変更に伴う機会コスト(opportunity cost, OC)の合計である[3]。

$$IS = TC + OC$$

インプリメンテーション・ショートフォールISは、実際のパフォーマンスをペーパーポートフォリオのパフォーマンスと比較することにより測定される。

$$IS = ペーパーポートフォリオのパフォーマンス - 実際のポートフォリオのパフォーマンス$$

ここでペーパーポートフォリオのパフォーマンスは、コストがゼロである場合の望みどおりのポートフォリオのリターンである。ペーパーポートフォリオのパフォーマンスを計算するには、仲値で株式がいくらでも売買できるものとして、リターンの算出とポートフォリオのリバランスを時間を追いながら繰り返せばよい。

機会コストOCは、直接計算するのがむずかしい抽象的な概念である。しかし、取引コストTCと総コストであるインプリメンテーション・ショートフォールISの計算方法がわかっているので、取引しないことによる機会コストは両者の差$OC = IS - TC$として推量できる。

インプリメンテーション・ショートフォールの考え方は、さまざまな理由で役立つ。売買のアイデアが実際にうまく執行されているかどうかを検証するのは重要である。ヘッジファンドの関心は理論的に儲かるかどうかではなく実際に儲かるかどうかであって、大きなショートフォールは両者をまったく異なるものにしてしまう。パフォーマンスとインプリメンテーション・ショートフォールを調べることによって、集中的に努力して改善すべきなのは、売買執行なのか、それとも戦略のアルファのシグナルなのかを判断する助けとなる。もしショートフォールが小さければ、戦略を改善して新しい取引アイデアを開発することに集中すべきである。逆に、ペーパーポートフォ

---

[3] 本節はPerold (1988) に基づく。

リオがうまくいっていながら実際のポートフォリオが多大なショートフォールを被るようなら、執行に焦点を当てなければならない。

　どうすればショートフォールを減らせるのだろうか。いち早く取引して、相場が変わる前に市場に一番乗りするのがよいのか。それとも、ゆっくり取引して、マーケットインパクトなどのコストを最小にするのがよいのか。この問題を考えるには、インプリメンテーション・ショートフォールをTCとOCに分解すればよい。この分解によって、自分の売買が早過ぎるのか遅過ぎるのかを分析することができる。早く売買すれば、取引コストは増加するものの機会コストは減少する。逆に、より根気強く売買して市場に流動性を供給すれば、取引コストは減少するものの機会コストは増加する。したがって、どれくらい早く売買すべきかは、TCとOCの相対的重要度に依存する。流動性が低い市場における戦略のTCは大きくなりがちで、ゆっくり売買するのが最適となる。一方、アルファが急速に減衰（すなわち、取引機会が急速に消失）する戦略のOCは大きく、素早く売買することが最適となる。仮にISを減らすには売買の速度を上げるのが正しいと判断したとして、これがよいアイデアであったかどうかはどうすればわかるのだろうか。それにはTCの上昇がOCの低下よりも小さかったかどうかをチェックすればよく、これによってショートフォールが全体として小さくなったことを確かめられる。

5.5　取引戦略や運用者のキャパシティ

　取引コストは（最終的には）取引量とともに増加するため、取引戦略のキャパシティは、ほとんどの場合に有限である（Pastor, Stambaugh and Taylor, 2014）。アイデアに基づいて取引するほど、価格はより大きく動いてしまい、最終的にその取引は利益を生まないものになってしまう。図5.2にこの様子を示した。x軸は当該戦略に投資される資本の額、水平線は取引コストを考慮しない場合の期待リターン、つまりペーパーポートフォリオの期待リターンを表す。この線が水平なのは、ペーパーリターンは投資金額によらず

図5.2 取引戦略のキャパシティ

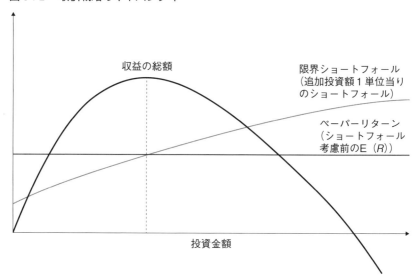

水平線はインプリメンテーション・ショートフォールを考慮しないグロスの期待リターンで、右上がりの線は投資金額とともにインプリメンテーション・ショートフォールがどう増加するかを示している。こぶ状の曲線は、上記2本の線の差に等しい率で収益総額が増加することを示している。

一定だからである。右上がりの傾きをもつ曲線は、戦略に投資される追加的な金額に対するインプリメンテーション・ショートフォールで、すでに投資されている金額が大きいほど大きくなる。ペーパーリターンと限界的なショートフォールとの差が、追加的な投資金額に対するネットリターンである。このリターンを累計すると戦略の収益総額となり、こぶ状の曲線で示されている。ペーパーリターンの期待値がコストを上回っている間は収益総額の期待値は上昇するが、限界ネットリターンが負になると低下し始める。したがって、この曲線の極大値がこの戦略から期待される収益額の最大値になる。この戦略のネットリターンのシャープレシオは、明らかに投資金額が少ないほど高い。したがって、ポートフォリオの最適規模は極大になる部分のかなり左側にあるものと考えられる。

1つの戦略のキャパシティには限界があるとはいえ、ヘッジファンドは多

図5.3　ヘッジファンドのキャパシティ

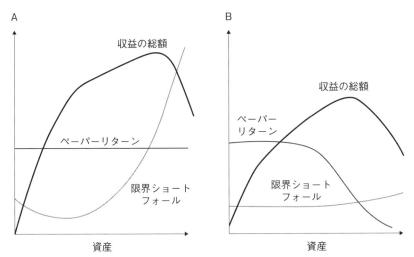

左図は新規の資産が同じ戦略に単純に投資される場合に、ヘッジファンドの収益総額が運用資産残高の関数としてどのように増加するかを示す。右図は、ヘッジファンドが専門スキルのない戦略に分散投資をし始めた場合（スタイルドリフトと呼ばれる）、何が起こるかを示している。

様な戦略や市場に投資できるため、かなり大きなキャパシティをもつかもしれない。しかし、分散化されたヘッジファンドであっても、図5.3に示すようにキャパシティには限界はある。この左右の図は、x軸の運用資産残高（AUM）の増加に伴って収益総額がどうなるかについて、2つの異なる例を示したものである。左図では、すべての新規の資産は単純に同じ戦略に投資され、ペーパーリターンは一定のままである。また、限界ショートフォールは当初は低下する。なぜなら、ヘッジファンドがより優秀なトレーダーを雇って、優れたトレーディング基盤を投入し、多くの取引所や取引の場へのアクセスを獲得し、ブローカーやディーラーから好意的な対応を受けられるようになることによる。しかし、やがては限界ショートフォールが増加に転じ、最終的にはその取引戦略を無効にしてしまう。

これに対して図5.3の右図は、ヘッジファンドが資産の増加に応じてさらに多様な戦略に分散投資し始めた場合に何が起こるかを示している。この

第5章　取引戦略と資金調達　103

場合、ヘッジファンドは多数の市場でそれぞれ適度な量のポジションを売買するため、限界ショートフォールは緩やかに増加するだけである。しかし、専門スキルをもたない市場や投資戦略にまで分散投資をし始めることにより、期待されるペーパーリターンが低下する可能性がある。こうした行動はスタイルドリフトと呼ばれる。したがって、ヘッジファンドが大きく成長するには、専門スキルが確実に向上し続けるようにする必要がある。

5.6 取引戦略の資金調達—レバレッジの定義—

　バックテストにおけるペーパーポートフォリオの運用と、大規模ヘッジファンドにおける実際の運用における2つの大きな違いは、(1)現実のポートフォリオ運用では取引コストが発生することと、(2)現実のポートフォリオ運用では資金調達が必要となることである。これまで(1)について詳しく取り上げたので、次に(2)について考える。理解するべきは、ヘッジファンドがどこから資本を調達するのか、どのようにレバレッジをかけるのか、証拠金所要額によるレバレッジの限界、そして資金調達の流動性リスクという重要な概念である。まず、簡単なレバレッジ尺度を定義しておく。

　物理的なレバレッジ（梃子）によって力が増幅されて重い物体を持ち上げられるのと同様に、財務レバレッジによって投資パフォーマンスが増幅されてヘッジファンドのリターンを高めることができる。もちろん、レバレッジは利益と損失の両方を増幅することから市場リスクを高めることになり、さらにレバレッジの強制解除のコストなど追加的なリスクももたらす。

　レバレッジをかけるとは、単に、自己資本を超える額を資産に投資するために資金を借り入れることである（デリバティブを用いても同様のことができる）。ヘッジファンドのレバレッジは、純資産価額（net asset value, NAV）に対する資産の比で測られる。

$$\text{レバレッジ} = \text{ロングポジション} / \text{NAV}$$

この尺度ではショートポジションが無視されている。これに対して、グロスレバレッジではショートポジションが加わる。

グロスレバレッジ＝（ロングポジション＋ショートポジション）／NAV

実際にはショートポジションはヘッジであることが多いが、グロスレバレッジの概念は、このショートポジションがリスクを追加するものと暗黙に仮定している。逆に、ネットレバレッジではショートポジションが控除される（ショートポジションがロングポジションをちょうど相殺することもある）。

ネットレバレッジ＝（ロングポジション－ショートポジション）／NAV

たとえば、純資産価額が1億ドル、ロングポジションが3億ドル、ショートポジションが2億ドルのヘッジファンドを考えよう。この場合、レバレッジは3、グロスレバレッジは5、ネットレバレッジは1である。これは3対1（または3：1）のレバレッジ、あるいは純資産価額1ドル当りで考えて、ロングが3ドル、ショートが2ドルであるといわれる。

5.7 レバレッジの源泉
―ヘッジファンドのバランスシート―

ヘッジファンドのバランスシートで最も重要な部分は自己資本である。自己資本はもちろん投資家が拠出したものであり、ヘッジファンドの経営者自身によるものも含まれる。ヘッジファンドの自己資本は純資産価額（NAV）または運用資産残高（asset under management, AUM）と呼ばれるが、後者はその運用者が運用する全ヘッジファンドの合計資産を指すことが多い。ヘッジファンドの自己資本は通常の企業とは違って恒久的なものではなく、投資家は資金を引き出すことが可能である。この意味において、ヘッジファンドはクローズドエンド型というよりもオープンエンド型のミューチュアルファンドに似ている。しかし、ヘッジファンドの資金の引出しには通常、ロックアップ条項（lock-up provision）や解約通知期間（redemption notice period）が課せられている。ロックアップ条項がある場合、ヘッジファンドに資本を投資してから、たとえば1年といった特定の期間が経過した後でないと資金を戻せない。解約通知期間は、投資家が資金を引き出したい時に、ヘッジファンドに通知しなければならない事前の期間である。たとえば、四半期ごとの45日の解約通知期間であれば、四半期末にのみ、しかもその45日前に通知した場合にのみ資金の引出しが可能という意味である。ヘッジファンドにとって通知期間が重要なのは、流動性の低い証券に投資し、取引コストを最小にするにはゆっくりポジションを解消する必要があることが多いからである。また、通知期間があることでヘッジファンドは資金流入と流出を容易にネッティングでき、ポジションを過剰に動かす必要もなくなる。

　本章でさらに議論するように、ヘッジファンドが本当に避けたいのは投げ売りを余儀なくされることである。解約通知期間によってこのリスクを低減できるのは確かであるが、ヘッジファンド契約にはさらにゲート（gate）やサイドポケット（side pocket）といった解約を停止する条項を盛り込む場合もある。ゲートは、あらゆる解約可能期間について、引出しに応じるのはヘッジファンドの資本のあらかじめ定められた割合だけであることを意味する。たとえば、どの四半期末についてもゲートを通過できるのは最大20％とする。この限度額によってヘッジファンドは投げ売りを避けやすくはなるが、ゲートが閉まるのをおそれる投資家が遅きに失する前に資本を取り戻そうとするかもしれないという負の側面もあり、銀行の取付け騒ぎのようなものをヘッジファンドにもたらす。したがって、ゲートを盛り込むとそれが必要になる可能性も高まる。ゲートは流動性が低いものの取引可能な証券に投資するヘッジファンドに用いられるものであるのに対し、サイドポケットは保有する証券の大部分が高流動であるが、部分的にはきわめて流動性の低い証券を保有するヘッジファンドが用いる。たとえば、ヘッジファンドは投資家の資金の90％を流動性の高い投資をする「メインポケット」に入れ、10％を非常に流動性が低い投資をするサイドポケットに入れることがあるだろう。投資家はメインポケットに入っている投資資金の解約はできるが、ファンドが投資対象を整然と売却できるまでサイドポケットからの解約はできな

図5.4　ヘッジファンドのバランスシート

資産	負債
証券のロングポジション	（ロングポジションに対する）証拠金による借入れ
	自己資本（純資産価額） ―ロングポジションのための証拠金
キャッシュ ―短期金融市場で運用される余剰資金	―補助的な自己資本
―ショートポジションのために差し入れた証拠金	―ショートポジションのための証拠金
―証券のショートによって生じたキャッシュ	証券のショートポジション

い。

　ヘッジファンドのバランスシート全体を図5.4に示した。ヘッジファンドの資産は、所有する株式や債券といった証券のロングポジションと、さまざまな形態のキャッシュからなる。負債は、借入れ、自己資本、証券のショートポジションである。キャッシュと自己資本についてはグループ分けし、さまざまな負債とそれに対応する資産の大きさをそろえた。まず、証券のロングポジションは証拠金による借入れとヘッジファンドの自己資本の一部によって調達される（そのためバランスシートではこれらの大きさがそろっている）。証拠金による借入れによって、ヘッジファンドの資産がファンドの自己資本よりも大きくなりうる（通常そうなっている）ことを意味し、これがレバレッジである。ロングポジションにレバレッジをかけるには、証券を担保として資金を借りる。ロングポジションに対するこの借入れはプライムブローカーやレポによる貸し手によって提供され、図5.4のバランスシートで「ロングポジションに対する証拠金による借入れ」として負債側に表れる。しかし、ヘッジファンドはロングポジションすべての価値分の借入れは

できず、部分的に自身の自己資本を、「ロングポジションのための証拠金」に使わなければならない。証拠金については後で詳しく述べる。

　ヘッジファンドが空売りする証券は負債である（ゆくゆくはヘッジファンドはこれらの証券を返す必要があるため）。空売りから得たキャッシュは資産であるが、証券の貸し手によって担保として保有される。これに加えて、証券の貸し手は証拠金所要額として追加のキャッシュを要求する。したがって、ヘッジファンドは「ショートポジションのための証拠金」に自己資本を使わなければならない。

　最後に、このバランスシートのように、ヘッジファンドは補助的な自己資本を短期金融市場商品（たとえばMMFや短期国債、プライムブローカーに対する超過証拠金）に投資する。この補助的自己資本により、ポジションをすぐに清算する必要がなくなり、損失を受け入れることが可能になる。

　ヘッジファンドはデリバティブを用いて経済的にレバレッジを得ることもできる。この経済的レバレッジはバランスシートには明示的に表れないかもしれないが、レバレッジを見積もる際にはデリバティブの想定エクスポージャーも考慮しなければならない。少数のヘッジファンドは無担保の銀行ローンやクレジットラインを確保しようとすることもあるが、これは通常「事態の重大な変更（material adverse change）」条項の対象となっており、レバレッジの主要な源泉になることはほとんどない。

5.8　レバレッジの限界—証拠金所要額—

　現実世界ではどのようにすればレバレッジを得られるのだろうか。つまり、手元の資金より価値が大きい資産を買うにはどうするのか。また、ショートポジション、つまり実質的に負の株数を所有するにはどうするのか。詳細に立ち入る前に、まずは高所からレバレッジの経済原理をみてみよう[4]。

4　証拠金所要額に関しては Brunnermeier and Pedersen（2009）を参照、空売りと証券貸借に関しては Duffie, Gârleanu and Pedersen（2002）を参照。

・**レバレッジをかけたロングポジションの資金調達**：単価100ドルで100万単位の債券を買いたいとしよう。そのために、債券を担保にその価値分の借入れを行う。しかし、借入れができるのはその一部の金額、たとえば1単位の債券当り90ドルだけであり、満額の100ドルではない。この差（この例で10％部分）はヘアカット（haircut）あるいは証拠金所要額（margin requirement）と呼ばれる。債券価値が突然下落して、借り手が資金の返済に応じない場合に備えて、安全性確保のための余裕分を証拠金として貸し手に与えるのがヘアカットである。債券価値が90ドルを下回らなければ、つまり債券価格の下落がヘアカットよりも小さければ、貸し手は単に債券を売って貸付金を埋め合わせることができる。100万単位の債券を買うためには、レバレッジを通して部分的に資金調達できるため、満額の1億ドルは必要ない。具体的に必要な金額は1,000万ドル（つまり、1億ドルに証拠金所要率10％をかけたもの）だけである。

・**ショートポジションの資金調達**：一方、100万単位の債券をショートしたい場合に必要な手順は異なる。この場合は、まず証券を借りる必要があり、そしてこれを売る。後日、たとえば翌日、その証券を買い戻して、証券の貸し手に受け渡す。もちろん、売ったときよりも安く買い戻すためには、債券価格は下がるのが望ましい。このように、借りた物を売ることで実質的に負の債券ポジションが得られる。ヘッジファンドが証券を空売りする場合、相手方のブローカーは売却代金を手元に確保したうえで、さらに証拠金所要額を差し入れるようヘッジファンドに要求する（ブローカー自身も証券を借りる必要があるかもしれず、価値の102％を担保して差し入れなければならないが、ヘッジファンドに課す証拠金所要額は2％より高いことが多い）。

・**証拠金所要額の設定方法**：証拠金所要額は、基本的に貸し手のリスクを限定するために設定される。つまり、証拠金所要額には、ある信頼水準における「最悪の場合」の価格変動を十分にカバーできる大きさが必要である。最悪の場合の価格変動を推定するために、ブローカーはバリューアットリスク（VaR）やストレステストを用いるが、それについては第4章で詳しく論じた。ロングポジションの場合、価格P_tの下落率が証拠金所要額m

を上回る確率を低くしなくてはならない。たとえば１％未満にする場合は以下である。

$$\Pr\left(-\frac{P_{t+1}-P_t}{P_t}>m\right)=1\%$$

証拠金所要額は資産価値よりも小さく、mは０％から100％までの値をとる。ヘッジファンドがポジションを維持するのに必要な金額は、証拠金所要額mに価格P_tとファンドが購入する株式数をかけたものになる。

ヘッジファンドがショートポジションをとる場合には、価格が上昇したときにヘッジファンドが破綻することを相手方のブローカーはおそれる。ヘッジファンドが借りた株式を買い戻せない場合、ブローカーがそれをしなければならない。ブローカーは証拠金所要額とあわせて売却代金も保有しているため、時価P_{t+1}が売却代金と証拠金の合計$P_t+m\times P_t$よりも大きくなければ、自分の資金を使わずに株式を買い戻すことができる。証拠金は、ある短い期間（たとえば１日や５日）においてそのような事象の確率が小さくなるよう、たとえば以下のように設定される。

$$\Pr\left(\frac{P_{t+1}-P_t}{P_t}>m\right)=1\%$$

- **ポートフォリオ全体の資金調達**：ロングやショートのポジションをとるためには資金が必要なため、ヘッジファンドはすべてのポジションの資金を調達できるだけの十分な資本を保有している必要がある。

$$\sum_i m_i\times P_t^i\times\text{ポジションのサイズ}^i\leq\text{自己資本}$$

この条件が満たされないと、ヘッジファンドは崩壊に至る。事実、あらゆる金融機関は自らのポジションの資金を手当できなければならない。AIG、リーマン・ブラザーズ、ベアー・スターンズが崩壊に至ったのは、この不等式を満たせなくなったため、つまりポジションに対する資金の手当ができなくなったためである。

- **損益（P&L）の値洗い**：ヘッジファンドのポジションは日々値洗いされ、各証券の価値が再評価される。そして、すべての価格変化が証拠金勘定の

貸方または借方に記帳されるとともに、借入資本への利子支払、キャッシュ資産からの利息受取りも記帳される。損益は、ロングポジションのリターンからショートポジションのリターンを控除し、金融損益を加えたものになる。

$$\text{P\&L} = R_t^{\text{long}} \times \$\text{long} - R_t^{\text{short}} \times \$\text{short} + \text{金融損益}$$

金融損益は、ロングポジションを維持するためにプライムブローカーから借り入れるキャッシュ（PB-loan）のコストr_t^{PB}、証券の貸し手が保有するキャッシュ担保（sec-lender）から生まれる利息r_t^{rebate}、そして短期金融市場商品で運用されるキャッシュ（mm）から得られる利息r_t^fである。

$$\text{金融損益} = -r_t^{\text{PB}} \$\text{cash}^{\text{PB-loan}} + r_t^{\text{rebate}} \$\text{cash}^{\text{sec-lender}} + r_t^f \$\text{cash}^{\text{mm}}$$

図5.4に示したヘッジファンドのバランスシートからも明らかなように、この損益によってもヘッジファンドの自己資本は増減する。

・**金利と資金調達スプレッド**：ヘッジファンドは、当然ながらレバレッジのために借りた資金の利子を支払わなければならない。また、資金を提供するプライムブローカーは利益を得る必要があるため、ヘッジファンドが借りる資金に対して支払う利子と金融市場で得られる利子との間には差（資金調達スプレッド）がある。さらに、証券の貸し手は株式を貸すことによって少額のプレミアムを得る。つまり証券の貸し手の元に預けられているキャッシュは、短期金融市場の金利よりも低い金利（割戻率（rebate rate）と呼ばれる）しか生まない。

$$r_t^{\text{PB}} > r_t^f > r_t^{\text{rebate}}$$

たとえば、ヘッジファンドが1億ドル相当の株式を買い、1億ドル相当の株を空売りして、証拠金資本が5,000万ドルだとしよう。空売りによる1億ドルの代金に2％を加えた額が証券の貸し手の元に滞留し、割戻率の金利を得るが、これはフェデラル・ファンズ・レート（FFレート）より通常低く、たとえばFFレート−25bpである。空売りがむずかしい株式では、

割戻率がFFレートより数パーセントも低くなることがあり、場合によっては空売りをすると資金を預けているにもかかわらず手数料を払わなければならないこともある。

ポートフォリオのロング側では、ヘッジファンドの証拠金勘定のうち残りの4,800万ドルはロングポジションを購入するための資金に振り向けられ、プライムブローカーが残りの5,200万ドルのローンを提供する。このローンの金利は一般的にFFレートを上回り、たとえばFFレート＋30bpである（カウンターパーティ・リスクを限定するために、ヘッジファンドはプライムブローカーにあまり資金を置かず、その結果多額の借入れが必要になるかもしれない。この場合は調達コストが少し高まる）。したがって、空売りに伴うキャッシュからヘッジファンドが得る金利は、ロングポジションの資金手当をする借入れの金利よりも低い。

- **証拠金請求**：レバレッジや空売りをする場合、レバレッジをかけない長期投資家のようにはのんびりしてはいられない。ポジションとキャッシュの残高水準を継続的にモニターし、キャッシュ水準が最低証拠金所要額を超えていることを確認する必要がある。ヘッジファンドの証拠金勘定に（たとえばポジションの損失によって）十分なキャッシュがなければ、プライムブローカーから証拠金請求（マージンコール）を受ける。つまり、口座にキャッシュを追加するかポジションを削減する必要がある旨の通知を受け取ることになる。ヘッジファンドがどちらにも応じなければ、プライムブローカーはポジションを清算する。証拠金請求を受けることそのものがネガティブである。たとえヘッジファンドがキャッシュを積み増すことができたとしても、証拠金請求が繰り返されることは問題が生じる徴候であり、最終的にプライムブローカーが契約を解消する、あるいは証拠金所要額を引き上げる事態になりかねない。したがって、ヘッジファンドは証拠金資本を余分に維持しようとする（すべての資本を証拠金勘定に置くヘッジファンドもあれば、ほとんどを短期金融商品に置いたうえで必要に応じて証拠金勘定に動かすヘッジファンドもある）。

ポートフォリオの資金調達に関する全般的な経済原理はかなり一般的であるが、証券の種類によって具体的な制度の仕組みは異なる。レバレッジの主要な形態、つまりこれまで議論してきた全般的な経済原理の実務への主な適用のされ方について手短に概説しよう。

- **レポ**：国債やその他の固定利付債券ではレバレッジをかける際に、通常は買戻し契約（repurchase agreement）、略してレポ（repo）を利用する。経済的にレポの機能は、上で議論したような債券を担保として借入れを行う行為である。たとえば、100ドルの価値がある債券を買う場合、95ドルを借り入れて、借入れが返済されない懸念を貸し手がもたぬように貸し手が債券を保持し、安全のために5％のヘアカットを保つ。レポにその名前がついているのは、資金の借り手が貸し手に対して債券を形式的に売却し、同時に将来のある時点で買い戻す（repurchase）ことを約束することによる。借り手が借りたキャッシュに対して支払う金利はレポレートと呼ばれる。
- **現物証券のプライムブローカレッジ（PB）**：株式も担保借入れを用いてレバレッジをかけられる。通常、ヘッジファンドは投資銀行のPBサービスを利用して株式ポートフォリオにレバレッジをかける。PBはヘッジファンドの株式ポートフォリオ全体を考慮して、ヘッジファンドが拠出する必要がある資本の額、すなわち証拠金所要額を定めて、残りの額をヘッジファンドに貸す。ヘッジファンドはPBと長期間にわたる継続的な関係をもち、ポートフォリオの資金は1社ないし少数のPBから調達される。対照的にレポ契約では、債券ごとに個別に行われるのが一般的で、ヘッジファンドは多数の異なるレポ・カウンターパーティをもつことが多い。転換社債などその他の証券もPBを利用してレバレッジがかけられる。PBでは証拠金所要額を資産クラスごとに設定するのが一般的であるが、ポートフォリオ全体に基づいて証拠金所要額を設定することもある（資産横断的証拠金、クロスマージニングと呼ばれる）。
- **店頭（OTC）デリバティブのPB**：レバレッジを得るもう1つの方法は、

レバレッジが内包されたデリバティブを契約することである。たとえばスワップ契約は、契約時点での価値がゼロになるように構築される。タダだからスワップを無限に買えると思うかもしれないが、そうではない。巨大なポジションの金利スワップを契約すれば、大きな金利リスクを負うことになり、損益状況やデフォルト、損失をまったく支払わない事態をカウンターパーティから懸念されることになる。したがって、ヘッジファンドはデリバティブ契約を結ぶ際に、証拠金資本を差し入れなければならない。PBはヘッジファンドの店頭デリバティブ契約の手続や、異なるカウンターパーティと交わされた契約同士のネッティングもサポートする。

・**上場デリバティブ**：最後に、ヘッジファンドは上場先物や上場オプションを通してレバレッジをかけることができる。ヘッジファンドはブローカー（先物仲介業者、futures commission merchant（FCM）と呼ばれる）を通して売買し、ブローカーはヘッジファンドに証拠金所要額を課すが、同様に取引所はブローカーに証拠金を課す。ヘッジファンドの証拠金は取引所の証拠金と同じであることが多いが、原理的には高いことや低いこともあり得る。

5.9 資金調達流動性リスクとギャンブラーの破産

ギャンブラーの破産（gambler's ruin）は、カジノや統計の本で論じられる古典的なリスクの1つで、勝つ見込みが高いにもかかわらず結局は破産してしまうリスクである。たとえば、ブラックジャックのプレー中にカードカウンティング（訳注：すでに使用されたカードを数えることで次に配られるカードを予測する）をするとしよう。このスキルはカジノに対してはわずかな強みとなるが、資本には限度がある。有利な賭けであるにもかかわらず、ディーラーがエースを引くような不運が何度か起こると、すべてのお金を失ってしまう。この結果は、2つの理由により非常に悪い。1つの理由は明白として、もう1つはもはや強みを発揮できなくなってしまうことである。ギャンブ

ラーの破産問題はオランダ人の数学者・天文学者・物理学者・作家のクリスティアーン・ホイヘンスにまでさかのぼる。彼は振り子時計の発明、土星を周回する衛星タイタンの発見など、いくつかの独創的な業績でも知られる。

　ギャンブラーの破産は、投資運用においてもきわめて重大なリスクである。投資家は強み（アルファ）を発揮したいと思うが、資本は限られ、レバレッジは証拠金所要額の制約を受ける。投資において、このリスクはしばしば資金調達流動性リスクと呼ばれる。市場流動性リスクが多大な取引コストをかけないと証券を売ることができないリスクであるのに対し、資金調達流動性リスクは証券を売らなければならないリスクである。言い換えると、ポジションの解消を迫られ、極端な場合にはゲームから退出させられるリスクである。資金調達の危機によるコストは、ギャンブルよりも投資のほうがずっと大きく、ヘッジファンドがポジションの解消を余儀なくされるときに、投資機会はとりわけよくなる傾向がある。それは、そのヘッジファンドの売りが価格を下げるためでもあるが、より重要なのは、強制清算は独立には発生しないためである。あるヘッジファンドが強制清算に追い込まれる際には、他の類似したファンドもトラブルを抱えている可能性が高い。これは、彼らが似たような証券を売却し、キャッシュに余裕がある潜在的な買い手が少なくなることを意味する。この問題は、流動性スパイラルと呼ばれる逆フィードバックループによって深刻化する。

5.10　流動性スパイラル
―皆が出口に殺到するとき―

　流動性スパイラルは、市場価格の下落と流動性の枯渇が相互に強め合いながら資本が消失する逆フィードバックループである[5]。このらせん的な崩壊を図5.5に示した。

---

[5] 流動性スパイラルはBrunnermeier and Pedersen（2009）によって導入され、出口への殺到はPedersen（2009）によって論じられている。リスク管理と増幅効果はGârleanu and Pedersen（2007）によって取り上げられている。

図5.5　流動性スパイラル

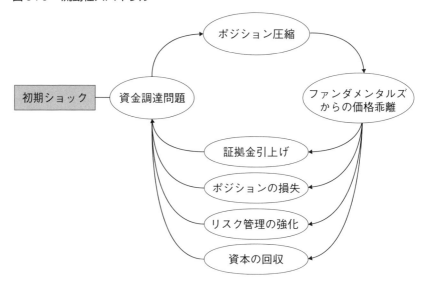

　市場になんらかのショックが発生して、レバレッジをかけているトレーダーに損失が生じ、スパイラルが始まる。このショックは一部のトレーダーに資金調達問題をもたらし、彼らはポジションを圧縮し始める。この結果生じる売り圧力が価格を下落させ、関連するポジションをもつすべてのトレーダーにいっそうの損失をもたらす。さらに、注文の不均衡（order imbalance）により市場のボラティリティは高まり、流動性が低下する（こうしたトレーダーは平常時には流動性の供給者であることも要因である）。

　市場のボラティリティが上昇し流動性が低下すると、プライムブローカーは証拠金所要額を引き上げ、トレーダーはポジションのレバレッジを圧縮する。これに加えて、リスク管理上、トレーダーはポジションを減らす必要に迫られ、さらに投資家（または経営者）による資本の回収も資金調達問題を大きくする。これら4つすべての理由で、資金調達問題は拡大し続け、売りの第2ラウンドを引き起こす。これは投げ売りが終わって市場の反発が始まるまでらせん的に続く。

　図5.6に投げ売り期間中の価格の動きを概念的に示した。トレーダーが

図5.6　皆が出口に殺到する流動性スパイラル期間の価格の動き

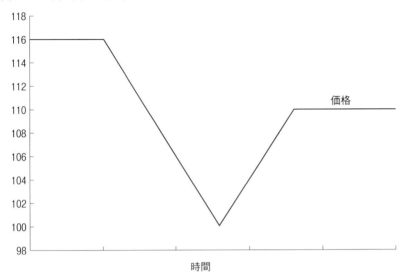

（出所）　Brunnermeier and Pedersen（2005）のモデルを用いたPedersen（2009）より

売るにつれて価格は急落し、レバレッジの圧縮が終わる頃に底値に達する。再びレバレッジをかけるトレーダーが現れ、他の投資家も参入すると、価格はファンダメンタルズに引き寄せられて反発し、新たな均衡価格で安定する。新たな均衡価格はトレーダーの退場や、資本の流出、資金調達の困難化により以前よりも一時的に低くなる。

　流動性スパイラルは、平常な取引時期には感知するのがむずかしい暴落リスクが存在することを意味する。言い換えれば、リターン分布は本来的に非正規である。つまり、ほとんどの時期においてはファンダメンタルズに関係するニュースが価格を動かすのに対し、流動性スパイラルの間は、強制売却が価格を動かす。また、流動性スパイラルは証券間の相関も変化させる。これは資金調達問題を抱えたトレーダーらの保有する証券の価格が、流動性イベントの間はたとえファンダメンタルズに関連がないとしても互いに連動して動き始めるからである。実際、流動性危機には伝染性があり、ある市場での損失が他の市場での投げ売りにつながり、より多くのトレーダーに損失を

図5.7 世界金融危機の初期の波及効果（2007年7月-2007年8月）

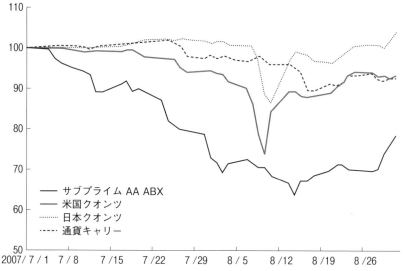

サブプライム・モーゲージのクレジット市場で始まった危機の様子を示す。2007年7月に米国のバリューやモメンタムに基づく株式ロングショートのクオンツ戦略（米国クオンツ）に損失が出ると、その後、日本の同様の戦略（日本クオンツ）に波及した。通貨キャリー取引には、8月中旬にポジションの解消が出た。なお、価格系列と累積リターンは7月の初めを100とした。
（出所） Pedersen (2009)

与えて危機を広げる。1つの市場における流動性スパイラルが主要なディーラーやヘッジファンドの資金調達を蝕むようになると、そうしたトレーダーが活発に取引している他の市場でも流動性が枯渇する。たとえば、2007年から2009年の世界金融危機もこのようなかたちで拡大し、サブプライム市場からその他のモーゲージ市場へ、次いでクレジット市場に広がり、次に株式のクオンツ戦略、さらには広く株式市場、通貨市場、転換社債市場、短期金融市場へと次々に波及し、その後はエマージング市場、コモディティ市場、そしてその先へと広がっていった。その一部について図5.7に示した。

5.11 略奪取引

　流動性スパイラルによって、強制清算のコストは非常に高くなる。このコストが高くなりうる理由には、略奪取引（predatory trading）もある[6]。略奪取引とは、他者のポジション削減のニーズにつけこんだり、あるいは実際にポジションを削減させたりする取引を指す。たとえばCramer（2002, p.182）は以下のように述べている。

> 水中で血の匂いを嗅ぐとき、あなたはサメになる……集団のだれかが問題を抱えているとわかったとき、……あなたは彼が何を保有しているのかを調べ、その株式の空売りを始める。

　例：ある株式 X の価格が現在100ドルで、その100万株の買いまたは売りに対して価格が1ドル上下するとしよう。アウトフロー・キャピタル・ホールディングス（Outflow Capital Holdings, OUCH）は1,000万株を売却する必要があり、トレーダー Y がそれに気づいた。
　トレーダー Y はどう行動するだろうか。あるいは、価格が1株当り99ドルになる場合にのみ、OUCHは売る必要があるとしよう。このとき、他のトレーダーはどう行動するだろうか。

　略奪取引は、さまざまなかたちで起こりうる。たとえば、一部のトレーダーがストップロスオーダー（逆指値注文）のような機械的な取引ルールを用いる際や、いわゆるショートスクイーズの際に、略奪取引が起こりうる。プライムブローカーはヘッジファンドのポジションと資金調達状況について多くのことを知っているため、この情報を利用したとして時に非難を受けることがある。

ヘッジファンドがすぐに売る必要に迫られていることを資金の貸し手が

6　略奪取引の分析はBrunnermeier and Pedersen（2005）による。

知っていれば、彼らは同じ資産を売るだろう。これにより価格の下落はいっそう速まる。ゴールドマン・サックスなどLTCMのカウンターパーティは1998年にまさにこれを行った。

—— *Business Week*（2001年2月26日）

　同様なポジションをもつ他のトレーダーが強制清算を迫られる次の投資家になることをおそれるために、略奪取引のようにみえるものが実際には自らを守ろうとする行動の反映であることもよくある。したがって、損失が生じ始めたときに売ることは、単にリスク管理戦略の一環である場合もある。

第 II 部

株式戦略

第6章

株式の評価と投資の基礎

> 本源的価値（intrinsic value）は、投資や事業の相対的魅力度を評価するうえで唯一の論理的アプローチを与える非常に重要な概念である。本源的価値の定義は単純で、存続期間中に事業から得られるキャッシュの割引価値である。
>
> ——ウォーレン・バフェット（Warren Buffett）

　本書の第Ⅱ部では株式戦略、すなわち株式の銘柄選択戦略を扱う。銘柄選択戦略では、期待リターンが高い銘柄や、低い銘柄の特定に努める。ヘッジファンドは期待リターンが高い銘柄をロングし、期待リターンが低い銘柄をショートする。同様に、株式のロングオンリー（訳注：買い持ちのみ）のアクティブ投資家は、期待リターンが高い銘柄をオーバーウェイトして、期待リターンが低い銘柄をアンダーウェイトするか、もしくは保有しない。

　本書では、裁量的株式投資（第7章）、ショートバイアス戦略（第8章）、株式クオンツ投資（第9章）という3タイプの株式戦略を扱う。裁量的株式投資は古典的で最も一般的な株式取引の形態であり、株式ロングショート型のヘッジファンドや、株式アクティブ型のミューチュアルファンドなどによって実践されている。裁量的株式投資では、トレーダーやポートフォリオ運用者の裁量的な見方に基づき、すなわち自らで分析した銘柄群を総合的に判断して株式を買う。株式評価モデル、企業経営者との対話、競合他社、直感や経験を含むありとあらゆる情報に基づき、検討対象の銘柄ごとに適した分析を行う。典型的な裁量的株式投資の運用者が株式を空売りするよりも買

うほうが多い一方で、ショートバイアス戦略のヘッジファンドは売るほうが多く、不正や利益の過大表示、事業計画の欠陥を探して、今後下落しそうな株式を見つけることに注力する。ショートバイアス戦略のヘッジファンドは企業のファンダメンタルズ分析に頼っているという点で、裁量的株式投資家と共通している。

　裁量的取引とは対照的に、クオンツ（定量的）取引ではモデルに基づいてシステマティックに投資する。いずれのタイプのトレーダーも、多くのデータを入手して、評価モデルを用いるだろうが、裁量的トレーダーが売買に関する最終的な決定を人間の判断に基づいて下すのに対し、クオンツ投資家は人間の干渉を最小にしてシステマティックに取引する。クオンツ投資家がデータを集めてチェックし、モデルに投入すると、そのモデルが取引所に売買注文を送る[1]。

　クオンツは、非定量的な方法では簡単に処理できないような洗練された方法でアイデアを処理することで、多数の分散化された小さな取引のそれぞれにおいてわずかな優位性をつくりだそうとする。そのために、経済学、ファイナンス、統計、数学、コンピュータ・サイエンス、エンジニアリングのツールと知識を用い、大量の（公開および独自に収集した）データを組み合わせて、市場参加者が即座に価格に織り込まない可能性のある関連性を特定する。こうした関連性に基づき、取引シグナルを生成するコンピュータ・システムを構築して、取引コストを考慮したポートフォリオの最適化を行い、数秒ごとに何百もの注文を送る自動化された執行手法を用いて取引をする。つまり、人間の監視下でさまざまなプログラムが動作するコンピュータにデータを入れることによって、取引が行われる。

　裁量的取引には、各取引に適した分析を行えることや、個人的な会話をは

---

[1] クオンツトレーダーは、エマニュエル・ダーマン（Emanuel Derman）の興味深い自叙伝 *My Life as a Quant*（『物理学者、ウォール街を往く。』2004年）に描かれているセルサイド・クオンツとは近い関係にあるが、その役割は異なる。セルサイド・クオンツはヘッジ方法やリスク管理、裁量的トレーダー、クライアント、その他の目的に役に立つ分析ツールを提供する。対照的に、クオンツトレーダーはバイサイドで働き、システマティックな取引のツールとして直接使われるモデルを構築する。

じめとする多くのソフト情報（訳注：主観的な情報や定性情報など）を活用できるという長所がある。しかし、そうした労働集約的な方法では、詳細な分析が可能な証券の数は限られ、裁量によってトレーダーに心理的なバイアスが生じる。クオンツ取引の長所は規律が得られることと、取引アイデアを幅広い証券のユニバース（母集団）に適用して分散化の便益を享受できること、および効率的なポートフォリオ構築ができることである。ただし、ハードデータ（訳注：客観的なデータまたは定量データ）と人間のリアルタイムの判断を統合する能力のないコンピュータ・プログラムだけに頼らなければならない。

　株式投資の3つの形態にはいくつかの相違があるものの、いずれも株式評価への解釈を拠り所にする。先のウォーレン・バフェットの言葉が明らかにしているように、株式の本源的価値は株式評価の中心であり、これについて本章で議論する。

6.1　効率的に非効率な株式市場

　株式の本源的価値の導出について詳しく述べる前に、使用目的であるバリュー投資について復習しよう。バリュー投資家は、割安株、すなわち本源的価値に比べて市場価格が低い株式を買うことを目指す。同様に、本源的価値より市場での評価が高い割高株を空売りする。

　バリュー投資家は市場をより効率的にする。割安株の価格を引き上げるとともに、割高株の価格を押し下げることで、価格をファンダメンタルズに近づける。しかし、バリュー投資家同士の競争によっても、すべての非効率性は完全には取り除かれない。バリュー投資にはファンダメンタル・リスクや流動性リスクが伴うためである。将来の期待収益よりも安い価格で株式を買っても、思いがけないイベントによって会社が損害を受ける、あるいは、株価が上昇する前に売却を余儀なくされれば、損失を被る可能性がある。このため、投資家はこうしたリスクを負担することに対するプレミアムを要求

し、株式には効率的な水準の非効率性が残される。言い換えれば、価格とファンダメンタルズの間には効率的な厚みのスプレッドが存在し、このスプレッドは安全余裕率（margin of safety）と呼ばれることがある（後に詳しく論じる）。効率的に非効率な株式市場の特性として、価格がファンダメンタル価値からさらに大きく乖離することもある。この乖離は、流動性が低く取引コストが高い株式や、ボラティリティが大きく取引のリスクが大きい株式、需給不均衡が大きい株式、空売りのコストが高い株式について、特にアクティブ投資家が資本や資金調達の機会の減少に直面しているときに起こりうる。

6.2 本源的価値と配当割引モデル

　株式取引の基礎は株式の価値評価を理解することである。株式の価値は、市場価格と区別するために本源的価値（内在価値またはファンダメンタル価値）と呼ばれる。市場効率性の信奉者は価格と本源的価値が同じと考えるのに対し、バリュー投資の信奉者は市場価格が本源的価値に比べて安い株式を探す。事実、先のウォーレン・バフェットの言葉にみられるように、本源的価値はバリュー投資のまさに核心にある。

　ある時点 t における株式の本源的価値 V_t を考えよう。本源的価値は、突き詰めれば株主に還元できるフリーキャッシュからもたらされる。フリーキャッシュフローを「配当」D_t と表記することにするが、これは広義に、株主に還元されるすべてのキャッシュ（自社株買いを通じた資本の返還を含む）から（公募増資を通して）株主が注入する必要がある資本を減じたものと解釈すべきである。

　もちろん、貨幣の時間価値と将来のキャッシュフローの不確実さを考慮する必要があるため、時点の異なる配当すべてを単に合計することはできない。まず、現在の価値が翌期、たとえば来年起こることからどのような影響を受けるかを考えることから始めよう。現在の本源的価値は、翌期の配当 D_{t+1}、

翌期の価値、今期の要求収益率k_t（割引率とも呼ばれる）に依存する。具体的に、現在の価値は翌期の配当と価値の和の割引価値に関する期待値である。

$$V_t = E_t\left(\frac{D_{t+1} + V_{t+1}}{1 + k_t}\right)$$

したがって、株式を評価するためには翌期の予想配当支払額を推定する必要がある。また、要求収益率k_tも定めなければならないが、k_tは当然ながら株式のリスクの大きさに依存する。たとえば、株式トレーダーが市場ベータを$\beta = 1.2$、市場リスクプレミアムを$E(R^M - R^f) = 5\%$、現在のリスクフリー金利を$R^f = 2\%$と推定したとしよう。そして、トレーダーが資本資産価格モデル（CAPM）を用いるとすれば、株式の要求収益率は$k_t = 2\% + 1.2 \times 5\% = 8\%$になる。

最後に、現在時点tにおける本源的価値を定めるためには、翌期$t+1$の本源的価値を推定する必要があるように思うかもしれない。しかしそのかわり、評価式を繰り返し代入すれば、以下の結果を得る。

$$V_t = E_t\left(\frac{D_{t+1}}{1 + k_t} + \frac{D_{t+2}}{(1 + k_t)(1 + k_{t+1})} + \cdots\right)$$

$$= E_t\left(\sum_{s=1}^{\infty} \frac{D_{t+s}}{\prod_{u=0}^{s-1}(1 + k_{t+u})}\right)$$

この式は、先の引用でバフェットが言葉で述べていること、すなわち、本源的価値が将来にわたって株主に支払われるすべての配当の割引価値の期待値であることを数学的に表現したもので、配当割引モデルと呼ばれる（キャッシュフロー割引モデル、現在価値モデルと呼ばれることもある）。

本源的価値の計算は、言うは易く行うは難しであり、原理的には簡単でも実際にはむずかしい[2]。本源的価値を計算するためには、将来のすべての配当、将来のすべての割引率、そして将来の配当と割引率の共変動を推定しなければならない。この作業を単純化するために、株式トレーダーは一定の割引率を仮定することが多く、すべてのtについて$k_t = k$と置く。この場合、評

---

[2] 株式評価と財務諸表分析に関する広範囲にわたる解説については、Damodaran（2012）を参照。

価式は以下のように簡単になる。

$$V_t = \sum_{s=1}^{\infty} \frac{\mathrm{E}_t(D_{t+s})}{(1+k)^s}$$

ゴードン（Gordon）成長モデル

　配当割引モデルは、期待配当成長を一定と仮定することでさらに単純になる。配当成長が一定であれば$\mathrm{E}_t(D_{t+s}) = (1+g)^s D_t$で、$g$は成長率を表す。この仮定のもとで、本源的価値は以下の直感的な式に帰着する。

$$V_t = \frac{(1+g)D_t}{k-g}$$

現在の配当が大きいほど、また配当成長率が高いほど、そして要求リターンが低いほど、本源的価値は高い。

多段階配当割引モデル

　ゴードン成長モデルが適切なのは、成長率が一定の会社に関してのみであり、さらに成長率gが割引率kよりも小さいことも必要である（さもなければ、ゴードンの成長モデルの分母は負になる。このことは割引率と比較してそのような高い成長率が長期均衡において達成しえないことを反映している）。しかし、株式投資家は際立った状況にいる会社に興味をもつことがあり、そうした会社は$g > k$となる期間を含め、並外れた成長の年を数年にわたって経験するかもしれない。同様に、会社が一時的な収縮の段階を経験することもあるだろう。そのようなケースでは、株式の現在価値は、異常な期間における配当の現在価値に、継続価値（terminal value）を加えたものとして計算できる。

$$V_t = \sum_{s=1}^{T} \frac{\mathrm{E}_t(D_{t+s})}{(1+k)^s} + \frac{P_{t+T}}{(1+k)^T}$$

　ここで、継続価値P_{t+T}は、将来時点における成長率を一定と仮定して、ゴードン成長モデルを使うことによって推定できる。あるいは、時点tにおける業種の典型的なバリュエーションレシオを仮定してP_{t+T}を計算すること

もできる。たとえば、この業種の会社が40倍の株価配当率で取引される傾向がある場合にはP_{t+T}は$E_t(D_{t+T})$の40倍となる（後述の「相対評価」の節を参照のこと）。時点tと$t+T$の間の配当を推定するには、この期間のすべてのキャッシュフローを個別に推定すればよい（バリュー投資家とは数字で埋もれたスプレッドシートをもっているものである）。あるいは、最初のT年については成長率gが並外れて高く、かつ一定と仮定することもできる。こうした株式の現在価値は以下になる。

$$V_t = \left(1 - \left(\frac{1+g}{1+k}\right)^T\right)\frac{(1+g)D_t}{k-g} + \frac{P_{t+T}}{(1+k)^T}$$

これは二段階配当割引モデルと呼ばれ、最初の「段階」（時点tから時点$t+T$まで）の成長率を一定と仮定している。第二段階（時点$t+T$以降）の成長率も別の一定値であることが仮定され、これを用いて継続価値が計算される（第一段階の成長が割引率を上回り、$g>k$であっても、この式の値は正である）。

以上をまとめると、一般的な考え方として、価値評価は配当割引モデルに基づく。そしてある期間について一定の成長率を仮定すれば、単純な表現になる（よく知られた等比数列の和の公式による）。さらにこの考えを進め、三段階あるいはより複雑な多段階価値評価モデルを考察する株式投資家もいる。

6.3 利益、純資産、残余利益モデル

配当の推定がむずかしい会社もある。たとえば若い会社は、成熟して配当を払うようになるまで何年にもわたり利益を留保する傾向がある。また、配当よりも企業の経済利益に注目するほうが自然なこともある。この２つの概念は密接に関連している。配当を支払うために企業は利益をあげなければならず、利益は最終的には株主に還元されて、消費価値をもつ。

利益と配当の関係を定式化するために、利益を純利益NI_tとして定義し、純資産B_tの時間変化をたどろう。純資産は利益によって増加し、配当による

資本の流出によって減少する。この鍵となる結びつきは、会計のクリーンサープラス関係（clean surplus accounting relation）と呼ばれる。

$$B_t = B_{t-1} + \mathrm{NI}_t - D_t$$

クリーンサープラス関係の配当を配当割引モデルに代入すると、以下の残余利益モデル（residual income model）が得られる[3]。

$$V_t = B_t + \sum_{s=1}^{\infty} \frac{\mathrm{E}_t(\mathrm{RI}_{t+s})}{(1+k)^s}$$

ここで、残余利益RIは以下により定義される。

$$\mathrm{RI}_t = \mathrm{NI}_t - k \cdot B_{t-1}$$

残余利益モデルによれば、株式の本源的価値は、純資産に、将来の残余利益の全流列の現在価値を加えたものに等しい。残余利益とは、利益の額NI_tから自己資本コストを差し引いたものであり、自己資本コストとは、要求収益率kに前期の純資産B_{t-1}を乗じたものである。当然ながら、任意の時点tにおける残余利益は正にも負にもなりうる。利益が負ならば残余利益はもちろん負になるが、利益が正であっても資本コストより小さければ残余利益は負になる。もしすべての残余利益の現在価値が負の場合は本源的価値が純資産を下回っており、そうでない場合は本源的価値が純資産を上回っている。

以上をまとめると、本源的価値とは、現在の純資産に、現在の純資産に基づく想定を超えて得ることが期待される追加的な（すなわち残余）利益の現在価値を加えたものである。

---

[3] これを理解するために、まず次の関係に注意しよう。

$$V_t = \mathrm{E}_t \left(\sum_{s=1}^{\infty} \frac{\mathrm{NI}_{t+s} - B_{t+s} + B_{t+s-1}}{(1+k)^s} \right)$$

ここで、最初の純資産の添字を変えて、適切な調整をすれば次式になる。

$$V_t = B_t + \mathrm{E}_t \left(\sum_{s=1}^{\infty} \frac{\mathrm{NI}_{t+s} - (1+k)B_{t+s-1} + B_{t+s-1}}{(1+k)^s} \right)$$

これにより残余利益モデルが得られる。この形式の配当割引モデルはPreinreich（1938）にまでさかのぼる。

6.4 他の株式評価のアプローチ

相対評価

株式投資家は、しばしば他の比較可能な銘柄のバリュエーションに基づいて、株式を評価する。たとえば、ある会社の利益をE、業界平均など比較可能な株式の株価収益率（price-earnings ratio）をP/Eとして、$E \times P/E$により、その株式を評価することがある。原理的にはこれと同じ手法をどんなバリュエーションレシオについても用いることができる。しかし重要なのは、その会社の現在の特性（たとえば現在の利益E）が会社自体とその将来の見通しを表している（たった1年のまぐれの数値は用いない）ことと、バリュエーションレシオが比較可能な株式から得られていることである。もちろん、相対的な評価では、株式市場全体が過小評価されているのか、過大評価されているのかはわからない。しかし、他と比較してどの株式が割高または割安なのかに関する情報が得られる。

インプライド期待リターン

別のアプローチに、現在の価格と将来の推定キャッシュフローを用いて、それぞれの株式のインプライド期待リターンを計算するものがある。これは株式の内部収益率を意味し、インプライド資本コストとも呼ばれる。こうした各株式のインプライド期待リターンの推定値に基づいて、期待リターンが高い株式を買い、低い株式を空売りするバリュー投資家もいるだろう[4]。

企業価値vs株式価値

会社全体の評価（企業評価とも呼ばれる）とその株式の評価には、当然ながら同じ原理を用いることができる。もちろん、企業に負債がある場合、株

4　Hou, van Dijk and Zhang（2012）やその参考文献を参照。

式価値は企業価値よりも小さい。企業や株式を評価するためには、すべての入力を同じ条件にする必要がある。特に株式を評価するならば、株式（レバレッジ効果によって企業全体よりもリスクが大きい）の要求収益率と株式保有者へのフリーキャッシュフロー（言い換えれば、配当）を考慮する必要がある。企業を評価するならば、会社全体のフリーキャッシュフローの現在価値、すなわち債務関連の支払を控除する前の（ただし、再投資のための支払など、その他の現金の流出を控除後の）利益を計算しなければならない。

　同様に、財務比率を計算する際には、分子と分母を同一の条件にする必要がある。分子が株式レベルの変数（これと対比されるのが企業レベルの変数）であれば、分母もそうでなければならない。たとえば、株価収益率は利益に対する株価の比率であって、利益に対する企業価値の比率ではない。なぜなら後者は、利息支払が利益を押し下げるためにレバレッジが効いた会社では悪くみえる。したがって、分子が企業価値である場合は、分母は金利費用控除前の利益にするべきである。

第7章

裁量的株式投資

投資は最も実務に近いところが最も知的である……。証券の売買によって利益を得ようと思い立ったなら、自ら冒険的なビジネスに乗り出したことになる。成功の可能性を得たいのであれば、一般に認められたビジネスの慣習に従って行動しなければならない……。第一の原則にして最も明らかなのは……「自らのビジネスを知れ」……。第二の原則は、「自分のビジネスを他のだれにも任せてはならない。ただし例外は、(1)細心の注意と十分な理解をしたうえでその人物のパフォーマンスを監督できる場合か、(2)その人物の誠実さと能力に対して絶対的な信頼を置くきわめて強い理由がある場合である」。第三の原則は、「信頼できる計算結果によって、理にかなった利益を生み出す十分な見込みがあることが示されない限り、事業を始めてはならない。特に、利益がわずかで損失が大きい投機的な事業に近づいてはいけない」。……第四のルールはもっと前向きで、「自分の知識と経験に勇気をもとう。事実について自ら結論を導き、判断に根拠があるとわかっているなら、たとえ他人が躊躇したり違う行動をとったとしても、行動しよう」。

——ベンジャミン・グレアム
(Benjamin Graham, 1973, pp.286-287)

ほとんどの株式アクティブ投資家は裁量的判断に基づいて取引しており、最も成功している者の多くがGraham and Dodd（1934）やGraham（1973）の原則が正しいと断言している。上の引用からも明らかなように、これが意

味するのは、会社のビジネスとその将来の潜在的な利益を徹底的に分析すること、潜在的利益を実現する能力と利益を株主に還元する誠実さが経営者にあるのかを考察すること、企業を株価と比較して評価すること、そしてたとえ世間一般の通念に反していたとしても自分の判断にのっとって行動することである。

　こうした戦略をとるヘッジファンドは、ロングショート株式ファンドと呼ばれる。ロングショートのヘッジファンドは、割安な価格で取引されている優れた株式をロングし、過大評価されている粗悪な株式をショートしようとする。通常、ポジションはショートよりもロングのほうが多いが、これはおそらくロングのほうが対象を見つけて投資するのが容易なことと、株式プレミアムを得たいためであろう。ある種の分野に特化するファンドも存在し、たとえばテクノロジー株やヘルスケア株、コモディティ関連株といった特定の業種を専門にする（グレアムの「自らのビジネスを知れ」という言葉と整合的である）。また、バリュー投資や成長株投資を専門にするヘッジファンドもある。大手のロングショート株式ヘッジファンドの場合には通常手広いが、内部には複数の専門チームがあるかもしれない。

　裁量的株式投資（discretionary equity investing）は、アクティブ型ミューチュアルファンド、年金基金、政府系投資ファンドなどのトレーダーによっても実践されている。主な違いは、このタイプの投資家の多くがロングオンリーだということである。したがって、ただ単に好みの株式を買うにとどまらず、ベンチマークに対して相対的にオーバーウェイトする。また、株式の空売りはできないが、ベンチマークに対してアンダーウェイトすることや、完全に保有しないことはできる。ただし、ほとんどの銘柄はベンチマークの構成ウェイトが非常に小さいため（多くの場合１％未満）、大きなポジションを買うことに比べれば、保有しないことの影響は非常に小さい。言い換えれば、空売り制約によって束縛されているため、こうしたタイプの投資家は通常、悪い株式を見つけるより良い株式を見つけることに集中する。

7.1 バリュー投資

バリュー投資を定義するのは簡単で、割安にみえる証券を買い、さらに場合によっては割高にみえる証券を空売りする投資戦略である。バリュー投資の考え方は少なくともGraham and Dodd（1934）までさかのぼる。とはいえ、バリュー投資は思うほどには容易ではない。多くの場合、株式が割安になるのは投資家を不快にさせる何かがあるからで、割高になるのは多くの投資家によって好まれるからである。バリュー投資とは、世間一般の通念に逆らって、大部分の人から好まれている株式の保有を避け（または空売りし）、嫌われている株式を買うことであり、決して簡単ではない。バリュー投資には勇気が必要で、それは冒頭で引用したグレアムの最後の原則にも書かれている。

バリュー投資の一般的な考え方を実践する方法は、もちろんさまざまである。本源的価値の定義や、典型的な保有期間、ポートフォリオの構築方法によって、バリュー投資の実践は異なる。時間経過とともに得られる将来配当の合計価値よりも低い価格の株式に投資したいと考えるバリュー投資家は、忍耐強く、長期的にポジションを保有する。あるいは、後に株価が自ら修正されることを期待して割安な株式を購入し、中期的に売却するバリュー投資家もいる。

バリュー取引の簡単な例として、負債がなく、株式の市場価値が保有キャッシュよりも小さい銘柄への投資を考えよう。この取引は儲かるだろうか。株主がまったく便益を受けられないほど経営者がキャッシュを浪費するものと投資家が予見しているために市場価値が低いのであれば、儲かりそうもない（グレアムの第二のビジネス原則も参照）。この場合、バリュー投資家がこの取引から利益を得るには、より能動的に動かなければならない。たとえば、経営者に影響を与えられるだけの株式を買って、キャッシュを配当として支払わせるか、生産的に使わせる。

別のバリュー投資の簡単な実践方法は、市場価値に比べて純資産が相対的に大きい株式に投資することである。このバリュー戦略は非常に単純ではあ

るものの、歴史的にみて収益性が高い。これについては株式クオンツ投資を扱う第9章でさらに深く議論する。

ファンダメンタル分析

バリュー投資家が価値評価に多くの時間を費やすことは予想にかたくないだろう。彼らは、前章で述べたような各種の配当割引モデル（たとえば残余利益モデル）を用いて、株式の価値を推定する。しかしむずかしいのは、モデルに入力することではなく、モデルへの入力値を定めることである。配当割引モデルへの入力値を推定するプロセスはファンダメンタル分析と呼ばれる。

バリュー投資家が将来の利益を予想する際、たとえば将来の売上高成長、会社が事業を行う製品市場全体の規模の変化、会社の将来の潜在的市場シェア、競争優位性やコストの増加によって利幅がどのように変化していくか、効率性の上昇などを考慮する。

そして、あらゆる方法を用いて本源的価値に関する最良の推定値を算出しようとする。数値に注目する投資家もいれば、人を重視する投資家も、業界動向に注目する投資家もいる。数値に注目するバリュー投資家は、財務諸表を丹念に分析して、過去の会計数値の推移を考察し、将来のフリーキャッシュフローを予測する。

人に注目するバリュー投資家は、会社の経営者やその会社のビジネスに関係するあらゆる人々、たとえば従業員、組合、顧客、仕入れ先、競合他社などと対話をする。こうした議論に基づき、会社がうまく経営されているか、顧客基盤の満足度やロイヤルティ、その増加傾向はどうなのか、あるいは会社が望ましい競争上のポジションを獲得できているか、コストは管理されているのかなどを判断する。

業界動向に注目するバリュー投資家は、1つあるいは少数の業界に特化することが多い。彼らは業界を支配しているのがどの会社なのか、そしてその支配が安定的なのかを判断しようとする。具体的には、どの会社が強いブランドをもち、どの会社が真に収益性が高いのか、業界への参入障壁はあるの

か、顧客が会社を乗り換えるのはどのくらい容易か、たとえば技術変化のような業界を変革させる大きな変化は何か、変化の結果から恩恵を受けるのはどの会社で苦しめられるのはどの会社か、鍵となるイノベーションをつくりだすのはどの会社か、他社が真似するのはどのくらい容易か、さまざまなタイプの会社間のシェアはどのように変化していくのか、といったことである。

これらは1つの業種内の動向に関するものである。一方で、業種全体にベットする投資家もいて、同じ業界の複数の株式（あるいは業種指数）をロングする一方で、別の業種の株式をショートする。こうした投資家は、たとえばマクロ経済環境がさまざまな業種に対してどう影響を及ぼすかという予想に基づき、どの業種が上昇しどの業種が下落するかを考察する。この投資戦略は業種ローテーションやセクターローテーションと呼ばれることがある。

安全余裕率

バリュー投資家は、将来の利益を推定した後に、これら将来利益の現在時点における価値を特定しようとする。これは、配当割引モデルに従って利益を割り引くことによって行われる。その後、推定された本源的価値を市場価格と比較する。推定された本源的価値は当然ながら入力値、特に割引率や成長率の推定値の影響を大きく受ける。したがって、評価の頑健性を考慮するために、本源的価格の推定値がとりうる値の範囲を考えることが多い。

> **本源的価値がとらえどころのない概念であることを認めなければならない。一般論として、本源的価値は資産、利益、配当、明確な将来性といった事実によって正当化されるものであり、たとえば人為的な操作によって決まったり、心理的な行き過ぎによってゆがめられたりする市場気配値とは異なるものと理解されている。しかし、本源的価値が市場価格と同じように明確かつ特定可能なものとして想像するのは大きな誤りである。**
>
> ——Graham and Dodd（1934）

このため、Graham and Dodd（1934）はバリュー投資家に安全余裕率

図7.1 安全余裕率

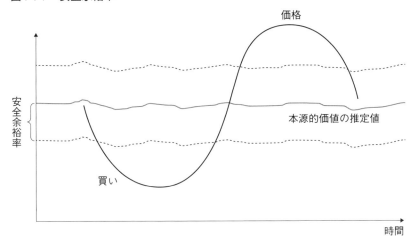

(margin of safety) を使うことを勧めている。つまり、本源的価値の最良推定値と市場価格の間にある程度の乖離余地を残しておく。これを例示したのが図7.1で、株式の価格と本源的価値を模した時系列を表す。本源的価値の不確実性はその価値の周りに点線の「誤差範囲」として示されている。安全余裕率の原理は、バリュー投資家は価格が帯の下限を下回るときにのみ買うべきことを意味する。

バリューの罠

「ディープ」バリューの投資家は、特売品価格がついた株に投資しようとする。ただ、非常に安い価格、たとえば株価純資産倍率が低い価格で株式を買うときには、必ず次の重要な問いについて考えなければならない。株式が割安にみえるのは、本当に割安だからなのか、あるいは安いなりの理由があるからなのか。言い換えれば、この株式はダイヤモンドの原石のようなもので、他の投資家がどうしたわけか見過ごしている安い会社なのか、それとも、真のファンダメンタルズが崩壊しかかっているために割安にみえるだけなのか。

> 他にも私自身の「安物買い」の愚行例を示すことができるが、きっとあなたにも思い当たることはあるだろう。つまり、素晴らしい会社をそれなりの価格で買うことのほうが、素晴らしい価格でそれなりの会社を買うことよりも、はるかによい。
>
> ——ウォーレン・バフェット
> (Warren Buffett, Berkshire Hathaway Inc., Annual Report, 1989)

　株価は非常に多くの人々(その多くは賢明で成功を収めている)の間で売買された結果なので、価格には大量の情報が反映されている。したがって、ある株式がもし割安にみえれば、通常それには理由があり、成長が標準以下になりそうなことを表している。バリュー投資家が根本的な問題を抱えた会社を保有してしまうリスクをバリューの罠(value trap)と呼ぶ。たとえば、ある銀行株が割安になっているのは、その銀行が貸出の多くを償却しなければならないと市場が認識しているからかもしれない。あるいは、ある会社が安くみえるのは、多額の費用がかかりそうな訴訟を抱えていることを市場が知っているからかもしれない。

　より一般的に、株価純資産倍率(price-to-book) P/B の値が(類似する会社のヒストリカルの値と比較して)著しく低い株式を考える。したがって、この指標によれば株式は割安にみえる。さらに、P/B が時間とともに正常な水準に戻ると考えているとしよう。このとき、この株式を買えば儲かると予想できるだろうか。実は必ずしもそうではなく、株価と純資産のどちらが修正されるかによる。もし P/B の平均回帰が株価の上昇によって生じるのならば、バリュー投資家は儲かる。しかし、P/B の平均回帰が純資産の下落、つまり市場の低い期待に沿って負の利益が生じれば、バリュー投資家は損をするかもしれない。

　歴史的にみて、P/B に基づく投資は平均的に収益性が高い。しかし、多くのベットがバリューの罠によって損失を被る結果となってきた。バリューの罠は、株式のクオリティ特性に注目することによって、少なくとも部分的には軽減できる。これについて次に考える。

7.2 クオリティ投資と適正価格のクオリティ

バリュー投資は買うものの価格に注目するが、一方でクオリティに注目する投資もある。クオリティ投資とは、簡単にいえば「よい」会社を買うことである。クオリティ投資をバリュー投資と組み合わせることができ、これを「適正価格のクオリティ」と呼ぶことができよう（Asness, Frazzini and Pedersen, 2013）。

「よい」会社、つまり、クオリティの高い会社とは何だろうか。投資家が高い価格を払うのを厭わないであろう特性として、クオリティを定義できる。配当割引モデルに基づけば、将来のフリーキャッシュフローの現在価値が高いのが、高クオリティである。しかし、将来のフリーキャッシュフローの予測に役立つクオリティ特性は多数ある。Asness, Frazzini and Pedersen (2013) に従って、ゴードン成長モデルを書き換えることで、株式のクオリティ特性を4つのグループに大きく分類できる。

$$\frac{V_t}{B_t} = \frac{E_t(NI_{t+1})/B_t \times E_t(D_{t+1})/E_t(NI_{t+1})}{k-g} = \frac{収益性 \times ペイアウト}{要求リターン - 成長率}$$

左辺は、当該株式の本源的価値を純資産で割ったものである。純資産で除して標準化しないと、株式価値の違いは規模によってほとんど決まってしまう。

式の右辺には、主要なクオリティの特性、すなわち、より高いバリュエーションレシオ（マルチプル）を正当化する特性が表れている。収益性（すなわちROE）は純資産1単位当りの利益（純利益や粗利益など）$E_t(NI_{t+1})/B_t$ として定義される。また、ペイアウトは利益のうち株主に還元される割合 $E_t(D_{t+1})/E_t(NI_{t+1})$ として定義される。g は利益の成長率、k は割引率である。このように株式の価値評価をみると、成長率の高い株式、収益性の高い株式、安全性の高い株式（すなわち要求リターンが低い株式）、そしてペイアウトが高い株式に対して、投資家はより高いマルチプルをつけるのを厭わないはずであることがわかる。

市場効率性の信奉者は、クオリティの高い企業が特定可能であることには同意するだろう。しかし、市場が効率的であれば、そうした会社の株価はすでに高く、その後の（リスクに対する）リターンは標準的なものとなることが示唆される。つまり、市場効率性の信奉者は、クオリティはすでに市場価格に織り込まれているため、高クオリティの会社への投資が低クオリティ会社への投資より優れているとはいえないと考える。

　対照的にクオリティ投資家は、クオリティが必ずしも完全には価格に織り込まれていないため、将来のリターンは平均的に高く、高クオリティの会社を特定することは割に合うと考える。次に、クオリティ投資家がクオリティの各構成要素、すなわち成長（growth）、収益性（profitability）、安全性（safety）、ペイアウト（payout）に基づいてどのように取引するかを議論しよう。

成長─良い成長vs成長の罠─

　多くの投資家が、次なるグーグルやアップル、マイクロソフトを見つけ出そうと成長株を探し回っている。たしかに、初期投資額の何倍にもなって戻ってきた投資の話はだれもが聞いたことがあるだろう。多くの場合、そうした話は成長企業への初期の段階での投資に集中している。しかし、夢のような成長話ばかりで足元の収益性がまったくないような株式は、投機的で過大評価されている可能性がある。特に、投資家があまりに遠い将来の成長を展望しているときはそうである。成長企業が優れた投資対象になるのは、その成長が市場価格に十分に織り込まれていない場合のみである。

　成長株に投資する際に注意すべきもう1つの落とし穴は、会社の成長すべてが必ずしも価値を高めないことである。良い成長とは、フリーキャッシュフローの成長につながる持続可能な利益の成長を指す。悪い成長とは、最終的に利益を減らすような、利益以外の数字の成長である。

　悪い成長の1つの形態に、帝国建設をもくろむ経営者（empire-building manager）が引き起こす資産の成長がある。こうした経営者は自らの権力と報酬を拡大するために企業規模を大きくする。たとえば、高価な買収や軽率

な事業拡大が該当する。悪い成長のもう1つの形態は、製品価格を過剰に安くすることによって引き起こされる売上成長があり、利幅の悪化をもたらす。また、悪い成長が会計操作によって一時的に会計指標の改善となって現れることもある。会計操作は持続不可能なだけでなく、実際には後になって修正しなければならないだろう。

良い成長と悪い成長の違いを理解するために、売上高成長が高い2つの小売店チェーンを考えよう。一方は既存店売上高成長、つまりすでに存在している店舗の売上をふやしつつ、費用は一定に維持して、利幅を増加させたとする。明らかに、こうした既存店売上高の増加は望ましい。もう一方の小売店チェーンも売上高を増加させたが、こちらは他の小売業者を割増価格で買収することによって達成されたとする。このような利益を伴わない資産の成長戦略は、買収によって特別な相乗効果が生まれるか、買収価格がきわめて好条件でない限り、うまくいかなくなって株主価値を毀損する可能性が高い。

収益性と利益のクオリティ

収益性が高い会社は収益性が低い（または収益性がない）会社よりも明らかに価値が高い。収益性を測る方法にはいくつかあり、公表される利益の値のほか、キャッシュフローに注目する指標、さらには「最上段」の粗利益（売上高から売上原価を引いたもの、売上総利益）がある[1]。株式投資家は、会社が真の経済利益を持続可能な方法で獲得し続ける能力について判断しようとする。投資家はまた、会社の会計実務の妥当性を意味する「利益のクオリティ」にも注目する。実際、会社は事業活動を報告する方法をさまざまななかから選択することが可能である。ある項目をバランスシートから外す、費用を先送りする、あるいは、いわゆるアクルーアル（会計発生高）を用いて収益を早期認識するといったことを多かれ少なかれ意図的にできる。利益水準が同等なら、会計上の調整によって外見上利益が生み出されている株式よりも、真の利益が高い株式のほうを投資家が好むのは明らかである。

---

[1] Novy-Marx (2013) およびその参考文献を参照。

安全性

第三のクオリティの指標は安全性である。他の条件がすべて等しければ、投資家は安全な株式に対して低い割引率を適用するはずなので、より高い価格を払うのを厭わないであろう。安全性は株式のリターンまたは会計上のファンダメンタルズの数値、あるいはその両方を使って測ることができる。リターンに基づく標準的な指標は市場ベータで、市場が下落するときに株価も下落するというシステマティックリスクを表す。また株式のトータルボラティリティ（あるいは固有ボラティリティ）にも注目することがある。ベータは十分に分散化されたポートフォリオのリスクへの寄与を計測する際に重要である一方、株式のトータルボラティリティは集中投資されたポートフォリオにおいてその株式を保有するリスクである。ファンダメンタルズのリスク指標については、たとえば過去の収益性の変動を考慮することにより、将来の利益が減少するリスクを推定することを意図する。

ペイアウトと経営クオリティ

クオリティ指標の四番目の分類は、会社がどの程度株主に友好的かや、会社がどの程度よく経営されているかに注目する。具体的には、配当や自社株買いによって利益が株主に還元されているか、さもなければ、どのように株主に報いているかに着目する。つまり、会社の経営陣が追求しているのは、株主価値の最大化なのか、もしくは自身のために私的な便益を絞り取ることなのかに注目する。たとえば、株主のためというよりはむしろ、社用ジェット機のような贅沢な役得のために現金を生み出すことに注力する経営者がいる。また、利益の成長に注力するのではなく、費用のかかる買収ばかりに興じる帝国建設者のように振る舞う経営者もいる。会社に付加価値をもたらして株主の利益を代表する独立した取締役ではなく、縁故者によって取締役会が固められている場合には、経営が貧弱であることを示すサインになるだろう。また、外部者による買収を非常にむずかしくするコーポレートガバナンスによって、経営陣の身が守られているとすれば、それも1つのサインにな

る。

　もちろん、株主のための価値創出への献身以外にも、もっと一般的な意味で経営陣のクオリティは重要である。経営陣に会社の成長のための慧眼な価値創出のビジョンがあるのか、従業員の士気を高めて動機づけすることができるのか、経費削減ができるのか、持続可能な長期的成長を目指すことができるのか、といった点である。良い経営が行われている株式を買おうとする投資家もいれば、悪い経営によって割安になった株式を買い、それを改善させることによって利益を得ようとする投資家もいる。後者のような経営に直接影響を及ぼす試みはアクティビスト投資と呼ばれ、7.5節でさらに論じる。

適正価格のクオリティ

　バリュー投資家と成長株投資家は対極にあると考えられることが多い。実際にそうである場合もあれば、結局は同じ株式を買うこともある。図7.2は、彼らがなぜ対極とみなされることがあるのかを示している。上段のグラフは、あるディープバリューの投資家すなわち「バーゲンハンター」の世界観を表す。株価が大きく変動している間でも、バーゲンハンターは本源的価値に関する見方をほぼ一定として推定している。したがって、価格が下落すると、バーゲンハンターには株式が割安にみえて、買い場となる。その後、価格が上昇すると、バーゲンハンターには割高にみえ始め、売却を決断するかもしれない。

　ある成長株投資家の世界観を示したのが図7.2の下段のグラフである。この成長株投資家は、次のホームランになる可能性を備えた高成長株を買いたいと考えている。今後急速に成長すると予想される会社は、過去においてすでに成長していてよいニュースが出ていることが多く、価格もすでに上昇している可能性が高い。したがって、バーゲンハンターが価値の上昇している株式を売るかもしれないのに対し、成長株投資家はそのような株式を買うかもしれない。皮肉にも、両者はともに自分がバリュー投資家として振る舞っているように感じているかもしれないが、本源的価値に関する見方はまったく異なる。バーゲンハンターは（おそらく暗黙のうちに）本源的価値

図7.2 バーゲンハンターと成長株投資家の世界観

(a) バーゲンハンターの世界観

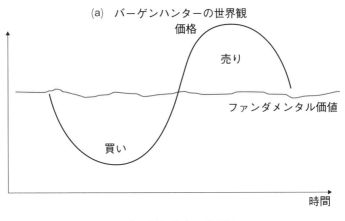

(b) 成長株投資家の世界観

が安定的なものと考えているのに対し、成長株投資家は本源的価値が価格よりも速く上昇したものと認識している。

　さて、どちらが正しいのだろうか。意外にも、両者ともに平均的に正しそうである。株価純資産倍率の値が低いという意味で安くみえる株式への投資は歴史的に機能してきた。逆に、株価純資産倍率の高い株式、いわゆる成長株はアンダーパフォームしてきた。しかしながら、株式を（株価純資産倍率ではなく）実績の成長率でソートすると、高成長株は低成長株をアウトパ

フォームしてきた。これは成長だけでなく、収益性、安全性、ペイアウト／経営クオリティについても成り立つ。つまり、高クオリティ株は低クオリティ株をアウトパフォームしてきたのである。バリュー投資とクオリティ投資の双方が機能するため、これらの概念を組み合わせればさらに優れたものにできる。期待される成長率と比較して割安な成長企業を買うことを目指す投資は、「適正価格の成長株」（growth at a reasonable price, GARP）投資と呼ばれることがある。この考え方は、「適正価格のクオリティ」（quality at a reasonable price, QARP）投資、すなわち割安な価格で高クオリティ株式を買う戦略として一般化できる。

7.3 ウォーレン・バフェット
―究極のバリュー投資家にしてクオリティ投資家―

　ウォーレン・バフェット（Warren Buffett）は、過去半世紀にわたる投資の成功によって世界で最も富める人物の一人となった。世界一の大金持ちになるにはどのくらい大きなシャープレシオが必要なのだろうか。多くの投資家がウォーレン・バフェットの実績シャープレシオを1をかなり上回り2に近いものと推測するが、これはアグレッシブなファンドマネージャーがその程度のシャープレシオを約束するからかもしれない。実際には、バフェットの会社であるバークシャー・ハサウェイ（Berkshire Hathaway）が1976年から2011年までに実現したシャープレシオは0.76であった。これは予想よりも低いかもしれないが、それでもきわめて素晴らしい数字である。バフェットのシャープレシオは同じ期間の株式市場全体の2倍であり、バフェットは単位リスク当り2倍のリターンをあげたことになる。短い期間であれば、これよりも高いシャープレシオを（単なる運の可能性もあるにせよ）実現した株式やファンドはたしかに存在するが、バフェットのシャープレシオは少なくとも30年間存在したどの米国株式や米国ミューチュアルファンドよりも高い[2]。

2　本節はFrazzini, Kabiller and Pedersen（2013）に基づく。

バフェットはどのようにしてこれを成し遂げたのだろうか。バフェットは最高のバリュー投資家として知られているが、彼のアルファはバリューのエクスポージャーをコントロールするだけでは説明できない。しかし彼のクオリティ株への着眼もコントロールすれば、パフォーマンスの大部分が説明できるようになる。つまり、バフェットが買い続けてきたのは割安かつ高クオリティの株式で、一般的にそうした株式のパフォーマンスがよかったことによって、バフェットの成功を説明できる。この発見は、バフェット自身の次の言葉と整合的である。

靴下（ソックス）であろうが株式（ストックス）であろうが、高品質の商品を値下げされているときに買うのがよい。

——ウォーレン・バフェット
(Warren Buffett, Berkshire Hathaway Inc., Annual Report, 2008)

バフェットの大きな成功の裏にあるもう1つの理由は、レバレッジである。彼は高いシャープレシオを実現しただけではなく、絶対リターンが株式市場全体よりかなり高く、平均的にリスクフリー金利を19%上回る。これは株式市場全体の超過リターンである年率6.1%の約3倍に相当する。バークシャーのボラティリティは25%で市場よりも有意に高く、この理由の一部はバフェットが株式投資に1.6対1のレバレッジをかけていたことによる。

バフェットのレバレッジにはいくつかの調達源がある。第一に、バークシャーは高格付で利回りの低い債券を発行していて、1989年から2009年までAAAの格付であった。第二に、バークシャーは負債の3分の1を、平均的にリスクフリー金利以下のコストの保険フロート（insurance float、保険契約準備金）で調達しており、これは一般に安く安定した資金調達手段である。バークシャーが保険と再保険会社を運営していることに注意しよう。これらの会社が保険を販売する際、先にプレミアムを受け取り、後に分散化された請求権に対して支払をする。これは借入れをしているようなものである。効率的に運営される保険会社が利益を生み出し、さらにバフェットの投資資金を調達するのにも役立っている。そして第三に、バークシャーの負債には繰

延税金（本質的に無利子借入れ）やデリバティブ契約負債が含まれている。

7.4 保有期間とカタリスト

　運用者のなかには、長期的な保有を前提に割安な株式を買う者がいる。この場合、株価が短期的にどのように変動するかはそれほど重要ではない（レバレッジが控えめで投資家が逃げないと仮定すれば）。以下のように、ウォーレン・バフェットは時に極端なかたちでこの考えに従い、保有期間を無限にしたいと考える。

> **きわめて優れた経営陣のいる傑出した企業の一部を所有している場合、それを永久に持ち続けたいと思う。これとはまったく反対に、利益を確定させるためにうまくいっている企業を売り急ぎ、期待を裏切る企業にはねばり強くしがみつく人々もいる。ピーター・リンチ（Peter Lynch）による適切な比喩によれば、こうした行動は花を切り落として雑草に水をやるようなものだ。**
>
> 　　　　　　　　　　　　　　　　　　　　——ウォーレン・バフェット
> 　　　　　　　　　　　　　　　　　(Warren Buffett, Annual Report, 1988)

　このアプローチにはいくつかの根拠があるのだろう。まず、バフェットやリンチが指摘するように、投資家はしばしばあまりに早く勝者を売り、敗者にしがみつく。この現象はディスポジション効果（disposition effect）と呼ばれている[3]。また、バークシャー・ハサウェイのケースでは、税も理由の1つかもしれない。キャピタルゲインを実現させると税が生じるが、仮に保有期間が無限ならそれを永遠に繰り延べられる。

　一方、多くの株式投資家は、株式の価格が公正価格に収束したと考えられるときや、割高になったと考えられるときに売却するのが最適であるとみな

3　Shefrin and Statman（1985）やFrazzini（2006）を参照。

している。そのような投資家は、自分の資本が有限であると考え、リターンが最も高いところに資本を配分することを望む。したがって、ある株式がもはや素晴らしい取引ではなくなれば、より有望な投資に資本を再配分するだろう。トレーダーの間で広く知られたことわざに「自分のポジションと結婚するな」がある。このことわざによれば、たまたま保有している現在のポジションとは関係なく、投資家は常に現時点で最善の投資対象を探すべきである。誤りを認める恐怖を感じたり、利益の追求に消極的になるなどして、粗悪な株式を保有し続けることは避けるべきである。

多くの株式投資家が利益をあげるだけでは満足せず、すぐにそうしたがる。非常に気が短い投資家は、限られた投資期間内に、あるカタリスト（catalyst、訳注：触媒の意で、株価を動かすきっかけ）によって株価が上昇すると彼らが予想する割安な株式だけを買う。そのようなバリューカタリスト投資家は、市場が直ちに潜在的価値を認識して、価格がまさに上昇しそうな割安な株式を見つけようとする。たとえば株価の割安な会社が、次の決算発表で新たな成長軌道に乗ることが判明しそうならば、これがカタリストになる。

さらに一歩進んで、カタリストをつくりだそうとする気の短い投資家もいる。たとえば、ヘッジファンドがホテルの運営会社について大口投資家の何人かと議論した結果、彼らの会社に対する見通しが楽観的すぎるようだと判断したとしよう。ヘッジファンドは運営会社の主要なホテルの外に調査者を配置し、ホテルには空室が多く利益も期待外れになりそうだと断定し、その株式を空売りしたとする。ヘッジファンドは、他の投資家が次の決算発表でこの悪いニュースを知るのを待つのではなく、株価がすぐに下落することを望み、ネガティブな評価を詳しく記したレポートを発行するかもしれない。これは、カタリストをつくりだすことに相当する。

7.5 アクティビスト投資

カタリストをつくりだすもう1つの方法は、アクティビスト投資家のよう

に会社経営陣と積極的に対話することである。アクティビスト投資は、もっと優れた経営がなされればより価値が高くなり得る会社の株式を買い、そのうえで会社の意思決定に影響を与えることを目指す。投資家が米国企業の株式数の5％以上を保有すると、投資家はいわゆる13Dファイリング（訳注：米国の証券取引法に基づく大量保有報告）によって、ポジションの規模を報告するとともに、経営に積極関与する意図の有無を明確にする必要がある。アクティビスト投資家が存在するだけで、姿勢を正すようにというメッセージを経営陣に送ることになる。さらに、アクティビスト投資家は、経営陣や取締役会に具体的な提案をすることもある。たとえば、経営陣の刷新、取締役の交代、株主還元、コスト削減、自社で保有していても価値がない資産の売却と残存する会社資産への集中を提案するレターを送る。アクティビストは、より直接的に影響を行使しようとすることもある。その手段として、たとえば委任状争奪戦（proxy fight、特定の議案について年次総会などで一般投票に持ち込む。年次総会では、株主がだれかを代理人に任命して、議決権を委譲することが可能）を行うことで取締役会にポストを求めたり、会社の買収を試みたりする。

7.6 フローやセンチメントに基づく取引

　株式のファンダメンタル価値やクオリティ特性をみるのではなく、注文フロー（order flow）に基づく価格変動をもたらすテクニカルな要因に注目したり、投資家のセンチメントを予想しようとする株式投資家もいる。大口注文は、それ自体が情報を反映している可能性があることや、流動性供給者が売買の相手方に立つ誘引になる必要があることから、価格を動かす可能性がある。したがって、たとえば年金基金による大規模な買いなど、市場に入る大口注文をトレーダーが予測できれば、トレーダーはそのフローに先んじて売買しようとするかもしれない。つまり、彼らは注文のフローが価格を押し上げる前に買おうとする。しかし、こうした「フロントランニング」は違法

となる可能性があり、特にブローカーが顧客の情報を用いて行う場合はそうである。そこで、このかわりにトレーダーはその後の価格のリバーサルに便乗しようとするかもしれない。すなわち、フロントランニングとは反対に、価格が押し上げられる過程でその株式を空売りして、価格の反落により利益を得ようとする。こういった売買行動は、価格に対するインパクトを抑制することになるため、実際には大口注文を出す年金基金の役に立つ。

ある株式が過大評価されていると考えていても、さらに割高になることにベットしてその株式を買うヘッジファンドもある。たとえば、一部の投資家は1990年代後半のITバブル期にこの戦略を実行すると主張していた[4]。この種の売買行動は価格バブルの要因になる。これは「大馬鹿理論」(greater fool theory)、すなわち買うのが愚かしい株式であることを認識したうえで、自分よりも愚かな者にさらに高い価格で売ることができるなら、なんら問題がないという理屈に基づく。もちろんこの行動は永遠には続かず、いつかはバブルが弾けるが、それがいつかを予測するのはむずかしい。したがって、この戦略はリスクが高い。

明らかに違法な売買の形態として、他者をさらなる愚か者にしようと企てる、すなわち「パンプ・アンド・ダンプ」(pump and dump)のスキームがある。これはトレーダーがある株式を買ったうえで、価格を上昇させるためにその銘柄の誇大宣伝を行う。規制が存在することや、流動性の高い証券市場における競争圧力が企てを困難かつ無益なものにすることもあり、望むらくは、そのような価格操作は市場の片隅でのみ行われていてほしい。

7.7 リー・S・エインズリー三世（マーベリック・キャピタル）へのインタビュー

リー・S・エインズリー三世（Lee S. Ainslie Ⅲ）は、グローバル株式を中心とした投資運用会社であるマーベリック・キャピタル・マネジメント

---

[4] たとえばCramer（2002）を参照。

（Maverick Capital Management）のマネージング・パートナー（最高業務責任者）である。1993年にマーベリックを創立する前は、タイガー・マネジメント（Tiger Management Corporation）のマネージング・ディレクターだった。同社はジュリアン・ロバートソン（Julian Robertson）が創設した高名なヘッジファンドで、ここから生まれ成功を収めたいくつかの「トラの子」（Tiger Cub）ファンドのうち、最も突出したものの１つがマーベリックである。エインズリーは、ヴァージニア大学からシステム工学の理学士号、ノースカロライナ大学からMBAを授与されている。

LHP 投資家としてどのようなスタートを切ったのですか。

LA ヴァージニア州で８年生（訳注：６年生から８年生までが中学校）だった時に高校の投資クラブのメンバーになって以来、ずっと株式に魅了されてきました。工学系の学校からビジネススクールに進学し、そのビジネススクールの理事会にジュリアン・ロバートソンがいました。私は幸運にもいくつかの問題に関して理事会に協力するように頼まれ、そこでジュリアンを知るようになりました。われわれは折に触れて株式について話をしたものですが、ある日、彼がタイガーで働かないかと聞いてきたのです。これは私にとって嬉しい驚きでした。この時、初めてヘッジファンド・ビジネスに足を踏み入れたのです。

LHP 素晴らしい話ですね。次に、あなたの投資プロセスについて教えてください。

LA 単純化しすぎているかもしれませんが、われわれが実際にやろうとしているのは、投資するあらゆる業界について今後２、３年を見据えて、だれが勝ちだれが負けようとしているのかを特定することです。そしておそらくこれが最も重要なのですが、市場の見方とわれわれの見方の間の相違を確認することです。

われわれは非常に深く掘り下げた綿密なプロセスをとります。主要なポジションに対する投資専門家の比率はおよそ４対１で、この

点でわれわれは傑出していますし、このことが非常に深いレベルのデューディリジェンスを可能にしています。われわれのプロセスは、新しい潜在的な投資機会に突然気づいて、そこから調査に着手するというより、投資をしているあらゆる業種について戦略的な見方をたえず更新し、新たな機会をもたらすような勢力図の変化を探し続けることのほうが多いのです。

LHP 会社のなかに何を見出そうとしているのか、例をいくつかあげていただけますか。たとえば、ロングする銘柄がもつべき特性とはどういったものですか。

LA 何よりもまず、経営のクオリティに注目しています。株主価値を創出する経営陣の熱意、競争に向けた気概、知性、実務能力の評価に努めています。経営が最も重要です。

　二番目はビジネスのクオリティです。これには、キャッシュフローの持続性、成長の要因と持続可能性、そして業界内の競争の力関係に関する深い理解が含まれます。決まり文句のように聞こえるかもしれませんが、競合他社や仕入れ先、顧客との対話に多くの時間を投じます。加えて、世界中のさまざまな事業部門の経営メンバーらとも可能な限り交流します。

　最後にバリュエーションです。投資家として成功するための術の1つは、多くの異なるバリュエーションの方法論によくなじみ、さまざまな状況において最も適切ないし意味があるアプローチがどれなのかを認識することだと思います。そうはいっても、マーベリックで最も標準的なバリュエーション指標は、企業価値に対する持続可能なフリーキャッシュフローです。

LHP 会社の好ましい特性がすでに価格に織り込まれているかどうかは、どのように知るのですか。

LA われわれが本当にはっきりわかっているかどうか確証はありませんが、セルサイドとバイサイドの両方の人々と議論することによって、コンセンサス予想に関する理解を深めようとしています。同様に、

バリュエーション自体からも、市場で形成されている予想がどのようなものなのか現実的な洞察が得られることが多くあります。それによって、前に述べたとおり、われわれの見方と市場の見方との相違を理解することに努めるのです。コンセンサス予想をきちんと理解するのは10年前にはずっと容易でしたが、今日では単純なものではまったくなくなりました。だからこそ、会社の本源的価値について十分に検討し、そのうえでわれわれの将来の見方と、市場がさまざまな会社をどのように評価しているのかを比較し、対比することに多くの時間を投じるのです。

LHP 今後1、2年間の会社のパフォーマンス、たとえば次の決算発表の内容を推定したうえで、自分の見方と市場の見方を比較することと、株式の全般的なファンダメンタル価値を推定したうえで、それを市場価格と比較することでは、どちらの見方のほうが役に立つのでしょうか。

LA 短期的な予想に同調することも間違いなく重要です。投資する会社について、四半期決算ごとの多数の主要な指標を投資家がどのように予想しているのかを深く理解しようとしています。しかし、通常は今後数年間を注意してみることに集中しており、短期の業績をさほど重要視していません。四半期決算の結果に関する投資は、われわれの調査プロセスが目的とするものではまったくありません。短期の業績にも目配せする必要があるのは、短期の間違いを避けるためにすぎないのです。長期的な競争の力関係が今後どのように変化していくのかを理解することのほうが、首尾一貫した成功を収められる可能性はずっと高いと信じています。われわれの考え方に従えば、より先の未来のことを考えるほど、正しい投資判断を行う確率を高めることができるのです。

LHP ショートポジションについては、優れたロングポジションと正反対のことを調べるだけでしょうか。それとも何か別の種類のものを探すのですか。

LA　まあ両方ですね。ほとんどのショートの投資プロセスは、本質的にロング側で行うことの裏返しです。持続不可能なファンダメンタルズ、無能な経営陣、合理的ではないバリュエーションの組合せを探します。この３つがそろっていたら最高です。また、完全にショート特有のポジションもあります。たとえば、事実を著しく曲げた発表をしているに違いない会社を時折見つけることがあるのです。

LHP　購入する適切なタイミングや、ポジションを解消する適切なタイミングをどのように見極めるのですか。

LA　それは、あくまで最も魅力的と判断される投資機会にポートフォリオの焦点を常にあわせるという規律によって決まります。個々のポジションが達成できるリターンはどれだけなのか、そのリターンを達成するためにどれほどのリスクをとる必要があるのか、そしてそのリスク・リターンの関係は他にとりうるあらゆる投資機会と比較してどうなのかについて、理想的には毎日考えたいのです。したがって、もし何かを売買すれば、通常、その時点で他の投資が現在の投資より魅力的であると結論づけたことを意味します。もちろん理屈よりも実践のほうがはるかにむずかしいのですが、これがわれわれの思考法です。

　極力、過去ではなく将来をみるようにしています。過去にその証券をどんな価格で売り買いしたかということは、現在の価格と比べた魅力度の評価に影響を与えてはなりません。

　もはや他の機会ほど魅力的ではなくなったときにポジションを解消するというこのアプローチでは、大きな上昇余地があるとまだ信じている株式を売ることもしばしば生じます。しかし、その投資が最も魅力のあるものとはもはやいえないのであれば、より魅力のある株式に資金を移動させるのです。

LHP　あなたは、ポートフォリオ構築のために定量的（クオンツ）手法を用いますか。

LA　実は、われわれはとても強力なクオンツリサーチを発展させてきま

した。ファンダメンタルズ中心の投資会社にしては異例のことだと思います。すべての投資判断は、一義的にはファンダメンタルズを考慮してなされますが、クオンツリサーチはさまざまなかたちで役に立っています。ポートフォリオ構築に関していえば、個々のポジションの大きさや、ファクター・エクスポージャー、ポートフォリオのリスク特性を決める際の判断において決定的に重要な役割を果たしています。

定量的なアプローチを投資プロセスに取り込んだことで、予想外の恩恵も得られました。業種や地域にわたって徹底的に首尾一貫した規律あるファンダメンタル・プロセスが要求されるようになり、それが可能になったことです。定量的な作業のほとんどは、ボトムアップの調査と投資チームが下す結論に大きく依存します。したがって、ファンダメンタルズの入力値が信頼できるものでなくてはなりません。これを確実にするための措置を講じる必要があることを早くに認識し、これによって調査プロセスがかなり改善したのは、意図していなかったとても素晴らしい結果でした。

LHP 市場に勝てると考える根拠は何ですか。そして、だれが反対側にいるのでしょうか。

LA 第一に、きわめて優秀な投資チームをもつ幸運に恵まれていると思います。投資チームは、非常に経験が長く、かつ多彩な専門家から構成されています。平均して10年以上の投資または業界経験をもっており、その大部分はマーベリックにおける在社歴です。したがって、前に言及したように専門家１人当りの投資先が４つという比率は非常に有利な点ではあるのですが、われわれが成功した要因としてより重要なのは、明らかに定量化のむずかしい個々の専門家の能力なのです。

われわれがインデックスのウェイトにまったく関知しないことも、同様に大きな優位性をもたらしています。市場で運用される資本の大部分は、時価総額加重を代表とするインデックスのウェイトにあ

わせるように投資されます。マーベリックでは、特定の銘柄やセクターのインデックスにおけるウェイトについて、おめでたくも無知でいられます。われわれが意識するのは、リスクとリターンの関係に基づく投資の魅力度だけなのです。

　大事なことを言い忘れていましたが、安定していることが長年にわたるわれわれの大きな優位性だと思います。安定的な投資チームと安定的な投資家基盤の双方を享受してきました。これによって、長い投資ホライゾンを前提にすることができます。運用する多額の資本のほとんどは投資家のためにわれわれが生み出してきた利益で、その大部分は10年以上にわたってマーベリックに投資されているものです。われわれがパフォーマンスの短期的な変動を比較的気にとめていないのは、投資家と長期的なものの見方を共有できているという自信があるからです。最後に、ポートフォリオが安定していることも非常に有益で、実際にロング側の平均保有期間は１年以上です。これはヘッジファンド界では通常あり得ない時間軸で、保有している会社や経営陣のことがかなりよくわかるようになります。経営陣は、短期のトレーダーよりも長期的にパートナーの役割を果たす投資家のほうを高く評価します。

LHP　では、他の投資家は、ある株式が不人気だと気づいていたとしても、利益が出るまで長い期間保有する必要がありそうだと考えれば、買わないということですか。

LA　そうです。自分の期待と他者の期待を比較する時間軸に関する先ほどの質問に戻りますが、多くのヘッジファンドは１、２四半期先のことしか考えていないと思います。もっと長い期間に焦点を絞ることによって、われわれはあまり競争の激しくない状況のなかで行動しているのです。ゆくゆくは市場が真の本源的価値を認識するため、長期ではファンダメンタルズがより重要な役割を果たすはずであり、短期の不合理な混乱はあまり関係なくなります。

LHP　ウォーレン・バフェットは、永遠に保有できるのが好ましいといっ

ています。あなたの考え方もそのくらい極端なのですか。

LA　いいえ。ウォーレン・バフェットはおおいに尊敬していて、彼の哲学の大部分には同意します。しかし、この信条にだけはいつも賛成できませんでした。われわれのポートフォリオにおいては、明けても暮れてもできる限り効果的かつ効率的に資本を投下する責務があると信じているからです。もしある株式を永遠に保有しても、当然、資本をそれ以上に魅力的に使える期間が到来します。「残念だがこの株式と結婚している」というアプローチでは、投資家はその資本を解放して、より魅力的な機会に移すことができなくなります。引き続き経営陣を尊敬し、同社がまだうまくやるだろうと信じていたとしても、より魅力的だと信じられる投資を他に特定できたなら、われわれは資本を移動させることになるでしょう。

LHP　よい投資家になるには何が必要だと思いますか。たとえば、人を採用する際に何を求めますか。

LA　何よりもまず誠実さ（integrity）です。われわれはもう20年以上もビジネスを行っており、その間ずっと世評を高めるためにとても懸命に働いてきました。そしてこの世評にとても誇りをもっています。もし仮に、われわれのチームのメンバーが倫理に反する判断をすれば、すべての努力は一夜にして水泡に帰してしまうでしょう。われわれは電話をとってブローカーにかけるだけで数億ドルもの投資を行える非常に驚くべき業界にいますが、その裏にあるのは、注文を出したからにはその義務を果たすという、われわれに対するブローカーからの信頼です。こうしたことが円滑に行われている業界を他に知りません。同様に、投資してくれる投資家は、われわれが一貫して彼らの利益を優先し、いつでも適切な方法で行動するという絶対的な確信がない限り、資本をわれわれには任せてくれません。人を評価するときに一部の会社が見落としている点の１つに、個人の誠実さがあると思います。なぜなら、一人のジュニア社員でさえ、会社の世評に劇的な影響を及ぼしうる判断ができるからです。

2つ目は献身（dedication）です。このビジネスは非常に競争が激しく、きわめて多くの頭脳集団が似たような機会を追い求めています。結局のところ、より多く頭と体を使えば、成功につながる確率は高くなりやすいのです。

　われわれが探しているのは、創造的に考えることができ、他の人とは違ったものの見方ができる人です。投資というのは、単にチェックリストを完了させるだけの技術でもなければ、ある特定の方法論を使い回せば自動的に正しい結論に至るような技術でもありません。投資に関する主張について斬新な見方をつくりだす能力や、投資を評価するためのさまざまな切り口を認識する能力が、長期間にわたって投資家として成功するためにはきわめて重要です。

　対人スキル（people skill）も重要な役割を果たします。投資する会社の経営陣だけでなく、彼らの競合他社や仕入れ先、顧客とも強固な関係を構築することが重要です。人と接する技術に長けていれば、対話をうまく展開できるでしょうし、期待するほどには率直に物をいってくれないような人々と接するときにも、その人たちを理解しやすくなるでしょう。

　最後に、非常に強い競争志向（competitive streak）も欠かせません。ここにいるほぼすべての人にとって、このビジネスのなかにいることを心から楽しめる一面は、だれもが互いに点数をつけていることを知っているということです。われわれは世評を高めるように努力しています。その世評こそが誇りであり、立ち振る舞いや、いうまでもなく顧客にもたらすパフォーマンスによってつくりあげられるものなのです。

LHP　あなたのキャリアにとって重要だった具体的な取引はありますか。
LA　当社の法律顧問にいわれているため、損をした取引のことしか話せません。そのため、ここで話すのは、私のキャリアにとって本当に重要だったものですが、誇りに思っているものではありません。1994年を振り返りましょう。ソフトウェア業界にいくつかのトレン

ドがありました。1つ目はマイクロソフトのWindows 3.1の採用で、オペレーティング・システムの使い勝手という点で実に画期的でした。2つ目は、セガと任天堂が巻き起こした初めての大きなゲーム・プラットフォーム戦争です。その年の後半にソニー・プレイステーションが発売されるとさらに熾烈になりました。この両者の出来事によって、PCとゲームのソフトウェア販売がおおいに刺激されるという確信がわれわれにはありました。その当時、この世界を支配していた2つの小売業者がバベジズ（Babbage's）とソフトウェアEtc.（Software Etc.）です。両社はもともとショッピングモールに出店するソフトウェアの小売業者でした。われわれは、先ほどの2つの支配的なトレンドを考えると、いずれの会社も興味深い投資対象かもしれないと考えたのです。そして、2社の力関係を理解しようとしているうちに、この2社の合併が決まりました。それによってできた会社がネオスター（NeoStar）です。

　当時、これは注目に値する投資だと考えました。とてつもない追い風に加えて、2つの会社を統合することによる巨大な潜在的相乗効果があり、価格競争を抑えて、互いの競合店舗を閉鎖し、さらに大規模化することで仕入れ先との交渉が有利になるといった可能性があったのです。いま振り返ってみても、これらはすべて正しかったといっていいだろうと思っています。

　残念なことに、このような途方もない機会があったにもかかわらず、この会社は2年ももたずに破綻してしまいました。では、なぜ破綻したのでしょう。あなたが投資したいと思う対象に何を求めるかを質問した時に、私が真っ先にあげたのが経営だったことを思い出してください。こうした状況ではよくあることなのですが、だれがどのような責任と肩書をもつかといったことに関して、両陣営の経営がエゴの闘いに突入する結果となったのです。合併の混乱のなかで実質的な二重発注を行うという、ひどい仕入れの意思決定を行ったため、在庫が手に負えない水準まで積み上がったのです。経

営陣は、実現が非常に容易だったはずのいくつかの相乗効果を遂行するにあたっても、まったくもってひどい仕事をしました。維持不可能な程度までバランスシートにレバレッジをかけたのです。もっと話を続けることもできますが、おそらくいいたいことはおわかりいただけるでしょう。

　つまり、重要なファンダメンタル要因の多くが正しかったにもかかわらず、経営陣は素晴らしい機会になったはずのものを結局破綻させたのです。幸いにも途中でこの泥舟から逃げ出しましたが、そのつらい記憶からはいまだ逃げられません。大きな長期トレンドや優れた機会になりそうなものを単に机上で理解することよりも、株式の評価はずっと大変なものだという、とても重要な教訓がこの経験によって得られたことが唯一の光明です。経営者の能力や意思決定は、考慮すべき他のすべての事柄に優先されるのです。

LHP　あなたの中核ファンドでは、ショートよりロングを少し多くし、ネットエクスポージャーを時期によって変えているようですが、このタイミングはどのように決めているのでしょうか。

LA　念のため、われわれにはグロスエクスポージャーやネットエクスポージャーが異なる、さまざまなリスク・リターン特性をもつロングショートのファンドがあります。あなたがいっているのは旗艦ファンドのことだと思いますが、目標ネットエクスポージャーはおおよそ45％です。

　ネットエクスポージャーは変動しますが、通常は30％から60％の間です。この変動は何よりもロングとショートのどちらのポートフォリオに相対的に魅力があるかによって生じます。われわれは、マクロ経済ファクターを理解することと、市場におけるリスクを考察することに多大な時間を投じていますが、こうした見通しがエクスポージャーに与える影響はごくわずかです。ネットエクスポージャーのレンジは狭いですし、マーケットタイミングの意思決定がパフォーマンスに重大な影響を及ぼすことはほとんどありません。

これは、意図的にそうしているのです。タイミングの意思決定を正しく継続して行うのは、かなり困難です。マーベリックの中核ファンドは、投資するあらゆる地域や業種のなかでロングとショートのバランスが維持されるように意図されています。そのため、市場全体のパフォーマンスやセクターの入替えなどといったマクロ要因がわれわれが成功するかどうかに大きな影響を及ぼすことは、決してありません。実際に成功するかどうかは、銘柄選択を通じたわれわれのアルファ創出能力によって決まります。これは意図したものであり、われわれの能力のなかで最も自信をもつ技術だからです。

第8章

ショートバイアス戦略

> マーフィーの法則がわれわれのために作用してくれることを望む。
> ——ジェームズ・チェイノス（James Chanos）

　株式投資家のほとんどが株式を買うことに集中するのに対し、ヘッジファンド運用者には空売りに注力する者がいる。ショートバイアス（dedicated short bias）の運用者はロングよりもショートポジションを多くとるが、彼らも通常、他の株式投資家と同じ技術、すなわちファンダメンタル分析に依拠している。

　空売りに注力することから、ショートバイアス戦略の運用者は企業のあらゆる潜在的な問題に焦点をあわせる。つまり、著しく誇張された利益、強引な会計手法、SEC（証券取引委員会）提出書類において不十分な記述をしているような銘柄を探す。隠蔽の可能性がある徴候などを見つけると、実際に起きていることについてより深掘りする。会社が紛れもない不正行為に手を染めているのかを調べようともする。

　また、不正行為をはたらく企業だけでなく、悪意はないが事業計画に根本的な欠陥がある企業も探す。興味深い技術を有するものの、収益化する持続可能な手段をもたない企業や、時代遅れになりつつある技術を基盤にする企業がこれに該当するだろう。後者の例には、iPhoneが現れた時のノキアやブラックベリーがある。また、過度に借入れに依存し、困難に見舞われそうな企業を探すこともある。

　以下で詳しく論じるように、多くの理由により、株式を空売りをすること

は買うことよりもむずかしい。おそらくそのために、空売り投資家（short seller）は以下のように特殊な評価を受けている。

> **空売り投資家は変わった人々だ。**彼らのほとんどはやる気に満ちた野心家で、社交嫌いで融通が利かない。一人物としては、ロレックスの腕時計や大統領のスプリンガースパニエル（訳注：獲物を狩り出したり、銃で仕留めた獲物をとってこさせる中型の猟犬）など成功者の象徴的装具をもっていそうもなく、むしろ意地悪くわずかにひねくれたユーモアセンスをもっていそうだ。集団としての空売り投資家は反論好きで、大きな倍率に賭けて勝つのを好む。腹に一物あり、けんか腰なのが典型である。普通の集団と同様に、愚かな者もいれば、そうではない者もいるが、たいていの人々よりもそろって頭がよく（実際には彼らのほとんどは知的ぶっている）、独立心旺盛である。一般的な見方とは違って、彼らは徒党を組んだり無意味に株式を売り叩いたりはしない。通常、秘密主義で少し誇大妄想の気がある。そして、ビジネスリーダーやウォール街の象徴的人物に対して敬意を表することはない。
>
> ——Staley（1997, pp.25-26）

8.1　空売りの仕組みとむずかしさ

だれでもIBM株を100株買うことの意味はわかるが、100株空売りするというのはどういう意味だろうか。概念としては、マイナス100株を保有することである。空売りは株式の購入とは逆に、株価下落にベットする。したがって、IBMの価格が10％上昇すると、株式を買った投資家は10％の儲けを得るのに対し、空売りしたトレーダーは10％の損を被る。反対にIBMが10％下落すると、株式を買った投資家は10％の損を被るのに対し、空売りしたトレーダーは10％の儲けを得る。

実務において空売りは以下のように行われる。フィデリティがIBMの株式

を保有していて、ショートキャピタルというヘッジファンドがそれを空売りしたがっているとしよう。この場合、ショートキャピタルは（ブローカーを通して）翌日に返すという約束でフィデリティから株式を借りる。そして、株式を市場でたとえば100ドルで売る。翌日、市場価格が98ドルに下落したところでショートキャピタルは株式を買い戻し、それをフィデリティに返す（もちろん完全に同じ株式ではないが、株式は代替可能であるため問題ではない）。この例では、IBMの株価下落による利益としてショートキャピタルは2ドル儲かる。フィデリティも証券を貸さなかった場合に比べて損をしたわけではなく、実際にはむしろ、この後に論じるように少額の貸借手数料の分だけ儲かる。

　上の説明では触れていないいくつかの重要な点がある。まず、ショートキャピタルがIBM株を売っても、売却代金の100ドルは手に入らない。したがって、ショートキャピタルは他の取引のためにこの資金を使うことはできない。むしろ反対に、ショートキャピタルは売却代金をブローカーに預けたうえで、さらにいくらかの証拠金を上乗せしなければならない。つまり、空売りによって使える資本が増えるわけではなく、むしろ資本を使うことになる。これは証券の貸し手（この例ではフィデリティ）が確実に株式の返済を受けるようにするためである。したがって、フィデリティは株式を貸すと、引き換えに現金担保を受け取る。証券の借り手が株式を返さない場合、フィデリティは現金担保を使って市場で株式を買い戻すことができる。価格が上昇した場合でも株式を買い戻せるように、フィデリティはIBMの当初の市場価値よりも高い現金担保を受け取り、その追加の現金がショートキャピタルの証拠金所要額（margin requirement）に対応する。

　ショートキャピタルがIBM株を返済すると、フィデリティは利子（この際の金利は割戻率（rebate rate）と呼ばれる）を加えて現金を返す。この金利が市場金利よりも低ければ、フィデリティは支払う金利よりも高いレートで資金を運用できるためプレミアムが得られる。そのような低い金利はショートキャピタルにとって潜在的なコストと解釈でき、これを貸借手数料（loan fee）という（時にそれは文字どおり手数料となる）。つまり、空売りには貸借

手数料が伴うため必ずしも買付けの正反対ではない。ただし、米国株式のおよそ90%については、貸借手数料はおおむね年率0.10～0.20%程度と小さい。借りるのがむずかしい残り10%の株式については、貸借手数料は年率で約1％から数％であり、場合によっては50％と巨額なものもある[1]。

　同じ株式が何度も再利用されることで貸し出される株式数は原理的には無限になるため、貸借手数料は通常ゼロに近くなる。その結果、空売り残高が発行済株式数よりも多くなることは原理的にあり得る。ただし、株式市場でそのような大きな空売り残高が生じることはめったにない（米国の国債についてはたびたび起こる）。これを理解するために、フィデリティから株式を借りて市場で売るショートキャピタルの例を考えよう。ここで、バンガードが運用するミューチュアルファンドがその株式を買うとする。すると、バンガードは他のヘッジファンドに株式を貸し出し、そのヘッジファンドもそれを空売りするかもしれない。そしてその株式を他の投資家が買い、さらにそれを貸し出す、ということが繰り返される。何度貸し出されたかにかかわらず、株式は常にだれかに保有され、その人は貸し出すことができる。したがって、もしだれもが貸株によって正の貸借手数料を稼ぐことを望み、かつこの過程に摩擦がなければ、貸借手数料はゼロに近づくだろう。しかし、すべての投資家が自分の株式を貸し出すわけではなく、またこの過程には相当な探索摩擦（サーチ摩擦）が生じる可能性があり、貸借手数料は正になることが多い[2]。

　ショートがいつでも可能とは限らない。まず、株式の空売り自体を禁止している国や、一部の銘柄についてある期間だけ禁止する国もある。たとえば、多くの国では世界金融危機の間、金融株の空売りが禁止された。また、たとえ空売りが合法であっても、借りる株式を見つけなくてはならない。これは普段は可能だとしても、常に可能とは限らず、むしろ空売りする者が本当に

---

[1] D'Avolio（2002）やGeczy, Musto and Reed（2002）は貸借手数料の大きさを調査している。
[2] この過程や均衡貸借手数料はDuffie, Gârleanu and Pedersen（2002）によってモデル化されている。

望むときには、借りることが困難になる。事実、証券貸借市場はそれ自体の需要と供給によって変動し、株式を借りたいという需要が貸したいという供給に比べて多いときには、貸借手数料は上昇し、株式を探すのがよりむずかしくなる。

株式を探すことが困難になりうることは、空売りがリコールリスク（recall risk）を伴うことを意味する。実際、空売り投資家は数日ないし数週、数カ月の間、ショートポジションを維持したいことが多い。そうするために、株式を1日だけ借りて、それを毎日ロールオーバーすることがよくある。すなわち翌日までの貸し手との契約を、時価評価による調整を行いながら、繰り返し締結して延長し続ける。場合によっては、期間貸借（term loan）を行うこともあり、たとえば1週間といったより長い期間で株式を借りる契約をする。いずれにせよ、証券貸借の満期が来ても空売り投資家はポジションを維持したいことが多い（たとえば、株価がまだ下がっていないことや、むしろ上がってしまったという理由による）。空売り投資家にとって、証券の貸し手が株式の貸借を延長せずにリコールし、他の貸株を見つけるのがむずかしくなるというリスクがある。このため、空売り投資家はリコールリスクに直面している。もし空売り投資家がリコールされた株式を返却しなければ、貸し手は現金担保を使ってその株式自体を買うバイイン（buy in）を強行することができる。

空売り投資家は、ショートポジションの手仕舞いを余儀なくされると、株式を買い戻さざるをえない。多くの空売り投資家が同時にこれを行えば、株価が上昇する可能性があり、これはショートスクイーズ（short squeeze）と呼ばれる。ショートスクイーズはそれ自体がさらなるショートスクイーズを呼ぶ。買いが価格を押し上げると、さらに多くの空売り投資家が追加証拠金を払えなくなってポジションの手仕舞いを余儀なくされ、さらなる買いと価格の上昇、証拠金の積み増しをもたらす。

株価が上昇すると空売り投資家が追加証拠金に直面するのには2つの理由がある。第一に、彼らのポジションは日々値洗いされるため、株価が100ドルから105ドルまで上昇すると、1株当り5ドルを支払わなければならない。

第二に、空売りをした者の思惑とは逆に価格が動くと、ポジションの金額的価値が増加し、証拠金所要額も増加する（証拠金が価値に対する一定率と定められるのが一般的なため）。もし証拠金所要額が20%なら、先の例では1株当りの証拠金所要額は20ドルから21ドルになる。対照的に、レバレッジをかけたロングポジションをもつ投資家の思惑とは逆の方向に価格が動けば、すなわち価格が下落すれば、ポジションの規模は小さくなる。したがって、ロングの投資家には値洗いによる支払が生じるが、証拠金所要額は減少する。

　空売りをむずかしくさせるこうした技術的な理由の他に、単純な理由もある。多くの人々にとって空売りが直感的ではないことと、株式は平均的に下落するより上昇することのほうが多いという、一般的な向かい風（すなわち正の株式プレミアム）に直面するためである。たとえば、市場全体より上昇が小幅な株式を空売りすることは原理的にはうまくいく取引であるが、そうは感じられないかもしれない。つまり、ヘッジすれば取引は市場に対して正のアルファをもち、利益を生むが、単体では損失を被る。

　要約すると、空売りがむずかしいのは、貸借可能な株式を探し出す必要があること、証拠金担保を差し入れる必要があること、貸借手数料がかかること、リコールリスクや資金調達流動性リスク（取引が収束する前に資本が尽きてしまうリスク）を伴うことによる。

8.2　空売り摩擦により会社は過大評価されうる

　ショートバイアス戦略の運用者は、過大評価されている株式から利益をあげるために空売りをする。もし前述のすべてのコストとリスクがなく空売りできるならば、市場の需給均衡価格には悲観と楽観の両方の見方が織り込まれ、より多くの情報を反映したものとなるだろう。しかし、空売りが困難であれば、ネガティブな見解を表現することがむずかしくなり、効率的に非効率なかたちで株式が過大評価になる余地が生じる。

　空売り摩擦の影響を理解するために、ある株式に対して人々がさまざまな

意見をもっていると仮定しよう。非常に楽観的な人もいれば、懐疑的な人もいる。もし空売りがむずかしければ、懐疑論者は単にその株式をもたず、投資を他の株式に集中させるだろう。楽観論者は当然のようにその株式を買い、価格を押し上げる（価格に織り込まれていないネガティブな見方をする懐疑論者がいるかもしれないことを、楽観論者が斟酌しないならば特にそうである）。したがって、最終的には会社のファンダメンタルズに関する平均的な見方に比べて、市場価格は高くなり過ぎる可能性がある。現在の価格が高過ぎれば、将来のリターンは低くなるであろう。

投資家が会社のファンダメンタルズではなく、他の投資家の将来予想に基づいて投機的な行動を始めると、株価が過大評価され、このプロセスは著しく増幅する可能性がある。投資家が他人の予想を予想することに注力する現象は、次に引用する文章からケインズの美人投票（Keynesian beauty contest）と呼ばれる。

> **……プロの投資というものは、競技参加者が100枚の写真から6枚の最も美しい顔を選ばなければならないという新聞紙上のコンテストに例えられるかもしれない。このコンテストでは、自分の選択が参加者全体の平均的な好みに最も近かった参加者に賞が与えられる。つまり、各参加者は自分自身が最も美しいと思う顔ではなく、他の参加者に最も気に入られそうな顔を選ばなければならず、他のすべての参加者も同じ視点から問題をみているのである。これは、参加者が最高の判断をすること、すなわち本当に最も美しい顔を選ぶことでもなければ、平均的な意見が最も美しいと心から考える顔を選ぶことでもない。かくして第3階層の思考に到達し、平均的意見がどうであるかを予想する平均的意見をさらに予想することに専念する。さらに第4、5階層以上の思考を行う者がいるだろう。**
>
> ——ジョン・メイナード・ケインズ（John Maynard Keynes, 1936）

この考え方によれば、投資家は長期的な本源的価値ではなく、明日の株価がどうなるか（それは明日の買い手の平均的な意見で決まる）に注目する。将

来の買い手がファンダメンタルズにも注意を払えば、将来の買い手の意見に注目することにより市場はやはり効率的になりうる（彼らがやがて売る際の相手となる、もっと先の将来時点における買い手も同様である）。しかし、ケインズが主張しているのは、投資家がファンダメンタルズを無視し、単に他の参加者が価格をより高くするという見方に基づいて株式を買うと、プロセスが脇道にそれる可能性があるということである。すべての愚か者がもっと愚かな者に買わせることができる限り、このプロセスは自己実現しうるが、最終的に株価がファンダメンタルズに回帰するとこのプロセスは終焉を迎える。それがどのようなものなのか、具体例をみてみよう。

投機的バブルの例

　マクロ環境に依存する景気に敏感な会社の株式Aの市場を考えよう。翌年の景気に関してすべての投資家がもつ見解は等しく、拡大と後退が五分五分の確率で起こるものとする。ただし、タイプ1とタイプ2の2種類の投資家が存在し、株式Aが実際にどのくらい景気に敏感かという点では両者の見方に違いがあるとする。タイプ1の投資家は、同社が景気後退のときに80、景気拡大のときに120の価値があると考えている。五分五分の確率なので、タイプ1の投資家の株式価値は100である（リスクプレミアムを無視する）。

　タイプ2の投資家は、株式Aが景気により敏感であると考える。彼らは景気後退のときの価値はわずか60であるが、景気拡大のときの価値は140に達すると考えている。これらのシナリオも同様に五分五分なので、タイプ2の投資家にとっても株式価値は100である。

　空売りが不可能で、価格は常に最も楽観的な投資家によって決まるとしよう。このとき、現在の価格はいくらになるだろうか。本源的価値が100であることにすべての投資家が合意しているため、現在の価格がいくらなのかは考えるまでもないことに思えるかもしれない。しかし、まずは翌年の価格がいくらになるかを考えよう。

　景気後退の場合、タイプ1の投資家がこの会社に関して最も楽観的である。彼らが株式を買い、それによって価格は80となる。景気拡大の場合は、タイ

プ2の投資家が最も楽観的であり、価格は140となる。景気拡大と景気後退が同じ確率で起こるため、現在の価格は(80＋140)/2＝110となる。したがって、すべての投資家が110で買うのを厭わず、これはだれもがその株式の価値として合意している100よりも高い。たとえばタイプ1の投資家は、景気後退ならば株式には80の価値があり、景気拡大ならば140と過大評価するタイプ2の投資家に売ればよい、と考えるだろう。つまり、どちらのタイプの投資家も、自らよりも愚かな投資家に売るシナリオがあると思っている。たった1年ではなく長期間の動学を考えれば、この例で生じる10％の投機的バブルは、投資家が他の投資家の予想をより高い水準で予想するためにさらに大きくなりうる[3]。

効率的に非効率な市場における貸借手数料と株式評価

　上の例における過大評価は、空売りが不可能であることと投機的な行動の組合せによって生じた。実務上、空売りはほとんどの国で実際に可能であるが、すでに論じたように空売りにはコストや摩擦が伴う。限度があっても空売りが可能ならば、バブルを縮小させる追加的な株式の供給が生まれ、先に議論したバブル効果は緩和される。

　しかし、空売りコストには思いがけない効果もある。空売り投資家が株式を借りるためのコストは、その株式を貸し出す側である楽観的な保有者にとっての収入源となる。したがって、他のすべての条件が同じなら、保有者は証券の貸出収入を織り込んで、株式を単に保有するだけの場合よりも高い価格で買うのを厭わないだろう。つまり、貸借手数料を収益化することで株価の上昇要因になる。さらには、株価が高まると、空売り投資家が貸借手数料を払いたいという意欲を高めることにつながる。したがって、著しく見解の分かれる株式では、空売り残高が積み上がると、価格と貸借手数料が突然跳ね上がることがあり得る。しかし、空売り需要が満たされて価格がファンダメンタルズに回帰すると、貸借手数料は結局低下する[4]。

---

[3] Miller（1977）は空売り摩擦によってどのように過大評価が生じるのかを論じ、Harrison and Kreps（1978）は投機的な動学をモデル化している。

空売り残高が大きい株価リターンの実証

　株式が過大評価されて、空売りに対する強い需要がその後に低リターンを伴うことについては、多くの証拠が存在する。空売り残高が大きい（すなわち、現時点で空売りされている株式数が多い）株式は、その後のリターンが低い[5]。さらに、貸借手数料が高い株式の将来のリターンは低い。このことは貸借手数料を考慮しないグロスリターンだけでなく、貸借手数料を考慮したネットリターンについてもいえる。高い貸借手数料が空売り需要の増加によって引き起こされている場合には特にそうである。Cohen, Diether and Malloy（2007）は、空売り需要が増加すると、翌月の株価に3％の負の異常リターンが生じることを述べている。このことは、将来的に価格が下落する過大評価された株式を空売り投資家が特定できるという見方に整合する[6]。空売り投資家が企業の不正行為を特定できるという証拠もある。たとえば、株主代表訴訟につながる利益操作や利益修正に対するSECの強制措置といったネガティブなファンダメンタル・イベントの前後において、空売り残高が増加する[7]。

8.3　企業vs空売り投資家
―空売りは社会にとって善か悪か―

　多くの会社の経営者は、自社の株式が空売りされるのを好まない。彼らは不信任投票と感じて、空売り投資家が株価の下落を誘導するのではないかと恐れる。そのため、経営者はさまざまな方法で空売り投資家と戦おうとすることがある。たとえば、特に空売りを阻止することを意図した株式の分割や割当てのような、空売りをむずかしくさせるための行動をとることもあれば、

4　投機を伴う価格と貸借手数料の均衡値についてはDuffie, Gârleanu and Pedersen（2002）を参照。
5　Desai, Ramesh, Thiagarajan and Balachandran（2002）。
6　Jones and Lamont（2002）も参照。
7　Dechow, Sloan and Sweeney（1996）、Griffin（2003）。

貸借市場から株式を回収するために株主と協調することもある。時には経営者は空売り投資家を犯罪者として告訴することや当局に彼らの活動を調査するよう要請することさえある。

たとえば、デイビッド・アインホーン（David Einhorn、ヘッジファンドのグリーンライト・キャピタル（Greenlight Capital）を運営）は、2008年の破綻前に危機的状況の全容を公表しなかったことについてリーマン・ブラザーズを非難し、リーマンはそれに対して反撃した[8]。

> **この数週間、リーマンは空売り投資家について不満を言い続けていた。経営陣がそうするときは、経営者が深刻な問題から投資家の気をそらそうとしている兆候である。**
>
> ——デイビッド・アインホーン（David Einhorn）

政策立案者や一般大衆もまた、空売り投資家を非難することがある。

> **政策立案者や一般大衆は、空売りが道徳的に間違っているという本能的な感覚をもっているように思われる。空売りは非人間的で、米国らしくなく、神に逆らうこと（箴言24章17節「あなたの敵が倒れるとき、喜んではならない。彼がつまずくとき、あなたは心から楽しんではならない」）とみなされてきた。空売りに対する敵意があるのは米国に限ったことではない。1995年にマレーシア財務省は、空売り投資家に対する処罰として強制的なむち打ちを提案した。**
>
> ——Lamont（2012）

Lamont（2012）は空売りに伴う問題に関して米国議会が1989年に開催した公聴会を引用している。ある議員は空売りを「露骨な暴行」と表現しているが、SEC官僚は以下の証言をしている。

> **違法との嫌疑のかかっている空売りについてわれわれが受ける告訴の多くは、彼ら自身が証券法や他の法律に違反している可能性があるために**

---

8 Mallaby（2010）p.352を参照。

SECや他の機関によって調査中の会社や会社役員からのものである。
——Ketchum and Sturc (1989)

　聴聞中に、3つの会社の役員が空売り投資家に不利な証言を行ったが、その証言は逆説的に、調査対象を明かさなかったSEC官僚の証言に対する証拠を提供することになった。事実、この証言の後、これらの3社のうちの2社の社長は、詐欺で起訴されている（他の1社については、事業報告に重大な誤りや誤解を招く記載をしたが、起訴には証拠不十分とされた）。
　空売りには重要な恩恵があることを多くの人は忘れている。第一に、ポジティブな意見とネガティブな意見の両方が市場で表現されるようになるため、空売りは市場をより効率的にさせる。あなたの祖母が株式を買うとき、悪意ある会社が売り込む価値のない紙切れを買わないように守るのはだれなのだろうか。彼女の購入価格がその株式の価値の市場全体の見方と一致するようにだれがしてくれるのだろうか。効率的市場がこれを確かなものにすることになっているが、市場は独力では効率的にならない。ネガティブかポジティブかにかかわらず、投資家が自身の考えに基づいて取引できることが必要である。

自由市場の利点を享受するためには、買い手と売り手、強気派と弱気派の両方がいなければならない。弱気派のいない市場は出版の自由のない国のようなものである。そこには、惨事を起こすに違いない間違った楽観主義に対して、批判したり抑制したりする者がだれもいない。
　　　——Bernard Baruch、1917年の下院議事運営委員会での証言

　さらに空売りには他の恩恵もある。これによってヘッジが可能になる。また、市場の流動性ははるかに高まり、投資家の取引コストを引き下げる。空売りが市場の流動性を高めるのは、より多くの情報を市場価格に織り込ませ、出来高をふやし、マーケットメイカーが自らのリスクをヘッジしたうえで売り買い両方で市場に流動性を供給できるようになることによる。
　このように空売りによって好ましい状態になることを考えれば、空売りを

全面的に許可することが明らかに正しい判断である。もちろん、空売りが不正行為とは絶対に関係しないかといえば、そうではない。空売り投資家が相場操縦をしようとしているならそれは明らかに不当かつ違法であるが、これは買いでも空売りでも同じである。つまり、相場操縦が不当かつ違法なのは空売りに限った話ではない（たとえば「パンプ・アンド・ダンプ」はロング側の価格操縦である）。特に規制上の関心がもたれているのは、弱気派が株価を押し下げるために株式を空売りすることや、低い株価自体が企業を殺してしまう、すなわち空売りがなければ好調だったであろう企業が空売りによって殺されることである。たとえば、株価が低いと増資や借入れがむずかしくなるだろう。この懸念は銀行株にとってとりわけ重大で、空売りが株価下落をもたらす結果、銀行への取付けが起こり、最終的には銀行に真の危機を及ぼすという考え方がある。時にはこの懸念が的を射ていることもあろうが、このメカニズムには根拠がほとんどない。せいぜい妥当なのは、いくつかの国で行われてきたように、深刻な危機時に金融株の空売りを一時的に禁止することくらいである。それでもやはり、こうした説明は、空売り投資家に罪をかぶせるためにしばしば用いられる。

　一部の株式投資家は空売り投資家に不快感を覚え、自分の株式を貸さないという判断をすることがある。しかし、この判断は非合理的であることが多い。投資家が空売り投資家に株式を貸せば、その株式が市場で売られ、それが価格を押し下げる可能性がある。しかし、株式が貸し手に戻される時には買い戻されることになり、それによって価格は押し上げられる可能性がある。したがって、長期の投資家にとっては、空売りが価格を押し下げるのはせいぜい一時的な影響でしかなく、議論に値しない。また、空売り投資家によってその株式に関するネガティブな事実が掘り起こされてしまうというのも、議論に値しない。情報は遅かれ早かれいずれにしても明らかになるし、経営がより早く不正行為をやめるのは株式の価値にとってよいことに違いないからである。空売り投資家が正しいと投資家が考えるなら、貸さないで株式を保有するよりも、それを売るべきだろう。また、株式を貸さないことは、投資家にとって貸借手数料が得られないことにもなる。

結論として、空売り投資家は慣習や、会社や株式アナリストの楽天的な宣伝文句、株式プレミアムという向かい風、貸借手数料に対抗する困難な立場から市場を効率的なものにしている。彼らは価格の発見に貢献し、社会が資本を最も生産的な会社に配分するのを促進している。

8.4 事例研究—エンロン—

エンロン（Enron Corporation）は当時、大きな成功を収めたエネルギーとコモディティの会社と考えられており、フォーチュン誌によって1996年から2000年まで毎年「アメリカの最も革新的な会社」に選定されていた。2001年の初めには、従業員は約２万人、時価総額は利益の約70倍に当たる600億ドルにまで達した。しかし、大きなスキャンダルを引き起こして、2001年12月２日に破綻した。このスキャンダルには監査人であったアーサー・アンダーセンも関与し、最終的には世界五大会計事務所のうちの１つを解散に追い込んだ。空売り投資家のジェームズ・チェイノスは、エンロンに関する問題をいち早く見抜いたことで有名になった。ここで、彼の目からみたエンロンの物語を（2003年５月15日のSECにおける彼の陳述より）聞いてみよう。さらに次節のインタビューで、より詳しく彼から話を聞く。

> エンロンへの関心はまったく普通に始まりました。2000年10月にある友人が、地方版のテキサス・ウォールストリート・ジャーナル紙に掲載されたおもしろい記事をみたかと聞いてきたのです。それは、大手のエネルギー商社の会計実務に関するものでした。ジョナサン・ウェイル（Jonathan Weil）が書いたこの記事には、エンロンを含むエネルギー商社の多くが、長期にわたるエネルギー取引に、いわゆる「売却益」（gain-on-sale）という会計手法を用いていることが指摘されていました。要するに「売却益」会計とは、契約時点で将来の収益性を推定し、その現在価値に基づき、利益を計上することを会社に認めるものです。

エンロンや他のエネルギー商社に対してわれわれは関心をもちました。この会計手法を用いる会社を扱った経験から、将来の想定を過度に積極的にしようとする誘惑はあまりに強力過ぎて、経営者はその誘惑を無視できなくなります。実際、経営陣が非常に都合のよい仮定を用いて、厭わずにごり押しすれば、無から「利益」を生み出すことができるでしょう。しかし、将来の想定がそのとおりにならなければ、前もって計上した「利益」を下方修正しなければなりません。こういったことはしばしば起こりますが、実際に起きると、「売却益」会計に完全に依存している会社は、下方修正を相殺するために、当座の大きな「利益」の効果が得られる、より大きい新たな取引を行うでしょう。いったん会社がこうした会計操作を始めると、やめるのはむずかしいものです。

　私の会社が分析した最初のエンロン文書は、SECに提出された1999年のForm 10-K提出書類（訳注：日本の有価証券報告書に当たる年次報告書）です。それをみてまず驚いたのは、「売却益」モデルを使っているにもかかわらず、収益性の指標として広く用いられる資本利益率が、税引前でわずか7％だったことです。つまり、使用した外部資本1ドル当り、稼いだのは約7セントでした。これは2つの理由で重要です。第一に、われわれはエンロンをエネルギー・ヘッジファンドのような商社としてみていました。この種の会社にとって、特に市場支配力と会計手法を考慮すれば、7％という資本利益率は救いようのないほど低くみえました。第二に、われわれの考えによればエンロンの資本コストは7％を上回り、おそらく9％に近いものでした。したがって、株主には「利益」と報告しているにもかかわらず、実のところ経済的にはまったく儲けを生んでいませんでした。資本コストと投資収益率とのミスマッチがエンロンに関するわれわれの弱気な見通しの根拠となり、2000年11月に顧客のためにエンロン株の空売りを始めました。

　われわれはまた、SECに提出された1999年のForm 10-Kならびに2000年3、6、9月の四半期Form 10-Q（訳注：四半期報告書）に記載されていたさまざまな「関連会社取引」に関する、エンロンの謎めいた

開示文書に悩まされました。これらの取引についてエンロンの決算書の脚注を何度も読み返しましたが、エンロンの全体的な財務状況にどのような影響を及ぼすかについて解読することはできませんでした。しかし、エンロンが親会社である自分自身と取引するという明白な目的のためにこれらの法人を設立していたこと、そしてそれらがエンロンの役員によって運営されていたことが奇妙に映りました。さらに、エンロンの状況を調べる過程で、役員がインサイダーとしてエンロン株を大量に売却していることに気づいたことも気がかりでした。これだけでは致命的とはいえませんが、他の財務的な懸念と考え合わせると、こうした売却はわれわれの確信をさらに強めました。

　そして最後に、われわれは2000年後半のエンロンやその支持者たちのうぬぼれに困惑していました。それは、特にブロードバンド通信容量の取引を中心とした情報通信分野におけるこの会社の主導権に関するものでした。通信容量の巨大かつ未開拓の市場についてエンロンは次第に雄弁になり、アナリストに対して、その市場においてエンロンがもつ機会の現在価値は1株当り20〜30ドルにもなるだろうと話していました。これはわれわれにとって問題でした。なぜなら、情報通信やブロードバンドの業界で生じていた過剰な供給能力に基づいて、われわれのポートフォリオにはこの業界の売りアイデアが多く含まれていたからです。2000年後半までにこの業界の株式は急落しましたが、それでもエンロンとその経営陣はこの事実に無頓着のようでした。それどころか、情報通信容量やサービスに対する価格が市場で明らかに下落しているにもかかわらず、まったく同じ市場でエンロンは、依然として自身の資産評価に大幅な上昇余地を想定していました。これは不吉な兆候です。

　2001年1月以降、エンロンとその価値評価について、さまざまなウォール街の会社で多くのアナリストと議論しました。エンロンを分析する方法はなく、投資することは「自分を信じてほしい」という話に乗るようなものだと認めたアナリストが多かったことに驚きました。あるアナリストは、利益に関してエンロンを「ブラックボックス」だと認め

る一方で、「エンロンが稼いだのだといっている以上、だれが口を挟めるだろうか」ともいっていました。

　2001年の春に、後にエンロンも認めたように、幹部が何人も退職するという報道を聞きました。さらに、エンロン株のインサイダー売却は相変わらず続いていました。そして、2000年のForm 10-Kと2001年3月のForm 10-Q提出書類のわれわれの分析では、利益をかさ上げしていた多くの一時的な利得だけでなく、低い資本利益率も続いていました。さらにこれらの書類には、エンロンが開示したもっと詳細な資料があってもなお理解がむずかしい、さまざまな「関係会社取引」に引き続き手を染めていたことが示されていました。これらの観察結果から、市場がまだエンロン株を過大評価しているという確信はさらに強まりました。

　2001年夏に、エネルギー価格が下落し始め、特に天然ガスと電力が顕著でした。エンロンが電力市場においてロングで身動きがとれなくなり、下落相場でエクスポージャーをかなり削減するはめになるとの噂が、ウォール街で繰り返し聞かれるようになりました。どれほどよくヘッジされていると主張しても、取引は常に上昇相場のほうがうまくいき、下落相場では苦しむように感じられるというのが証券取引の常です。電力相場は下落局面に入ったとわれわれは考えましたが、エンロンにとってはまさに受難の時でした。

　また2001年夏には、エンロンの系列会社に関する話と、エンロンの株価そのものがエンロンの財務健全性にとっていかに重要であるかという話が市場を駆け巡り始めました。つまり、エンロンの株価が下落したことによって、会社のキャッシュフローが逼迫する可能性があるとトレーダーたちが口にしていたのです。その背景には、系列会社と結んでいたある種の規約や契約がありました。2001年8月に提出した2001年6月のForm 10-Qにおいて、エンロンがこれらの会社に関する詳細な情報を開示すると、こうした話は信憑性を帯びてきました。

　しかし、われわれにとって2001年8月の最も重要な話は、エンロンのCEOであるジェフ・スキリング（Jeff Skilling）が「個人的な理由」に

よって突然辞任したことです。経験上、表向きの理由は何であれ、物議を醸している会社で最高経営責任者が突然かつ不可解に退社することほど非常事態はありません。われわれはスキリングを現在のエンロンをつくりあげた者としてみていたため、彼の突然の退社はこれまでで最も不吉な出来事だったのです。これが公表された後、キニコス・アソシエーツはポートフォリオに占めるエンロン株のショートポジションを拡大しました。

われわれがエンロンの会計数値の背後を調べることに捧げた努力と、調査や分析に基づいて最終的にとった行動をみれば、それがどれほど投資家や、そして究極的には市場全体に対して価値をもたらしたのかがわかります。空売り投資家はプロの懐疑論者であり、誇大広告を見破って、株式の真の価値を正確に判断するのです。

8.5 ジェームズ・チェイノス（キニコス・アソシエーツ）へのインタビュー

ジム・チェイノス（Jim Chanos）は世界最大の空売り専門の投資会社であるキニコス・アソシエーツ（Kynikos Associates LP）の創設者でマネージング・パートナー（最高業務責任者）である。チェイノスは、ペイン・ウェバー、ギルフォード証券、ドイツ銀行の証券アナリストとしてのウォール街のキャリアを経て、この経験で見出した投資戦略を実行するため、1985年にキニコス・アソシエーツを創設した。彼を有名にしたエンロン株の空売りは、バロンズ誌によって「過去50年とまではいかないが、ここ10年で最高の市場判断」と称された。チェイノスは1980年にイェール大学から経済学と政治学の学士号を授与されている。

LHP 空売り投資家としてどのようにスタートしたのですか。
JC 証券アナリストとして最初に担当した大企業の1つがボールドウィン・ユナイテッド社（Baldwin United）でした。上司から同社を み

るよういわれ、偶然気づいたことが結果的にある大きな詐欺であることが判明しました。運がよかったとしかいいようがありません。

LHP では、その判断が成功裏に終わった後、ショート側に重点的に取り組む決心をしたのですか。

JC はい。その出来事の教訓の１つとして、過大評価された会社をきちんと調べることは非常にむずかしく、やっている人が少ないが、だからこそ付加価値があるだろうと感じました。ボールドウィン社のことがあった後、多くの人がわれわれのリサーチを入手するために接触してきたこともあり、市場には新たなサービスの余地があると感じたのです。

LHP 投資プロセスについて教えてもらえますか。

JC われわれのアプローチは多くのヘッジファンドとは違います。ほとんどのヘッジファンドはポートフォリオマネージャーがトップにいて、ジュニアアナリストのグループがその下に連なるというアプローチをとります。典型的なモデルでは、ポートフォリオマネージャーがジュニアアナリストにアイデアをとりに行かせ、それを持ち帰って加工して、提示するようにプレッシャーをかけます。そして、ポートフォリオマネージャーがそれらのなかからよいものを選び出すのです。われわれがこのようなビジネスモデルを好きになれないのは、ジュニアレベルに大きな責任を負わせていることと、何かうまくいかないことがあったときにジュニアの人間に重要な情報を伝えるインセンティブが働かないからです。

　わが社では、最初にアイデアを出すのはシニアパートナー、特に私自身と他の２人のリサーチヘッドです。われわれはアイデアをスタッフに下ろし、さらに具体化する作業を進めてもらったり推奨意見を求めたりします。推奨のなかには「これはよさそうなショートだ」というものもありますが、ほとんどの場合は、「いや、こうなっていることには理由がある。問題はない」といったものです。このビジネスモデルのほうが優れているのは、経済的責任と知的責任を

同一の、しかも最上位のレベルに置いていることです。

LHP　アイデアの段階から、ショートすべきだという確信に至るまで、どのようなステップを踏むのですか。

JC　一貫したプロセスがあります。最初のステップは、株式を借りることができるかどうかです。株式を借りられなければ、その取引はできません。

　　株式を借りることができるとして、次に、市場がその株式に強気であるケースに取りかかります。人々はなぜこの会社を好むのかということです。適切なアナリストを割り当てると、アナリストはセルサイド・アナリストらと会話を始め、その会社について発表されているすべてのリサーチレポートを入手し、可能な限りその説明を理解します。同時に、財務諸表を調べて、同じ業種内の比較可能な会社を特定します。そして1、2週間後に、それがよいショートかどうかを説明する内部メモを作成します。

　　仮説を固めると、われわれは強気派に対してこの話をし、反対の立場から誤りを指摘してくれるように頼みます。彼らを当社に招いて昼食をとり、時にはホワイトボードにわれわれのストーリーを描くこともあります。たとえば、「われわれが中国にネガティブな理由はこうですが、どこか間違っていますか。どこにわれわれの間違いがあると考えられますか」といった話をするのです。最終的に、当初のアイデアから数週間後にシニアパートナーが案件を議論して判断します。

LHP　その際に、注目する重要な数字はありますか。

JC　ありますが、会社は数字遊びができるので、1つの数字に対して、それが何であってもある程度慎重にみています。しかし、資本利益率（return on capital）をごまかすのはむずかしく、ネットの事業資産に対する営業利益の比率に着目します。会社の資本利益率が低下していれば、通常、何かがうまくいっていないのです。または、エンロンのように高成長にもかかわらず資本利益率が非常に低い場合

もあります。

LHP インサイダーによる売却と離職についてはどうですか。

JC はい、常にそれらをみています。もし両方ともがあったなら、まさに危険なシグナルです。

LHP ほかに危険シグナルはありますか。

JC 理解できない開示資料には、なんらかの理由があるのが普通です。ある会社の10-Kを2、3回読んでもまだ彼らがどのように利益を生み出しているかがわからなければ、それには理由があります。彼らはわかりにくくして、わざと伝わらないようにしているのです。ですから、会社の開示の姿勢もわれわれにとって重要です。

LHP 危険シグナルに頼るのでしょうか。それとも、いつも決定的な証拠を見つけることができるのでしょうか。

JC いつでも決定的な証拠が得られるわけではありません。そして、それこそが問題なのです。市場でポジションをとることは刑事裁判の法廷でなく、疑いの余地のない証拠に基づくものではありません。市場は証拠の優越性に依拠する民事法廷により近いものです。最高のショートにおいても決定的な証拠がみられることはほとんどなく、それは最後までそうなのです。エンロンを例にとると、われわれは疑わしいパターンは多数把握していましたが、それが詐欺だとは思いませんでした。

LHP あなたは会社を訪問したり、探偵を雇ったり、元従業員と話したりすることはあまりないと聞いたことがあります。

JC そうです。一点目については、招待しようと思われないため、会社を訪問することはあまりありません。われわれがだれだか知っているのです。しかし、会社から必要な情報を得るのはそれほどむずかしいことではありません。会社はカンファレンスコール（電話会見）を行いますし、セルサイドのブローカーとの良好な関係もあるので、数字について質問をすれば、普通はそれに答えてもらうことができます。さらに、経営者への接触は、考え得るなかで最も過大評価さ

れているものの1つです。つまり、経営者がだれにも話していないことをあなたに話しているのだとしたら、レギュレーションFD（フェア・ディスクロージャー規則）に逸脱した行為をしていることになります。経営者は他の投資家にいっているのとまったく同じで正確な話だけをしようとします。これは、強気な調査レポートやその会社のウェブサイト上のプレゼンテーションのなかにあります。さらに、CEOの話は真実に違いないという誤った安心感をもつことになります。これが一点目です。

　二点目の、元従業員と話したり私立探偵を雇ったりするという件について、それはまさにグレーな領域に入ると考えています。元従業員とはいえ、会社に対する信用上の責任が生じている可能性があります。つまり、元従業員から企業秘密を教えてもらうことは、おそらく証券法違反に当たるでしょう。重要な非公開情報である可能性があるなら、それが何であろうと、できるだけ近づかないようにしています。

LHP　競合他社に話を聞くことについてはどうですか。

JC　はい、われわれは競合他社や業界の人々と時々話をします。ビジネスの様子や、業界の動向をつかむことがその目的です。

LHP　ネガティブな情報が価格にすでに織り込まれているかどうかはどうやってわかるのですか。

JC　なるほど、それは本当にいい質問ですね。ネガティブな情報がどれくらいすでに出回っているのか。それはすでに株価に織り込まれているのか。すべてのネガティブなニュースが出回っているなら、ショートをカバーするタイミングなのか。どれもわかりません。それは主観的判断です。

LHP　あなたが過去に行った、記憶に残る空売りの例を他にいくつかあげていただけませんか。

JC　エンロンの件がわれわれを有名にしたのは間違いありませんし、関心を引いた話でした。1980年代後半まで戻ると、ドレクセル・バー

ナム（Drexel Burnham）の株式を大量に空売りしたのはショート筋にとって興味深い状況でした。ジャンク債の会社であるインテグレーティッド・リソーシズ社（Integrated Resources）やファースト・エグゼクティブ社（First Executive）もそうです。また、最近では不動産会社がいくつかあります。

　最大の損失を被ったのはアメリカ・オンライン社（America Online）です。同社を空売りしたのはたしか1996年で、1998年には基本的に買い戻したと思います。その間に株価は8倍に上昇していました。空売りした理由は、マーケティングコストを適切に会計処理していないと確信したからです。同社は1996年にビッグバス減損会計（訳注：事業再構築のために特別損失を多額かつ一時に計上し、その後の損失および費用負担を軽減させること）を採用し、「大丈夫だ。すべてはうまくいくに違いない」といわれていました。われわれが指摘したのは単純で、多額の減損は利益をまったく生んでこなかったことを意味するということです。さらに、この会社の収益性は決してよくならないだろうとみていました。しかし、われわれはインターネットの力とリテール投資家の熱狂的幸福感を過小評価していました。リテール投資家はそんなことを気にもかけていなかったのです。そして、この会社はインターネット株で、インターネット業界のリーダーの一角だったため、株価は一直線に上がり続けました。幸いにも、われわれのポジションの1％を超えたことはありません。つまり、株価が2倍、そのまた倍にと上昇していくのにあわせて、ポジションを削減し続けました。しかしそうはいっても、損失は2年間でおそらく5〜7％にもなりました。大惨事とはいいませんが、ショートが思惑に反して8倍に上がるのはだれもみたくはないでしょう。この取引によってショート側のリスクを強く意識するようになり、ボラティリティの大きな株式のポジションの大きさをどう設定するのかについて教訓を得ました。つまり、ボラティリティの大きい株式は決してポジションを大きくし過ぎてはいけないという

ことです。リスクを分散化するためにはより多くの銘柄が必要なのです。

LHP　空売りのむずかしさと克服する方法について話していただけますか。

JC　空売りには多くの困難があります。まず、一般的に市場は上昇します。また、株式を借りなければなりません。税金の取扱いについても不利です。そしてだれにも好かれません。しかし、思うにこれらすべてがその困難の裏返しとしてチャンスを生み出しているのです。

LHP　空売りに対する「社会通念的な」抵抗心や行動論的な障害はとても重要だと思いますか。

JC　それは素晴らしい質問です。私が最初に始めた時、ショートポジションをとることはロングポジションの裏返しだろうと考えていましたが、いまはそのように考えていません。ショートには、多くの人にとって行動論的に非常にむずかしい面があり、その効果が最も重要であると確信しています。

　ウォール街は人々に証券を売るために存在します。そのため、いつも耳にすることの大部分はポジティブな内容です。つまり買い推奨です。私は毎朝出社すると、ブラックベリーをチェックしますが、保有する50の国内株のうち、おそらく10くらいについてはだれかがコメントするでしょう。利益予想の上方修正だったり、「買い」推奨から「強い買い」推奨への引上げだったり、CEOがCNBCに出演したり、買収の噂があったり、いろいろなことがあり得ます。その時間の99%は新しい情報のない単なる雑音ですが、それは陽気な太鼓の音のようなものです。

　ショートしていると、その太鼓の音によって陰鬱な気持ちが強まります。出社すると毎日、「おまえは間違っている。この会社には成功する理由がこんなにたくさんあるのだ」と執拗にいわれるのです。そして、大部分の人は「人生はとてもショートだ（短い）。ショートなんかもうたくさんだ。毎日毎日ショートの話なんか聞きたくない。できればロングにし、明るい話を聞き、日々幸せな気分

でいたいんだ」といったようなことをいうのです。人間はやはり人間なのです。ほとんどのヘッジファンド運用者でさえ自身のショートポジションについてとても心配しますし、きわめて優れた従来型のロング運用者のなかにも、ショートが非常に下手な人がいます。

そのため、正直なところ、優れた空売り投資家は生来のもので、育てるものではないと思っています。かつてはそう考えていなかったのですが、空売りを始めて30年経ったいまでは、そう考えています。つまり、その陽気な雑音をかき消して無視し、自分の仕事、入手した事実、自分で導いた結論に集中できるような資質が必要なのです。

LHP　ポジティブに過剰宣伝されたものをみるともっとショートしたくなるだけだということですが、それは根っからそうだったのですか。

JC　それはわかりません。私がいいたいのは、雑音をかき消すことと頑固さは違うということです。重要なもの、つまり何かが変化した1％を見逃すことのないように、何が語られているかを知ろうとすべきです。そして、それを知り、避ける必要があります。そのため、頑なに自分の意見に固執してはいけません。

LHP　株価はゼロまでしか下がらない一方で、上昇する場合には限界がないという非対称性についてどう考えますか。

JC　はい、株価は無限に上昇することができます。しかし、私は常に「自分がこれまでみたところ、無限よりゼロへ行くほうが多い」といっています。

LHP　あなたのファンドではショートポジションしかとらないのですか。

JC　われわれのファンドには２つのグループがあります。主要な機関投資家向け商品はショートのみのファンドで、これはまさしく純粋なショートです。また、キニコス・オポチュニティー・ファンドという名前の小規模な伝統的ロングショートのヘッジファンドももっています。

LHP　どのようにリスクを管理し、どのようにポートフォリオを構築する

のですか。

JC われわれは常に約50社の内外株式を保有していて、ボラティリティや貸借の状況、業種エクスポージャーに基づいてポジションの大きさを決定します。リターンとリスクの双方に目を向けてポートフォリオを構築します。そして、1つのポジションがファンド価値の5％を決して超えないというルールを設定しています。また、レバレッジをかけることもありません。50個のポジションの平均は2％で、大きいポジションは3％、小さいポジションは1％です。どんなによいポジションだと思っても、想定の逆に動けば、アメリカ・オンラインでそうしたように圧縮します。

LHP 人々が空売り投資家に対して批判的なことが多いのはどうしてだと思いますか。

JC 理由の一部は、ショートに関して多くの誤解があることです。所有していないものをどうすれば売れるのかを考えるところから人々はスタートします。いったんそのようにスタートすると、市場という枠組みのなかで人々に理解させるのは非常にむずかしくなります。しかし、そのとき私が指摘するのは、保険は巨大な空売りスキームであるということです。多くの農業もまた巨大な空売りスキームです。つまり、後で交換するときに利益が出せるという考え方に基づいて、まだ所有していないものを先渡しで売っているのです。ある航空会社が事前販売のチケットを売るときには席を空売りしていることになります。多くのビジネスは、まず現金の授受がなされ、物やサービスの授受が将来発生するという空売りの原理にのっとっているのです。

　空売りは他の人の家に火災保険をかけるようなものだといった類似比較がよくありますが、両者には重要な違いがあります。その違いは、他人の家に保険をかけようとしている人を想像するとき、その人が放火を犯そうとしているのではないかとの確信にまで飛躍してしまうところにあります。この類似性によれば、空売り投資家が

株価を下落させるために何か犯罪的な行為をしそうだということになりますが、それは誤った考えです。ロングであろうとショートであろうと、ある会社についての虚偽の話を故意に広げる人はだれであれ、証券詐欺で有罪となるのです。

LHP　あなたのような実在の人に話を聞くことは、空売りから神秘性を除く手がかりになるかもしれませんね。

JC　私が他の空売り投資家より公に顔を出す理由の1つがそれなのです。匿名だと、人々は容易に人の悪い面をとらえて邪推してしまいます。しかし、実際に顔を出して話の背景に現実味を与えたうえで、「われわれが行っていることの理由はこれです。われわれが探しているのはこういった会社です。だから、ポジティブな見方だけでなくネガティブな見方をする人間がいることが市場にとって重要なのです。そうして、人々は自身の判断をできるようになるのです」と話せば、より容易に理解してもらえるだろうと思います。根本的に市場は情報を反映したものなので、ポジティブな見方を表現することしかできないように人々を制限するのはばかげています。

LHP　それは、空売り投資家が金融市場で情報を集めるという役割を果たしているということですか。

JC　そのとおりです。過去25年の間に起こった大きな金融詐欺のほとんどすべてが、内部告発者やジャーナリスト、空売り投資家によって見つけられています。見つけたのは、外部の監査人でも、外部の弁護士でも、法執行機関でもありません。ほとんどいつも、内部の既得権や罪責意識をもつだれかです。空売り投資家は、重要な情報を発見するのに役立っているのです。

第 9 章

株式クオンツ投資

> **優れたクオンツ運用者は……自らの確信を反復可能なプロセスとして体系化してきた金融経済学者とみなすことができるだろう。彼らを特徴づけるのは、分散投資、自らの規律あるプロセスへのこだわり、ポートフォリオの特性を設計する能力である。**
>
> ——クリフ・アスネス（Cliff Asness, 2007）

　株式クオンツまたは定量的株式投資（quantitative equity investing）とは、モデル主導の株式投資を意味し、株式の市場中立型（マーケットニュートラル）のヘッジファンドなどによって行われる。クオンツはコンピュータシステムのなかに自分の取引ルールをコード化し、人間の監視下に置かれたアルゴリズム取引によって注文を執行する。

　クオンツ投資には裁量的取引と比較していくつかの長所と短所がある。短所は、取引ルールを個々別々の状況にあうように策定できないことや、電話での会話や人間による判断といった「ソフト」な情報に依拠させることができないことである。これらの短所は、計算能力が高まり、洗練されていくにつれて、解消されていくかもしれない。たとえば、株式アナリスト向けの会社の電話会見の筆記録をテキスト分析の手法を使って解析し、ある単語が頻繁に使われるかどうかを調べることや、さらに複雑な分析をすることもできる。

　クオンツ投資の長所として第一にあげられるのは、幅広い株式の銘柄群に適用できることであり、それによってかなりの分散化が可能になる。クオン

ツが新たな運用モデルを構築すると、それを世界中の無数の株式に同時に適用することができる。第二に、クオンツモデルの厳密さによって、行動バイアスの大部分を克服できる可能性がある。行動バイアスは人間の判断に影響を与えることが多く、そもそもこのバイアスこそが取引機会を生み出しているのかもしれない。第三に、ヒストリカルデータを使ってクオンツの取引方針をバックテストすることができる。クオンツは、データと科学的手法を投資の中核とみなしている。

> **市場の心理や人間の心理が理解不能だと主張して得意になっていると道を誤ることになる。人間に関する科学は、いまや暗黒時代から脱しつつある。ティコ・ブラーエ（Tycho Brahe）が生きた時代の天文学とまさに同じように、経済学と心理学は現在、ケストラーの分水嶺[1]（Koestler's watershed）に立っている。われわれの迷信、盲信、無知は、科学的知識の蓄積とデータの分析によって永久に一掃される。将来は人間に関することについても予測できるようになるだろう。**
>
> ――Thorp and Kassouf（1967）

　株式クオンツ投資は、3つのタイプに細分化できる。すなわち、ファンダメンタル・クオンツ、統計的裁定取引（スタットアーブ）、高頻度取引（high-frequency trading, HFT）で、これを表9．1に示した。これらの3つのタイプのクオンツ投資はいくつかの面で相違し、知的基盤、売買回転率、キャパシティ、売買判断の方法、バックテストがどの程度可能かなどが異なる。

　ファンダメンタル・クオンツ投資は、裁量的トレーダーと同様のファンダメンタル分析を、システマティックな方法で適用しようとするものである。したがって、統計データ分析とあわせて、経済学やファイナンスの理論がベースとなる。価格とファンダメンタルズが徐々にしか変わらないとすれば、ファンダメンタル・クオンツの売買回転率は一般に数日から数カ月であり、十分に分散化できることから取引規模の上限は大きい（多くの資金がこの戦

1　（訳注）ハンガリー出身の哲学者アーサー・ケストラーが、著書のなかでティコ・ブラーエやヨハネス・ケプラーの時代を分水嶺と形容したことによる。

表9.1 クオンツ投資の3タイプ

	ファンダメンタル・クオンツ投資	統計的裁定取引（スタットアーブ）	高頻度取引（HFT）
知的基盤	経済学、ファイナンス、統計学	裁定関係、統計学	統計学、工学、情報処理
売買回転	数日から数カ月	数時間から数日	瞬間から数時間
キャパシティ	高	中	低
売買判断	戦略	戦略。ただし執行されない注文もある	市場
バックテスト	信頼性が高い	取引コストの推定が重要	金融版ハイゼンベルクの不確定性原理

略に投資できるという意味）。

　統計的裁定取引は、密接な関係がある株式間の相対的なミスプライスから利益を得ようとするものである。したがって、裁定関係と統計学の知識に基づき、売買回転率はファンダメンタル・クオンツよりも一般に高い。取引が速いため（そしておそらく、裁定取引が可能なほどのスプレッドを有する株式は少ないため）統計的裁定取引が可能な規模は小さい。

　最後のHFTは統計学と情報処理、および工学をベースにするが、これはHFTの成功が1つには売買可能なスピードに依存していることによる。HFTにとって、超高速のコンピュータやコンピュータ・プログラムを有していることと、自分のコンピュータを取引所にコロケーションすることが重要である。自分のコンピュータと取引所のサーバーを文字どおりできるだけ近づけ、高速なケーブルを使う。HFTの売買回転率は最も高く、当然ながら取引規模の上限は最も小さい。

　3つのクオンツのタイプは、取引判断の方法においても異なる。ファンダメンタル・クオンツは、一般に売買を事前に決定するのに対し、統計的裁定取引のトレーダーは徐々に売買判断を行う。そしてHFTは売買判断を市場に委ねる。もう少し詳しくいうと、ファンダメンタル・クオンツでは、モデルによって期待リターンが高い株式を特定した後に購入し、ほぼすべての注

文が約定される。統計的裁定取引では、モデルによってミスプライスされた株式を探して買うが、価格が反対方向に動いた場合は完了する前に取引をやめてしまうこともある。最後のHFTでは、モデルが複数の取引所に売りや買いの指値注文を出して、どの注文が約定するかを市場に決定させる。こうした売買の仕組みから、ファンダメンタル・クオンツはバックテストによって一定の信頼性のあるシミュレーションが可能である。統計的裁定取引のバックテストは、執行時間や取引コスト、約定率の仮定に大きく依存する。HFTについては信頼性のあるシミュレーションを行うのがむずかしいことが多く、実験にも頼らなければならない。

HFTは、金融版のハイゼンベルクの不確定性原理（Heisenberg uncertainty principle）と呼ばれるものに支配されている。物理学（量子力学）におけるこの原理では、観察するという行為自体が粒子に影響を与えるために、人間が知りうる粒子の位置や運動の精度には限界があるとされる。類似して、注文を出すということが市場の動きを変えてしまうため、人間が指値注文の執行時刻と執行価格を正確にシミュレーションすることはできない。

9.1 ファンダメンタル・クオンツ投資

ファンダメンタル・クオンツは、バリュー、モメンタム、クオリティ、サイズ、低リスクといったファクターを利用して取引する。裁量的トレーダーが使うものと似たような情報が利用されるが、実際にやっているのは、優秀な株式アナリストがやっていることをコンピュータに効果的に「教え」、この方法論を世界中の無数の株式にシステマティックに適用することである。ファンダメンタル・クオンツ投資は、ロングオンリーとロングショートのいずれに対しても適用可能である。実際、多くの場合にクオンツモデルは投資対象ユニバースの全株式に関する判断をもつため、この判断をさまざまな戦略、たとえばロングショートの市場中立型（マーケットニュートラル）ヘッジファンド戦略や、ロングバイアスの130/30戦略、ロングオンリーのベンチ

マーク重視の戦略などに自然に適用できる。いずれの場合でも、どの株式の期待リターンが高くて、どの株式の期待リターンが低いのかに関する定量的な推計値とリスクモデルが共通の根幹をなす。ロングショートのポートフォリオは、いくつかのファクターの組合せであることがほとんどである。つまり、ポートフォリオはある特定の現象にベットするように定期的にリバランスされる。同時に、これらのファクターは、期待リターンが高い株式と低い株式を有益に表現しており、他のタイプの株式クオンツ投資にも役に立つ。ここではまず、クオンツスタイルのバリュー投資のリターンをとらえる、バリューファクターについて考察するところから始めよう。

クオンツスタイルのバリュー投資

　クオンツのバリュー投資では、株式のファンダメンタル価値（将来のフリーキャッシュフローの現在価値）に関連する指標をシステマティックに計算し、株式の現在の市場価格と比較する。そして、市場価値に対するファンダメンタル価値の比率が高いバリュー株を買い、逆の特性値をもつ株式を売ることでバリュー投資を実践する。

　こうした戦略が機能するのは、きわめて優れたファンダメンタル価値の指標、つまり市場価格よりも多くの情報を含む指標を用いる場合のみではないかと思うかもしれない。しかし、意外かもしれないが、この直感は一般的に正しくない。価格は将来キャッシュフローの期待値だけでなく、これらがどう割り引かれているかにも依存するためである。つまり、価格には期待リターンが反映されている。簡単にいえば、バリュー投資が機能するのは、価格とは期待キャッシュフローを期待リターンで割ったものに等しく、この式を変形すれば、期待キャッシュフローを価格で割ったものが期待リターンになるためである。つまり、価格を適切に正規化できる変数であれば何でも、バリュー投資は機能する可能性がある。

　代表例として、株式の純資産株価倍率（book-to-market、純資産の株価に対する比率）のような非常に単純な指標でさえ、バリュー投資は歴史的に機能してきた[2]。もちろん純資産には、会計変数に関連する多くの問題（将来指

向ではなく過去指向であるという点も含む）があるだけでなく、ファンダメンタル価値の指標としていささか単純過ぎる。しかしそれでも、市場価格をスケーリングする変数として役に立つ。

　株式によって期待リターンは異なり、バリュー株は高い期待リターンをもつ傾向がある。これは、リスクに対する合理的な報酬として、あるいは制度的な摩擦によって、あるいは行動論的な理由によって、もたらされているのであろう。一部の経済学者（たとえば、Keynes, 1936, Shiller, 1981, Lakomishok, Shleifer and Vishny, 1994）は、株式は過剰に変動し、これによってバリュー投資家にとっての機会が生まれることを論じている。

既存投資の利益は日々変動し、明らかに取るに足らず、どうでもいいような性質のものであるが、これが過剰でばかげているとすらいえる影響を市場に及ぼしがちである。
　　　　——ジョン・メイナード・ケインズ（John Maynard Keynes, 1936）

　平均的にみて、バリュー投資は歴史的に機能してきた。図9．1はこれを示したもので、Fama and French（1993）のHML（high-minus-low）ファクターの累積リターンをプロットした。HMLは純資産株価倍率の上位30％の割安な銘柄群をロングし、下位30％の割高な銘柄群をショートしたものである[3]。HMLのリターンは、ロングとショートのバランスを保つことによって、市場全体の変動の直接的な影響を取り除き、割高株に対する割安株のパフォーマンスの高さをとらえている。この期間において、HMLは12.3％のボラティリティに対して年率4.6％の平均超過リターンをあげており、シャープレシオは0.4である。

　バリュー投資はまた、株式益回り（earnings-to-price）や配当利回り

---

[2] 純資産株価倍率と期待リターンの関係に関する研究は Stattman（1980）までさかのぼる。さらに単純なバリューの指標として過去5年間のリターンがあり、この場合バリュー株は過去5年のリターンが低い株式とされる（De Bondt and Thaler, 1985）。
[3] Fama and French（1993）は、大型株と小型株のそれぞれのなかでこうしたロングショートのポートフォリオを構築し、その後2つのポートフォリオを平均している。これは、サイズがHMLファクターに与える影響を抑制するためである。

図9.1　バリューファクターHMLの累積パフォーマンス（1926〜2012年）

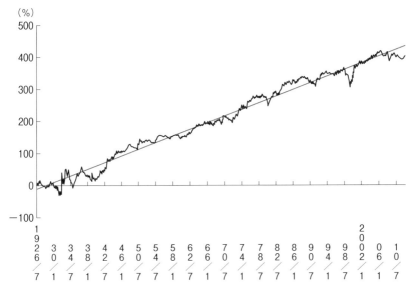

株式の純資産株価倍率に基づいて構築したロングショートのバリューファクターHMLの累計（すなわち複利効果を含まない）を示す。

（dividend-to-price）、キャッシュフロー株価倍率（cash flow-to-price）といったバリュー指標を用いても機能する。後述のとおり、株式のクオリティを考慮することで、さらにバリュー投資を改善することができる。

　バリュー戦略はさまざまな地域や資産クラスにおいても機能する。英国、欧州大陸、日本を含む世界の株式市場でも、またコモディティや通貨といった他の資産クラスでも機能してきた（Cutler, Poterba and Summers, 1991、Asness, Moskowitz and Pedersen, 2013）。興味深いことに、異なる地域や資産クラスにおけるバリュー戦略には正の相関がみられる。このことは、グローバルに共通するシステマティックなリスクファクターが存在することを示唆し、バリュー投資が機能する理由に対するリスクに基づく説明と整合的かもしれない。バリュー投資のリターンは、図9.2のとおり、モメンタム投資という別の重要な株式クオンツ戦略とは負の相関をもつ。次にモメンタ

図9.2 グローバルなバリューとモメンタムの銘柄選択戦略のパフォーマンス
（1972～2012年）

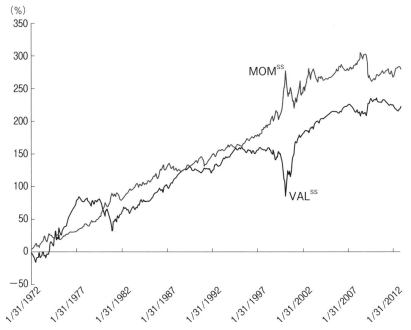

米国、英国、欧州大陸、日本を対象としたバリュー（VAL）とモメンタム（MOM）の月次リターンの累計を表す（Asness, Moskowitz and Pedersen, 2013）。

ム投資を議論しよう。

株式モメンタム—クオンツのカタリスト—

　モメンタム投資は、直近のパフォーマンスが高いものを買い、低いものを空売りするものである。具体的に図9.2に示した戦略では、それぞれの株式の直近1年（後述のように直前の1カ月は除く）のパフォーマンスを参照し、その期間のリターンが最も高い銘柄群をロングし、最も低い銘柄群をショートしている。この図が示すように、モメンタムはかなり機能してきた。少なくとも取引コスト考慮前では、歴史的にバリュー投資をも上回るリターンを

あげてきたことがわかる[4]。

　モメンタム投資のパフォーマンスが非常に良好であることは、過去12カ月間にパフォーマンスが高かった株式は次の月も高い傾向があることを意味する。モメンタムの売買回転率は高く、株式のリスク特性が素早く頻繁に変わることになってしまうため、モメンタム効果を合理的なリスクプレミアムによって正当化することはむずかしい。おそらくより説得力のある説明は、株価がニュースの発表当初に過小反応し、その後遅れて過剰反応になるためだろうというものである。過小反応と過剰反応の双方がモメンタム効果を生み出すというのは意外かもしれないが、理由は以下のとおりである。まず今日のよいニュースは今日の価格を上昇させる。しかし、もし価格の初期の反応が過小ならば、その後に価格の上昇が継続する、すなわちモメンタムが生じるはずである。さらに、もし価格がしばらく上がり続けて、投資家が便乗し始めると、やがて過剰反応になり、モメンタムがさらに強まる。

　モメンタムを概念化する別の方法は、株式のカタリストの定量的な指標として考えることである。第7章で論じたとおり、裁量的株式投資家はしばしばカタリストをもつバリュー株、すなわち、潜在能力をいまにも市場が認識しそうな割安株を探しているのを思い出そう。会社が潜在能力を発揮して利益を実現するまで、その間に生じるすべてのリスクを負いながら待たねばならない株式アナリストよりも、こうしたカタリストでは価格が上昇しているために、バリューへのベットを素早く収益化できる。モメンタムが大きい株式はアウトパフォームしてきた銘柄であり、投資家の間で人気が高まりつつあるだろう。負の相関があるバリュー投資とモメンタム投資の組合せは効き目の強いカクテルであり、この組合せによっていずれか1つの場合よりも高いリスク調整後リターンをあげることができる。好ましいバリューとモメンタムの特性をもつ株式は、株価が上昇している割安株であり、平均的なモメ

---

[4]　モメンタム投資から収益が得られることを最初に報告したのはJegadeesh and Titman（1993）とAsness（1994）である。当初の過小反応とその後の過剰反応は、Barberis, Shleifer and Vishny（1998）、Daniel, Hirshleifer and Subrahmanyam（1998）、およびHong and Stein（1999）によって提唱されている。カタリストに関連する詳細については、本章のクリフ・アスネスのインタビューを参照。

ンタム株よりもトレンドが継続する機会に恵まれ（まだ割安なため）、割安性を実現する機会にも恵まれている（潜在的な投資家がそのことを認識し始めているため）。

クオリティ投資
―システマティックなグレアム-ドッド（Graham and Dodd）―

　モメンタム投資がバリュー投資と自然な補完関係にあるのと同様に、クオリティ投資もバリュー投資と補完関係にある。クオリティ投資は高クオリティ株を買う戦略で、7.2節で議論したとおり、高クオリティ株とは収益性が高く、成長しており、安定的で、優れた経営がなされている会社の株式として定義される。クオリティのそれぞれの構成要素は投資家によってさまざまであるが、クオリティ指標の多様性を考慮に入れても、米国株とグローバル株の双方で、また小型株と大型株の双方で、クオリティファクターが平均的に正の超過リターンをもたらすとの結果をAsness, Frazzini and Pedersen（2013）は得ている。

　クオリティ投資では、価格（または株価純資産倍率）が通常より高く評価されるにふさわしい「良い」株式を買い、低く評価されるにふさわしい「悪い」株式を空売りする。これに対して、単純なバリューファクターでは、割高な株式を（割高さがその株式のクオリティ特性によって正当化されるか否かによらず）空売りして、割安な株式を（それが割安に評価されるべきかどうかによらず）買う。したがって、クオリティ投資は単純なバリュー投資を補完するもので、実際にバリューとクオリティのクオンツファクターの間は相関が負になる傾向がある。

　バリューファクターとクオリティファクターを組み合わせると、「適正価格のクオリティ」と呼ぶべき戦略となり、それぞれ単独の場合よりもリスク調整後リターンが高まる。クオリティとバリューとモメンタムを組み合わせると、さらに強力な戦略が生み出され、クオリティが高いわりに割安で、上昇トレンドにある株式を買い、割高な下落トレンドの株式を売ることになる。

低ベータベットと低リスク投資

　古典的な資本資産価格モデル（CAPM）によれば、証券の期待超過リターンはベータに比例して、$E(r_t^i - r^f) = \beta^i E(r_t^M - r^f)$ が成り立つべきである。ゆえに株式Aのベータが0.7、株式Bのベータがその2倍の1.4なら、株式Bは平均的に2倍の超過リターンになるはずである。しかし、CAPMは実証的には成立しておらず、低ベータ株の平均リターンは高ベータ株の平均リターンとほとんど等しい。CAPMの用語でいえば、証券市場線（security market line, SML）は実証的にフラットすぎる。

　データが理論にあわない場合、どうすべきか。理論を棄却するべきか、あるいは金融市場が「あるべき」振る舞いをしないことを活用するべきか。しかし、傾きがフラットな証券市場線をどうすれば活用できるのだろう。安全な株式はCAPMが示唆するよりもリターンが高い。言い換えれば、安全な株式のアルファは正で、高リスクの株式のアルファは負である。

　だとすれば、おそらく安全な株式を買って高リスクの株式を空売りすればよさそうだ。これで儲かるだろうか。もし安全な株式を1ドル買って、高リスクの株式を1ドル売るなら、答えは否である。図9.3にみられるように、高リスクの株式ポートフォリオ5個の平均リターンは、安全な株式ポートフォリオ5個の平均よりわずかに高い。しかし、安全な株式を買ってリスクのある株式を売っても市場中立（マーケットニュートラル）なポートフォリオにはならない。このように構築すると、ロング側のリスクはショート側に比べて小さくなりすぎる。

　市場中立のポートフォリオをつくるためには、安全な（すなわち低ベータの）銘柄群をおよそ1.4ドル相当買い、高リスクの（高ベータの）銘柄群を0.7ドル相当空売りする必要がある。安全な銘柄群と高リスクの銘柄群が似たような平均リターンをもちながらも、安全な銘柄群のほうがシャープレシオは相当に高いという事実を利用するため、このポートフォリオは儲かる。ロング側とショート側のベータがともに1になるように、安全な株式にレバレッジをかける一方で、高リスクの株式へのレバレッジを薄めることにより、

図9.3　証券市場線はCAPMと比較してフラット過ぎる

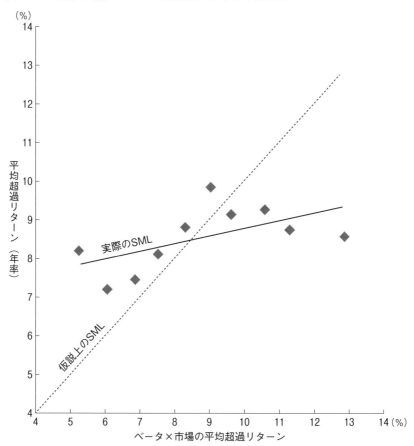

10個の点は、事前ベータで十分位にソートした1926年から2010年までの米国株ポートフォリオに対応する。横軸はCAPMによる各ポートフォリオの予想リターンで、事後的な実現ベータに市場リスクプレミアムを乗じた $\beta^i \mathrm{E}(r_t^M - r^f)$ を表す。縦軸は、各ポートフォリオの実際の平均超過リターン $\mathrm{E}(r_t^i - r^f)$ を表す。45度線はCAPMが示唆する仮説上のSMLである。

シャープレシオの違いを利用する。このポートフォリオは「低ベータベット」(betting against beta, BAB) ファクターと呼ばれる。図9.4のとおり、米国株式のBABファクターの実現シャープレシオは0.78である。このグラフから、

ほぼすべての国の株式市場だけでなく、クレジット市場、債券市場、先物市場においても、BABファクターのパフォーマンスは正である。

　低リスク投資が機能してきた理由として、多くの投資家がレバレッジ制約の影響を受けているか、あるいは単純にレバレッジに伴うリスクを恐れていることがあげられる。これにより、高いリターンを求める投資家は、安全な証券にレバレッジをかけるよりも、高リスクの証券を買うほうがよいと考える。この行動によって高リスクの株式の価格が押し上げられ、期待リターンは低下する。同時に、安全な株式への需要を減少させ、価格を低下させて期待リターンを引き上げる。ゆえに、レバレッジ制約の少ない投資家はレバレッジをかけて安全な株式を買う一方で、制約のある投資家はリスクのある株式を買うため、CAPMの均衡に修正が生じて、証券市場線はフラットになる。ミューチュアルファンドや個人投資家（これらの投資家はレバレッジをかけることに制約があるか避ける）が平均的に1より大きなベータの株式を保有する一方で、ウォーレン・バフェットやレバレッジド・バイアウト（LBO）の投資家が平均的には安全な株式にレバレッジをかけることが、BAB理論によって説明できる[5]。

　低リスク投資には他にいくつかの形態がある。ロングオンリー投資では、高リスクの株式をショートせずに安全な株式を買う投資家がいる。この手法によって得られる平均リターンは市場全体のリターンよりも少し低いだろうが、リスクが非常に低いため、実現されるシャープレシオは市場よりも高くなる。低ベータの株式ではなく、トータルボラティリティ、固有ボラティリティ、利益のボラティリティが低い株式に注目することや、クオリティが高い株式に注目することもある。また、最小分散ポートフォリオを構築する投

---

[5] 証券市場線の傾きが小さいことを最初に実証したのはBlack, Jensen and Scholes (1972) で、レバレッジ制約によってこの現象が説明できるという考え方を最初に提唱したのはBlack (1972, 1992) である。Frazzini and Pedersen (2014) はこれを拡張し、いくつかの資産クラスと、ミューチュアルファンドや個人、ウォーレン・バフェット、LBO取引のポートフォリオにおける証拠を得ている。Asness, Frazzini and Pedersen (2014) は業種内および業種を横断したBABファクターを調べている。また、Clarke, de Silva and Thorley (2013) は異なる形態の低リスク投資を考察している。

図 9.4 低ベータベットのポートフォリオのシャープレシオ

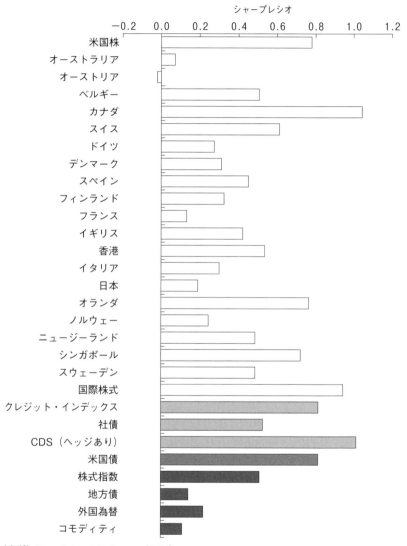

(出所) Frazzini and Pedersen (2014)

資家もいる。

　業種やセクターを考慮せずに構築した低リスクのポートフォリオは、公益株、小売株、タバコ株といった非景気敏感業種の株式をオーバーウェイトする傾向がある。しかし、低リスク投資が機能する主な理由は、これらの業種にベットするためではない。実際に、低リスク投資は業種を横断しても業種内でも歴史的に機能してきた。図9.5は、米国のそれぞれの業種内で構築したBABファクターを示している。たとえば、公益株のBABファクターは、レバレッジをかけて安全な公益株をロングにする一方で、高リスクの公益株をショートしている。それぞれの業種内で低リスク投資が驚くほど機能してきたことがわかる。

クオンツポートフォリオの構築

　クオンツがモデルを適用する株式の数は数百または数千にものぼる。この分散投資によって大部分の固有リスクは取り除かれる。すなわち会社固有のサプライズはポートフォリオ全体のレベルではほとんど消失し、個々のポジションが小さいためにパフォーマンスに大した影響を与えない。

　市場中立（マーケットニュートラル）の株式クオンツポートフォリオでは、ロングとショートを等しくすることによって、株式市場全体のリスクを取り除く。ロング側とショート側の金額エクスポージャーを完全に等しくすることによって市場中立を実現しようとすることもあるが、この手法が機能するのは、ロングとショートのリスクが等しい場合のみである。そのため、クオンツはロング側とショート側の市場ベータのバランスをとろうとする。金額とベータの両方を中立にしようとするクオンツもいる。

　クオンツはまた（ある程度）業種リスクを除去することが多い。それぞれの業種内で、「良い」株式をロングする一方で「悪い」株式をショートし、業種全体の動きに対して中立化する。たとえば図9.5は業種中立のBABファクターを示しているが、これらを組み合わせると全業種を中立にしたBABファクターをつくることができる。業種中立ポートフォリオを構築することにより、さらに高いシャープレシオを生み出すことができる。これに

図9.5 米国のそれぞれの業種内での低ベータベット戦略（1926～2012年）

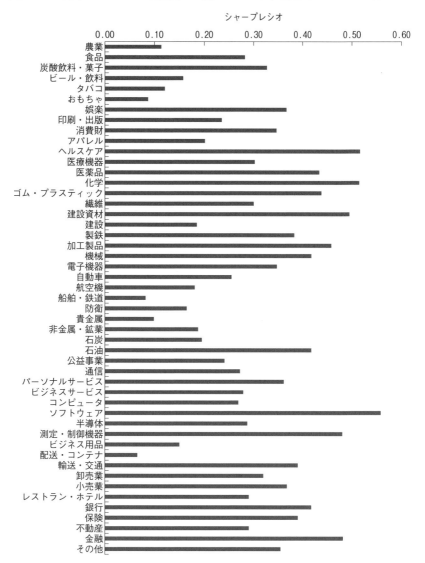

それぞれの棒グラフは各業種内でのBAB戦略のシャープレシオを表す。
（出所）Asness, Frazzini and Pedersen（2014）に基づくデータ

は2つの理由があり、1つは業種リスクの除去である。もう1つは、「良い」株式をより正確に選択するためだろう。同業他社と比較してポートフォリオを構築するのはより意味のある比較になることが多い。また、たとえばモメンタムのように、ファクターが業種選択にも機能するならば、業種内のモメンタムと業種間のモメンタムの両方に、それぞれから生じるリスク量をコントロールしたうえで、ベットすることもできる。

　固有リスク、市場リスク、業種リスク（のほとんど）を取り除きたいとすると、残るリスクは何だろうか。リスクはないのだろうか。もちろんそうではない。ベットするファクターに付随するリスクが残る。たとえば、バリューにベットしている場合、ポートフォリオのリスクはバリューファクターのパフォーマンスが振るわないことである。バリューに基づくポートフォリオに損失が発生するのは、割安な株式がさらに割安になり、割高な株式がさらに割高になるときや、ファンダメンタルズが悪化して「割安な」株式が割安ではなくなるときである。したがって、レバレッジをかけたあらゆる投資家と同様に、2007年のクオンツイベントで起きたような流動性スパイラルのリスクに直面することになる。これについては後に論じる。

　クオンツ投資の一般的な手法を議論してきたが、クオンツポートフォリオの具体的な構築方法は多様である。ポートフォリオのボラティリティをコントロールしようとするクオンツもいれば、想定エクスポージャーを一定に保とうとするクオンツもいる。どのファクターがより機能しそうか常に戦術的にタイミングをとろうとするクオンツもいれば、それぞれのファクターに対するウェイトを一定に保つクオンツもいる。また、各銘柄のシグナルをポートフォリオのウェイトに変換する方法にも違いがある。机上でしか取引しない学術研究の多くのファクターでは、最も好ましい特性をもつ上位10%の銘柄群をロング、下位10%をショートし、ポートフォリオを月次でリバランスすることが多い。この戦略では回転率が非常に高くなるため、実際に使われることはほとんどない。クオンツはシグナルの値と期待リターンの関係を推定し、取引コスト控除後でパフォーマンスが最大になるように、ポートフォリオとリバランス戦略を構築しようとする。

2007年のクオンツイベント

　部外者の目にはつきにくかったが、2007年8月に株式クオンツ戦略に重要なイベントが発生した。このイベントを観測するには、典型的なクオンツの分散化されたロングショートのポートフォリオを通じて、高頻度で見張る必要があった[6]。序文で記したように、筆者はこの劇的なイベントを直接体験した。

　2007年の6月から7月にかけて、多くの銀行や一部のヘッジファンドは、深刻化しつつあるサブプライム信用危機の連鎖反応によって大きな損失を出し始めていた。この損失によって一部の会社がリスクを削減し始め、株式ポジションのような流動性の高い資産を売ってキャッシュの保有をふやし、これに伴って共通する銘柄選択戦略のリターンが悪化した。短期金融市場の崩壊が始まり、資金不足に陥った一部の銀行は、株式のクオンツ自己売買業務をはじめトレーディング部門を閉鎖した。同時に、償還に直面したヘッジファンドもあった。たとえば、いくつかのファンド・オブ・ファンズ（他の複数のヘッジファンドに投資するヘッジファンド）は損失基準に抵触したため投資しているヘッジファンドからの資金回収を余儀なくされ、そのなかにはクオンツも含まれていた。

　サブプライム信用危機はクオンツが保有していた株式とはほとんど無関係だったが、クオンツのポジション清算によって、期待リターンが高い株式が売られ、ショートポジションを閉じるために期待リターンが低い株式が買われた。もちろんクオンツは多様で、モデルには大きな違いがあるが、それでも期待リターンが高いと考えられる株式は重複していた。結局のところ、だれもが同じもの、すなわち高いリターンを追い求めていたのである。

　この清算によって7月にクオンツのバリュー戦略が悪化し始め、8月にはさらにひどくなった。レバレッジをかけにくい環境になったことによって潜在的なレバレッジド・バイアウト（LBO）の候補だった株式から資金が引き

---

[6] 本節はほぼPedersen（2009）に基づく。Khandani and Lo（2011）も参照。

図9.6 2007年8月の株式クオンツイベント

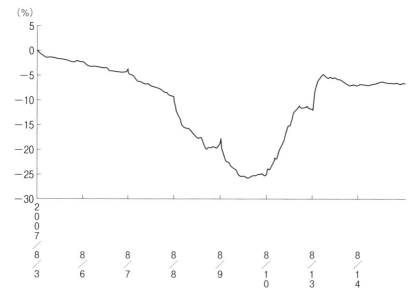

米国大型株を対象にした、バリューとモメンタムに基づく市場中立のロングショート戦略のシミュレーションによる累積リターンを表す。2007年8月3日から2007年8月14日まで。事前のボラティリティが年率6％になるようにスケーリング化されている。
（出所）Pedersen（2009）

上げられたことも、バリュー戦略が悪化した要因となった。これらの銘柄群はLBO会社がバリュー特性とキャッシュフロー特性の強さから割安と考えた株式で、クオンツも典型的に似たような特性に着目していたため、バリュー戦略が悪化した。さらにバリュー戦略が悪化した原因として、ロング側の割安な株式にはより大きなレバレッジがかかっており、クレジットスプレッドの拡大に対する感応度が高かったこともあげられる。

2007年8月6日月曜日、クオンツ戦略の大きなレバレッジ外しが始まった。図9.6はシミュレーションによるポートフォリオの累積リターンを示したもので、バリューとモメンタムのシグナルに基づく業種中立のロングショートを表す。すでに議論したように、ファンダメンタル・クオンツは他にも多くのファクターを用いており、すべてが影響を受けたわけではなかったが、

多くのクオンツはバリューやモメンタムのエクスポージャーを少なからず有している。また、価格リバーサルをねらう統計的裁定取引戦略のなかには、価格がこれまでになく持続するという流動性イベントの影響を受けたものもある（図には示されていない）。

この図から、ポジションの巻戻しが続いた8月6日月曜日から9日木曜日にかけてポートフォリオに相当な損失が生じ、その後、巻戻しが終わって一部のトレーダーが再びポジションをとったであろう金曜日と月曜日には損失の大部分が回復したことがわかる。このグラフの滑らかさは特筆すべき特徴である。グラフは毎分のデータを用いたもので、少数の点をつないで描いた作為的なものではない。滑らかなのは、売り圧力とその後の反発から生じる、並外れた短期の予測可能的な変動による。たとえば、8月7日火曜日を10分ごとの時間間隔でこの戦略をみると、そのうち90%は下落していた。これはランダムウォークの振る舞いとは統計的に有意に異なり、この予測可能性は流動性イベントが存在したという強い証拠になる。

図9.6の損失の大きさに注意しよう。シミュレーション上の戦略による月曜日から木曜日までの損失の大きさは約25%である。ただし、これはよく知られた商用リスクモデルを使って事前のボラティリティが年率で約6%になるようにスケーリング化されている。このボラティリティを単純に解釈すれば、ある信頼度のもとで、この戦略は1年に最大約12%の損失を出す可能性があったことを意味する。しかし、このイベント時には、わずか4日間でその2倍の損失が生じた。

4日間のボラティリティが$6\% \times \sqrt{4/260} = 0.74\%$であることを考えると、この戦略の損失は標準偏差の30倍以上である。標準偏差の30倍という結果には正しい解釈を要する。この数字が意味するのは、1,000年に一度の大惨事で、二度と起こらないということではない。意味するのは、これは株式のファンダメンタルズに基づくものではなく、流動性イベントだったこと、そしてこのリスクモデルでは流動性リスクや、流動性スパイラルによって内生的に増幅することをとらえられないことである。実際、ほとんどの時点で、株価は主にファンダメンタルズに関する経済ニュースによって変動する。し

かし、流動性危機時には、価格に対する圧力が大きな影響を及ぼす。したがって、株式のリターン分布は、ファンダメンタルズによるショックと流動性の影響によるショックの2つの分布の混合とみなすことができる。通常はファンダメンタルズが主導するため、従来型のリスクモデルはファンダメンタルズのショックをとらえるように企図されており、流動性のテールイベントをうまくとらえることができない。したがって、標準偏差の30倍という結果は、イベントがファンダメンタルズのショックとは統計的に有意に異なり、流動性イベントによって引き起こされたに違いないことを意味する。

流動性スパイラルの最中にいるとき、どうするべきだろうか。まずは、損失がたしかに流動性スパイラルによるものなのか、それともファンダメンタルズによる損失なのかを見極める必要がある。両者の違いは重要で、なぜなら流動性スパイラルは最終的には収束し、ほとんどの場合に反発するのに対し、ファンダメンタルズによる損失は継続するかもしれず、反転する根拠がない。第5章の図5.6は、だれもが出口に殺到して価格が下落し、その後に反発するという、流動性スパイラル時における典型的な価格のパスを示している（クオンツイベントの2年前にMarkus Brunnermeierとの共著で発表したモデルに基づく）[7]。図5.6と実際の市場価格をプロットした図9.6は、著しくよく似ている。いずれのグラフも滑らかに下落した後に、滑らかに反転上昇し、最終的には下落が始まった時よりも低い水準で安定する。この下落と反発は流動性スパイラルの特徴で、後に論じるフラッシュクラッシュなど他の多くの流動性イベントでもみられる。

木曜日までの証拠をすべてふまえると（先述の計算参照）、クオンツイベントは明らかに流動性スパイラルであった。しかし、これが明白になったのはいつだろうか。たしかに現実世界では事後的にしか完全に明らかになるものはないが、クオンツならば月曜日にすでにわかっていたことがある。第一に、損失の大きさや滑らかさは他の要因では説明できないほどだった。第二に、7月にはバリュー投資に損失をもたらすファンダメンタルな要因があったが、

---

[7] Brunnermeier and Pedersen（2005, 2009）。

バリューとモメンタムの損失を説明することが次第にむずかしくなり、ポートフォリオのロング側で保有する株式のファンダメンタルズはショートしている株式よりも相対的に改善しつつあるように思われた。事実、シミュレーション上のポートフォリオは巨額の損失を出していたが、株式アナリストはショート側と比較してロング側の株式の推奨を引き上げていた。このこともまた、損失が流動性主導で起こったものであり、ファンダメンタルズからは悪いベットではなかったことを示唆している。第三に、株式間の連動性が異常な動きをしていたことであり、このことからも流動性スパイラルだったといえる。たとえば、モメンタムは通常、バリューとは負の相関があるが、両者の戦略の相関が突如として正になった。つまり、株式はたとえファンダメンタルズが関連していなくても、クオンツによって保有されているという理由だけで連動して動き始めたのである。第四に、この月曜日のイベントの前に警告を発するような他の兆候が7月および8月第1週目にはすでにみられていたことである。

　流動性スパイラルであることを特定できたとして、次に何をすべきなのだろうか。それにはいくつかの選択肢がある。(a)ポートフォリオの一部を流動化して自由なキャッシュをふやし、リスクを削減する。しかし、これは価格を不都合な方向に動かすことに加担するうえ、取引コストがかかる。さらには、流動性スパイラルが反転したときの収益の一部を放棄することになる。(b)ポジションの巻戻しの影響を受けない固有なファクターにポートフォリオを変更する。これによってもコストがかかり、アップサイドの収益を放棄することになるが、キャッシュ化は行わない。(c)そのままポートフォリオを維持する。(d)ポジションを積み増し、反転が近いことにベットする。(e)ポートフォリオをキャッシュ化するだけでなく、正反対のポジションをとる。これはポジションの巻戻しが長期的に続くことに大きくベットするもので、多大な取引コストが生じる。また、平常時に想定しているファクターの動きに逆らう方向にベットすることでもある。

　さまざまなクオンツがさまざまな戦略をとるが、最良の行動は、ファンドのレバレッジ、レバレッジの資金調達（証拠金所要額やそれが変化することの

リスクを含む)、自由になるキャッシュの量、ポートフォリオのリスク、ポートフォリオの規模や流動性に依存する。レバレッジがかかっていないロングオンリーの株式ポートフォリオは、債権者によって強制的に換金されるリスクには直面しない（投資家が資産を解約することはあるが、それは緩やかに生じる傾向がある）。そのため、ロングオンリーのポートフォリオのほうが危機が過ぎ去るのをじっくり待つことができ、最も大きい影響を被ったファクターへのエクスポージャーを積み増すことさえできる。対照的に、大きなレバレッジをかけたファンドは、リスク管理なしに大きな損失に耐えることはできず、追加証拠金を請求されたり対応が遅れに失しないよう、慎重にポジションを削減して自由なキャッシュをつくる必要がある。大規模かつ流動性が低いポートフォリオほど、こうしたリスクの管理に時間がかかることを考えておく必要がある。流動化が最終局面に入ったと悟ったなら、反転による利益をできるだけ大きくするよう、すみやかにポジションを拡大する準備をしなければならない。事実、図9.6に示されているように、ポートフォリオは金曜日についに急反発した。10分ごとにみると、その約4分の3で利益が出ており、莫大な利益が積み上がった。

　株式市場全体が比較的穏やかな期間にクオンツイベントが発生したことは記憶にとどめておく必要がある。株式市場はクオンツイベントの週に1.5％上昇し、7月末も8月末も年初水準を上回っていた。つまり、クオンツイベントは、クオンツポートフォリオというレンズを通してしかみることができず、市場全般をみていてはわからなかった。

　2008年になると流動性問題はさらに経済の広範囲に及び、2008年9月にはリーマン・ブラザーズの破綻を中心に流動性危機が金融システム全体に広まった。皮肉にも、バリューとモメンタムに基づく株式クオンツ戦略は2008年に相対的にパフォーマンスが良好だった。

9.2 統計的裁定取引

統計的裁定取引（スタットアーブ）もまた定量的ではあるものの、通常は経済的なファンダメンタルズの分析にあまり依拠せず、裁定関係と統計的関係により基づく。

重複上場株式―シャム双生児株―

株式のなかには、そのファンダメンタル価値が経済的に結びついているという意味で一心同体ともいえるものがある。古典的な例として、異なる国の2つの合併会社が、別々の法人格を保持するものの「平等化合意」を通して経済的には1つの会社として機能することを定めているものがこれに当たる。合併後の会社の株式は重複上場されて、以前の株式がそれぞれの市場に上場され続ける。

たとえば、ユニリーバ・グループは、オランダのマーガリン・ユニと英国のリーバ・ブラザーズが1930年に合併してできた会社である。ユニリーバはいまだに2つの異なる会社から構成されている。すなわち、オランダに拠点を置き、株式がユーロ建てで取引されているユニリーバNVと、英国に拠点を置き、株式がロンドン証券取引所において英国ポンド建てで取引されているユニリーバPLCである。図9．7に示されているとおり、NVとPLCの株価はお互いに似たような動きをするものの、両社の間にはしばしば大きなスプレッドが生じる。

グローバルに統合された効率的な金融市場では、双子ペアの株価は同調して動き、常にパリティ（等価）なはずである。しかし実際には、ユニリーバや他の双子株式にみられるとおり、パリティから乖離することがある。各株式の動きはそれ自身が上場している市場にある程度連動している。

種類株式

密接につながった証券に基づく統計的裁定取引の他の例として、同じ企業

図9.7 重複上場されているユニリーバ株式のパリティからの乖離

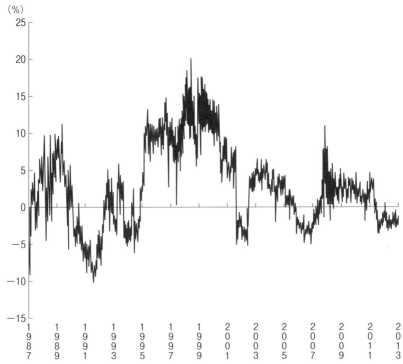

ユニリーバNVとユニリーバPLCの株価の違いを表し、$P_{NV}/P_{PLC}-1$によって算出した。ただし、価格は通貨が共通になるように修正されている。

が異なる種類の株式、たとえばA株とB株や、普通株と優先株を発行している場合がある。通常、B株の議決権はA株よりも少ないが、配当に対しては同じ権利をもつ。同様に、優先株は支配権が少ないが、配当の支払額については同じ権利をもつことがある（優先株は債権的な証券であることが多い）。さらに、株式の種類が異なると流動性は大きく異なることがある。このような議決権と流動性の違いは、株式の種類の間にスプレッドを生じさせる可能性がある。たとえば、図9.8はBMWの普通株に対する優先株の割引の程度を示している。割引率は時期によって変化するものの、長期間にわたって非常に大きい。

図9.8 BMW優先株の普通株に対する価格の割引率

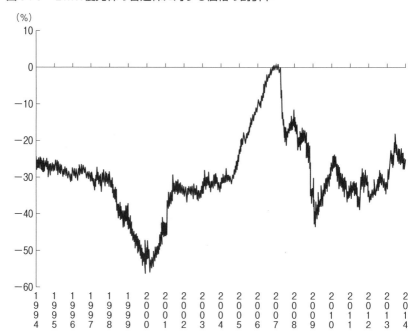

　種類株式間のスプレッドに基づく売買は完全な裁定取引ではない。単にスプレッドが拡大する可能性があるというだけではなく、企業イベントによって種類株で異なる取扱いがなされる可能性があるためである。たとえばアクティビスト投資家が、選別的な自社株買いのような、種類株によって影響が異なるコーポレート・アクションを提案するかもしれない。一方で、会社が買収される場合など、スプレッドが消失しうる企業イベントもある。

効率的に非効率な裁定取引スプレッド―双子株式のケース―

　統計的裁定取引のトレーダーは、双子株式の価格の不一致を利用する。これを実行すると裁定スプレッドは縮小するが、トレーダー間の競争によっても完全には消失しないことが多い。スプレッドを利用するには、常に市場をモニターしてミスプライスを特定し、種類の異なる株式ごとの契約上の権利

を理解して、売買を執行する必要がある。執行には取引コストがかかるうえ、為替リスクのヘッジが必要なこともある。

完全に効率的な市場では裁定スプレッドはゼロであるため、スプレッドがゼロでないことは市場の非効率性の明らかな証拠である。しかし、このスプレッドは効率的に非効率で、裁定取引のリスクが大きく、執行コストが高い時期や、裁定取引を行うための資本が逼迫している時期に、スプレッドは拡大する。流動性リスクの価格形成が効率的に非効率であることを示すさらなる証拠として、流動性の低い株式は割安に取引されることが多く、特に流動性プレミアムが大きい時期にはそうである。

効率的に非効率な市場の例として、ヨーロッパで取引される現地のユニリーバ株式と、対応して米国で取引されている米国預託証券（American depositary receipt, ADR）との裁定スプレッドをみよう。ユニリーバNVのADRは実際のNVの価格に非常に近い価格で売買されており、その差は通常0～2％である（価格がついた時刻をどの程度同じとみなすかによる）。同様に、ユニリーバPLCのADRも実際のPLCの価格に非常に近い価格で売買されている。しかし、もともとのNVとPLCがそうであるように、ADR同士の売買価格にも大きなスプレッドがある。なぜだろうか。

ADRが普通株式に近い価格で売買されるのは、裁定スプレッドの対象となる裁定取引が比較的容易で、ADRと普通株式が代替可能、すなわちお互いに交換できるためである（上場投資信託（exchange traded fund, ETF）が組成、換金できる方法と似ている）。これとは対照的に、NVの株式を買ってPLCの株式を空売りした場合、このポジションを相殺することはできない。価格が収束するまで両方のポジションをもたなければならず、長い期間にわたって資本が拘束される可能性がある。

ADR間の裁定スプレッドは普通株式間の裁定スプレッドとほとんど同じ動きをする。しかし、図9．9のとおり、ADR間のほうがスプレッドはわずかに小さい傾向がある。おそらくこの違いは、ADRはともに米ドル建てで取引されており、為替ヘッジの必要がなく、ADRのほうが裁定戦略が簡単なためだろう。このようにADR間のスプレッドが小さいことも、市場が効

図9.9 ユニリーバのADRの裁定スプレッドと現地株式の裁定スプレッド

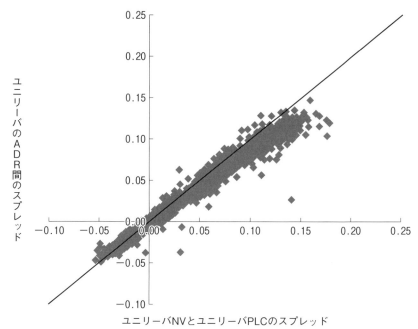

ユニリーバNVとユニリーバPLCのスプレッド

横軸はユニリーバNVとユニリーバPLCの普通株式の裁定スプレッド、縦軸は対応するADR間の裁定スプレッドを示す。期間は2000〜2013年。45度線もあわせて示してある。大部分の点が横軸と45度線の間にある。これは、ADRのほうが裁定取引が容易なため、ADRのスプレッドのほうが小さい傾向にあることを反映している。

率的に非効率であることを示すしるしである。

ペアトレードとリバーサル戦略

　これまで重複上場株式や互いに密接に関係する種類株式について述べてきたが、統計的裁定のトレーダーは、明示的な裁定関係はないものの、単に統計的な意味で似た動きをする株式も探している[8]。そうした戦略の１つがペアトレードで、高い相関をもつ株式のペアを見つけ出し、それらの価格が乖離している状況を特定したうえで、出遅れている株式を買うとともに価格が上昇した株式を空売りすることにより、収束にベットする。

ペアトレードは価格リバーサルに対するベットであるが、統計的裁定（スタットアーブ）トレーダーは価格リバーサルが広範に生じることにもベットする。そのような広範囲のリバーサル戦略では、株式のペアを考えるのではなく、同時により広い株式のユニバース（母集団）を考えて、出遅れた銘柄群を買い、すでに市場に先行して上昇している銘柄群を空売りする。リバーサル戦略のなかで最も単純なものは、過去数日間のリターンが最も低かった銘柄群を買い、リターンが最も高かった銘柄群を空売りするという戦略である。より洗練されたリバーサル戦略として、特性が類似している他の株式のリターンに照らして、それぞれの株式の期待リターンを推定し、期待リターンに対するリターンの残差が反転することにベットするものがある。これは残差リバーサル戦略とも呼ばれる。

インデックス裁定取引とクローズドエンドファンド裁定取引

最後に、統計的裁定トレーダーが追求する戦略に、「証券のバスケット」とその構成銘柄の間の格差を裁定するものがある。たとえば、株価指数先物とその指数の構成銘柄の格差、先物とETFの間の格差、ETFとその構成銘柄との格差、クローズドエンド型のミューチュアルファンドとその投資対象である保有銘柄との格差について裁定をねらう。限られたリスクで戦略を実行できるため、こうした裁定のスプレッドは小さい傾向がある。ただし、クローズドエンドファンドは例外で、裁定スプレッドが大きくなることもある。これらの取引は、多数の売買を行う必要があり、またスプレッドがタイトだと資金調達コストを抑制する必要もあるため、取引コストを最小化し、執行リスクを限定するための非常に洗練された取引基盤が必要になることが多い。

---

8 ペアトレードについてはGatev, Goetzmann and Rouwenhorst（2006）を参照。リバーサルトレードと流動性、ボラティリティとの関係についてはNagel（2012）を参照。

9.3 高頻度取引
―効率的に非効率なマーケットメイク―

　高頻度取引（high-frequency trading, HFT）はさまざまな戦略で取引を行い、流動性を供給するものもあれば、需要するものもある[9]。HFTが今日の電子化された市場で流動性を供給する場合、HFTは昔ながらのマーケットメイカーやニューヨーク証券取引所のフロアにいるスペシャリストと基本的に同じ役割を果たしている。

　市場が完全に効率的ならば、すべての投資家が常に市場にいて、同じ情報をもつ。流動性はほとんど無制限で、ビッド・アスク・スプレッドがほとんどゼロになるだろう。しかし、これまでみてきたように、市場は完全には効率的でなく、流動性の問題は至るところに存在する。効率的に非効率な市場におけるマーケットメイクの基本的な経済原理を理解するには、ほとんどの投資家は常に市場を観察しているとはいえないこと、彼らはたまにしか取引の判断をしないこと、その際にすぐに取引したがる傾向があることに注意しなければならない。ゆえに、自然な買い手と自然な売り手が同時に市場に現れることはなく、たとえそのようなことがあっても彼らは異なる取引所に行きかねないため、結果として注文のフローはばらばらに分断化される。こうした行動によって、市場価格は「均衡価格」（もし、すべての買い手と売り手が同時に市場に存在すれば、つくであろう価格）の上下を動き回り、その動きはもしマーケットメイカーがいなければさらにずっと大きくなるだろう（ここでは「マーケットメイカー」という語を一般的な意味で使っており、流動性を供給するHFTも含む）。つまり、買い手のほうが多く市場に現れる際に価格は押し上げられ、売り手が現れると価格は押し下げられる。

　マーケットメイカーは、流動性（すなわち即時性）というサービスを提供している。つまり、買い手より売り手のほうが多く市場に現れる場合には、

---

[9] Jones (2013) にHFTの概要やフラッシュクラッシュの調査、関連する参考文献が掲載されている。Budish, Cramton and Shim (2013) はHFT取引の軍拡競争について分析している。

マーケットメイカーは買い手になって過剰な供給を吸収しようとする。マーケットメイカーは自然な買い手が現れるまで在庫としてその証券を保有し、買い手が現れたときに在庫を放出することによってその需要を満たす。マーケットメイカーは、この流動性サービスに対する報酬を要求する。報酬はマーケットメイカーにとっての利益で、自然な買い手と売り手にとって取引コストとなる。具体的には、マーケットメイカーはビッド・アスク・スプレッドとマーケットインパクトによって収益をあげる。すなわち価格が変動するなかで、低い価格で買って高い価格で売る。これは食料品の仕入れと売上げの間の利幅によって食料品店が儲けを出すのと似ている。食料品店は、従業員の賃金や、賃料、運送費、資本コストの支払を埋め合わせられるだけの十分な利幅を稼ぐ必要がある。しかし、競争的な市場では、利幅はこれ以上に大きくならないはずである。同様に、マーケットメイカーは流動性供給に要するコストに対する報酬を得る必要がある。そして、市場が競争的であるほど、市場の流動性は高まる。

　マーケットメイカーは、大規模な取引インフラを構築するためにコストがかかるだけでなく、情報に基づいて取引を行う投資家と売買をするため、損失を被るリスクに直面する。実際、市場に売り圧力がある場合（このときマーケットメイカーが買い手となる）、これは注文のフローが分断化されたためか、あるいは均衡価格が変化したためであろうが、マーケットメイカーにとって、どちらによるものなのかは定かでない。前者の場合、マーケットメイカーは安く買って、価格が反発したときに高く売ることにより、利益が得られる。後者の場合、マーケットメイカーは安く買って、それよりも安く売ることになる。そのときになって、価格圧力が一時的な効果ではなく、ファンダメンタル価値が低下したことの表れだったことを認識する（売り手はマーケットメイカーが知らなかった何かを知っていた可能性があるため）。したがって、マーケットメイカーは利益を得るために市場の状況に適応し続けねばならず、ニュースが発表されればすぐに注文を修正する必要がある。実際、指値注文は、真の価値が変化したときにいつでも売買できる無料の「オプション」を市場に与えている。

電子市場のマーケットメイカーは、概念的には次のような行動をとる。まず、彼らは株式の均衡価格を見極めたうえで、均衡価格のちょうど下に買い指値注文を入れ、ちょうど上に売り指値注文を入れる。当該株式や他の株式に出される注文の動向に基づいて、常に最適注文の推定値を更新していく。均衡価格が変わると頻繁に注文をキャンセルし、新たな注文を入れる。さらに、在庫リスクを管理する必要があり、注文に強弱をつけて自らのポジションが減るような方向に市場が動くよう、市場全体や業種のエクスポージャーをヘッジする。

　また、HFTは流動性供給以外にも多くの戦略をとる。実際、いくつかの推計によれば、HFTは受動的に約定が成立する指値注文よりも、成行注文によって取引することが多くなっている。たとえば、短期間しか持続しないような、互いに関連する証券間の相対的なミスプライシングを利用して儲けようとすることがあり、これは先に議論した統計的裁定取引に似ている。また、「古くなった」指値注文を約定する戦略をとることがあり、そうした指値注文には他のHFTが出したものも含まれる。具体的には、ニュースの発表が株式価値を上昇させる場合、HFTは古い均衡価格の近くにある売りの指値注文に即座にヒットしようと（買おうと）する。同時に、流動性を供給しているHFTは直ちに自らの古くなった注文をキャンセルしようとする。

　HFTは互いに「軍拡競争」に取り組んでおり、重要なのは速いこと自体ではなく、他よりも速いことである。実際、古くなった指値注文は限られていて、そうした注文にヒットできるのは最速のHFTだけである。その裏返しとして逆選択にさらされるリスクを減らすには、自身の指値注文が陳腐化して他のHFTに注文をヒットされる前にキャンセルできる必要がある。

　また、注文が小口に分割されて、取引に数時間ないし何日間もかける大口注文があると、これを特定して活用しようとするHFTもある。たとえば、大きな株式ポジションを購入したい場合を考えよう。このとき、ちょうど1分ごとに同数の株式を買うために指値注文を出し、執行状況がどうなるかをみるとよい（注文をもっと細かくランダムに分けて出して、ランダムな時間間隔で執行した場合と比較してみよう）。

2010年のフラッシュクラッシュ

　2010年5月6日、劇的な市場イベントが米国株式市場で起こった。これは後にフラッシュクラッシュとして知られるようになる。この日は朝から、進行中の欧州債務危機に関する懸念の高まりにより、市場は大きな出来高とボラティリティを伴って下落していた。

　午後2時32分、S&P 500株価指数は2.8%下落していた。ボラティリティが上昇していたことや、一部の取引所でデータの遅延などの問題が発生していたことから、指値注文の板は薄くなっていた。電子市場のトレーダーがデータの品質に疑いを持ち始めることは、物を「みる」ことができなくなるようなものである。盲目状態のまま取引するのが怖くなることで注文を圧縮したり、取引を完全に停止してしまう者もいたのは自然なことである。

　その時、あるミューチュアルファンド（ワッデル・アンド・リード・ファイナンシャル（Waddell & Reed Financial, Inc.）といわれている）が7万5,000枚のE-mini S&P 500先物（およそ41億ドルに相当）の売りという非常に大きな注文を出した。このような大口注文が市場に出てくることはめったにない。実際にこの規模の注文があったのは過去12カ月で2回だけであり、そのうち1回はこの時と同じミューチュアルファンドによるものだった。このミューチュアルファンドが前回、同規模の注文を執行した際には数時間をかけたが、フラッシュクラッシュの日には、注文をわずか20分間でアルゴリズムによって執行するという判断をした。図9.10のとおり、次の13分間で市場価値は5.2%下落した。このような短時間ではきわめて大きな動きである。

　HFTは当初、流動性の供給者であった。市場が下落している間、彼らはネットで買い手だった。しかし、午後2時41分にHFTはネットの売り手に回った。おそらく在庫リスクを減らすためだったのだろう。以下にCFTCとSECが報告しているとおり、このイベントを通じてHFTは互いに主要な売り手かつ買い手であった。

ファンダメンタルズに基づく買い手や市場間で裁定を行う投資家からの

図9.10　2010年5月6日のフラッシュクラッシュ

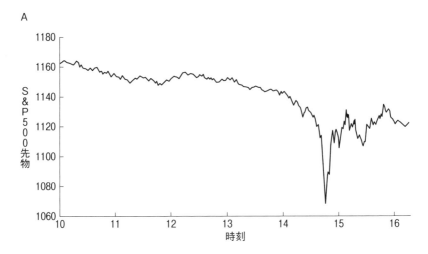

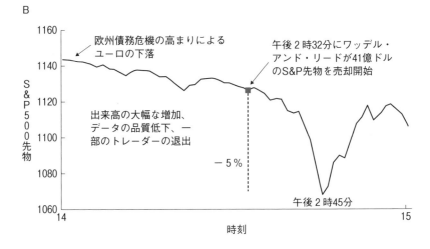

　需要が依然として不十分ななかで、HFTは互いに素早く先物を買って他のHFTに売り始めた。それによって、同じポジションが急速に行き交いして出来高が「焼け石状態」になった。2時45分13秒から2時45分27秒の間に、HFTは総出来高の約49％に当たる2万7,000枚以上の先物

を売買したが、一方で、ネットの買越しは200枚にすぎなかった[10]。

CFTCとSECの報告書は以下のように続く。

> 午後2時45分28秒、価格下落のさらなる連鎖を避けるため、シカゴ・マーカンタイル取引所（CME）の取引停止措置が発動され、E-mini先物取引は5秒間中断した。この短時間の間にE-mini先物に対する売り圧力は一部減退し、買い意欲が増加してきた。取引が午後2時45分33秒に再開すると価格は安定し、その後まもなく価格は反発し始めた。

　S＆P 500先物の価格が底値に近づいた時、指値注文の板の厚みはほとんどなくなり、流動性は枯渇していた。それだけでなく、S＆P 500先物の流動性危機は他の市場にも波及した。この理由の一部は、S＆P 500先物の下落によって生じた相対的なミスプライシングをトレーダーが裁定したためである。相対価値トレーダーがS＆P 500先物を買い始める一方で、他の証券を空売りしたため、他の市場の価格も押し下げた（一方でS＆P 500は下支えされた）。まずETFが影響を受け、そして多くの個別株式に影響が及んだ。一部の株式では、指値注文の板が消失し、きわめて異常な取引になった。成行注文が極端な価格の「プレースホルダー・ビッド」（執行を意図しない市場価格とかけ離れた買い指値）にヒットし始め、たとえばアクセンチュアは0.01ドルで約定された。ただし非常に極端な取引は後にキャンセルされている。

　フラッシュクラッシュにおいてHFTが演じた役割として、彼らが行ったことよりも行わなかったこと、すなわち無制限に流動性を供給しなかったことのほうが重要である。しかしマーケットメイカーが圧倒的な一方向の需要圧力や市場価格の混乱、増大するリスクに直面すると、流動性を供給できなくなることはこれまでも問題だった。たとえば、1987年の株式市場大暴落のように相場が急落した際に、NASDAQ市場や店頭市場の昔ながらのマーケットメイカーたちは受話器を外して電話に出なくなったことが知られている。

10　U.S. Commodities and Futures Trading Commission and Securities and Exchange Commission（2010）による。

また、2010年のフラッシュクラッシュの半世紀前に、「1962年5月の市場暴落」と呼ばれるようになる類似の出来事があった。この件はSECによって調査され、フラッシュクラッシュと同様に、「NYSEのテープへの記録の遅延とNYSEの価格下落の大きさが、一部の店頭ディーラーに特定の証券のマーケットメイクを控えるのを誘発した」ことが判明している[11]。

9.4 クリフ・アスネス（AQRキャピタル・マネジメント）へのインタビュー

クリフ・アスネス（Cliff Asness）はAQRキャピタル・マネジメントの共同設立者にしてマネージング・プリンシパルである。AQRはファイナンス理論と実践的応用の融合領域に設立された世界的な投資運用会社である。最初のクオンツ投資家の一人であるアスネスは、影響力が大きく受賞歴もある多くの論文を執筆してきた。AQRを共同設立する以前はゴールドマン・サックス・アセット・マネジメントのマネージング・ディレクターで、クオンツリサーチの責任者であった。ペンシルベニア大学で2つの学士号を取得し、シカゴ大学から博士号とMBAを授与されている。ファーマ（Fama）教授の学生およびティーチングアシスタントとして、シカゴ大学で書いた学位論文はモメンタム投資に関するきわめて初期の研究の1つであり、今日でも広く学界で研究されているモメンタム戦略という一類型を築いた。

LHP　あなたの博士論文はモメンタム、リバーサル、そして統計的裁定取引に関する独創的な研究でしたが、それはどのようにして生まれたのですか。

CSA　シカゴ大学在籍中に私の2人の指導教官であるジーン・ファーマ（Gene Fama）とケン・フレンチ（Ken French）がバリューとサイズの研究をしていました。そのときに私が最初に考えたのは、バ

---

[11] U.S. Securities and Exchange Commission（1963）。

リュー投資のなんらかの拡張について書こうということでした。そして、データ分析に多くの時間を費やすなかで、株式のリターンが強いモメンタム（直近の１カ月は除いた過去12カ月で計測する）をもつという奇妙な結果にほとんど偶然に出会いました。モメンタム効果はバリュー効果と同じくらい強く、実際、グロスリターンではバリューを上回りさえしました。私はこの結果を学術論文でみたことがなかったため（直近の月を含めないというところを除けば、UCLAの２人の研究者が同時に同様のことを発見していたことが後でわかりました）、非常に興奮しましたが、同時に心配にもなりました。ジーンは効率的市場の偉大な信奉者でしたので、市場効率性と表面上は非常に矛盾するものに関する論文を彼に提出するために書くことを考えると、少し怖さを感じたのです。一からやり直すようにと突き返されることを十分に予想しながら、この発見について彼に話した時のことをよく覚えています。しかし反応は、「データがそうなっているなら、追求しなさい」というものでした。それは私にとって素晴らしい瞬間で、ジーンを尊敬しました。

　データをいじり回しているうちに、直近の１カ月がリバーサルに関係していることも見つけました。それはすごいことだと思いましたが、どのように使えるかはよくわかりませんでした。しかし後になって、この効果は成功している多くの統計的裁定トレーダーが存立基盤としているものの基になっていることが判明しました。私はあきらめるのが早過ぎたのです。逃がした魚は大きいというか何というか……。

LHP　モメンタムに関する自身の結果が重要な発見であると気づいた瞬間はありましたか。

CSA　私にとってこの論文で重要な瞬間だったのは、おそらくサンプルをさかのぼって1926年まで延ばした時だったと思います。ご存知のように、データマイニングに陥らないための唯一の対策はアウトオブサンプルでの検定です。そこで、自分の発見が他の期間でも成り

立っているかどうかをみたかったのです。私は当初、すべての分析をファーマ-フレンチと同じく1963～1990年の期間のデータを使っていましたが、データが1926年から存在することにふと思い至りました。ファーマ-フレンチが1963年以降のデータしか使わなかったのは、会社の純資産のデータがそれ以前はなかったからです。わかり切ったことだったのですが、「ちょっと待てよ、価格データは1926年からあるじゃないか。それに、彼らと違って私には純資産は必要ないのだから、サンプル期間を限定する必要はないじゃないか」と考えました。そして、1926年から1963年6月までの分析を行ったのです。これは「人生最高の回帰」の1つとなりました。もちろん、人生において回帰というカテゴリーがある人はそう多くないと思います（また、それはただ私にとって最高というだけのものです）が、これまでにだれも調べていない無垢のデータで、完璧にうまくいったのです。モメンタム効果は強く、直近月には強いリバーサルが存在し、さらに1963年以前でも長期のリバーサルが働いていました。それは23歳の私にとっては非常に刺激的な瞬間で、「何てこった、うまくいくじゃないか！」といった感じです。とはいっても、モメンタムが学問の世界でこれほど大きな役割を果たすとは思いもよりませんでした。ただ卒業したかっただけなのです。

LHP 私がスタンフォードの大学院にいた時、私の教授はシカゴで起こった悲劇を引き合いに出して、ウォール街でのインターンを思いとどまらせました。シカゴの最も優秀な博士課程の学生たちが、ウォール街に行った「堕落した」スター学生の後を追って学界を去ったことです。シカゴの「失われた世代」と呼ばれていたと思いますが、これについて教えてもらえますか。

CSA （笑い）それから何年もずっと、学界の友人たちから、私が学界を去ったことに対してジーンがひどく怒っているという話を聞き続けました。思うに、私が去る時、シカゴの博士課程のクラスメートの多くが一緒に行ってしまったため、より悪い事態になったのだと思

います。私は学界の友人たちに、毎回「本当に怒ってるの？」と質問しましたが、それに対しては「いや、それほどでもないが……」という反応でした。まあ、私はジーンによって優れた実証主義者になるように育てられましたので、このようなやりとりが何度もあってから、何か理由がありそうだと悟りました。しかし、ずっと、これは賛辞なのだと考えることにしていたのです。現在では、ジーンと私の関係は良好です。

LHP では、なぜウォール街に行こうと思ったのですか。

CSA シカゴにいた時にしていた研究が本当に好きでした。しかし、大学からそのまま大学院に進学したので、現実の世界がどのようなものかという疑問に多少つきまとわれていたのも事実です。また、ゴールドマン・サックスに入った大学時代からの親友が、少なくともそれがどんなものなのかをみることは自分自身に対する義務だといっていました。そこで、私はゴールドマンで夏の間だけ経験を積んでみようと決めたのです。しかし夏が終わることはありませんでした。債券トレーダーとして働き始めましたので、昼は債券を取引し、夜は株式に関する論文に取り組みました。その後しばらくして、ゴールドマンは株式と債券をカバーするクオンツのリサーチグループが必要だという判断をし、立ち上げを任されたのです。グループの任務は幅広く、大学で取り組んでいたおもしろいことをすべて実践できる機会であることに思い至りました。学術的な厳格さをもちながらも、より応用的な状況のなかで仕事ができそうだったのです。それは本当に魅力的なことでした。

LHP 市場を学術的に研究することから、実際の取引のために研究を活用することに方向転換する際、最もむずかしいステップは何でしたか。

CSA 第一に、現実の世界がどのような仕組みで動いているのかを学ぶことです。ブローカー間のあらゆる関係などがそうです。そうすれば、取引コストとポートフォリオ構築の重要性がすぐにわかります。学術研究がこうしたことを認識していないといっているのではありま

せん。しかし、よくいわれるように「実弾」として実際のお金を扱う場合、要求される水準は高まります。たとえば、かなり大きな金額を運用したいなら、取引コストが非常に大きい小型株にどんどん投資したいと望んでもできないことがわかります。また、売買回転率の非常に高い戦略などもできません。そして、最も大きな相違点の1つが、自分には実際にできるということを他人に納得してもらわなければならないことです。他人の「実弾」を運用させてもらうことの困難さは、素晴らしい論文を書くことの困難さとはまったくの別物です。私はゴールドマン・サックスで「このクオンツ運用はうまくいきそうだから、運用資金をください」と言って回っていた25歳の変わり者でした。すると、たとえば、当時もいまもゴールドマンで市場分析の指導的立場にあるアビー・コーエン（Abby Cohen）のところへ、自分たちの分析のプレゼンに行かされました。私はアビーを尊敬していますが、彼女はわれわれとはかなり違った種類のアナリストでした。しかし、われわれはプレゼンをし、彼女は受け入れてゴーサインを出したのです。

LHP 現実の世界で違うものが他にありますか。

CSA そうですね、科学的に聞こえるかもしれませんが、現実の世界と学界の唯一最大の違いは時間の遅れ（time dilation）です。何をいいたいのか説明しましょう。これは、光速に近い速度で移動するとき必ずピザの話が出てくるような相対性理論の時間の遅れではありません。しかし、この用語を借りると、現実のお金を運用しているときには時間の感覚がまったく変わるということです。シャープレシオが0.7の戦略の累積リターンを考えてみましょう。そして、3年間のパフォーマンスが悪かったとします。この下落は少しも慌てるようなことではありません。「そんなことは1973年にも起こったが、1976年には元に戻ったじゃないか。それがシャープレシオ0.7というものだ」と思うでしょう。しかし、この期間を経験するには、現実に進む時間よりも、主観的に何倍もの時間がかかり、心身は消耗

します。不振に陥る期間を3年も過ごせば10年老けます。モデル変更の大きな圧力に直面し、上司と顧客の信頼を失いますが、それがどの程度の逆境かは筆舌に尽くしがたいものです。

LHP　ウォーレン・バフェットのバークシャー・ハサウェイ株のリターンは、それくらいの大きさのシャープレシオでしたね。

CSA　ええ、もちろん彼が損失を出した時期は何度かあり、かなり悲惨な時期もありました。0.7というシャープレシオがあれば多額の富を築くことができますが、それでもかなりの期間は損失が出ますし、時には何年も続きます。私が幸運だったのは、最初の数年はわれわれのプロセスにとって非常に好ましいものだったことです。このことは、プロフェッショナルとしての人生においておそらく最大の幸運だと思います。最初2年のリスク調整後リターンは非常に高く、とても儲かりました。もし最初の2年間がうまくいっていなかったら、いま頃は何か運用とは違うことをしているでしょう。この業界はそういうものです。運用プロセスは優れていて、博士論文を書いた後のアウトオブサンプルの期間も含めて、歴史的に機能してきました。ですから、私はこの一度の幸運がまったく不公平なことだとは感じていません（もちろん不公平ではありません）。しかし、避けられない悪環境期を乗り越えていくことは、学究生活を離れるために必要となる最も大きな考え方の変化です。

LHP　そうですね。ゴールドマン・サックスでクオンツ・グループを立ち上げた当時、あなたは若くして3桁のリターンをあげ、ゴールドマンのパートナーになる出世街道に乗っていました。なのに、どうしてそこを離れて新しい会社を立ち上げたのですか。

CSA　その決断は簡単ではありませんでした。ゴールドマンでの仕事は順調で、待遇も申し分なかったからです。しかし、先のことを考えると、ゴールドマンで自分が進む道と、独立した会社として進む道は、まったく違うものになりそうでした。巨大企業の上級経営陣の一人になることが成功であるかのように、次第に感じるようになるだろ

うと思っていました。しかし自分の会社ならば、私が常に情熱をもっていた研究のそばに身を置いたままにできるかもしれません。決断するように背中を押すきっかけがいくつかありました。1つは、当時私のところで働いていたシカゴの博士課程の同級生だった仲間が自身のヘッジファンドを立ち上げるために会社を辞めたことです。彼が当初から成功したことで、負けていられないという思いが湧き出てきました。2つ目は、ゴールドマンで他のグループの社員だったデイビッド・カビラー（David Kabiller）が、自分たちにもそれと同じことをうまくできると主張し始めたことです。彼の確信はわれわれ自身よりも強いくらいでしたし、また彼は多くのビジネスのアイデアをもってもいました。そして1年後、ジョン・リュウ（John Liew）とボブ・クレイル（Bob Krail）（シカゴの博士課程同級生で二人ともチームの最上席メンバー）とともに退社し、残りのチームの半分とデイビッドを加えて、AQRを立ち上げたのです。ゴールドマンに残って旧グループを運営した人たちもいますが、彼ら自身もやはりオールスター・チームだったといっておく必要があるでしょう。

LHP そして、そのチャンスを活かし、AQRの立ち上げを決めたのですね。

CSA そうです。資金集めは予想よりも簡単で、実際に予約出資金の約半分を返還しなければなりませんでした。しかし、われわれは間近に迫っていることに気がついていませんでした。この若くて生意気なゴールドマン・サックスのクオンツたちは長期間にわたって屈辱に甘んじることになるのです。

LHP ITバブルのことですか？

CSA そうです。われわれにとって最初の1カ月となった1998年8月は、市場が暴落してLTCMをはじめとする多くのヘッジファンドが困難に見舞われましたが、われわれにとってはよい月でした。まったく異なる戦略をとっていたため、利益が出たのです。しかしその後、事態が悪化しました。その理由を理解するために、われわれの取引

戦略の基礎をなすバリューとモメンタムという2つの非常に重要な投資テーマを思い出してください。その他の戦略も使っていましたし、長年にわたって新しい戦略の開発も行ってきましたが、それでもこの2つは依然重要です。ITバブルの期間は、バリューがまったくダメで、モメンタムが補っていたものの十分ではありませんでした。われわれのビジネスの立ち上げと最初のファンド設定が、ITバブルの始まる直前、すなわち文字どおりきわめて異常な局面が始まる直前に当たっていたことが後にわかりました。前に述べた時間の遅れという考え方を覚えているでしょうか。スタート時の厳しい局面は約18カ月も続きましたが、それは一生のように長く感じられたのです。

LHP 厳しいスタートに対する投資家の反応はどうでしたか。

CSA 投資家の多くはわれわれから離れませんでした。特に、運用プロセスを本当に理解してくれていた投資家はそうです。そして、彼らに対して、インターネット銘柄のバリュエーションが道理にかなわないことや、今後、われわれの投資はよくなるだろうという理由をたくさん説明しました。多くの投資家が残ってくれたとはいえ、もちろんすべての投資家が居続けてくれたわけではありません。このビジネスをやっていて残念に思うのは、多くの投資家が良くても悪くても短期のパフォーマンスにとても敏感なことです。当然、それによってわれわれが恩恵を受けてきた面もあります。多くの投資家には、直近のパフォーマンスがよい投資戦略や運用者に押し寄せる傾向があります。問題の徴候が見え始めるとすぐに逃げたり、さらに悪いのは、しばらく我慢した後に、統計的にはそれほど意味はないことなのに、損失が永遠に続くかのように感じて、最悪のタイミングで退出します。この行動が問題なのは、出入りするタイミングが悪ければ、その戦略が長期的には利益をもたらすという利点を活かせないことです。私は愚痴を言い過ぎるべきではないでしょう。というのは、そもそもこうした見方を常に持ち続けることがむずかし

いからこそ、戦略が存在し、人々が考えるほど容易には裁定されて消滅してしまわないのかもしれないからです。いずれにせよわれわれについてきてくれた投資家は、ITバブルが2000年に崩壊した際やそれ以降に、間違いなく恩恵を受けました。

LHP　話を少し変えて、クオンツ投資のアプローチについてお聞きします。どのように株式を選択するのですか。

CSA　そうですね、秘密はありますが、最も基本的な考え方をいくつか話しましょう。前にもいったように、大部分を省略して最大限に簡略化すれば、われわれが探し求めているのは、バリューやモメンタムに関する学術的アイデアに基づいて、これから状況が良くなる割安株と、逆にショートするための状況が悪くなる割高株です。われわれの最近のモデルはかなり巧妙で、他のテーマも含まれており、割安さとモメンタムを見つける高度な方法を備えてもいます。しかし、われわれがいまも長い時間をかけて改善に努めているとはいえ、中心をなす原理は20年経っても変わっていません。

　なお、私の博士論文は株式に関するものでしたが、われわれはこの研究を債券（私が債券トレーダーだったことを覚えているでしょうか）、通貨、コモディティなど、他の資産クラスに拡張しました。

LHP　クオンツ投資と裁量的投資の相違点と類似点は何ですか。

CSA　優れたジャッジメンタルの運用者はわれわれと同じものを求めていることが多いと思います。彼らが探しているのは、割安な状態を解消させるきっかけになるカタリストをもつ割安株で、ショートするのはその逆です。実際、クオンツはとても違うことをしているものだと長い間思っていましたが、いまでは「カタリスト」と「モメンタム」には共通する部分が多く、クオンツと裁量的な運用者にも多くの共通部分があるものと認識しています。根拠となるものが合理性であろうが非合理性であろうが、そうした運用の方法は、クオンツであるかジャッジメンタルであるかを問わず長期で付加価値を生むものだと考えています。クオンツとジャッジメンタルの大きな違

いは分散化で、クオンツは分散投資に頼りますが、ジャッジメンタル運用者は集中投資に頼ります。しかし、何が好きで何が嫌いかという一般的な傾向は実際にはかなり似ています。

　裁量的な運用者は投資する会社に精通するようになります。われわれはそうはなりません。しかし、われわれが優位にあるのは、自分の取引哲学を同時に何千もの株式に適用することができる点です。哲学が有効ならば、非常に多くの株式にリスクを分散化させるため、長期で負けることはほとんどなくなります。もちろん、前に示したように、たとえ正しくても、短期間に損を出すことはよくあります。たとえば裁量的運用者が非常によく会社を知っているなら、CEOが女たらしで会社の金を横領するような人間だと判明することもあるでしょう。そのとき、数銘柄しかもっていなければ、その株に固有のランダムさの影響を受けることになります。どんなによく物を知っていても、間違う可能性は必ずあるのです。

LHP　クオンツ投資の利点を簡単にいえばどういうことになりますか。

CSA　クオンツ投資家は多くの情報を処理することができます。裁量的株式選択を行う投資家に比べると、多くの株式と多くのファクターを容易にみることができるのです。さらに、同じ投資哲学を株式全体に適用し、自らの戦略をバックテストし、一定の規律をもってモデルに従います。

LHP　常にモデルに従うのでしょうか。

CSA　規律は重要です。われわれが他の人々よりも心理的なバイアスを受けにくいとは思っていませんが、モデルに従うことが助けになります。もしモデルに従うのに弱い規律しかもっていなければ、われわれがまさに活用したいと思っているバイアスを自身のモデルに導入してしまうという深刻なリスクを冒すことになるのです。たとえば、人々がなんらかの問題がある株式を避けることにより、バリュー株は十分に割安になって、長期的に魅力的な保有対象になるのです。もし「楽になりたい」と思ってジャッジメントをして、モデルの結

果を上書きしてしまうと、したいと思っているベットをちょうど打ち消すことになりかねません。とはいえ、規律を守るのが容易ではないこともあります。戦略に固執するのは本当にむずかしいことです。しかし、人々が屈服して自分のモデルを放棄するのは、屈服するには最悪の１時間半の間にそうするようです。クオンツ的な研究の結果ではありませんが、経験上そういうことです。モデルに固執することのむずかしさは、モデルがよく機能する理由の１つなのです。

LHP　新しいトレーディング・ファクターがよいものかどうか、どのように判断するのですか。

CSA　ご存知のように、われわれは多くの取引ファクターをもっています。多数の洗練されたバリューやモメンタムといったファクターから、まったく異なるシグナルに基づくファクターまで多岐にわたります。われわれは20年の間これに取り組んできましたが、モデルに追加したものや変更したものはすべて、いくつものテストにパスする必要があったものです。第一に、意味があるものでなければなりません。そして、ジャッジメンタル運用者とは異なり、それを検証しなければなりません。つまり、いくつものアウトオブサンプルの検定に生き残る必要があります。たとえば、取引シグナルはすべての国で機能するのか。どの期間でも機能するのか。最初に発見された時点以降も機能しているのか。もし適用可能ならば、他の資産クラスでも機能するのか。また、リターンのパフォーマンスだけではなく、アイデアを経済的にもチェックします。あるファクターが利益を予測するために結果的にリターンを予測できるというアイデアがある場合、実際にそれがリターンだけでなく利益も予測できるかを検証します。また、取引コストを考慮してもパフォーマンスが残るかどうかに十分注意します。

LHP　あなたの考えでは、これらの戦略が機能する主な理由は何ですか。

CSA　ご存知のとおり、戦略が過去に機能してきた理由には、３つの可能

性が考えられます。1つは偶然ですが、そうとは思っていません。われわれは最初に発見されて以降20年間のアウトオブサンプルを含む多数の検定を行っており、かなり厳格だと思います。そのため、少なくともわれわれのコア戦略については、単なる偶然ではないと強く確信しています。しかしそれでも、知的に不誠実にならないよう、偶然である可能性をあげておく必要はあるでしょう。第二に、リスクプレミアムをとらえているために、われわれの戦略が機能している可能性です。ショートしているものよりロングしているもののほうがリスクが高いため、その報酬として支払われるものを得ているということです。最後の第三の可能性は、われわれがしていることがちょっとしたフリーランチだということです。フリーランチとは、おそらくは非合理的な行動をする他の投資家、すなわち行動バイアスによって生じる市場の非効率性です。実は、私は次第にこの最後の理由のほうに考え方が変わってきたのですが、アクティブ運用の世界の常識とはまだかなり距離があります。ただ、フリーランチとは言い過ぎですね。なぜなら、高度な最適化技術を使ってもこれを収集するのは本当に大変で、機能しない時期には苦しまなければなりません。私が思うに、ある面では、われわれはロングオンリー市場との相関が低く、規律あるリスクプレミアムを収集しているのです。これはポートフォリオに含めていない投資家にとって加えるべきものです。またある面では、証券価格に影響を与えるある種の共通する心理的な傾向や組織的な制約の反対側に身を置くことで、人間のバイアスを利用し、自分たちは規律ある断固とした態度をとろうとしているのだと思います。

第 III 部

アセットアロケーションと
マクロ戦略

第10章

アセットアロケーションの基礎
―主要資産クラスのリターン―

ポートフォリオの設計には少なくとも4つの段階がある。どの資産クラスをポートフォリオに組み入れ、除外するのかを定めること、ポートフォリオに組み入れられる各資産クラスの標準的、すなわち長期的なウェイトを定めること、資産価格の短期的な変動から超過リターンを得るために標準的なウェイトから投資配分を変更すること（マーケットタイミング）、資産クラスに対して相対的に高いリターンをあげるために資産クラス内で個別証券を選ぶこと（証券選択）、である。

— Brinson, Hood and Beebower (1986)

マクロの投資では、投資家の資産の全般的な配分、つまり株式や、債券、他の主要な資産クラスにどれだけ配分するかを扱う。このマクロの投資は2つの要素に分けることができる。

(1) 長期の戦略的資産配分（strategic asset allocation）の政策。たとえばノルウェーのソブリン・ウエルス・ファンド（ノルウェー中央銀行投資管理部門、Norges Bank Investment Management）は、約60%をグローバル株式、40%をグローバル債券に配分したものをベンチマーク・ポートフォリオ（政策ポートフォリオとも呼ばれる）としてきた。

(2) 長期のウェイトを中心に、各時点での市場見通しに基づく再配分。これは戦術的資産配分（tactical asset allocation）あるいはマーケットタイミング（market timing）と呼ばれる。たとえば、株式市場がとりわけ魅力的だと

考える年金基金は、一時的に株式のウェイトを引き上げる判断をすることがある。また、マクロ型ヘッジファンドのように、戦術的な見通しに基づいて市場をロングやショートするのが投資戦略のすべてであれば、株式市場に対する戦略的資産配分はゼロといえるだろう。しかし、市場中立型（マーケットニュートラル）のヘッジファンドでも、さまざまな売買戦略間の相対的な配分を管理するために資産配分の技術を使うことができる。

こうしたマクロの投資判断は証券選択（たとえば、株式の銘柄選択）とは区別して考えたほうがよい。マクロ投資はそれぞれの市場全体に、すなわちそれぞれの資産クラスに、どの程度の配分をするのかを扱う。これに対し、証券選択はある市場のなかで最良の証券を見つけることを扱う。

マクロの投資家は、インフレの動向や、経済の成長、各国経済の見通し、国際貿易、政変などの国際的な潮流といった、市場全体の動きや経済の状況に関心をもつ。マクロ投資家は「トップダウン」といわれる。トップダウンでは、まず経済全体の状況を分析することから始め、どの市場や業種のパフォーマンスがよさそうかを判断し、こうしたマクロ見通しを実行するために用いる証券を定める。これに対して、証券選択に注力する投資家は「ボトムアップ」としてみなされる。ボトムアップでは、好ましいと思う証券を見つけ、結果として全体的な資産配分が定まる。たとえば、証券選択に注力する投資家がブラジルに多数の魅力的な株式を見出せば、結果的にブラジル株に大きなウェイトを置くことになるが、おそらくはブラジルの市場全体に対する明示的な見通しはもっていないだろう。

本章ではまず、戦略的な資産配分と戦術的な資産配分の枠組みについて論じる。その後、それぞれの主要な資産クラスについて、リターンの基礎的な源泉について述べる[1]。リターンの要因とこれを活用するグローバルマクロ取引戦略については、さらに第11章で議論する。そこでは、中央銀行やマクロ経済や他のファクターがグローバル資産市場に与える影響についても考え

---

[1] Ilmanen（2011）は、主要な資産クラスのヒストリカルリターンや期待リターンの分析に関する優れた要約である。

る。第12章では、トレンド追随型の戦略投資に注力するマネージド・フューチャーズを扱う。

10.1 戦略的資産配分

　大規模な機関投資家はまず長期的な戦略的資産配分、つまり投資の目的に整合する典型的な望ましいポートフォリオを決定することが多い。この配分を中心として、戦術的なベットや証券選択の見通しを実行する。戦略的資産配分は年金基金や寄贈基金などにとって成功に欠かせない。戦略的資産配分は、政策ポートフォリオあるいはベンチマーク・ポートフォリオとも呼ばれる。

　大規模な機関投資家の戦略的資産配分では、当然ながら市場リスクのプレミアムに注目し、株式（株式リスクプレミアム）、国債（期間プレミアム）、社債などのリスク性の債権（クレジットリスクプレミアム）、不動産や森林、インフラなど流動性が低い実物資産（流動性リスクプレミアム）、現金準備への配分を定める。戦略的資産配分に、オルタナティブ・リスクプレミアム、すなわち本書で議論しているスタイル（バリュー、トレンド追随、流動性、キャリー、低リスク、クオリティのプレミアム）、アクティブ投資戦略（たとえば、株式、マクロ、裁定戦略といったヘッジファンド）への配分を含むこともある。もちろん、戦略的配分の選択には多くの方法がある。ここでは、パッシブ資産配分、定率リバランス資産配分、流動性に基づく資産配分、そしてリスクに基づく資産配分について考察する。

　平均的に市場中立なヘッジファンドにとっては、戦略的資産配分は単に市場への配分を固定した投資とみなせる。しかし、ヘッジファンドはしばしばこうした資産配分の技術を用いて、戦略間のベットの大きさを定めている。たとえば、マルチ戦略のヘッジファンドは、さまざまな株式戦略、裁定取引戦略、マクロ戦略への配分を定め、その配分を時間の経過とともに変える方法も定めなくてはならない。

パッシブ資産配分

　真のパッシブポートフォリオは、市場ポートフォリオのみである。市場ウェイトによって各資産に配分する場合、考慮すべき投資対象（たとえば株式、国債、クレジット、不動産）の全体の時価総額のうち、株式の市場時価総額が仮に45%なら、株式に45%投資する。

　市場ポートフォリオがパッシブであることは、2つの特有な点による。第一に、市場ポートフォリオは最低限の取引ですむ。株式の時価が上昇すれば自然に株式への配分は増加し、同時に市場ポートフォリオにおける株式のウェイトも対応して上昇する。このため、パッシブな市場への配分を維持するために取引をする必要はない。取引が必要なのは、新たな証券が発行されたときや、投資額全体を増減する必要があるとき（たとえばファンドへの資金流出入）だけである。

　第二に、市場ポートフォリオへの投資は、すべての者によって投資されることが可能という意味でマクロ整合的である。投資家が市場ウェイトで買う場合、他の投資家が悪い資産配分をもつ「カモ」（sucker）であることを前提としない。言い換えれば、市場ポートフォリオは、資本資産評価モデル（CAPM）の精神における均衡と整合的である。

定率リバランス資産配分

　定率リバランス・ポートフォリオは、ポートフォリオのウェイトを一定に保つように定期的にリバランスをするポートフォリオで、たとえば株式60%、債券40%とする。ポートフォリオのウェイトが一定なため、この戦略はパッシブにみえるが、前述の2つの基準に照らしてパッシブではない。つまり、頻繁なリバランスが必要で、また、市場の全員が投資することはできないのである。

　60/40ポートフォリオは年金基金の間で支持されてきた。おそらくこれは資産配分におけるバリュー取引になるからであろう。株式の価値が増加すると、ウェイトは60%を超えるため、60/40の投資家は株式をいくらか売るこ

とになる。逆に、株価が下落すると、投資家は株式を買うことになる。イェール大学基金の著名な運用者であるデイビッド・スウェンセン（David Swensen）は、こうしたポートフォリオのリバランスを推奨している。

> **リバランスはこのうえなく合理的な行動である。市場の動きに直面してポートフォリオの目標を維持することは、相対的なパフォーマンスが高いものを売って低いものを買うことを意味する。換言すると、規律あるリバランスによって、過熱感があるものを売ってそうではないものを買う……。市場が極端な動きをするときには、リバランスに相当な勇気が必要である……非上場の資産を保有する場合には、リバランス行動をとるのが特にむずかしい。**
> 　　　　　　　　　　　―デイビッド・スウェンセン（David Swensen, 2000）

流動性に基づく資産配分

　上の引用から明らかなように、スウェンセンは低流動資産への配分のリバランスがむずかしいものと認識している。究極の低流動性資産は非上場の資産や未公開株式への投資で、売却がむずかしいか不可能であることが多い。低流動性はリバランス頻度や戦略的資産配分からの乖離に影響を及ぼすだけでなく、資金回収の可能性にも影響する。したがって、投資資金を回収する必要性が急に生じる可能性がある短期投資家は、流動性リスクが高い資産へのエクスポージャーを制限する必要がある。たとえば、解約通知期間が日次のミューチュアルファンドは、資産を迅速に売却しなければならず、ゆえに流動性が低い非上場の資産に投資することはできない。したがって、流動性が異なる資産間での配分は、投資家の保有期間や資金調達に依存する。資金調達が安定している長期投資家は、低流動性資産に投資することによって流動性プレミアムを享受することができる（Amihud and Mendelson, 1986）。

リスクに基づく資産配分とリスクパリティ投資

　多くの投資家が各資産クラスに投資する金額（あるいは同じことだが、各資

産クラスに配分すべき資金の割合）について考える一方で、金額ではなく割り当てるリスク、すなわち、それぞれの資産でどれだけのリスクをとるべきかを考える投資家もいる。

リスクに基づいて資産配分を行う動機を理解するために、キャッシュと単一のリスク性資産（株式など）の配分を定める投資家を考えよう。第4章で述べたように、ポートフォリオ理論によれば、リスク性資産への最適な投資金額 x は、期待超過リターン $\mathrm{E}(R^e)$ と分散 σ^2 の比に比例する。

$$x = \frac{1}{\gamma} \frac{\mathrm{E}(R^e)}{\sigma^2} \quad (10.1)$$

ここで、比例係数はリスク回避度 γ によって定まる。したがってポートフォリオのリスクは以下になる。

$$\text{ポートフォリオのリスク} = \sigma \times x = \frac{1}{\gamma} \frac{\mathrm{E}(R^e)}{\sigma} = \frac{1}{\gamma} \mathrm{SR} \quad (10.2)$$

このポートフォリオのリスクは、リスクにさらされている金額によって表されている。たとえば、年率ボラティリティが $\sigma = 10\%$ で、投資額が $x = 1$ 億ドルの場合、1年後の損益の標準偏差は1,000万ドルである。式10.2は、シャープレシオSRによってポートフォリオのリスクを定めるべきことを示している。つまり、SRが高い優れた投資を行えるときにはポートフォリオのリスクを大きくし、SRが低ければ小さなリスクしかとるべきではない。

シャープレシオが比較的安定していると考えられるなら、投資家はリスクエクスポージャーも安定させるべきである。つまり、リスクが上昇すれば金額エクスポージャーを小さくし、リスクが低下すれば金額エクスポージャーを大きくする。言い換えると、SRが一定ならば、望ましいポートフォリオのリスクも一定であり、金額エクスポージャー（$x =$ 望ましいリスク$/\sigma$）を資産のボラティリティ σ に反比例して変化させる。

この考え方は、複数の資産クラスの配分にも適用することもできる。これを行うには、各資産クラスのシャープレシオを推定する必要があり、シャープレシオに応じてリスク予算（リスクバジェット）を割り当てる。リスクパ

リティ投資は主要資産クラス、すなわち株式、債券、クレジット、実質資産（コモディティやインフレ連動証券）などのシャープレシオが同程度であるという考え方に基づく。これを起点にすると、伝統的な資産配分は、全体のリスクの大部分（80％以上）が1つの源、すなわち株式からもたらされるため、非効率に思える。これに対して、リスクパリティの資産配分では、各々の資産クラスがポートフォリオのリスクに対して均等に寄与する。最も単純なリスクパリティの配分は、それぞれの資産クラスへのウェイトをリスクに反比例させることである。より洗練された方法では、資産クラス間の相関も考慮する。

レバレッジをかけないリスクパリティの配分では、リスクが低い資産クラスにより多く配分するため、ポートフォリオのリスクが伝統的な資産配分に比べて非常に小さくなる。そのため高い期待リターンを得るには、レバレッジが必要となる。このレバレッジは、リスクを高めてしまうと同時に、歴史的にリスクパリティ配分のリスク調整後リターンが高いことの理由でもあろう。

Asness, Frazzini and Pedersen（2012）は、多くの投資家がレバレッジを避けて、レバレッジなしでも高いリターンをもたらす可能性がある株式のようなリスク資産をオーバーウェイトするのを好むと論じている。この行動により、均衡において安全な資産のシャープレシオは上昇するため、レバレッジを厭わない投資家や、期待リターンが低くても、より低いリスク水準でこれを受け入れる投資家に投資機会をもたらす。言い換えると、株式が強い影響力をもつ伝統的な資産配分は、レバレッジ制約がある投資家にとって、効率的に非効率なのだろう。一方で、制約の少ない投資家はレバレッジをかけてより効率的な接点ポートフォリオ（tangency portfolio）に投資することができる。

10.2 マーケットタイミングと戦術的資産配分

マーケットタイミング

　マーケットタイミングとは、市場全体に投資するロングやショートのポジションの量を選択することを指す。たとえば、株式市場のタイミングを計る投資家は、株式市場が上下いずれに動きそうかを自問する。タイミングの判断は定性と定量の双方の情報に基づくことができる。たとえば、中央銀行の動向に関する見通しや、最近発表された経済指標（雇用環境など）に対する投資家自身の解釈を情報として用いるかもしれない。

　マーケットタイミングのルールは、回帰とバックテストを使って分析することができる（第3章でも議論されている）。具体的に、配当利回りで株式市場のタイミングを計ることが可能かどうかを考えてみよう。配当利回りがなぜ機能しそうなのかを理解するために、株式のリターンは配当利回りと価格変化の和で表せることを思い出そう。

$$R_{t+1} = \underbrace{\frac{D_{t+1}}{P_t}}_{\text{配当利回り}} + \underbrace{\frac{P_{t+1} - P_t}{P_t}}_{\text{価格変化}} \quad (10.3)$$

配当利回りは通常、事前に十分推定することができ、多数の銘柄からなる株価指数については特にそうである。たとえば、前年の配当（この値は既知である）を将来の配当の予想値の代理変数として用いて、配当利回りを$DP_t = D_t/P_t$として考える。もちろん第2項の価格変化を予測するのはむずかしいが、それでも配当利回りは株式のリターン全体のマーケットタイミングを計るシグナルとして有用かもしれない。配当利回りによってマーケットタイミングを計ることが可能かどうかを調べるため、以下の予測回帰を考える。

$$R^e_{t+1} = a + bDP_t + \varepsilon_{t+1} \quad (10.4)$$

左辺は短期金利を控除した株式の超過リターン$R^e_{t+1} = R_{t+1} - R^f$である。

超過リターンを考えるのは、マーケットタイミングに問われるのが根本的に株式が利益をもたらすかではなく、リスクフリーの投資を上回るかどうかであることによる。ここで、左辺の超過リターンが時刻 $t+1$ で測定されるのに対して、予測（すなわちマーケットタイミング）回帰として、右辺の配当利回り DP_t は時刻 t で測定されることに注意しよう。つまり、この回帰によって、事前に既知の配当利回りが将来の超過リターンを予測するのに役立つのかを判断したい。

　ここで、回帰係数 b は何を意味するのだろうか。係数がゼロであれば、配当利回りは明らかに予測変数として役に立たない。これは、超過リターンを予測できるものは（偶然を除いて）何もないというランダムウォーク仮説と整合する。係数 b が正であれば、この予測変数は有用かもしれない（ただし、以下で述べるように、頑健で大きな値であれば）。一方、係数が負ならば、予測変数が逆向きに機能するかもしれないことを示す。つまり、予測変数の値が高いときには市場をショートすべきことを意味する。

　予測変数が配当利回りならば、係数 b の大きさにさらに解釈を与えることができる。特に、ナイーブなベンチマークは $b=1$ の場合である。この場合には、配当利回りが1％高まると、株式のリターンも1％高まることが期待される。言い換えると、配当利回りは、式10.3のとおり株式のリターンの一部であるためにリターンを予測するが、価格変化率を予測しないことになる。

　これに対して、$b=0$ というランダムウォーク仮説のもとでは、株式のリターンの期待値は配当利回りから独立しているため、配当利回りが高まると、価格変化率が低下するものと期待される。おそらくは、真実はこの2つのベンチマークの間のどこかにあると考えるかもしれない。しかし、データが示唆するものは異なる。

　1926年から2013年まで米国の月次データを用いてこの回帰を行う[2]。ただし、年次の配当利回りと比較するため、月次の超過リターンを12倍して年率化する（将来の1年リターンを用いても結果ほとんど同じだが、データが重なり

2　配当利回りのデータはシラーのウェブサイト http://www.econ.yale.edu/~shiller/data.htm から取得した。

図10.1 米国の配当利回り（1871〜2013年）

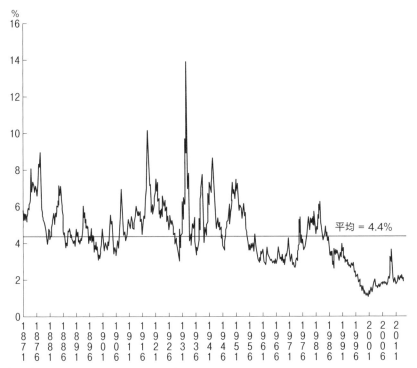

（出所）ロバート・シラーのデータより。http://www.econ.yale.edu/~shiller/data.htm

合うため t 値を複雑な方法で推定する必要がある）。図10.1に配当利回りの時系列を示した。配当利回りは一世紀の間に大きく変動し、持続性が高いことがわかる。最近10年間は期間前半に比べて低く、高い株価バリュエーションを反映している。予測回帰の結果は以下になる。

$$R^e_{t+1} = -5.3\% + 3.3 \times DP_t + \varepsilon_{t+1} \qquad (10.5)$$

これをみると、実際には係数 b の推定値は1よりも大きい。すなわち、DP が高まると、高い配当利回りを得られるだけでなく、通常より大きな価格変化が期待できることを意味する。実はこれは直感にあっていて、高い配当利回りは株式が割安になっている可能性が高いことを意味するために、価格変

第10章 アセットアロケーションの基礎 247

化の期待値が高まる。配当利回りが1％上昇すると、株式プレミアムが3.3％高まることから、価格変化の期待値の推定値は2.3％上昇する。この推定値の t 値は2.8であり、係数がゼロとは有意に異なる[3]。しかし、推定値の標準誤差が1.2であることから、実際には係数の値が$3.3-2\times 1.2=1$と$3.3+2\times 1.2=6$という広いレンジの間のどの値にもなりうる。

この係数の推定値は、配当利回りが変化すると株式のリスクプレミアムが大きく変化することを示唆している。たとえば、観測された配当利回りの最低値は、ITバブル期の最中の2000年の1.1％である。回帰の推定値に基づけば、株式プレミアムは$E_t(R^e_{t+1})=-5.3\%+3.3\times 1.1\%=-1.6\%$に相当する。また、配当利回りの最大値は、株式相場が大底だった1932年の13.8％で、株式プレミアムは41％だったことになる。

この回帰から得られる洞察を用いてどのように取引できるだろうか。単純なバックテストを考えてみよう。表10.1は、配当利回りが高かった時に、翌月の市場リターンは平均で年率11.2％と高かったことを示している。逆に、低い配当利回りの時期には、その後の市場リターンは低かった。この結果は、配当利回りが高い（または低い）時だけ投資する戦略のバックテストとみなすことができる。そうした時だけ投資すれば、より低いリスクで高いリターンをあげられたであろう。また、そうした時にレバレッジをかければ、シャープレシオの改善は限られるものの、原理的には期間全体と同じリスクで市場をアウトパフォームできただろう。さらに、たとえば市場エクスポー

表10.1　配当利回りによる条件付きの市場超過リターン

	DP_tが中央値を超える場合	DP_tが中央値未満の場合
$t+1$の市場超過リターン	11.2％	4.2％
$t+1$の市場ボラティリティ	21.6％	15.3％

[3] Stambaugh（1999）で示されているとおり、予測変数に高い持続性があるため、この回帰係数にはバイアスがある可能性がある。これによって予測係数の統計的有意性は低下する。

ジャーの大きさを（線形回帰と整合的に）配当利回りの線形関数として定めるなど、もっと複雑なタイミング戦略を検証することも可能である。

アウトオブサンプル vs インサンプル

上記の回帰とバックテストにはともに深刻な問題がある。それは、開始時点である1926年当時に知ることができなかったということである。タイミング戦略を行うには、投資家は以下の3点を定める必要がある。(1)予測変数は何か、(2)予測変数の現在の水準は高いのか低いのか、(3)予測変数の変化をどのように将来の予測リターンに変換するのか。

これらの各ステップをリアルタイムで行うのはむずかしく、バックテストはステップの一部ないしすべてに関してバイアスの影響を受けやすい。第一に、予測変数の選択は簡単ではなく、バックテストでは過去に機能した変数に注目しがちになる。こうした選択バイアスにより、将来はその変数が機能しないかもしれない。第二に、予測変数が高いか低いかは、過去の限定的な証拠や、主観および経済理論から導かれる。インサンプルのバックテスト（いわばカンニング）ならこれは簡単である。しかし、1932年の配当利回りがその後80年間と比べて最も高いことや、2000年の配当利回りをその後10年間に下回ることがないことは、いずれもその時点では投資家は知りえない（たとえそれらの値が異常だという判断ができたとしても）。第三に、当然ながら予測変数の水準を予測リターンに変換する方法を推定することはむずかしい。たとえば回帰係数の推定値には、たとえ100年間のデータを用いたとしても、大きな誤差が含まれる。

タイミング戦略を現実的な方法でバックテストするためには、アウトオブサンプルのパフォーマンス、つまり、その時点で入手可能な情報を使って達成できたであろうリターンを考えなければならない（第3章で詳しく論じている）。Welch and Goyal (2008) は、米国の株式プレミアムを予測するさまざまな変数について、アウトオブサンプルのパフォーマンスを調査し、多くのマーケットタイミングのモデルがうまくいかないという結果を得ている。

市場のタイミングを計ることがとてつもなくむずかしいことは間違いない。

これは五分五分に近い単一のベットである。マクロ投資が成功する可能性をもつには、強力な戦略的資産配分を有したうえで戦術的な傾斜を穏やかにつけるか、あるいは多くのタイミング戦略に分散化するのかのいずれかである。第12章では、株式、債券、通貨、コモディティの50以上の市場に分散化させた、簡単なトレンド追随型のタイミング戦略によって、良好なパフォーマンスが得られてきたことを示す。

戦術的資産配分

上で述べたように、マーケットタイミングとは単一のリスク市場、たとえば株式市場への配分を決定することを意味するが、これは暗黙のうちにキャッシュと株式のトレードオフを考えていることになる。複数の市場で配分を決めることは、戦術的資産配分と呼ばれる。古典的な戦術的資産配分では、キャッシュと株式、債券の間で相対的なウェイトを定める。

グローバルな戦術的資産配分(global tactical asset allocation, GTAA)は、さらに範囲が広いマクロ投資戦略である。単に資産クラス間の配分を決めることだけが目的ではなく、さまざまなグローバル市場も考慮する。たとえば、米国、日本、イギリス、カナダ、ブラジル、オーストラリアの株式市場指数すべてに投資すべきか、あるいはこれらの株価指数のうち一部をロングする一方で他をショートすべきかを定める。GTAAでは、資産配分と証券選択の区別があいまいになり始める。たとえばGTAAの投資家はブラジルとオーストラリアの銘柄群をロングして、イギリスとカナダの銘柄群をショートすることを選択しているともみることができるからである。次章では、グローバルマクロの投資家がこうした判断をどのように行っているのか論じる。

10.3 主要資産クラスのリターンを理解する

戦略的資産配分と、その配分を戦術的にいかに変更するかを決めるには、主要な資産クラス各々のリターンを理解することが重要である。ここでは、

長期のリターンの決定要因と、期待リターンが時間とともにどのように変化するのかを考える。

株式リターンの決定要因

式10.3にあるように、最も基本的な関係として、株式のリターンは配当利回りと価格変化という2つの要素から構成される。もちろん、価格変化の実現値を事前に知ることはできないし、その期待値すら推定することはむずかしい。価格変化の変動要因をより理解するには、株式リターンを株価配当率$PD_t = P_t/D_t$を用いてさらに分解する方法が役立つ。

$$R_{t+1}^e = \underbrace{\frac{D_{t+1}}{P_t}}_{\substack{配当\\利回り}} + \underbrace{\frac{D_{t+1}-D_t}{D_t}}_{\substack{配当\\成長}} + \underbrace{\frac{PD_{t+1}-PD_t}{PD_t}}_{\substack{バリュエーション\\変化}} + \underbrace{\frac{D_{t+1}-D_t}{D_t}\cdot\frac{PD_{t+1}-PD_t}{PD_t}}_{小さな調整項} \quad (10.6)$$

これによれば、株式投資家は3種類のリターンを得る（これに加えて小さな調整項があるが、無視されることが多い）。第1項は、単なる配当収入で[4]、配当が高いほどリターンも高い。配当額は支払われる株価との比較（配当利回り）で評価すべきである。単に株式の市場価格が低いだけで配当利回りは高くなる。典型的な配当利回りは2％であるが、時期や企業によって大きく異なる。株主に対してなんら支払をしていない（さらには株式を追加発行している）企業もあれば、少数ながら8％以上支払っている企業もある。

第2項は、株式の配当が成長することで得られるリターンである。当然ながら、配当成長によって将来の配当収入は多くなるが、リターンにはそれよりも短期的に作用する。株価配当率が変わらなければ、4％の配当増加は4％の価格上昇、すなわち4％の投資価値の上昇をもたらす。では、期待される配当成長はどのくらいだろうか。まず、企業の利益は名目ベースで測られるので、利益と配当はいずれもインフレとともに増加する傾向がある。つ

---

[4] 理論的に、配当利回りには資本注入分を除いたうえで株式の所有者に支払われるすべてのものを含めるべきである。つまり、ネットの自社株買いの分を配当に含めるべきである。

まり、インフレ率が2％ならば利益と配当も2％増加する傾向にある。さらに、企業が通常の経済成長率（たとえば1人当りGDPの成長率）程度で成長すると、実質配当成長率は2％程度になりうる。ただし、過去の実質配当成長率は経済全体の成長率よりも低く（おそらく新興企業の成長による）、およそ1.5％であった。これらの数字の合計である名目配当成長率は3〜4％、すなわち3.5％程度である。

第3項は、バリュエーションの変化がもたらすリターンで、これは正にも負にもなりうる。仮に市場の株価配当率を50倍とし、それが40倍に平均回帰すると（長期的な平均である30倍に向かって半分だけ戻したことになる）、株式価値は20％失われる。逆に、株価配当率の上昇は株価の上昇につながる。つまり、バリュエーションが同じまま配当が成長しても、あるいは、配当が同じままバリュエーションが上昇しても、株価は上昇する。

最後は小さな調整項である。これは、バリュエーションと配当が同時に変化する際に生じる。たとえば、配当が5％成長し、バリュエーションが8％上昇すると、調整項はわずか5％×8％＝0.4％であり、影響（これは新たな配当もまた高いバリュエーションの恩恵を受ける影響である）は限定的である。ゆえに、この項は無視されることが多い。

長期の株式のリターンはどの程度だろうか。まず、長期間にわたって、バリュエーションは上昇し続けることも低下し続けることもない。そのため、長期的なリターンは主に配当利回りと配当成長から生じることになる。したがって、配当利回りが2％で、配当成長率が3.5％の典型的な株式について、長期の期待リターンは5.5％になる。

さらに、株式プレミアム、つまりリスクフリー金利を上回る株式の期待リターンを計算することができる。株式プレミアムが重要なのは、どの程度株式がキャッシュに勝ると期待できるのかを語ってくれるからであり、株式プレミアムは株式のリスクに対して現在の市場が支払う報酬とみなすべきものである。もちろん、株式プレミアムは株式の期待リターンと現在のリスクフリー金利の両方に依存する。現在の金利がゼロに近いとすると、先と同じ仮定のもとで、株式プレミアムもおよそ5.5％になる。より典型的な名目リス

クフリー金利はおよそ3～4%、つまり1～2%の実質金利プラス2%のインフレ率であろう。金利を3%として、先の仮定をそのまま使うと、株式プレミアムはわずか2.5%となる。しかしいうまでもなく、これらすべての値にはかなりの不確実性が含まれている。

　米国においてキャッシュに対する株式プレミアムは、1926～2013年の期間でおよそ7～8%（年率）だった。これは他のほとんどの国よりも高い。米国における過去の高い株式プレミアムを以下のように分解することができる。まず、配当利回りの平均は3.9%で、現在の値のほぼ倍である。そして、配当成長率は4.6%と上の推定値よりも高いが、これは過去のインフレ率が約3%と高いことによる。さらに、バリュエーションの変化による価格変化率は2.4%と相当に高いが、これは株価配当率の上昇による（バリュエーションレシオが時間変化する場合のリターンの算術平均に関連するコンベクシティ効果も影響している）[5]。なお、調整項は平均的に小さい（およそ0.15%）。リスクフリー金利の平均値は3.5%であり、実質金利は平均的に低いことが示唆される。これらの値から、過去の株式リターンの3.9＋4.6＋2.4＝11%と株式プレミアムの11%－3.5%＝7.5%が説明される。現在の高い株価バリュエーションを所与とすると、過去の株式プレミアムは将来は継続しそうもない。株価配当率は永久に上昇し続けることができず、むしろバリュエーション水準は平均回帰するであろうことから、株式のリターンは上記の推定よりも低くなるだろう。

　株式のリターンを株式益回りの観点から理解することもできる。株式益回りは、利益（すなわち純利益NI）の株価に対する割合である。

$$R_{t+1} = \underbrace{\frac{\text{NI}_{t+1}}{P_t}}_{\text{株式益回り}} + \underbrace{\frac{P_{t+1} - (P_t + \text{NI}_{t+1} - D_{t+1})}{P_t}}_{\text{株価サープラス}} \quad (10.7)$$

---

[5] 株式プレミアムは月次の超過リターンの算術平均を12倍して算出した。なお、超過リターンは、ケン・フレンチのウェブサイト https://mba.tuck.dartmouth.edu/pages/faculty/ken.frenchs/から取得した時価総額加重株価指数の短期国債を上回る分である。幾何複利リターンの平均は1.4%低く、キャッシュを約6.3%上回る。

第10章　アセットアロケーションの基礎

この関係を純資産からみれば、第 6 章で議論したように、第 2 項はゼロになる（会計のクリーンサープラス関係と呼ばれる）。市場価格の観点からは、価格はさまざまな理由で変動するため、第 2 項はゼロにはならない。しかし、多くの成熟企業に当てはまる、ある一定の条件のもとで、この項の期待値は近似的にインフレ率に等しい[6]。

$$\mathrm{E}_t(R_{t+1}) \cong \underbrace{\frac{\mathrm{E}_t(\mathrm{NI}_{t+1})}{P_t}}_{\text{株式益回り}} + \underbrace{i}_{\text{インフレ率}} \quad (10.8)$$

したがって、株式益回りの期待値は個別銘柄や株式市場全体の実質期待リターンの単純な指標としてみなすことができる。このことは、簡便的に式10.8 の両辺からインフレ率を引けば確かめられる。より正確なインフレ調整の方法は（簡便法との差が問題になるのはインフレ率が高い国についてのみ）、実質リターン R_{t+1}^{real} を $(1+R_{t+1}) = (1+R_{t+1}^{\text{real}})(1+i)$ によって定義し、これと式10.8 から得られる次式である。

$$\mathrm{E}_t(R_{t+1}^{\text{real}}) \cong \underbrace{\frac{\mathrm{E}_t(\mathrm{NI}_{t+1}/(1+i))}{P_t}}_{\text{修正株式益回り}} \quad (10.9)$$

ここで実質期待リターンは、分子がインフレ率で調整された株式益回りとなっている。株式益回りを真にインフレ中立にするには、利益と価格の双方が時刻 t における通貨価値で測られる必要があるので、株式益回りの分子がインフレ調整されている。

投資家はしばしば株式益回りを債券利回りと比較する（「Fedモデル」と呼

---

[6] 株価サープラスの期待値がなぜインフレ率に等しくなりうるのかを考えるため、(a)保有する資産の実質価値が時刻 $t+1$ において変わらない、すなわち名目価値は $(1+i)P_t$ に増大する、(b)留保利益 $\mathrm{NI}_{t+1} - D_{t+1}$ はNPV（正味現在価値）がゼロのプロジェクト（たとえばキャッシュや他の証券）に投資される、と仮定する。このとき、時刻 $t+1$ における市場価値 P_{t+1} は $(1+i)P_t + \mathrm{NI}_{t+1} - D_{t+1}$ に等しく、これから株価サープラスは i に等しくなる。この関係が成り立たなくなる場合として、現在の収益がゼロ、配当もゼロ、その価値は将来（ $t+2$ やそれ以降）の収益が突然大きくなる可能性からもたらされている企業を考える。そのような企業の株式益回りはゼロで、株価サープラスの期待値は要求リターンに等しい。

ばれるが、Fedは株式のバリュエーションにこのモデルを用いていない)。しかしこの比較は、債券利回りが名目リターンの指標であるのに対して、株式益回りが実質リターンの指標であることを無視している (Asness, 2003)。直感的には、インフレによって将来の利益と株価が押し上げられるため、株式の実質リターンはインフレの影響を受けないのに対し、名目でクーポンが固定されている債券は、インフレによって実質価値が押し下げられる。

この株式益回りによる方法を実際のデータに適用しよう。米国における1923〜2013年の株式益回りの平均は約7%であり、これは株式の実質リターンに近い。事実、株価サープラスはおよそ3.6%で、約3%の実績インフレ率に近い(ただし、わずかに上回る)。したがって、式10.8はこのサンプルに関してまずまず成り立っている。この2つの部分を合計すると名目の株式リターンとなり、おおよそ11%である。

2013年末の株式益回りは約5.5%であったが、インフレ率を2%と仮定すれば、株式の名目期待リターンはおよそ7.5%となる。この推定値は、式10.6をもとに導いた5.5%よりも高い。原因の1つは、循環的に高い値をとっている利益にある。景気循環調整後の株式益回り4.3%を用いると、株式の名目期待リターンは6.3%となり、式10.6から導かれる値とおおむね一致する。景気循環調整後の利益は、シラーの景気循環調整株価収益率 (cyclically adjusted price earnings ratio, CAPE) の考え方に沿って、インフレを調整した過去10年間の利益の平均をとって算出される。

債券のリターン

債券の長期のリターンは、長期を満期までと解釈すれば、最終利回りに等しい[7]。この長期のリターンは、短期金融市場でキャッシュ投資をロールオーバーしたときに期待されるリターンと比較できる。もし債券の利回りが満期までの翌日物金利の平均の期待値よりも高ければ、債券の長期の期待超過リターンは正になる。また、投資家が高い実質リターンを追求する必要が

---

7 リターンを内部収益率だと考えれば、この主張は定義により正しい。クーポン支払が満期まで再投資される場合には再投資リスクがある。

あれば、債券の利回りを満期までの期待インフレ率と比較できる。

債券のリターンは、第14章でさらに詳しく述べる。そこで説明するように、1期間の保有リターンは、修正デュレーション $\overline{D}$ に利回り変化を乗じたものを現在の利回り YTM_t から控除して表すことができる。

$$R_{t+1} \cong \underbrace{YTM_t}_{\text{利回り}} - \underbrace{\overline{D}(YTM_{t+1} - YTM_t)}_{\text{利回り変化による価格変化}} \qquad (10.10)$$

つまり、債券の短期のリターンは利回りと利回り変化の期待値に依存する。第14章で論じるように、翌期における債券の期待利回りが現時点における残存期間の短い債券の利回りに等しいと仮定すれば（債券は時間経過とともに期間が短くなることを思い出そう）、利回り変化はイールドカーブ上のロールダウンによって予測することができる。ロールダウンに基づく期待利回り変化は、イールドカーブが不変であることを前提にしており、これは歴史的にみて、平均的によい仮定である。もちろん、成長率やインフレ率、金融政策に生じるサプライズ的なショックを反映して、利回りは大きく変動するため、1期間のリターンは利回り変化の影響を強く受ける。利回り変化は、他のファクター、たとえば利回りが長期平均に回帰することを仮定することによっても、あるいは第11章で論じるように中央銀行の政策行動を予想することによっても予測できる。

クレジットのリターン

固定利付社債のリターンは、金利リスクとクレジットリスクの双方から影響を受ける。後者は、会社がデフォルトして、額面に満たない金額しか返済しないリスクである。金利リスク部分をヘッジすれば、純粋なクレジットリターンが得られる。そのためには、社債をロングし、同じデュレーションをもつ国債をショートすればよい。クレジットリターンは、クレジット・デフォルト・スワップ（CDS）のリターンに近似的に一致する。クレジットリターンはいわゆるクレジットスプレッドに決定的に依存し[8]、クレジットスプレッドは社債の利回りと、デュレーションが一致する国債の利回りとの差

$s_t = y_t^{\text{corporate}} - y_t^{\text{government}}$ として定義される。社債と国債の両方に式10.10を用いて、デフォルト損失を勘案すると、クレジットリターンについて以下の関係が得られる。

$$R_t^{\text{corporate}} - R_{t+1}^{\text{government}} \cong \underbrace{s_t}_{\substack{\text{クレジット} \\ \text{スプレッド}}} - \underbrace{\overline{D}(s_{t+1} - s_t)}_{\substack{\text{バリュエーション} \\ \text{と格付のリスク}}} - \underbrace{L_t}_{\substack{\text{デフォ} \\ \text{ルト} \\ \text{損失}}} \quad (10.11)$$

期待クレジットリターンは、クレジットスプレッドから、クレジットスプレッドの期待変化にデュレーションをかけたものを引き、さらに期待デフォルト損失を引いたものに近似的に等しい。当然ながら、他の条件がすべて等しければ、クレジットスプレッドが大きいほどリターンは高くなる。

式10.11からわかるとおり、クレジットスプレッドが縮小すると、価格は上昇する。逆に、クレジットスプレッドの拡大は損失をもたらす。したがって、社債の短期のリスクには、デフォルトすることだけではなく、デフォルトリスクに対する認識の変化に伴うクレジットスプレッドの変化も含まれる。たとえば、信用格付の引下げがこれに当たる（格下げリスク）。社債を満期まで保有すれば、長期のリターンは期中のバリュエーションの変化には依存せず、投資家が元本を受け取ることができるかどうかに依存する。事実、式10.11の最後の項のとおり、クレジットリターンはデフォルトによって引き起こされる損失によって低下する。デフォルトによる期待損失は、デフォルト確率にデフォルト時の損失を乗じたものに等しい。

したがって、長期的に、クレジットリターンはクレジットスプレッドから平均損失率を引いたものにほぼ等しい。保有期間が10年以上の場合、投資適格債の累積デフォルト確率はおよそ4％、つまり1年当り約0.4%である（債券が格下げされている可能性が高い保有期間末期で、最も高くなる）。デフォルトによる損失（すなわち1から回収率を引いたもの）は債券によって異なり、優先債か劣後債か、担保付きか無担保かによっても異なる。無担保の優先社

---

[8] オプションを内包した社債や期限前償還リスクをもつ不動産担保証券（mortgage-backed securities）については、単純なクレジットスプレッドよりもオプション調整スプレッドを用いたほうが議論は適切になる。

債のデフォルト時の平均損失は60%程度、つまり平均回収率は40%程度である。したがって、投資期間10年の投資適格債の実際のデフォルトによる平均損失率は小さく、1年当りおよそ0.60×0.4%＝0.24%である。投資適格債のクレジットスプレッドは1%前後なので、長期の超過リターンはおよそ1－0.24%＝0.76%である。もちろん、クレジットスプレッドとデフォルトリスクは格付が低い債券ほど高いが、大まかにいえば、投資適格債のクレジットスプレッドは期待デフォルト損失の数倍の大きさである。

投機的格付の社債については、損失率はクレジットスプレッドの半分近くになる。投機的格付社債の10年間の累積デフォルト確率は約30%、つまり1年当り3%である。回収率について上と同様の仮定を置けば、投機的格付の債券の過去の平均デフォルト損失は1年当りおよそ0.60×3%＝1.8%である。投機的格付の債券のクレジットスプレッドは大きく変化し、1%未満から2桁にまで及ぶものの、推定デフォルト損失に対応するスプレッドの値をたとえば5%とすると、期待超過リターンは年率で5%－1.8%＝3.2%になる[9]。

通貨のリターン

次に外国通貨に投資する際のリターンについて考えよう。具体的にここでは米国投資家の視点に立って、現地通貨を米ドルとする。投資家が1ドルの資金からスタートして、これを$1/S_t$単位の外貨に変換し（S_tはスポット（直物）為替レートであり、外貨1単位当りのドルの金額、たとえば1円につき何ドルかという値である）、この資金を外国の短期金融市場に金利R_t^{f*}で投資する。スポット為替レートがS_{t+1}となる次の時点$t+1$におけるドル建ての価値を考えると、この戦略の通貨のリターンは以下のようになる。

---

[9] 平均デフォルト率と回収率は、ムーディーズ・インベスターズ・サービスの"Corporate Default and Recovery Rates, 1920-2010"（「社債・ローンのデフォルト率と回収率、1920～2010年」）による。

$$R_{t+1} = \frac{1+R_t^{f*}}{S_t}S_{t+1} - 1 = \underbrace{R_t^{f*}}_{\text{キャリー}} + \underbrace{\frac{S_{t+1}-S_t}{S_t}}_{\substack{\text{為替の}\\\text{変化}}} + \underbrace{R_t^{f*}\frac{S_{t+1}-S_t}{S_t}}_{\text{調整項}} \quad (10.12)$$

当然ながら、通貨リターンは外国金利による収益、すなわちキャリーと、為替レートの変化の和である（さらに小さな調整項が加わるが、連続複利では消える）。実証的に、為替レートの変動を予測することはむずかしく、そのために外国金利は通貨の短期的な期待リターンのわかりやすい指標とされる[10]。この考え方は、以下で詳しく論じるように、通貨キャリー取引の基礎になっている。

通貨の長期のリターンを知るために、長期において、購買力平価（purchasing power parity, PPP）が近似的に成り立つことに注意しよう。つまり、自動車の実際の価格は、国が異なれば必ずしも同じではないが、長い目でみれば収束する傾向にある。iPhoneのように輸送が容易な商品ほど収束は早く、輸送がむずかしい財ほど遅い。国による人件費の差が持続的ならば、高いサービスコストを伴う財については、まったく収束しないかもしれない。たとえば、デンマークとケニアにおける調髪サービスの価格は近いうちには収束しそうもない。

PPPがT年間で成り立つと仮定して（ここでTはたとえば5年などであるが、これは収束の期待速度に依存する）、リターンを解釈してみよう。このために、PPPと整合的な為替レートをS_t^{PPP}と置く。t年から$t+T$年までの国内の累積インフレ率の期待値をi、外国の累積インフレ率の期待値をi^*とすれば、PPP為替レートは以下のように変化する。

$$S_{t+T}^{\text{PPP}} = \frac{1+i}{1+i^*}S_t^{\text{PPP}} \quad (10.13)$$

PPPがT年間で成り立つと仮定すれば、為替レートはS_{t+T}^{PPP}に収束する。した

---

[10] カバーなし金利平価（uncovered interest rate parity, UIP）のもとでは、外国金利が高ければ将来の為替レートの変化は低くなるべきであることが予想される。しかし実証的にみて、UIPは成立していない。言い換えれば、高い金利が将来の通貨の減価を伴わないないため、通貨のキャリー取引は平均的に機能してきた。

がって、通貨の長期の期待変化は$S^{PPP}_{t+T} - S_t$で、現時点におけるPPPからの乖離と期待インフレ率に依存する。この関係を用いて、通貨の期待リターンに関する直感的な公式を導出することができる。まず、tから$t+T$までの国内のリスクフリー投資のリターン$R^f_{t,t+T}$（短期金融市場への投資をロールオーバーしたときの期待リターン、またはT年債のリターン）に対する超過リターンを考えよう。t年から$t+T$年までの通貨の長期の累積超過リターンを以下のように書くことができる。

$$E_t(R_{t,t+T} - R^f_{t,t+T}) \cong \underbrace{R^{f*}_{t,t+T} - R^f_{t,t+T}}_{\text{金利差}} + \underbrace{i - i^*}_{\substack{\text{インフレ}\\\text{格差}}} + \underbrace{\frac{S^{PPP}_t - S_t}{S_t}}_{\substack{\text{PPPに対する}\\\text{割安度}}} \quad (10.14)$$

かわりに、もしバリュエーションがPPPに至るまでの半分しか収束しないと仮定するなら、最後の項を2で割ればよい。

（T年間の累積リターンではなく）期待リターンの年率値を、年率の金利やインフレ率の関数として表したい場合は、連続複利のリターンを使うことで、同様な表現が得られる。

$$E_t\left(R_{t,t+T} - R^f_{t,t+T}\right) \cong \underbrace{R^{f*}_{t,t+T} - R^f_{t,t+T}}_{\text{金利差}} + \underbrace{i - i^*}_{\substack{\text{インフレ}\\\text{格差}}}$$

$$+ \underbrace{\frac{\log(S^{PPP}_t) - \log(S_t)}{T}}_{\substack{\text{PPPに対する}\\\text{割安度}}} \quad (10.15)$$

この式から、金利が高く、期待インフレ率が低く、そしてPPPに対して現時点で割安ならば、その通貨は高い長期の期待リターンをもつ。これら3つの効果はそれぞれ直感的に理解できる。まず、高い金利はその国に資金を投じれば現地通貨ベースで高い名目リターンが得られることを意味する。そして低いインフレ率は、名目リターンが高ければ実質リターンも高いことを意味する。見方を変えれば、低いインフレ率は通貨価値の上昇につながりやすい。さらに、もし通貨が現時点で割安なら、バリュエーションが正常化すると通貨価値の上昇によって利益が得られる。

たとえば、オーストラリアドルの金利が米国の金利よりも3％高く、オーストラリアのインフレ率は米国よりも1％高く、そしてオーストラリアドルはPPPに基づけば米ドルに対して5％割高だと仮定しよう。この金利とインフレ率の格差が5年間続き、5年間にバリュエーションがPPPになるとすれば、長期的な期待リターンは1年当り3％－1％－5％/5＝1％となる。

また、期待リターンは実質金利を用いて書くことも可能である。

$$\mathrm{E}_t\left(R_{t,t+T} - R^f_{t,t+T}\right) \cong \underbrace{R^{f,\mathrm{real}*}_{t,t+T} - R^{f,\mathrm{real}}_{t,t+T}}_{\text{実質金利差}} + \underbrace{\frac{\log(S^{\mathrm{PPP}}_T) - \log(S_t)}{T}}_{\text{PPPに対する割安度}} \quad (10.16)$$

第11章

グローバルマクロ投資

世界は単に資本のフローチャートにすぎない。
——ポール・チューダー・ジョーンズ(Paul Tudor Jones)

　グローバルマクロ（global macro）はヘッジファンドの一類型で、実践する投資戦略はさまざまである。世界中のあらゆる資産クラスに投資機会を探し求め、長期的かつ「大局観に立った」テーマによってポジションを定めることが多い。ときにはヘッジをかけずに大規模なベットをすることも厭わない。マクロ投資家は中央銀行の動きを丹念に追い、マクロ経済的な連関を考察し、金融関連の情報や、政治、技術、人口動態のトレンドなど金融以外の情報も取り入れる。

　典型的なグローバルマクロのヘッジファンドは、市場全般のインデックスに投資して、市場全体の方向や市場間の相対的な価値にベットする。たとえば、株式ロングショートの運用者はフォードのパフォーマンスがトヨタを上回ることにベットするのに対して、グローバルマクロの運用者は、自動車産業全体が成長することや、米国の自動車産業（またはより幅広い株式市場）が日本のそれを上回ること、あるいはドル／円の為替レートが下落することにベットする。

　マクロトレーダーは各国の株価指数、債券市場、為替市場、コモディティ市場などさまざまな市場を注視し、テーマに基づいてロングやショートを判断する。テーマは、ポジションのキャリーや、想定される中央銀行の行動に対する考え方、マクロ経済環境の分析、グローバル市場間の相対的な価格や

トレンドに基づく良い国と悪い国の選択、特定の重要なテーマなど多岐にわたる。

グローバルマクロのヘッジファンドが投資への確信を得るための方法はさまざまである。ある者は世界中を旅して、中央銀行や財務省の代表者など政府の官僚、企業、ジャーナリスト、（政府または野党内の）政治家らとの対話を通して各国を評価する。そして、経済の方向性、世論、政治および政策の変化、国の貿易見通しを見極めようとする。裁量的マクロ・ヘッジファンドのなかには、現地密着型の知識を重要なものと考え、世界中に現地オフィスを設立しているところがある。これに対して、そうしたいい加減な話の大部分を雑音と考え、かわりに過去からの経緯や綿密な調査など、正確なデータに重きを置くヘッジファンドもある。後者の最も極端な例は、システマティック・マクロ・ヘッジファンドやシステマティック・グローバル戦術的資産配分ファンドで、定量的（クオンツ）モデルに基づいて取引する。

11.1 キャリー取引

通貨キャリー取引は古典的なマクロ取引で、低金利通貨を売って高金利通貨に投資する。たとえば、2012年1月にオーストラリアの金利は約4％、日本の金利はほぼ0％であった。したがって、日本で0％の利息で100円借りることができ、その円をおよそ1オーストラリアドルに換えれば、1年につき4％の金利が得られる。このポジションを1年間保有すれば、1年後には1.04オーストラリアドルになるが、借りているのは100円のままである。もし為替レートが0.01オーストラリアドル／円のままであれば、そのお金を交換して円に戻せば104円となり、借入れを返済した後に残るキャッシュ4円が利益となる。しかし、これは保証された利益ではない。もし為替レートが動けば、利益はあっという間に損失に変わってしまうこともある。通貨がどのように動くと損失につながり、どのように動くと利益が4円より大きくなるのかを考えよう。

もし為替レートが変わらなければ得られるリターン（この例では4％）を
キャリーと呼ぶ。キャリー取引とは、キャリーの大きいものに投資し、キャ
リーの小さいものをショートすることである。

　経済学者は以前、高金利通貨には減価する傾向があり、この減価によって
高い金利が平均的にちょうど相殺されるものと信じていた。この仮説（カバー
なし金利平価（uncovered interest rate parity）と呼ばれる）のもとでは、キャ
リー取引は平均的に収益をもたらさない。しかし、研究者らによって結論づ
けられているように、この理論はデータによって明確に棄却される。すなわ
ち、マクロトレーダーが経験してきたように、キャリー取引は歴史的に収益
をあげてきた。事実、先進国市場において、高金利通貨は平均的には大きく
減価も増価もしない[1]。言い換えると、通貨の変動はキャリー取引の利益を
減らすように動くこともあれば、利益をふやすように動くこともあり、利益
と損失への影響は平均的におおよそ釣り合っている。

　通貨キャリー取引の特徴として、小さな利益を多数得る一方で、大きな損
失を散発的に被る。トレーダーいわく、

**キャリー取引とは、階段で上ってエレベーターで降りるようなものであ
る。**

　このリターンのパターンは、単純にオーストラリアドル／円の為替レート
の時系列をみれば明らかである（自分で調べてみよう）。つまり、キャリー取
引の利用にはリスクがあり、レバレッジをかける場合は特にそうである。た
とえば、オーストラリアドル／円の取引に3倍のレバレッジをかけ、3×4
％＝12％のキャリーを稼ごうとするかもしれない。しかし、オーストラリア
ドルが突如急激に価値を下げることにより大きな損失を被る可能性にさらさ
れることになる。

　多くの高金利通貨に投資して、多くの低金利通貨をショートすれば、通貨
の固有リスクを分散化できる。しかし、分散化してもキャリー取引がクラッ

---

[1] 新興国市場では、マクロ投資家は各国の実質金利、つまり、名目金利からインフレ率
を引いたものをみることが多い。

図11.1 通貨キャリー取引の四半期超過リターンの分布

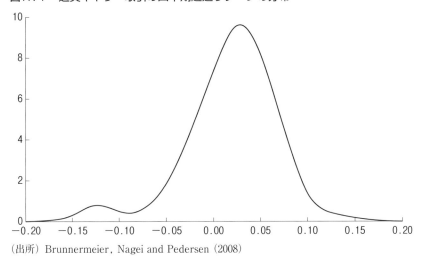

（出所）Brunnermeier, Nagei and Pedersen（2008）

シュするリスクを取り除くことはできない。いわゆる「キャリー取引の巻戻し」の時期に、ほとんどの高金利通貨が一斉に下落するからである。このことは図11.1からもわかる。この図は、通貨キャリー取引の四半期利益の分布を示している。分布のピークはゼロより大きく、キャリー取引が損をするよりも儲かることのほうが多いことを表している。左側のこぶは、分散化されたキャリー取引の大きな損失リスクがまったくあり得ないものではないことを示している。キャリー取引の巻戻しは、市場の流動性が低く、トレーダーが資金調達に迫られ、リスク回避度が高まる経済混乱期に起きることが多い（詳細についてはBrunnermeier, Nagel and Pedersen, 2008参照）。

　このリスクにより、マクロトレーダーはいつキャリー取引から抜け出すべきかを考えさせられる。流動性が枯渇し始めてリスクが増大した時が、おそらく他人に先んじてキャリー取引を解消するタイミングなのであろうが、それはいつか。タイミングを計るのは容易ではない。多くのトレーダーが気まぐれな行動をすることこそ、皆が同時に出口に殺到してキャリーの巻戻しを生じさせるのだろう。これは5.10節で一般的なかたちで議論した流動性ス

パイラルの一例である。

　また、中央銀行によってペッグされている通貨や管理されている通貨にも注意を払う必要がある。実際に、通貨がペッグされているとキャリー取引は完全な裁定取引のようにみえるかもしれない。しかし、ペッグが破られるとキャリー取引はクラッシュする。これは1970年代のメキシコ・ペソの経験によってペソ問題と呼ばれている。このため、マクロトレーダーは、キャリーに基づいて管理通貨に投資することをしばしば躊躇する。もし通貨バンドが安定的だと信じるのならば、平均回帰にベットにして、下限に近いところで買って上限に近いところで売るだろう。

　より過激なケースとして、1992年にジョージ・ソロスが「イングランド銀行を破った」ときに実行して有名になったように、マクロトレーダーが通貨ペッグの崩壊に賭ける可能性もある。この話はよく語られるが、こうした取引のキャリーが負であることは述べておこう。言い換えれば、キャリー取引とは反対のポジションの取引である。中央銀行は、攻撃を受けている通貨を防衛するため、自国通貨の金利を引き上げるに違いない（イングランド銀行が1992年に行ったように）。この行動は、通貨を空売りしている者にとっては負のキャリーとなるが、その通貨が急速かつ猛烈に減価すれば、負のキャリーは十分に補われる。

　キャリー取引が行われる対象として最も有名なのが通貨であるが、実際にはあらゆる資産クラスでキャリーに基づく取引が可能である。キャリーの概念は価格が動かなければ得られるであろう利益の額として、一般的に定義できる。キャリー取引は一般にキャリーが大きい証券に投資してキャリーが小さい証券をショートすることを指す。以下がキャリー取引の例である。

- **通貨のキャリー取引**：上で議論したように、この取引では高金利通貨に投資する一方で、低金利通貨をショートする。典型的にマクロトレーダーは、外国為替（FX）の先渡（フォワード）契約を用いて通貨のエクスポージャーをとる。先物市場も存在するが流動性は低い。ヘッジファンドが現金市場（すなわち、実際にある国で借入れをして、それを他の国の通貨に交換

する）でこの取引を構築することはめったにないだろう。ただし、多国籍銀行ならば可能である。

- **債券のキャリー取引**：債券のキャリーは、調達金利に対する最終利回りの超過分である。たとえば、もし日本のイールドカーブの傾きが急ならば、日本の10年国債のキャリーは大きい。債券のキャリーに基づいて国をまたいだ取引を行うマクロ投資家は、キャリーが大きい国の債券を買って小さい国の債券を売る。こうした取引は、現物債（レポによって調達される）や、債券先物、金利スワップを用いて構築することができる。
- **イールドカーブのキャリー取引**：また、一国内の異なる満期の債券を取引することもでき、これはイールドカーブ取引と呼ばれる。第14章でより洗練された債券のキャリー（いわゆるロールダウン効果を含む）の指標を示し、債券やイールドカーブの取引の構築方法について詳しく述べる。
- **コモディティのキャリー取引**：コモディティ先物契約のキャリーとは、スポット（直物）のコモディティ価格が変わらなければ得られるであろう収益の額である。先物価格は満期にスポット価格になるため、キャリーを現在の先物価格から直接計算することができる。生産者が物理的に在庫をもつ必要があることによるコンビニエンス・イールドや、コモディティ・インデックスに投資する投資家がもたらす先物価格のゆがみによって、コモディティにキャリーが生じる。コモディティ・キャリー取引は、低キャリーのコモディティと引き換えに高キャリーのコモディティに投資する。同じコモディティの異なる限月に投資することも可能で、たとえば12月満期の原油先物契約を買って、キャリーが小さい3月満期の原油先物をショートする（これは債券のイールドカーブ・キャリー取引と同様である）。
- **株式のキャリー取引**：株式のキャリーは配当利回りで、株式キャリー取引は高い配当利回りの株式先物に投資し、低い配当利回りの株式先物をショートする（バリュー投資家も配当利回りに着目するため、株式においてはキャリーとバリューが近い関係にある）。
- **クレジットのキャリー取引**：クレジット市場では、キャリーは単純にリスクフリー債券に対する利回りスプレッドとされることがある。ゆえに、高

表11.1 グローバル市場におけるキャリー取引のパフォーマンス

	キャリー取引				
	通貨	債券	コモディティ	株式	分散化
シャープレシオ	0.6	0.8	0.5	0.9	1.4

(出所) Koijen, Moskowitz, Pedersen and Vrugt (2012)

利回りの債券を買って低利回りの債券を空売りするクレジット・キャリー戦略は当然ながら大きなクレジット・リスクにさらされる。

さまざまなグローバル市場におけるキャリー取引のパフォーマンスを表11.1に示した。これはKoijen, Moskowitz, Pedersen and Vrugt (2012) による1980年代から2011年までの推定値に基づく。この結果から、各々のキャリー取引のパフォーマンスは歴史的に良好であったことがわかる。キャリー取引の相関は異なる資産クラス間で低く、その結果、4つの資産クラスのすべてに分散投資したキャリー取引のシャープレシオ(取引コストなど諸コストを控除前)は1.4にのぼる。マクロトレーダーがキャリーの大きい証券を買いたいと思うのは、それが心地よく直感にもあうというだけでなく、平均的にみてキャリーでリターンを予測できるためであろう。

マクロトレーダーのなかには明示的にキャリーに基づいて売買する者もいれば、他の投資テーマを重視する者もいる。いろいろな手法を組み合わせる者もいて、たとえば自らのポジションのキャリーに細かな注意を払いながらも他のテーマに注目し、自分の取引アイデアを正のキャリーになるように実装する。こうしたマクロトレーダーは、キャリーが主な目的でなくても、結局はキャリー取引にさらされていることになる。

11.2 中央銀行のモニタリング

マクロトレーダーは中央銀行を非常に注意深く観察している。なぜか。そ

う、そこにお金があるからである（ウィリー・サットンから引用[2]）。中央銀行は短期金利をコントロールするが、それはすべての市場に影響する。たとえば、金利は通貨キャリーや債券の価格を左右する。そのため、マクロ投資家は中央銀行を監視して、次の動きを予測しようとする。中央銀行は金利を上下どちらに動かそうとしているのか、もし金利を下げようとしているのであればどの程度か、25bpか50bpか、あるいはそれ以上か、タカ派的またはハト派的なスタンスを示して将来の金利変化に関する市場予想を変えるのか、貸出ファシリティや量的緩和（すなわち長期債の買入れ）といった非伝統的金融政策を実施する、あるいはそうしたプログラムを強化するのか（たとえば、1カ月当りの債券買入額の増額または買入プログラムのテーパリング（縮小））、等々である。

こうした疑問を解くために、マクロトレーダーは、各々の中央銀行の目的と政策上の制約を理解し、中央銀行が用いるのと同じ経済データを分析しようとする。中央銀行の目的は国によって異なり、米国の連邦準備制度理事会では物価の安定化と雇用の最大化を「2つの使命」としている。この2つの使命を要約したのがテイラールール（Taylor, 1993）で、これによればFedはおおよそ以下に応じて名目金利R^fを設定する。

$$R^f = 4\% + 1.5 \times (インフレ率 - 2\%) + 0.5 \times 生産ギャップ \quad (11.1)$$

ここで、生産ギャップは「実質GDPのターゲットからの乖離率」を表し、生産が潜在GDPの上下いずれにあるかを意味する。生産ギャップを単純に失業と考えることもできるが、より具体的にいえば、失業が求職の遅れやその他の理由による「自然な」水準以下にあるかどうかである[3]。

テイラールールは、Fedがインフレ率を2％に、生産ギャップをゼロに保とうとすることを示している。その場合、Fedは名目金利を4％に設定するが、これは2％の実質金利（R^f－インフレ率）に対応する。インフレ率が2

---

[2] （訳注）ウィリー・サットン（Willie Sutton）は20世紀前半に「活躍」した米国の銀行強盗。収監されたサットンに記者が「あなたはなぜ銀行を襲うのか」と聞いたところ、サットンが「そこにお金があるからさ」と答えたという逸話に基づく。

％を上回って上昇すると、Fedはそれ以上に名目金利を引き上げる（テイラー原理と呼ばれる）。具体的には、インフレ率が３％に上昇すると、Fedは名目金利を5.5％に引き上げ、実質金利は2.5％に上昇する。この上昇が経済を冷まし、インフレ率を目標値に押し戻すことが企図される。同様に、生産ギャップが負（失業率は上昇）になると、金利を引き下げて経済を刺激する。

テイラールールは、Fedの実際の行動を近似したものにすぎない。異なるパラメータの採用やモデルの拡張が提案されてきたが、どれもFedの実際の選択とは完全には一致しない。たとえばマクロ経済学者らは、Fedの行動にはある程度の慣性がみられ、金利を緩やかに引き上げるのを好むことを指摘している。

欧州中央銀行（ECB）をはじめとする他の中央銀行には、唯一の目標として物価安定、すなわちインフレ率をある程度一定（２％前後のことが多い）に保つことを掲げるところもある。為替レートにペッグ制を採用している国では、為替レート目標を達成するためにも金融政策を用いねばならない。つまり、通貨価値が下がっているときは金利を引き上げ、上がっているときは金利を引き下げる。中央銀行が金融安定化を目標にすることもますます多くなっている。

グローバルマクロのトレーダーは、２つの理由により中央銀行の行動をかなり気にかける。第一に、これが最も重要な理由であるが、中央銀行の行動は資産価格を動かすため、中央銀行の次の行動に対して正しいポジションをとれば報われる。第二に、中央銀行は短期金融市場や債券市場、為替相場で活発に行動するものの、利益を最大化するためには取引していないため、中央銀行の行動が時には取引機会をもたらす。

---

3 テイラールールの式で生産ギャップを失業率に置き換える場合、当然ながら係数も調節しなければならない。この変更に使われるのが、生産ギャップは、失業率と「自然失業率（NAIRU）」の差を－２倍したものに近似的に等しいという経験則（オークンの法則、Okun's law）である。米国ではNAIRUがおよそ５％であるため、これによってテイラールールは$R^f = 4\% + 1.5 \times$（インフレ率－２％）－（失業率－５％）となる。ただし、実証的に推定されるテイラールールは期間や国によって大きく異なることには留意する必要がある。たとえば、この定数項の値から平均実質金利は２％になるが、長期のヒストリカルデータにおける実質金利はこれよりもかなり低い。

では、マクロ投資家は金融政策の見通しに基づいてどのように取引するのだろうか。最も単純なのは、中央銀行が金利を引き下げると考える場合には、債券や金利先物を買い、金利を引き上げると考える場合は売ることである。また、イールドカーブの傾きに基づいて取引することもある。なぜなら中央銀行の利上げによって長期金利よりも短期金利のほうが大きく上昇し、イールドカーブがフラット化するからである。将来の中央銀行の行動にベットするために、金利のフォワード市場を用いることもある。

　中央銀行の行動を理解することは為替取引にも役立つ。金利が上昇すると、キャリーの改善が資本を引きつけ、通貨価値の上昇につながる可能性がある。中央銀行が積極的に介入して通貨を売買すると、外国為替市場はより直接的に中央銀行の影響を受ける。こうした介入とそのタイミングを予測することはむずかしいが、多少は一般的なパターンが表れることもある。もし中央銀行が為替レートの振れを鎮めようとすれば、為替レートは新たなファンダメンタルズに向かってゆっくりと動くことで、為替市場にトレンドが生まれることになり、11.4節で述べるようにマクロトレーダーはこれを活用できる。

例―グリーンスパンのブリーフケース指標―

　連邦準備制度理事会の議長だったアラン・グリーンスパン（Alan Greenspan）の言葉に多くのマクロトレーダーが注意を向ける様は宗教的とさえいえた。おそらくそのために、彼は「Fed語」と揶揄された言葉を用いて故意にあいまいな発言をした（対照的に、バーナンキ（Bernanke）議長は透明性のほうが有用だと信じていた）。トレーダーたちはグリーンスパンのすべての行動を監視した。連邦公開市場委員会（FOMC）が金利の新しいターゲットを決めようとしている日は特にそうだった。

　こうした日に彼が歩いて仕事に出かける時、トレーダーにはすでに金利が引下げ方向なのか引上げ方向なのかがわかっていた（たとえば、テイラールールや最近のFed語に基づく）。問題は、Fedが金利を動かすか動かさないかである。その答えはグリーンスパンのブリーフケースのなかにあったが、トレーダーにはみることができない。しかし、ブリーフケースの厚みに答えが

あった。つまり、厚いブリーフケースは多くの議論がなされることを意味するので、金利の変更につながる。一方で、薄いブリーフケースは、金利据え置きを意味する。それゆえに、グリーンスパンがFOMC当日にFedに入る時、彼のブリーフケースが（たとえばテレビの生放送で）注意深くみられた。そのため、任期晩年にグリーンスパンはそうした日にはブリーフケースを車のトランクに隠してFedに運んだとみられ、自分は手ぶらで歩いて仕事に向かった。

11.3 経済発展に基づく取引

グローバルマクロトレーダーにとっての聖杯は、経済がどこで動いているのかを知ることである。特に彼らは、経済成長が強くなるのか弱くなるのか、インフレが上向いているのか沈静化しつつあるのかを知りたい。表11.2は、成長とインフレの組合せによる経済環境を表している。

高成長かつ高インフレの場合、経済はうまくいっているものの、「過熱」している可能性があり、中央銀行の利上げにつながる。こうした状況では債券価格は下落するため、この可能性を予想するマクロ投資家は債券をショートする。経済が過熱し始める初期段階ではイールドカーブはスティープ化するかもしれないが、政策金利を引き上げるという中央銀行の行動が次第にカーブをフラット化させる可能性が高い。

過熱した経済では株式のパフォーマンスはよいだろう。経済成長が企業の利益を押し上げるとともに、インフレは株式の価値に影響を与えないためで

表11.2 成長とインフレによる4つの経済環境

	高成長	低成長
高インフレ	過熱	スタグフレーション
低インフレ（またはデフレ）	ゴルディロックス	失われた10年

ある（企業の利益はインフレとともにふえるため実質価値が維持される）。また、クレジット・デフォルト・スワップも好調な一方で、社債はクレジットスプレッドが縮小するものの、金利に対するエクスポージャーによって価格は軟調になるだろう。

　熱し過ぎず冷え過ぎずの「ゴルディロックス（Goldilocks）」経済では、株式と債券ともにパフォーマンスは良好だろう。ボラティリティが低下し、オプション価格も下がるだろうが、穏やかな状態が永遠には続かないことを認識しなくてはならない。

　スタグフレーションは中央銀行にとって悪夢である。金利を引き上げてインフレと戦うことは停滞した経済にさらに打撃を与えることになるためである。株式は貧弱な成長見通しに苦しめられ、債券はインフレに苦しめられる。コモディティとインフレ連動国債（Treasury inflation-protected securities，TIPS）は、インフレに対して保護されているため、少なくとも名目ではパフォーマンスが良好だろう。金価格も質への逃避による恩恵を受けるかもしれない。

　低インフレ・低成長の「失われた10年」においては、債券利回りは低下、つまり債券価格は上昇しやすい。たとえば、2008～2009年の世界金融危機の後、債券利回りは低下し始め、一部の投資家が今度こそ上昇するだろうと繰り返し述べてきたものの、低下し続けた。同様に、日本の債券利回りは1990年代を通して低下し続け、それよりは小幅であったものの2000年代も低下を続けた。

　グローバルマクロのヘッジファンドは経済環境を分析し、相場の方向性に投資する。またマクロ投資家は、さまざまな国の相対的な成長力やインフレ情勢を比較して、相対価値取引を行う。こうしたトレーダーは、どの国のどの資産クラスがアウトパフォームし、どこがアンダーパフォームするのかにベットする。これについては11.4節で詳しく述べるが、その前に、経済状態を定める要因を探究する必要がある。

　経済の状態は総需要と総供給で決定されるため、これらの背後にある要因を考察する。現代マクロ経済学ではいくつか競合するモデルがあるが、多く

のマクロトレーダーや政策立案者が経済の問題を頭のなかで思い描く考え方を表現する簡単なモデルに絞る。

総供給を動かすもの

　マクロ経済学者は一国全体の生産量の総供給、すなわち国内総生産（GDP）を定めたいと考える。GDPは記号 Y で表されることが多い。生産は、その国の労働 L と資本 K によって生み出される。労働 L は労働力人口で、物理的な資本 K は利用される機械、設備、天然資源、コンピュータ、トラック、インフラを指す。そして、供給される生産量は生産関数 F を用いて以下のように考えることができる。

$$Y = \text{TFP} \times F(K, L) \qquad (11.2)$$

ここで、TFPは全要素生産性（total factor productivity）で、技術がどれだけ優れているか、国民がどのくらい教育され技能を有しているか、そして資本と人が生産性の高いセクターにどれだけ効率的に配置されているかを測る指標である。

　長期ではこれがすべてである。生産は、その国がもっている人と機械によって生み出される。物価と賃金は供給が需要に等しくなるように調整され、長期的なGDPは単純に労働、資本、生産技術に依存する。それゆえ、マクロトレーダーは人口成長、教育、投資、技術革新に注目して、長期的な成長性を見極める。

　しかし、短期の経済変動はより複雑である。短期的には、総供給の決定要因のうち中心となるのが就業率である。生産に用いられる労働 L は、国の利用可能な全労働力だけでなく、実際に働いている人の割合にも依存する。失業とは、国の生産に貢献する人手が少ないことを意味する。同様に、生産は資本の稼働率、すなわち機械が遊んでいるのか、それとも完全に稼働しているのかに依存する。

　このように短期的な経済の動きは失業と密接に関連しており、また失業はインフレと関連する。フィリップス曲線によれば、短期的にインフレは雇用

図11.2 短期的な総需要・総供給曲線

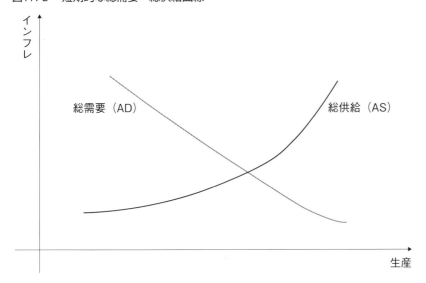

とともに（そして将来のインフレ予想とともに）増加する。生産の供給は雇用とともに増加することから、短期的にインフレとも正の関係をもつ。図11.2はこの関係を総供給曲線（aggregate supply curve）すなわちAS曲線として描いたものである。

では、なぜインフレと雇用の間に正の関係があるのだろうか。これは名目賃金が短期的に硬直的なためであろう。すなわち、人々が給料に関する期待を変える、あるいは再交渉をするのには時間がかかる。給料が硬直的であれば、生産財の価格が予想を上回って上昇すると、企業の利益は増加して、雇用がふえる。言い換えれば、生産価格が予想を上回って上昇したときに名目賃金がさほど変化しなければ、実質賃金は低下し、企業は雇用をふやそうとする。したがって、短期的に（期待外の）インフレは雇用や供給と正の関係をもつ傾向がある（長期では、賃金が追随するインフレ水準まで期待が調整されるため、恒常的に高いインフレが供給を押し上げるような効果をもつことはない）。

第11章 グローバルマクロ投資 275

総需要を動かすもの

　短期的に、生産は供給だけでなく需要にも依存する。総需要をインフレと関連づけるため、11.2節で述べたとおり、現代の経済学者はまず中央銀行の行動を考える[4]。中央銀行はインフレをコントロールしたいため、インフレ率が高まると、実質金利の上昇につながる。これは、式11.1のテイラールールにもみられる。

　では、金利は需要にどのような影響を及ぼすのだろうか。これをみるため、生産 Y に対する総需要が消費 C、投資 I、政府支出 G、輸出 X – 輸入 M によって構成されることに注意しよう。

$$Y = C + I + G + X - M \tag{11.3}$$

　需要がどのように金利に依存するかを理解するために、まず個人消費 C の決定要因を考える。金利が低下すると、借入コストが安くなり（たとえば、自動車ローンやクレジットカードローンを使う場合）、将来のために貯蓄することが魅力的でなくなるため、個人支出は増加する。個人支出は、現在の所得と、将来の所得の期待にも依存する。所得は生産 Y に等しいため、消費の金利感応度は乗数効果によって大きくなりうる。

　実物投資 I もまた金利が低下すると増加する。なぜなら低金利で資金調達ができれば、企業にとって新たな設備や機械を設置することの収益性が高まるからである。政府支出、輸出、輸入の金利に対する感応度は比較的低いが、これらが需要ショックを起こす可能性はある（たとえば、後で議論する貿易パターンの変化などによる）。

　結論として、金利の低下は総需要を押し上げる（これは投資・貯蓄曲線（investment-saving curve）すなわちIS曲線と呼ばれる）。また、先にも述べた

---

[4] 本節はIS-MPモデル、つまり投資（investment）と貯蓄（saving）の関係（IS）と中央銀行の金融政策（monetary policy, MP）関数を組み合わせたモデルに基づく。MP関数は伝統的なIS-LMモデルにおけるLM曲線（流動性選好（liquidity preference）とマネーサプライ（money supply）の曲線）を置き換えたものである。

ように、インフレ率の低下は金利の低下につながる。これら2つの理解を組み合わせれば、図11.2の総需要曲線（aggregate demand curve、AD曲線）が示すように、インフレ率が低下すると総需要は増加する。

需要と供給のショックが成長とインフレを定める

短期的な生産とインフレは、図11.2において総供給が総需要に一致する均衡点として定まる。しかし、マクロ投資家は現在の経済状態を理解することでは満足せず、知りたいのは次に何が起こるかである。経済成長率が上昇するのか失速するのか、インフレ率が上昇しようとしているのか沈静化しようとしているのかを見極めたい。これらの変化によって資産価格は動くため、マクロ投資家は次の大きな動き対して適切にポジションをとりたいと考える。

次に何が起こるかを知るには、経済に影響を与えそうなショックと、それが与える影響について考察する必要がある。1つの可能性は図11.3のような正の需要ショックである。例として、消費マインドの高まりや金融緩和（テイラールールによって定まる水準よりも低い金利）によって、総需要が増加

図11.3　正の需要ショックの影響

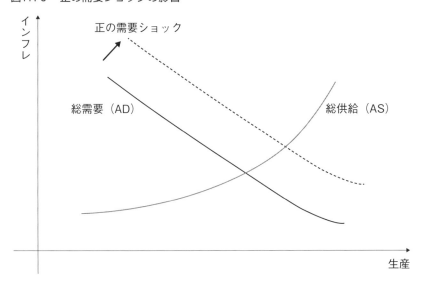

表11.3 需要と供給のショックがもたらす経済環境の4タイプ

	高成長	低成長
高インフレ	正の需要ショック： 　強い消費者マインド 　金融緩和 　貸出態度の上昇	負の供給ショック： 　高い原油価格 　資本の減価 　資本や貿易の不十分な利用
低インフレ （デフレ）	正の供給ショック： 　安い原油価格 　優れた技術 　労働市場のグローバル化や 　技能向上	負の需要ショック： 　弱い消費者マインド 　金融引締め 　貸出態度の低下

する場合を考えよう。図11.3のとおり、この増加によって生産とインフレ率の両方が押し上げられるため、株価の上昇と債券価格の下落をもたらす。したがって、マクロ投資家が総需要の増加を予想する、すなわち現在の価格に織り込まれている総需要よりも大きな総需要が生じる可能性が高いと予想するなら、株式を買って債券をショートするだろう。

あるいは、需要ショックが負の場合もあり、また供給側からショックが発生することもある。供給ショック（すなわち、同じ生産価格で財の供給量が変化する）は、石油価格の変化や技術革新、労働市場の変化によって起こりうる。こうしたショックはAS/AD曲線の上下の動きに対応しており、表11.3にこれら4タイプのショックの影響をまとめた。

興味深いことに、これらの需要ショックや供給ショックによって、表11.2における4つの経済環境が生じる。需要ショックは過熱した経済や失われた10年につながり、供給ショックはゴルディロックス経済やスタグフレーションにつながる。このようにして、マクロ投資家は需要と供給のショックが相対的にどの程度起きそうなのかを熟考し、資産クラスを横断して相場の方向にベットする取引を判断する。

供給ショックや需要ショックが発生する時間軸はさまざまで、マクロイベントには短期的な（1年以内の）変動を引き起こすものもあれば、中期的な経済

環境（1〜5年）に影響を及ぼすもの、さらに長期的な成長（5年以上）を左右するものもある。短期的な需要ショックの典型例は、個人消費支出率の変化、金融政策の変更、貸出態度の変化（クレジットブーム vs 金融危機）である。短期的な供給ショックには、天然資源、特にエネルギー価格の変化がある。

中期的には、資本の変化によって供給ショックが生じる可能性がある。資本的支出は海外直接投資（foreign direct investment, FDI）を含む投資の成功により増加する。もし十分な投資がなされなければ、減価や陳腐化によって資本ストックは減少する。投資をふやす要因の1つに、低い実質金利があり、実質金利はインフレ・リスクプレミアムの大きさ（インフレが安定していることが最もよい）や、法の支配に左右される。また供給ショックは労働市場における摩擦（硬直的な賃金、求職における探索摩擦、厳格な労働法）や、生産市場における摩擦（硬直的な物価、競争抑止的な産業政策）、資本市場における摩擦（市場や資金調達の低流動性）によっても引き起こされる。これらの摩擦は、失業や資本利用の低下をもたらす。たとえば、システミックな金融危機が成長を鈍化させるのは、プロジェクトの資金を調達する能力が投資を増加させる原動力だからである。長期的には、生産量は技術進歩や人口増加など供給側の要因の影響を受ける。

11.4 国の選択と他のグローバルマクロ取引

グローバルマクロのヘッジファンドが検討するであろう取引の種類には際限がない。ここでは重要な取引として、相対価値による国の選択や、モメンタム、貿易フロー、政治イベントに基づくいくつかの取引を考察する。

グローバル市場におけるバリューとモメンタム

第9章で述べたように、バリューとモメンタムの戦略は過去1世紀にわたり、個々の株式市場において良好に機能してきた。グローバルマクロ投資家も同様の戦略を実践するが、それはまったく異なるマクロの市場においてで

ある。マクロモメンタム投資では、過去にパフォーマンスがよかった市場を買い、パフォーマンスが悪かった市場をショートする。たとえば、トレンドが上向きの国の株価指数を買って、出遅れている国の株式先物をショートする。この戦略は非常に単純なため、市場を横断して容易に一般化できる。

マクロバリュー投資は、割安な市場を買い、割高な市場をショートする。たとえば、ある市場全体について、価格と自分が考えるファンダメンタル価値とを比較する。もちろん、ファンダメンタル価値の推定は非常にむずかしく、アプローチの方法はさまざまである。ここではAsness, Moskowitz and Pedersen（2013）に基づき、代表的な資産クラスにおける簡単なバリュー投資について考える。

- **グローバル株価指数のバリュー取引**　株価指数についても、個別銘柄の評価と同様の技術を使うことができる。つまり、個々の株式が評価できれば、それらを合算して指数のファンダメンタル価値を算出し、全体の価格と比較すればよい。簡単な指標の1つが市場全体の株価純資産倍率（あるいは他のバリュエーションレシオ）である。したがって、株価純資産倍率が低い「割安な」国の株価指数を買って、高い国の株価指数をショートするというマクロバリュー取引が考えられる。
- **通貨のバリュー取引**　通貨では、購買力平価（purchasing power parity, PPP）を用いることでバリューを測ることができる。PPPによれば、財の価格がすべての国で等しいはずである。ゆえに、ハンバーガー（または多様な商品からなるバスケット）の価格がユーロ建てのほうが米ドル建てよりも高ければ、ユーロの価値は下落するはずなので、ユーロをショートするバリュー投資が考えられる[5]。より単純な通貨バリュー取引の方法は、長期リバーサルを利用して、（たとえば過去5年間に）実質価値が大幅に上昇

---

[5] 特に新興国市場については、PPPの比較の際に、非貿易財の価格は貧しい国でシステマティックに低いというバラッサ–サミュエルソン効果（Balassa–Samuelson effect）を修正すべきである。たとえiPadの価格が収束するとしても、たとえば、散髪の輸出は容易ではなく、理容料金は貧しい国で安いままになりやすい。

した通貨はやがてその動きの一部が反転することにベットすることである。
- **グローバル債券のバリュー取引**　債券のバリュー取引では、たとえば各国の10年債をグローバルに売買する。バリュー指標の1つは実質利回りで、利回りからその国のインフレ率を控除する。あるいは、現在の利回りから過去の利回りを控除して、長期的なリバーサルに着目する方法もある。より洗練されたバリュー指標として、各国のデフォルトリスク（国の債務や経常収支など）や、将来のインフレリスク、グローバルな投資フローを考慮することも考えられる。
- **コモディティのバリュー取引**　コモディティのファンダメンタル価値は、多数の需要と供給の要因に依存するため、測るのがむずかしい。最も単純なコモディティのバリュー取引は、長期のリバーサルを用いるもので（これは他のすべての資産クラスでも機能する）、価値が大幅に上昇したコモディティが、さほど上昇していないものをアンダーパフォームすることにベットする。

　Asness, Moskowitz and Pedersen（2013）は、グローバル株式、通貨、債券、コモディティの市場を対象に、グローバルなバリュー取引やモメンタム取引を調べている。図11.4はそのパフォーマンスをプロットしたもので、相関も記載した。この図の「複合」戦略は、バリューとモメンタムの両方のシグナルを用いた場合である。この図から、バリューとモメンタムはそれぞれの資産クラス内で機能してきたことがわかる。バリューとモメンタムが個別株式の市場とマクロ市場の双方で機能することは、これらの投資原理が強力であることの証拠となる。

　バリューとモメンタムの間には高い負の相関がある。これは両者がいくぶん反対の取引の概念であることから当然である。つまり、一方は割安にみえるものを買い、もう一方は上昇トレンドにある（結果として割高になっているかもしれない）ものを買う。しかし、バリューとモメンタムはまったくの正反対ではない。モメンタムは短期に注目する一方で、バリューは長期に注目し、結果として両者ともに平均的に収益をもたらす。バリューとモメンタム

図11.4 各国株価指数、通貨、債券、コモディティを用いた、バリュー、モメンタム、バリュー・モメンタム複合戦略

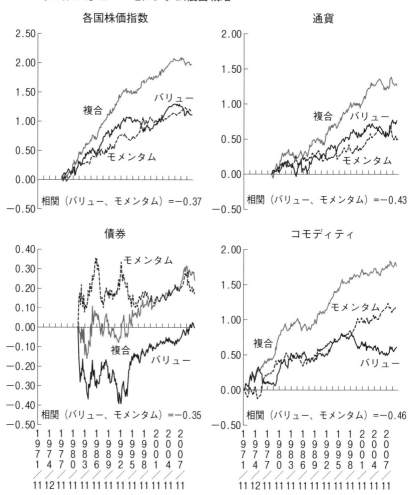

(出所) Asness, Moskowitz and Pedersen (2013)

の間に強い負の相関があることは、複合戦略パフォーマンスからわかるとおり、両者を組み合わせると強力な戦略になることを意味する。多くのマクロトレーダーはどちらか一方を採用するにとどまる。これは上昇トレンドにあ

る割安な国を探すというのが直感に反し、定義上、底値を逃すことになるためだろう。

グローバルな貿易フローと交易条件

　グローバルな貿易は経済活動や為替レートの重要な決定要因になりうる。特に規模が小さい国にとってはそうである。輸入よりも輸出のほうが多い国は自国通貨の買い圧力を受け、特に買い圧力が急激に強まると、通貨価値の上昇につながる可能性がある。さらに輸出セクターが国内経済を悪化させる。そのため、一部のグローバルマクロ投資家は、輸出と輸入の相対的な需要と供給に影響を及ぼす新たなイベントに基づいて、貿易フローの変化を予測しようとする。

　重要な指標の1つに国の交易条件がある。交易条件は、その国の輸入する財の価格に対する輸出財の相対的な価格を測る指標である。たとえば、南アフリカがダイヤモンドを輸出して、掘削機械を輸入する場合を想定しよう。ダイヤモンドの価格が機械の価格に対して相対的に上昇すると、南アフリカの交易条件は改善する。

　マクロトレーダーは、交易条件の変化を調査し、それらがもたらすさまざまな影響を予測しようとする。ダイヤモンド価格の上昇は輸出を促進し、他の条件がすべて等しければ、南アフリカ・ランド（ZAR）に対する需要が高まる。ダイヤモンド産業が恩恵を受ける一方で、為替レートの上昇はワインや織物の輸出業者などその国の経済の他の部分に打撃を与える（「オランダ病」と呼ばれる現象）。

　貿易収支は、経常収支の主要な決定要素である（経常収支には、貿易収支に加えて対外資産からの利子収入と移転収支が含まれる）。一国の経常黒字は対外資産の増加に一致し、資本流出と呼ばれる。したがって、資本フローと貿易フローは密接な関係があり、いずれかに対するショックは為替レートにとって重要になる場合がある。たとえば、ある国に大きな資本流入が起こると、自国通貨の為替レートは押し上げられ、貿易赤字につながる。

政治イベントと規制の不確実性

　貿易フローや交易条件の変化は為替レートに影響する可能性があるが、影響が反対方向に作用することもある。つまり、時には各国が輸出をふやすために自国の為替レートに影響を与えようとし、マクロ投資家はこうした情勢に好んで便乗する。

　より一般的にいえば、政治イベントはグローバルなマクロ情勢にとって重要となることがある。国は貿易関係をさまざまな方法で変化させる可能性があり、市場の開放や閉鎖、関税、直接的あるいは間接的な貿易障壁を課す場合がある。国家間の緊張によって通商停止に直面する国もある。

　政治イベントの最も極端な結果は戦争だが、マクロトレーダーはむしろ、新しい政策や法律といったより世俗的なものに注目する。新しい法律によって生じる影響、たとえばどのセクターが恩恵を受けて、どのセクターに害が生じるかといった影響を予測しようとする。

11.5　テーマ型グローバルマクロ

　「テーマ」と呼ぶ少数の「大局観」に着目するグローバルマクロのトレーダーもいる。特定のマクロイベントが将来の経済を動かす重大な要因になることを信じて、そのテーマが実際に具現化した際に利益が得られるさまざまな方法を見つけようとする。

　たとえば、あるグローバルマクロトレーダーは、中国の成長が予想を超えたペースで進むと確信するかもしれない。彼らは中国株や、コモディティ（特に中国が大量に輸入しているもの）、オーストラリアなどコモディティ生産国の株式を買うだろう。そして、インフレが起こると確信しているなら債券を売るかもしれない。あるいは、中国が実はバブルの状態だというテーマもあり得る。この場合には、マクロトレーダーは反対のポジションをとることになる。

さらに、テーマ型グローバルマクロの運用者は、地球温暖化の到来を信じて炭素排出権や風車の会社を買うかもしれない。また、原油の産出が需要に追いつけず、エネルギー価格が上昇すると確信する場合もあるだろう。

近年の重要なテーマは、金融セクターのシステミックリスクとソブリンのクレジットリスクであった。一部のマクロトレーダーは、巨額の政府債務をもつ国がデフォルトやインフレを起こす可能性、あるいは、不確実性や通貨供給量の増大が金の価格の上昇につながる可能性に焦点を当てているかもしれない。彼らは独自にテーマを考え、それを利用して取引する方法を生み出そうとする。

11.6 ジョージ・ソロスの理論
―膨張／破裂サイクルと再帰性―

ジョージ・ソロスは史上最も成功した投資家の一人である。また、慈善家、オピニオン・リーダー、そして哲学者でもある。ソロスは、最近の講義から引用した以下の部分で述べているように、膨張／破裂サイクル（boom/bust cycles）と再帰性（reflexivity）の理論を提唱してきた[6]。

> 私の概念的枠組みにおける2つの基本的な原理を、金融市場に適用するかたちで述べよう。第一に、市場価格は常に根本にあるファンダメンタルズをゆがめる。ゆがみの程度は、取るに足らないこともあれば、深刻なこともある。これは、すべての利用可能な情報を市場価格が正確に反映すると主張する効率的市場仮説に真っ向から反する。第二に、金融市場には、裏にある実体を単に反映するだけという受動的役割よりも、むしろ能動的な役割がある。金融市場は、自らが影響を受けるとされる、いわゆるファンダメンタルズに対して、影響を及ぼすことができる。
>
> 金融資産がミスプライスされることでいわゆるファンダメンタルズに

---

[6] Soros (2010) "Financial Markets," in *The Soros Lectures*, Public Affairs, New York（「再帰性」と金融市場」、『ソロスの講義録』2010年，講談社）。

影響が及びうる経路は無数にある。最も広範に伝播する経路はレバレッジの利用に伴うもので、負債と自己資本の両方のレバレッジがある。さまざまなフィードバックループにより市場は通常は正しいという印象をもつかもしれないが、作用しているメカニズムは、広く受け入れられているパラダイムによって提示されるものとはまったく異なる。金融市場にはファンダメンタルズを変化させる面があり、その変化が生じることで市場価格と背後にあるファンダメンタルズとの間により密接な関連がもたらされるのであろうというのが私の主張である。

　私の2つの命題は、金融市場を特徴づける再帰的なフィードバックループに注目したものである。正と負の2種類のフィードバックについて述べた。繰り返すと、負のフィードバックは自己修正し、正のフィードバックは自己増幅する。つまり、負のフィードバックは平衡に向かう傾向をもたらすが、正のフィードバックは動的な不平衡を生む。正のフィードバックループが興味深いのは、市場価格と背後にあるファンダメンタルズの双方に大きな動きを生じさせるからである。正のフィードバックプロセスの全体をみると、初期には1つの方向に自己増幅するが、最終的に必ず極相すなわち転換点に到達し、その後は反対方向に自己増幅する傾向がある。しかし、正のフィードバックプロセスは必ずしもその全体をたどらず、負のフィードバックによっていつでも中断される可能性がある。

　この考え方に沿って、私は膨張／破裂のプロセス、すなわちバブルに関する理論を発展させた。あらゆるバブルは、現実に広まっている根底にあるトレンドと、そのトレンドに関連する誤解という2つの要素からなる。トレンドと誤解が互いに正の作用によって増幅されると、膨張／破裂プロセスが動き出す。このプロセスは、途中で負のフィードバックによる挑戦を受ける。トレンドが非常に強く、挑戦に耐え抜くことができると、トレンドと誤解はさらに増幅する。やがて市場の期待が実体からはるかにかけ離れ、人々は勘違いが含まれていることを認めざるをえなくなる。疑念が増す間に衰退期が始まり、人々はさらに確信を失うが、

図11.5 膨張／破裂サイクルと再帰性に関するソロスの理論

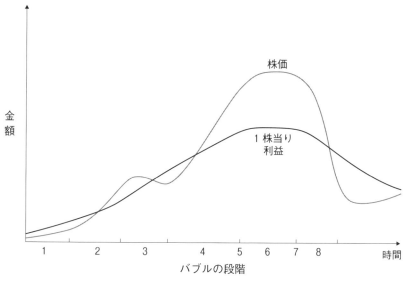

(出所) Soros (2010)

　広まったトレンドは慣性によって持続する。シティグループの前会長であるチャック・プリンス（Chuck Prince）は、「音楽がかかっている限り、立ち上がって踊っていなければならない。われわれは、まだ踊っているところである」と述べた。最終的には、トレンドが反転する時が訪れる。そして、反対方向への自己増幅になる。

　私が1987年に初めてこの理論を提唱した時に使った例を振り返ってみよう。1960年代後半のコングロマリット（複合企業）ブームである。根底にあるトレンドは1株当り利益によって表され、そのトレンドに関する期待は株価によって表される。コングロマリットの1株当り利益は、他の企業を買収することによって改善した。嵩上げされた期待によってその会社の収益パフォーマンスは向上したが、結局、現実は期待についていくことができなかった。衰退期を経て、株価のトレンドは反転した。人目から遠ざけられていたすべての問題が表面化し、利益は急速に萎んでしまった。そうしたコングロマリットの1つであるオグデン（Ogden

Corporation）の社長が当時私に語ったのは「演奏しようにも観客がいない」であった。

図11.5は、コングロマリットバブルのモデルである。オグデンなどの実際のコングロマリットのグラフは、これに酷似している。このパターンに従うバブルは、(1)発端、(2)加速、(3)挑戦と(4)それに勝ったことによる増幅、(5)衰退、(6)転換点すなわち極相、(7)下落の加速、(8)金融危機の発生、という明確な区別が可能な各段階を経る。

各段階の長さと強さは予測不可能である。しかし、段階の順序には内的な論理がある。したがって、順序は予想可能だが、政府の介入やなんらかの負のフィードバックによって終わることもある。コングロマリットブームのケースで極相すなわち転換点になったのは、レアスコ・システムズ・アンド・リサーチ（Leasco Systems and ResearchCorporation）がマニュファクチャラーズ・ハノーバー・トラスト（Manufacturers Hanover Trust Company）の買収に失敗したことだった。

一般にバブルは非対称なかたちをしている。膨張は長く緩やかで、始まるのに時間がかかり、衰退期に安定するまでの間、徐々に加速する。破裂は、傷んだポジションの強制清算によって増幅されるため、短く急である。幻滅はパニックに変わり、金融危機で極相に至る。

最も単純なケースが不動産ブームである。それを引き起こすトレンドはクレジットが安くなり、簡単に利用できるようになることである。ここで誤解されているのは、担保価値がクレジットの利用可能性とは無関係だということである。実際には、クレジットの利用可能性と担保価値は再帰的である。クレジットのコストが安く簡単に利用できるようになると、経済活動が活発化し、不動産価格は上昇する。デフォルトが減少し、クレジットのパフォーマンスは改善し、貸出基準が緩む。そうすると、膨張の頂点で、利用されるクレジットの量が最大になる。そして、転換点で強制清算が引き起こされ、不動産価値が下落する。

すべてのバブルがクレジットの拡大を伴うとは限らない。株式のレバレッジに基づくバブルもある。最たる例が、1960年代後半のコングロマ

リットブームと1990年代後半のITバブルである。アラン・グリーンスパン（Alan Greenspan）が1996年に「根拠なき熱狂」（irrational exuberance）に言及した際に、彼はバブルをゆがめて伝えた。バブルが形成されつつあるのをみて、私は急いで買って、火に油を注いだ。この行動は非合理的ではない。だからこそ、バブルがあまりに大きくなるおそれがあるときには当局に市場を沈静化してもらう必要がある。市場参加者が十分に情報をもち合理的であろうとも、市場参加者に頼ることはできない。

　バブルは再帰性が表れる唯一のかたちではない。バブルは最も劇的で、効率的市場仮説に対して最も直接的に反するため、特別な注意を払うに値する。再帰性はほかにも多くのかたちをとりうる。たとえば為替相場において上方向と下方向は対称的であり、上昇と下落の間に非対称性の兆しはない。しかし、平衡する兆しもない。自由変動相場制における為替レートは、何年かにわたって大きな変動を示すことが多い。

　最も重要で最も興味深い再帰的な相互作用は、金融当局と金融市場の間で生じる。バブルは散発的にしか起こらないが、当局と市場との間の相互作用は常に進行している。いずれかの側による誤解は、通常、合理的な範囲にとどまる。なぜなら、市場の反応が当局にとって有用なフィードバックになり、当局は自らの間違いを修正することが可能なためである。しかし、その間違いがおのずと正当性を有してしまい、それによって悪循環または好循環が形成されることがある。そのようなフィードバックループは、当初は自己増幅的な循環をつくりながらも最終的には自己破滅的になるという点で、バブルに似ている。事実、周期的に訪れる金融危機に対処するために当局が行う介入は、2007〜2008年に破裂した「スーパーバブル」の推移に重要な役割を果たした。

　確率的な変動によって特徴づけられる平衡に近い状態と、バブルによって支配される平衡からほど遠い状態とを区別することは有用である。平衡に近い状態は、単調かつ日常的な事象によって特徴づけられ、反復的で、統計的な一般化に向いている。これに対して、平衡からほど遠

状態は、一意的かつ歴史的な事象を引き起こす。平衡からほど遠い状態における結果には一般的な不確実性があるものの、日常的な事象に基づいた統計的な一般化を阻害する資質がある。平衡に近い状態において決定を導く法則は、平衡からほど遠い状態においては当てはまらない。最近の金融危機はその典型である。

　不確実性はボラティリティに表れる。ボラティリティが上昇すると、リスクエクスポージャーを削減する必要が生じる。これは、ジョン・メイナード・ケインズが「流動性選好の高まり」と呼んだ状況をもたらす。これはポジションの強制清算を生じさせる追加的な要因となり、金融危機の際に広くみられる。危機が収束に向かって不確実性の範囲が縮小すると、流動性への選好が沈静化してやがて低下するため、株式市場はほとんど自動的に反発することになる。これは、私が最近学んだもう1つの教訓である。

11.7　ジョージ・ソロス（ソロス・ファンド・マネジメント）へのインタビュー

　ジョージ・ソロス（George Soros）はソロス・ファンド・マネジメントの会長である。彼は最初のそして最も成功したヘッジファンド運用者の一人であり、1973年からファンドを運用している。1992年のイギリス通貨危機に際してイギリスポンドを空売りして約10億ドルを儲け、「イングランド銀行を破った男」として知られるようになった。多くの著作の中で再帰性の理論を提唱してきた。1930年にブダペストで生まれ、第二次世界大戦中にハンガリーがナチスによって占領されていた時期や戦後のスターリン主義が強要された時期を生き延びた。その後、イギリスへ逃れ、1952年にロンドン・スクール・オブ・エコノミクスを卒業した。

　LHP　市場のセンチメント、広まっているバイアス、規制当局が考えていること、市場参加者が思っていることに対してあなたは素晴らしい

感性をもっているという印象があります。どのようにしてその洞察力を身につけたのですか。

GS 私は何年もかけて市場に関する理論を構築してきました。ある時は、一般的な見方と私の理論とが非常に異なっていたこともありました。私は、現在を評価することよりも、むしろ将来を予想する際に重要だと思うものに注力し、政治と経済の間の相互作用にも注意しました。その結果、政府の行動が非常に重要だと考えたのです。マクロの変化が重要な時もあれば、そうでない時もありました。私は市場をさまざまなレベルでみてきました。マクロに注目した時もありましたし、特定の業種や会社に注目したこともあります。それは絶え間なく変わるゲームでした。決まったルールのもとでの市場で行動するのは得意とはいえませんでしたが、ルールの変更には非常によく順応したといいたいと思います。それこそが、私が他の人とは違うところだと思います。

LHP ゲームのルールが変化することに対してどのように順応していったのか説明していただけますか。

GS それは常に学び続けることでした。多くの人と話をしたのです。市場は進化していました。私は、市場を不変のものではなく時間とともに変化するものとしてみています。市場を歴史の過程としてみるのです。私自身のかかわり方も進歩します。私の見方は不変ではなく、時間とともに大きく変わるのです。

LHP あなたの市場に対するかかわり方がどのように変わってきたか説明していただけますか。

GS 第二次世界大戦後、金融市場は劇的に変化しました。初期の頃は、市場は厳しく規制されていました。通貨は管理され、クレジットもそうでした。銀行システムについて考えてみましょう。私が銀行システムの変化にかかわるようになったのは、1972年に投資対象として興味深いものになった時からです。"The Case for Growth Banks"という論文を書きました。当時は、銀行株はほとんど取引

されていませんでした。私はこれが変わろうとしているのを感じていたわけですが、その変化は1973年に起き、銀行が成長していくことに対する擁護論がありました。また新興国市場に目を向けると、初期段階ではそれらは「新興」ではなく、存在さえしていませんでした。つまり、これまでのキャリアのなかで、市場が新たに興っていくことに私はかかわってきたのです。たとえばそれまで隔離して凍結されていたスウェーデンの株式市場開設もその一例です。

LHP　あなたが行ったマクロ取引の例をあげて、そのアイデアをどうやって得たのか、その取引に対する確信はどうして得られたのか説明していただけますか。

GS　そうですね、最も確信があったのは、2008年の金融危機を見越して、積極的な役割を果たすために、引退同然の状態から舞い戻った時だと思います。長く世間との交わりを絶っていて私の市場に関する知識は時代遅れになっていましたが、他のファクターが役に立たなくなるほど大きなマクロ的な変化があるのは間違いないと思っていました。私は長年かけて築いてきた財産を守らなければならないと感じました。ご存知のように私は自分の資産の運用を人に任せていました。かなり大きなファンドで、ポジションはロングになりがちでした。そこで私は新しいマクロのアカウントを開設して、他のファンドのポジションをヘッジするとともに、ネットショートのポジションをとったのです。

LHP　市場が認識する前に、これが大きな金融危機になるという確信はどこから得られたのですか。

GS　私がこの膨張と破裂の理論を構築したためです。バブルの理論と呼んでもいいと思います。それに関する本もいくつか書きました。1998年に出版した*The Crisis of Global Capitalism*（『グローバル資本主義の危機』）という本では、市場が崩壊の瀬戸際にあるだろうと書きました。市場は崩壊せず、予測は間違っていることになりましたが。

LHP　なるほど、何年か早かったのですね。

GS　1998年には当局はなんとか問題を封じ込めることができました。ロングターム・キャピタル・マネジメント（Long-Term Capital Management）はかなり深刻な状況でしたが、ニューヨーク連邦準備銀行総裁のビル・マクドナー（Bill McDonough）によって救われました。彼は関係者を1つの部屋に集め、「あなた方が何とかすべきだ！」といったのです。そして、彼らは窮地を脱し、われわれは1998年を生き延びました。しかし、このいわばスーパーバブルの膨張を許容することにより、さらに大きくなって2008年についに破裂してしまいました。2006年に出版した *The Age of Fallibility*（『世界秩序の崩壊』）に、来るべき将来を予想した非常に短い節があります。時期はともかく、私にはこれから訪れるものがはっきりみえていたのです。

LHP　たしかに、この膨張／破裂サイクルがわかっていたことを示す記録があるのですね。あなたのおっしゃることは大まかには理解できるのですが、たとえどのような状況でも、サイクルのなかのどこにいるのかは、私を含めてわからない人間がいるのではありませんか。

GS　私にも明らかではありませんでした。それこそが核心です。バブルとは、状態が平衡に近いところから平衡とはほど遠いところに移る時です。この2つのストレンジアトラクター（strange attractor）があり、すべては認識と現実との間の相互作用です。認知機能と参加機能という2つの機能があり、これらの間の相互作用が再帰性なのです。

LHP　あなたの投資プロセスに関する私の理解が正しいとすれば、平衡状態から遠く離れていくときには、膨張から利益が得られるポジションをとり、平衡に近い状態に近づくときには、破裂から利益が得られるポジションをとるのですね。

GS　そのとおりです。

LHP　では、一方からもう一方へと変化するタイミングはどうすればわか

るのですか。

GS　わかりません。私の理論はそれについては何も語りません。それは実際知ることすらできないものであり、事前に決まるものでもないからです。それを決めるのは市場参加者や当局の行動や態度です。一般論として、状況がどのくらい平衡から乖離しうるかを私は過小評価してきたようです。たとえば、2000年にはITバブルが破裂しつつあると考えたためわれわれは多くのお金を失いましたが、バブルはもう一度復活しました。

LHP　しかし、投資家として、ポジションをいつロングやショートにするかを決めなければなりません。ポジションを変更するためにみているシグナルは何かありますか。

GS　シグナルはみています。動きそうだということはわかります。しかし、それがいつかはわかりません。

LHP　ボルカーやグリーンスパン、あるいは他の政策立案者の次の動きがどうなるかをどのように考えましたか。

GS　それは場合によりますね。それぞれの場合で違います。

LHP　それは彼らの身になってみることですか。

GS　まあ、そうですね。当然です。

LHP　どのようにポジションの大きさを決めるか教えていただけますか。The Alchemy of Finance（『ソロスの錬金術』）であなたは「リスクにさらしたいのは利益だけであって資本ではない。これにより、ファンド自身がモメンタムをもつことになる。追い風ならスピードを上げ、荒天なら帆を下げる」といっています。一方で、強い確信があれば、非常に大きなポジションをとることも強調しています。

GS　そうですね、私が非常に大きなポジションをとるのは非対称性があるときだけです。たとえば、ヨーロッパ為替相場メカニズムに立ち向かうベットはリスクの低いものでした。きわめて大きなポジションをとることによって、大きなリスクをとらなかったのです。ジョン・ポールソン（John Paulson）がサブプライム住宅ローンに対し

て非常に大きなポジションをとった時も同様です。なぜなら、リスクとリターンの間に不釣合いがあったからです。彼はそのことを私の本から学んだのです。

LHP　リスクとリターンの割合が好ましい状況とは、どのようなものですか。

GS　リスクとリターンが不釣合いな状況はたくさんあります。たとえば、為替が固定相場制だった時がそうです。もし通貨が固定されていて、たとえばわずか2％の幅でしか動くことができないとすると、ショートポジションをとった場合の下方リスクは2％ですよね。しかし、もしそれが破れると、通貨はそれ以上動くことがあるでしょう。ですから、わずか2％のリスクしかなければ、大きなポジションをとることができます。

LHP　そして、損をした後にはリスクを減らし、儲かった後にはリスクをふやす傾向があるのですか。

GS　そうですね、一般的にいって、資本の大部分をリスクにさらすべきでありません。したがって、優れた運用をして多くの利益を得ている場合、資本でリスクをとるよりも多くのリスクを利益でとればよいのです。

LHP　あなたは先進国市場と新興国市場の両方に投資していますが、新興国市場への投資において何か異なることはありますか。

GS　はい。ただ、新興国市場自体も変わります。たとえばブラジルを新興国市場と呼んだとしても、いまや非常に多くの富が蓄積され、以前とは動きが変わっています。

　また、新興国市場が当初発展を遂げたのは、米国の人々が投資しようと決めたことも理由です。つまり、外国人投資家主導でした。そして、それこそが膨張／破裂の状況をつくったのです。なぜなら、外国人投資家の参入が追加的な需要を創出し、それが国内需要を上回ったからです。こうして、株式価値が切り上げられたのです。

　外国人投資家はこの急速な価値上昇に引きつけられやすかっただ

けです。風向きが変われば、それを切り捨てるよう強いられるでしょう。つまり、外国人投資家が外部から影響を与え、彼らの参入と撤退が膨張／破裂の帰結をもたらしたのです。

LHP　最後に、投資家としてのあなたを形成した特別な経験が何かありますか。

GS　私の人生を形成するうえで重要だった経験は、ナチス占領下のハンガリーで育ったことです。それは私が通常の状態と平衡からかけ離れた状態の違いを学んだ時でもあります。通常の状態においては、通常のルールに従って行動します。しかし、ユダヤ人としてドイツ占領下は普通ではありませんでした。ご存知のように、ドイツ人は通常の市民をユダヤ人だという理由だけで殺していたからです。それは普通ではありません。そのことを認識しなければならないのです。

LHP　それは、強い逆境に立ち向かえることや、困難な時期を通して継続するための規律をもつことが、投資家として重要という意味でもありますか。

GS　そのとおりです。株式のパフォーマンスが予測と一致しないときは何かが間違っています。そして、それが何なのかを確認する必要があります。間違っている可能性があるものの1つは自分の仮説です。したがって、株式を買った時に何を信じていたかを常に再点検していなければなりません。

第12章

マネージド・フューチャーズ
―トレンド追随投資―

損切りは急げ、……利食いは待て。
—デイビッド・リカード（David Ricardo, 1772-1823）

……大きな金儲けの材料は個々の変動にあるのではなく、……市場全体とそのトレンドを見極めることにある。
—ジェシー・リバモア（Jesse Livermore）

　2世紀にわたって語り継がれてきたデイビッド・リカードの教えは、トレンドに目を向けるべきことを示唆している[1]。トレンドはまた、伝説的なトレーダーであるジェシー・リバモアが1世紀前に述べたことの根幹でもあり、アクティブ投資家にとって依然として重要な役割を果たしている。トレンド追随投資を最も直接的に実践するトレーダーは、マネージド・フューチャーズ（managed futures）のヘッジファンドとコモディティ・トレーディング・アドバイザー（commodity trading advisor, CTA）である。そのようなファンドは、少なくともリチャード・ドンチアン（Richard Donchian）が1949年にファンドを始めた時には存在し、先物取引所が取引可能な契約の種類を拡大した1970年代以降急増してきた。バークレイヘッジ（Barclay Hedge）の推定によれば、2012年第1四半期末時点で、CTA業界は約3,200億ドルを運用

---

[1] リカードの取引ルールはGrant（1838）によって論じられている。リバモアとされる言葉はLefèvre（1923）から引用した。

するまでに成長している[2]。

　マネージド・フューチャーズのリターンは、単純で実装が容易なトレンド追随戦略、特に時系列モメンタム戦略により、おおむね理解することができる。本章では、この戦略の経済的側面について詳細に分析し、マネージド・フューチャーズ型ファンドの特性を解明する。時系列モメンタム戦略のリターンを用いて、マネージド・フューチャーズのファンドがいかにトレンドの恩恵を受け、異なるトレンドのホライズンと異なる資産クラスをいかに活用しているのかを分析する。さらに、これらの戦略の取引コストや報酬の役割についても調べる。

　時系列モメンタムは単純なトレンド追随戦略で、過去のある参照期間の超過リターンが正であった市場をロングし、逆をショートする。本章では過去の参照期間として1カ月、3カ月、12カ月を考え（それぞれ短期、中期、長期のトレンド戦略に対応する）、コモディティ先物、株式先物、通貨フォワード、国債先物といった流動性が高い市場を対象に、この戦略を実行する。

　トレンド追随戦略が正のリターンを生むのは市場価格にトレンドがある場合だけであるが、そもそも市場価格のトレンドはなぜ存在するのだろうか。ここでは、ニュースに対する当初の過小反応とその後の過剰反応に加え、行動バイアス、ハーディング（群集行動）、中央銀行の行動、資本市場の摩擦に関する広範な研究に基づき、トレンドの経済的側面について論じる。もしニュースに対する価格の当初の反応が過小ならば、ファンダメンタル価値の変化をより完全に反映しようと価格がゆっくり動くことによってトレンドが生じる。投資家のハーディングによりその後に過剰反応が生じることで、トレンドはさらに継続する可能性がある。当然ながら、公正な価格からの乖離

---

[2] 本章は Hurst, Ooi and Pedersen (2013) "Demystifying Managed Futures," *Journal of Investment Management* 11(3), 42-58に基づく。この論文の共著者であるBrian HurstとYao Hua Ooiの協力に感謝する。時系列モメンタムの方法は主にMoskowitz, Ooi and Pedersen (2012) に従い、第9章（株式クオンツ）と第11章（グローバルマクロ投資）で述べたクロスセクションのモメンタムにも関連する。CTAの特性に関する初期の研究としてFung and Hsich (2001)、時系列モメンタムの観点からのCTAのさらに詳しい分析についてはBaltas and Kosowski (2013)、時系列モメンタムに関する1世紀以上の証拠についてはHurst, Ooi and Pedersen (2014) を参照。

はいつまでも継続できず、いかなるトレンドもいずれ終焉するはずである。

　さまざまな参照期間や資産クラスにわたってトレンドが存在することには強い証拠がある。すべての資産と参照期間に分散化した時系列モメンタム戦略のグロスのシャープレシオは1.8であり、伝統的な資産クラスとほとんど相関がない。また、この戦略は株式市場の極端な上昇や極端な下落の時期に、パフォーマンスが最もよい。極端な相場で高いパフォーマンスになる理由の1つは、歴史的に極端な強気相場や弱気相場の多くは一晩で起こらず、数カ月あるいは数年かけて起こったためである。したがって、長引く弱気相場において、市場の下落が始まると時系列モメンタムはショートポジションをとるため、相場の下落が続くにつれて利益が出る。

　時系列モメンタム戦略を用いて、マネージド・フューチャーズに分類されるファンドのリターンを説明することができる。時系列モメンタム戦略と同様に、マネージド・フューチャーズの一部は、伝統的な資産クラスとの相関が低く、株式相場が極端に上昇または下落するときにパフォーマンスが最もよく、伝統的な資産クラスに対してアルファを生み出してきた。

　マネージド・フューチャーズのインデックスや運用者のリターンを時系列モメンタムのリターンに回帰すると、過去参照期間や資産クラスにかかわらず、高い決定係数と有意な回帰係数が得られる。時系列モメンタムは、マネージド・フューチャーズのリターンの変動を説明できるだけでなく、平均超過リターンも説明できる。実際、時系列モメンタムの効果をコントロールすると、大部分の運用者やインデックスのアルファはゼロを下回る。仮想の時系列モメンタム戦略に対するアルファが負であることは、報酬や取引コストが重要であることを示している。係数の大きさを比較すると、ほとんどの運用者は中期や長期のトレンドに注目していて、短期のトレンドへのウェイトが低いことがわかる。そして、一部の運用者は債券市場を重視しているようである。

12.1 トレンドのライフサイクル

図12.1はトレンドの「ライフサイクル」を定型化したもので、トレンド追随戦略の基礎にある経済学的根拠を表す。ファンダメンタル価値の変化に対して、当初の反応が過小であるために、新たな情報が価格に十分に織り込まれる前に、トレンド追随戦略は投資が可能となる。その後、ハーディング効果によってトレンドはファンダメンタルズを超えて拡大し、やがて反転する結果となる。この定形化されたトレンドの各局面の要因について、関連する研究とともに述べる。

トレンドの始まり―情報に対する過小反応―

図12.1に示した定型化された例では、ポジティブな利益公表、供給ショッ

図12.1　トレンドの定型的なライフサイクル

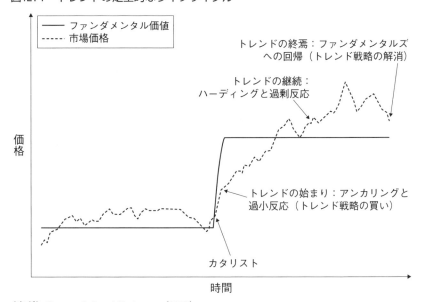

(出所) Hurst, Ooi and Pedersen (2013)

ク、需要シフトといったカタリストが、株式やコモディティ、通貨、債券の価値を変化させる原因になる。実線で示したように、価値の変化は即座に起こる。市場価格（点線で示されている）は、カタリストの結果として上昇するが、当初の反応は過小で、上昇はしばらく続く。トレンド追随戦略は当初の価格上昇の結果を受けて資産を買うため、それに続く価格上昇で利益を得る。ライフサイクルのこの段階でトレンドに追随する投資家が現れ、価格発見プロセスが加速する。

これまでの研究によって、当初の過小反応を引き起こす行動論的な傾向や市場の摩擦に関して多く報告されてきた[3]。

i. **アンカリングと不十分な修正**：人々には、見通しをヒストリカルデータに強く結びつける傾向があり（アンカリング）、新しい情報を受けても不十分にしか見通しを修正しない。
ii. **ディスポジション効果**：人々には、勝者の売却を急ぎ過ぎ、敗者にしがみつき過ぎる傾向がある。早めに勝者を売るのは、利益の実現を好むことによる。これが価格の下方圧力となり、新たに得たポジティブな情報に対する価格の上方修正を遅らせる。一方、敗者にしがみつくのは、損失の実現には痛みが伴うためである。人々はすでに失ったものを取り返そうとする。売りたいと思う者が少なければ、価格の下方修正は本来あるべきものよりも遅くなる。
iii. **利益を追求しない行動**：中央銀行は為替レートや金利のボラティリティを抑制するために、通貨や債券市場で操作（オペレーション）を行う。これはニュースに対する価格の修正を遅らせる可能性がある。また、機械的にウェイトを戦略的資産配分にリバランスする投資家もトレンドに逆らった売買を行っている。たとえば、株式60%と債券40%を保有する60/40の投資家は、株式のパフォーマンスがよければ株式を売る（そして債券を買う）。

---

[3] 各参考文献は以下のとおり。(i) Edwards (1968)、Tversky and Kahneman (1974)、Barberis, Shleifer and Vishny (1998)、(ii) Shefrim and StatInan (1985)、Frazzini (2006)、(iii) Siiber (1994)、(iv) Mitchell, Pedersen and Pulvino (2007)、Duffie (2010)。

ⅳ．**摩擦や資本の緩慢性**：摩擦や、一部の市場参加者による遅行した反応、裁定取引を行う資本の緩慢さにより、価格発見が遅れ、価格下落とその後の反発につながる可能性がある。

これらの効果が組み合わさって、価格はニュースに対してゆっくりとしか反応せず、ニュースの影響すべてを少しずつ取り込んでいくにつれて価格にドリフトが生じる。トレンド追随戦略は、最初のニュースに関連してポジションをとり、トレンドが継続することによって利益を得る。

トレンドの継続―その後の過剰反応―

トレンドがいったん形成されると、ファンダメンタル価値を超えてトレンドを拡大させる可能性のある現象が起こることが多く報告されている[4]。

ⅰ．**ハーディングとフィードバック取引**：価格がしばらく一方向に動くと、ハーディングすなわちフィードバック取引によって、時流に乗ろうとするトレーダーが現れる。ハーディングは、株式アナリストの銘柄推奨や利益予想、投資レポート、組織内の投資意思決定において生じていることが報告されてきた。

ⅱ．**確証バイアスと代表性**：これらの経験則（ヒューリスティック）は、人々には、自分がすでに信じていることに確証を与えてくれるような情報を探したり、最近の価格変動をみて将来を表すものとみなす傾向があることを示している。このような態度は、投資家が直近の収益性が高い投資に資金を動かし、逆に下落した投資から資金を引き上げる要因になる。このどちらもがトレンドの継続をもたらす。

ⅲ．**ファンドフローとリスク管理**：ファンドのフローは最近のパフォーマン

---

[4] 各参考文献は以下のとおり。(ⅰ) Bikhchandani、Hirshleifer and Welch (1992)、De Long, Shleifer, Summers and Waldmann (1990)、Graham (1999)、Hong and Stein (1999)、Welch (2000)、(ⅱ) Wason (1960)、Tversky and Kahneman (1974)、Daniel, Hirshleifer, Subrahmanyam (1998)、(ⅲ) Wayanos and Woolley (2013)。

スを後追いすることが多い（おそらく i と ii による）。投資家がパフォーマンスの悪い運用者から資金を引き出すと、その運用者は（パフォーマンスの悪い）ポジションを減らす対応をとる。一方で、パフォーマンスが良い運用者には資金が流入し、パフォーマンスが良いポジションに買い圧力が加わる。さらに、リスク管理上のルールの要請が、トレンドに沿って、下げ相場で売って上げ相場で買うことにつながる場合がある。この行動の例には、ストップロスオーダー（逆指値注文）、ポートフォリオ・インシュアランス、事業会社が行うヘッジ（たとえば、利鞘が極端に落ち込むのを避けるために原油価格が上昇した後に原油先物を買う航空会社、為替レートが不利な方向に動いたときに為替のエクスポージャーをヘッジする多国籍企業）などがある。

トレンドの終焉

明らかに、トレンドは永遠に継続しえない。どこかで価格はファンダメンタル価値から乖離し過ぎて、人々がこれを認識すると、価格はファンダメンタル価値に向かって回帰し、トレンドは消滅する。こうしたトレンドの行き過ぎの証左として、3〜5年かけて生じた価格水準の変化は、部分的にしか解消しない傾向がある[5]。つまり、リターンリバーサルは当初の価格トレンドのうち一部を相殺するだけであり、これは価格トレンドが当初の過小評価（この部分はリバーサルによって相殺されないはずである）とその後の過剰反応（この部分は相殺される）の両方によって生じることを示唆している。

---

[5] こうした長期リバーサルは、時系列モメンタム戦略（Moskowitz, Ooi and Pedersen, 2012）、株式のクロスセクション（De Bondt and Thaler, 1985）、グローバルな資産クラスのクロスセクション（Asness, Moskowitz and Pedersen, 2013）において存在する。

12.2 トレンドに基づく取引

　ここまで、トレンドがなぜ存在しうるのかを論じた。次に、単純なトレンド追随戦略である時系列モメンタムのパフォーマンスを示そう。58個の流動性の高い先物と通貨フォワードを対象に、1985年1月～2012年6月までの期間で時系列モメンタム戦略を構築する。具体的には24個のコモディティ先物、12個の通貨フォワード、9個の株価指数先物、13個の債券先物を用いる。各資産におけるトレンドの方向を定めるために、ここでは単純に資産の超過リターンが正か負かで考える。つまり、過去のリターンが正の場合は「上昇トレンド」と考えてロングし、負の場合には「下落トレンド」と考えてショートする。

　短期、中期、長期のトレンド追随戦略に対応する1カ月、3カ月、12カ月の時系列モメンタム戦略を考える。1カ月の戦略とは、直前1カ月の超過リターンが正ならロング、負ならショートするもので、3カ月、12カ月の戦略も同様に構成する。したがって、各々の戦略は、常に58個のすべての市場について、ロングかショートのいずれかのポジションをもつことになる。

　各々のポジションの大きさは、その資産の年率ボラティリティが40％となることを目標にして定める[6]。具体的には、時点 t における投資対象 s の買いまたは売りの金額を $40\%/\sigma_t^s$ とする。時系列モメンタム（TSMOM）戦略の翌週の実現リターンは以下になる。

$$\text{TSMOM}_{t+1}^{X,s} = \text{資産}\ s\ \text{の過去}\ X\ \text{カ月超過リターンの符号} \times \frac{40\%}{\sigma_t^s} R_{t+1}^s$$

ここで σ_t^s は各投資対象の年率ボラティリティの事前推定値で、過去リターンの二乗の指数加重平均により推定する。このようにボラティリティを一定

---

[6] ここではポジションの大きさを、Moskowitz, Ooi and Pedersen（2012）の方法論に従って、各投資対象のボラティリティが一定になるように選ぶ。より一般的に、推定したトレンドの強さに基づいてポジションの大きさを変える戦略を考えることもできる。たとえば、価格の動きが穏やかなときはポジションを小さくするかゼロとして、価格の動きの大きさに応じてポジションをふやすことが可能である。

としてポジションの大きさを決定する方法には以下の利点がある。第一に、リスクが高い資産に過度に依存せずに分散化したさまざまな資産からなるポートフォリオを構築できる。取引する資産間でボラティリティに大きな違いがあるため、この点は重要である。第二に、この方法によって各資産のリスクが時間を通じて安定的になるため、戦略のパフォーマンスがリスクの高い期間に生じる事象に過度に依存しない。第三に、ポジションの大きさを決定するためにフリーパラメータや最適化を用いないため、データマイニングのリスクを最小化できる。

ポートフォリオのリバランスは、毎週木曜日の終了時点で既知となるデータに基づき、金曜日の終値で行う。つまり、各時点で利用可能な情報のみを用いることによって、戦略を実行可能なものにする。戦略のリターンは取引コスト控除前であるが、ここで考えている投資対象は世界中で最も流動性が高いものである。後に、取引コストの影響を考慮し、異なるリバランス・ルールを用いることについても考察する。多くの場合、研究者は月次のリバランスによって分析するが、ここで注目したいのは日中を通じて取引を行うことが多いプロの資金運用者であり、彼らのリターンを考察対象にすることをふまえれば、高い頻度でのリバランスを考えることは興味深い。

図12.2は、それぞれの投資対象における時系列モメンタム戦略のパフォーマンスを表す。戦略はほとんどすべてのケースで良好な結果をもたらしており、結果の一貫性はきわめて高い。全資産の平均シャープレシオ(超過リターンを実現ボラティリティで割ったもの)は、1カ月戦略が0.29、3カ月戦略が0.36、12カ月戦略が0.38である。

12.3 分散化した時系列モメンタム戦略

次に、分散化した1カ月、3カ月、12カ月の時系列モメンタム戦略TSMOMを構築する。これらはそれぞれの参照期間ごとにすべての個別戦略のリターンを平均したものである。また、コモディティ、株式、債券、通貨

図12.2 資産クラス別・参照期間別の時系列モメンタムのパフォーマンス

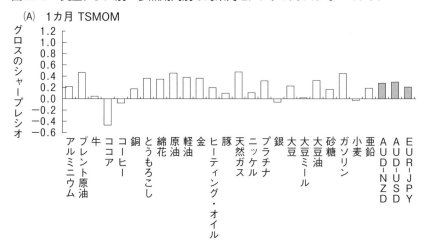

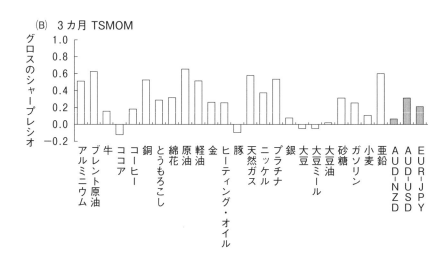

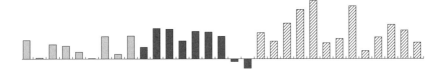
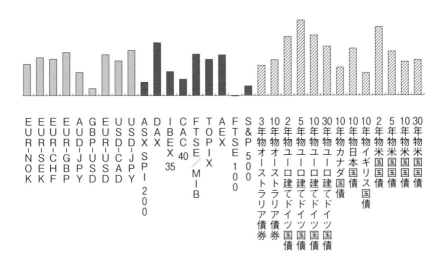

第12章 マネージド・フューチャーズ

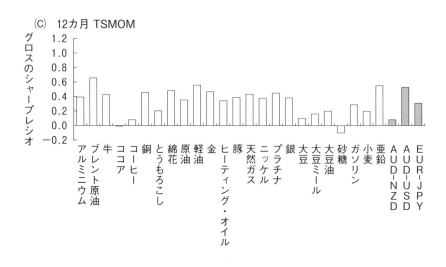

コモディティ先物（白）、通貨フォワード（薄い灰色）、株価指数先物（濃い灰色）、債券先物（斜線入り）の時系列モメンタム戦略のシャープレシオを表す。戦略に用いた参照期間は 1 カ月(A)、3 カ月(B)と12カ月(C)である。
（出所）Hurst, Ooi and Pedersen (2013)

の 4 つの資産クラスそれぞれについての時系列モメンタム戦略も構築する。たとえば、コモディティ戦略は、3 つの参照期間のコモディティ戦略を平均したリターンである。最後に、すべての参照期間とすべての資産に分散化した時系列モメンタム戦略も構築する。それぞれのケースにおいて、分散共分散行列の指数加重平均を用いて、事前ボラティリティの目標を10%にして、ポジションの大きさを定める。

表12.1は、これらの分散化した時系列モメンタム戦略のパフォーマンスを示す。この結果から、戦略の実現ボラティリティは9.5%から11.9%の範囲にあり、事前目標の10%にほぼ一致している。特筆すべきは、いずれの時系列モメンタム戦略もシャープレシオがかなり高い点である。リスクに比べて、リスクフリーレートを上回る平均超過リターンは相当に高い。参照期間別に戦略を比較すると、長期（12カ月）戦略のパフォーマンスが最もよく、

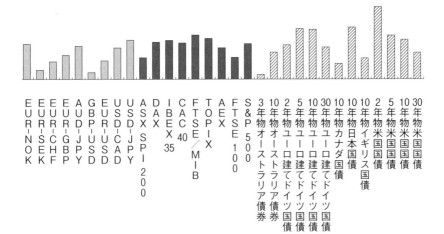

中期戦略がこれに次ぐ。短期戦略のシャープレシオは3つの戦略のなかでは最も低いが、それでも1.3と高い。資産間で比較すると、コモディティ、債券、通貨のパフォーマンスは株式よりもわずかに優れている。

表12.1には、期待リターン、ボラティリティ、シャープレシオに加えて、下記の回帰によるアルファも示した。

$$\text{TSMOM}_t = \alpha + \beta^1 R_t^{\text{Stocks}} + \beta^2 R_t^{\text{Bonds}} + \beta^3 R_t^{\text{Commodities}} + \varepsilon_t$$

TSMOM戦略をMSCI World株式指数、バークレイズ債券指数、S&P GSCIコモディティ指数へのパッシブ投資のリターンに回帰している。アルファは、これら伝統的な資産クラスを単純にロングしたことに付随するリスクプレミアムを調整した、超過リターンを表す。アルファが超過リターンにほとんど等しいのは、TSMOM戦略がロングショート戦略であることから、

パッシブファクターに対するエクスポージャーが平均的に小さいことによる。最後に、表12.1に記載されている t 値から、アルファの統計学的な有意性は高い。

最もパフォーマンスが良好なのはすべてに分散化した時系列モメンタム戦略で、シャープレシオは1.8である。図12.3は、この分散化TSMOMとS＆P500株価指数について、1985年にそれぞれ100ドルを投資した場合の金額の伸びを示している。この図から、分散化 TSMOMの累積リターンには一貫性があることがわかる。

表12.1 時系列モメンタム（TSMOM）戦略のパフォーマンス

(A) 資産クラスごとの時系列モメンタム戦略のパフォーマンス

	コモディティ TSMOM	株式 TSMOM	債券 TSMOM	通貨 TSMOM	分散化 TSMOM
平均超過リターン	11.5%	8.7%	11.7%	10.49%	19.4%
ボラティリティ	11.0%	11.1%	11.7%	11.9%	10.8%
シャープレシオ	1.05	0.78	1.00	0.87	1.79
アルファ	12.1%	6.8%	9.0%	10.1%	17.4%
t 値	(5.63)	(3.16)	(4.15)	(4.30)	(8.42)

(B) シグナルごとの時系列モメンタム戦略のパフォーマンス

	1カ月 TSMOM	3カ月 TSMOM	12カ月 TSMOM	分散化 TSMOM
平均超過リターン	12.0%	14.5%	17.2%	19.4%
ボラティリティ	9.5%	10.2%	11.3%	10.8%
シャープレシオ	1.26	1.43	1.52	1.79
アルファ	11.1%	13.3%	14.4%	17.4%
t 値	(6.04)	(6.70)	(6.74)	(8.42)

資産クラスで参照期間を分散化した場合（パネル A）および各参照期間で資産を分散した場合（パネル B）について、時系列モメンタム戦略のパフォーマンスを示したもの。すべての値は年率換算されている。アルファは MCSI World 株式指数、バークレイズ債券指数、GSCI コモディティ指数への回帰切片を表し、括弧内は t 値を表す。
（出所）Hurst, Ooi and Pedersen (2013)

図12.3　分散化した時系列モメンタム戦略とＳ＆Ｐ500のパフォーマンス

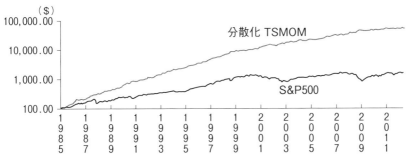

分散化したTSMOM戦略とＳ＆Ｐ500株価指数の取引コスト考慮前の累積リターンを表す。1985〜2012年。縦軸は対数表示。
（出所）Hurst, Ooi and Pedersen（2013）

12.4　分散投資の恩恵

　時系列モメンタムの強いパフォーマンスを理解するにはまず、すべての参照期間で個別資産戦略同士のペア間の平均相関が0.1未満であることに注意しよう。これは、戦略のパフォーマンスが市場間で独立しており、ある市場で損をしても他の市場で利益を得るかもしれないことを意味する。戦略を市場や参照期間ごとにグループ化した、ある程度の分散がなされた戦略についても相関は高くはない。分散化によって大きな恩恵が得られるもう１つの理由は、リスクを等しくするアプローチをとっているためである。それぞれの時点で事前のボラティリティが各資産について同じになるようにポジションの大きさを定めることによって、ボラティリティが高い資産ほど、ポートフォリオにおけるポジションは小さくなり、リスクがバランスした安定的なポートフォリオになる。これが重要なのは、ボラティリティが資産ごとに大きく異なるためである。たとえば、５年の米国債先物のボラティリティは典型的に年率５％前後であるが、天然ガス先物は50％である。もしポートフォリオで各資産の想定元本を等しく保有すると（一部のインデックスや運用者は

そうしている)、ボラティリティが高い資産からポートフォリオのリスクとリターンが強い影響を受けるため、分散化の恩恵は大きく失われてしまう。

分散化した時系列モメンタム戦略は、伝統的資産クラスと平均的にかなり低い相関をもつ。実際に、Ｓ＆Ｐ500指数との相関は-0.02で、バークレイズ債券指数によって表される債券市場との相関は0.23、そしてＳ＆Ｐ GSCI コモディティ指数との相関は0.05である。このように平均相関が低いと、この戦略が時に市場と非常に高く相関することがあり得るという事実が隠されてしまう。しかし、そのような高い相関は、他の時期に市場と負の相関関係をもつことによって平均的には相殺される。

図12.4からわかるとおり、トレンド追随戦略のパフォーマンスが特に良好なのは長い弱気相場や長い強気相場においてである。図12.4は、Ｓ＆Ｐ500の四半期リターンに対する時系列モメンタムの四半期リターンの関係を

図12.4 時系列モメンタムの「スマイル」

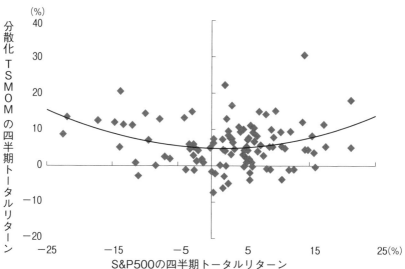

分散化した時系列モメンタム戦略の仮想的なリターンとＳ＆Ｐ500のリターンを表す。リターンは四半期で期間は重複していない。1985～2012年。
(出所) Hurst, Ooi and Pedersen (2013)

プロットしたものである。時系列モメンタムのリターンと市場リターンの関係にフィットする2次関数を推定すると、「スマイル」カーブが得られる。推定されたスマイルカーブは、時系列モメンタムが過去の非常に大きな弱気相場または強気相場において最もパフォーマンスが良好で、ボックス相場ではさほど良好ではなかったことを意味する。このスマイル効果を理解するには、これまでの最悪な株式の弱気相場のほとんどが、ゆっくりと生じたものである点に注意しよう。市場はまず「普通」から「悪い」状況になり、TSMOM戦略のポジションはショートになる（その時点までの市場の動きによって、すでに損失または利益が生じている）。しばしば市場が「悪い」から「さらに悪い」状況になると弱気相場が深刻化し、トレーダーはパニックになり、価格は暴落する。これはショートポジションに利益にもたらす。このことが、極端なイベントの間にモメンタム戦略が儲かりやすい理由である。もちろん、時系列モメンタム戦略が極端なイベント時に常に儲かるとは限らない。たとえば、（この戦略がポジションをロングにしているような）強気相場の直後に暴落が訪れ、暴落から利益が得られるようなポジションに変わる前であれば、損失を被ることになるだろう。

12.5 時系列モメンタムによるマネージド・フューチャーズのリターンの分析

マネージド・フューチャーズの2つの主要指数として、BTOP 50とDJCSマネージド・フューチャーズ指数のリターンを利用する[7]。また、個別ファンドのリターンとして、リッパー／タス・データベース（Lipper/Tass database）から「マネージド・フューチャーズ」に分類されているものを利用する。ここでは、リッパー／タス・データベースにおいて2012年6月時点でファンド資産が最も大きい5個のマネージド・フューチャーズ・ファンド

---

[7] これらの指数のリターンは、以下のウェブサイトで入手できる。https://www.barclayhedge.com/barclay-investable-benchmarks/btop50-index/、https://lab.credit-suisse.com/#/en/index/HEDG/HEDG_MGFUT/performance

に注目する。当然ながら、巨大ファンドの事後的なリターンに注目すれば、過去のパフォーマンスがよかったファンドを選ぶというバイアスを受けることになる。しかしそれでも、最も成功したファンドを時系列モメンタムと比較することは興味深い。

　表12.2のパネルAは、マネージド・フューチャーズ指数のパフォーマンスを表す。指数と運用者のリターンは0.27から0.88のシャープレシオをもつ。株式、債券、コモディティへのパッシブなエクスポージャーを調整した後のアルファはすべて正で、ほとんどの運用者については統計的に有意である。分散化した時系列モメンタム戦略のほうが、指数や運用者に比べて高いシャープレシオやアルファをもつこともわかる。しかし、時系列モメンタム戦略が報酬や取引コストを控除前のグロスの値であるのに対し、運用者や指数は控除後のものであることには注意が必要である。さらに、時系列モメンタム戦略は単純でデータマイニングを最小限にとどめてはいるものの、参照期間として1カ月、3カ月、12カ月を選択するという後知恵の恩恵を受けている。つまり、損失をリアルタイムに感じてきた運用者は、仮想の戦略に比べて、自らの戦略を貫徹するのがより困難な時期を経験したかもしれない。

　ほとんどのCTAやマネージド・フューチャーズ・ヘッジファンドが少なくとも2％の運用管理手数料と20％の成功報酬を歴史的に課してきたことを考えれば、報酬は大きな違いをもたらす。正確な報酬控除前の運用者のリターンを知ることはできないが、時系列モメンタム戦略の仮想的な手数料をシミュレーションによって得ることはできる。上の「2の20」の報酬体系の場合、報酬はシミュレーション上の戦略のパフォーマンスによって異なるが、分散化TSMOM戦略における平均手数料は1年につき約6％となる。また、洗練された運用者の取引コストは1年当りおおよそ1～4％の大きさであるが、洗練されていない運用者の場合にはおそらくそれよりも非常に高く、また現在よりも過去のほうが取引コストは高かっただろう。したがって、この推定した報酬と取引コストを控除すると、分散化TSMOM戦略のシャープレシオは歴史的に1前後になる。依然として指数や実際の運用者に比べて優れているとはいえ、過去の取引コストは不明であり、高い不確実性を伴うこと

には注意が必要である。

　時系列モメンタム戦略のパフォーマンスを指数や実際の運用者と比較することよりも、ここで示したいのは、時系列モメンタムがマネージド・フューチャーズ運用者の高いパフォーマンスを説明できることである。マネージド・フューチャーズのリターンを説明するため、マネージド・フューチャーズ指数や運用者のリターンR_t^{MF}を1カ月、3カ月、12カ月の時系列モメンタムに回帰する。

$$R_t^{MF} = \alpha + \beta^1 \text{TSMOM}_t^{1M} + \beta^2 \text{TSMOM}_t^{3M} + \beta^3 \text{TSMOM}_t^{12M} + \varepsilon_t$$

　表12.2のパネル B にこの回帰の結果を示した。この結果から、時系列モメンタム戦略はマネージド・フューチャーズ指数や運用者のリターンをかなり説明できることがわかる。回帰の決定係数は高く、0.46から0.64までの範囲にある。この表にはまた、マネージド・フューチャーズ指数や運用者と分散化 TSMOM 戦略との相関も示されている。これらの相関係数は大きく、0.66から0.78の範囲にある。これも、時系列モメンタムによってマネージド・フューチャーズの戦略全体を説明できることを示している。

　記載されている切片は、時系列モメンタムを調整した後の超過リターン（すなわちアルファ）である。パネル A における伝統的な資産クラスに対するアルファは有意に正であったが、パネル B における時系列モメンタムに対するアルファはほとんどすべてが負である。大規模な運用者のリターンには上方バイアスがあるが（運用者を事後的に選択したため）、それでも時系列モメンタムはそのアルファを負にさせる。これは、時系列モメンタムがマネージド・フューチャーズの戦略全体を説明できることを表すとともに、報酬と取引コストが重要であることを示している。パネル B から得られる他の興味深い結果として、マネージド・フューチャーズのファンドにとって、短期、中期、長期のトレンドの相対的な重要性がわかる。

　要約すると、マネージド・フューチャーズの多くのファンドは時系列モメンタムだけでなく、他のさまざまなタイプの戦略を追求しているものの、ここでの結果から、時系列モメンタムによって業界の平均的なアルファを説明

表12.2　マネージド・フューチャーズのパフォーマンスを理解する

(A)　マネージド・フューチャーズ指数と上位ファンドのパフォーマンス

	BTOP 50	DJCS MF	運用者A	運用者B	運用者C	運用者D	運用者E
開始日	1987/1/30	1994/1/31	2004/4/30	1997/10/31	2000/5/31	1996/3/29	1998/12/31
平均超過リターン	5.2%	3.2%	12.4%	13.3%	11.8%	12.3%	8.1%
ボラティリティ	10.3%	11.7%	14.0%	17.7%	14.8%	17.2%	16.4%
シャープレシオ	0.50	0.27	0.88	0.75	0.80	0.72	0.49
アルファ	3.5%	1.1%	10.7%	9.3%	8.5%	9.4%	5.1%
t値	(1.69)	(0.41)	(2.15)	(2.05)	(2.05)	(2.22)	(1.17)

(B)　時系列モメンタムによるマネージド・フューチャーズのリターンの説明

	1カ月 TSMOM	3カ月 TSMOM	12カ月 TSMOM	切片（年率）	R^2	分散化TSMOMとの相関
DJCS MF	0.26(3.65)	0.56(7.69)	0.23(3.86)	−8.8%(−4.58)	0.58	0.73
BTOP 50	0.27(4.87)	0.56(9.00)	0.08(1.78)	−6.6%(−4.24)	0.53	0.69
運用者A	0.39(2.85)	0.59(4.51)	0.31(2.69)	2.8%(0.80)	0.54	0.73
運用者B	0.66(5.00)	0.35(2.56)	0.47(4.03)	−0.8%(−0.23)	0.46	0.66
運用者C	0.55(4.93)	0.52(4.47)	0.25(2.55)	0.6%(0.19)	0.55	0.72
運用者D	0.50(4.54)	0.80(6.85)	0.22(2.25)	−3.6%(−1.19)	0.57	0.70
運用者E	0.35(3.32)	0.70(6.42)	0.48(5.29)	−6.0%(−2.09)	0.64	0.78
ベータが正の割合	76%	78%	76%			

パネルAは、マネージド・フューチャーズ指数と、リッパー／タス・データベースにおいて2012年6月時点で規模が5位までのマネージド・フューチャーズ運用者のパフォーマンスを示す。数値はすべて年率換算されている。アルファは、MCSI World 株式指数、バークレイズ債券指数、GSCIコモディティ指数への回帰の切片である。パネルBは、参照期間別の時系列モメンタムに対してマネージド・フューチャーズ指数および各運用者を重回帰した係数を示す。括弧内はt値を表す。一番下の行は、リッパー／タス・データベースのすべてのファンドのうち係数が正のファンドの割合を表す。一番右側の列は、マネージド・フューチャーズのリターンと分散化TSMOM戦略の間の相関を表す。
（出所）Hurst, Ooi and Pedersen（2013）

でき、またリターンの時間変動のかなりの部分を説明できることがわかる。

12.6 実装
―マネージド・フューチャーズの運用法―

　ここまで、時系列モメンタムによってマネージド・フューチャーズのリターンを説明できることを確認してきた。実際、少なくとも机上では、比較的単純な時系列モメンタム戦略はほとんどの運用者よりも高いシャープレシオを実現してきた。この結果は、戦略が現実の世界で成功するためには、報酬をはじめとする実装上の問題が重要であることを示している。前述したように、分散化TSMOM戦略を年率10％のボラティリティで運用すると、「2の20」の手数料体系による平均報酬は年率6％になる。他の重要な実装上の問題に取引コスト、リバランス方法、証拠金所要額、リスク管理がある。

　ポートフォリオのリバランス頻度による影響を分析するために、それぞれの参照期間の時系列モメンタム戦略と分散化した時系列モメンタム戦略のグロスのシャープレシオをリバランス頻度の関数として図12.5に示した。日次および週次リバランスの結果は似ているが、月次や四半期のリバランス頻度にするとパフォーマンスは低下していく。当然ながら、短期および中期の戦略ではシグナルが速く変わるために、パフォーマンスも速く低下し、より大きなアルファの減衰につながる。

　すでに述べたように、マネージド・フューチャーズ戦略の年間取引コストは、洗練されたトレーダーでは典型的におよそ1～4％で、洗練されていないトレーダーの取引コストはおそらくそれよりも非常に高く、また以前の取引コストはさらに高かっただろう。取引コストに影響を及ぼすものは多い。取引コストの最適化を行わずに機械的にポートフォリオをリバランスすると（頻繁に市場にアクセスするほど流動性を得ることができるものの）、取引コストはリバランス頻度とともに増加する。また、取引コストは長期トレンドよりも短期トレンドのシグナルのほうが高い。ゆえに、取引コストがより重要な役割を果たす大手の運用者は、中期や長期のトレンドシグナルにより大きな

図12.5 リバランス頻度別のグロスのシャープレシオ

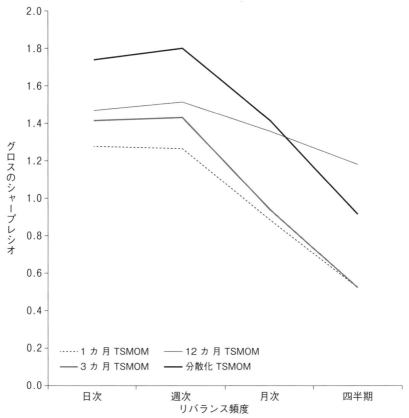

1カ月、3カ月、12カ月、および分散化時系列モメンタム戦略の取引コスト控除前のグロスのシャープレシオをリバランス頻度の関数として示したもの。

ウェイトを配分し、短期のシグナルには相対的に小さなウェイトしか配分しないのであろう。

　マネージド・フューチャーズ戦略を実装するために、運用者は証拠金をカウンターパーティ、すなわち先物取引業者や為替仲介業者（あるいは為替のプライムブローカー）に差し入れる必要がある。時系列モメンタム戦略の一般的な証拠金所要額は大手機関投資家の場合で8～12%、小規模投資家の場

合はその倍以上である。したがって、かなりの額の自由になるキャッシュがあるため、資金調達の流動性の観点から時系列モメンタム戦略はたしかに実行可能である。

　実装上の最後の問題として、リスク管理について述べておこう。本章の取引戦略の構築方法はシステマティックであり、ボラティリティを一定とする方法によって、リスクのコントロールがすでに組み込まれている。このポジションの大きさの決め方から、リスクが急上昇するとポジションを圧縮することにより、それぞれの証券のリスクはコントロールされる。さらに、銘柄間でリスクをバランスさせた分散化が常に図られている。マネージド・フューチャーズの運用者のなかには、これらにとどまらず、ドローダウンをコントロールする手法を用いたり、急激にトレンドが反転することによる損失を限定しようとトレンドの行き過ぎの特定を試みたり、レンジ内で膠着した相場でのパフォーマンスを向上させるために短期の反転トレンド（短期リバーサル）を特定しようとする者もいる。

12.7 デイビッド・ハーディング（ウィントン・キャピタル・マネジメント）へのインタビュー

　デイビッド・W・ハーディング（David W. Harding）は、マネージド・フューチャーズ投資を専門とするグローバルな投資運用会社、ウィントン・キャピタル・マネジメント（Winton Capital Management）の会長兼最高経営責任者である。ウィントン・キャピタルを起こす以前は、1987年にアダム・ハーディング・アンド・リューク（Adam, Harding and Lueck, AHL）を共同で創業した。AHLは、ヨーロッパ初のシステマティック・トレンド追随型CTAであり、その後、現在もFTSE構成銘柄の一角を占めるマン・グループ（Man Group）によって買収された。

LHP　最初はどのような経緯でマネージド・フューチャーズに興味をもったのですか。

DWH 理論物理学専攻で自然科学の学位をとってケンブリッジを卒業した後、1982年にロンドンのウッド・マッケンジー（Wood Mackenzie）という株式ブローカーでキャリアのスタートを切りました。債券分野のトレーニーでしたが、仕事を始めてから1ヵ月も経たないうちにロンドン国際金融先物取引所（LIFFE）が開設されました。LIFFEの最初の商品は債券先物でしたので、異動して取引所のフロアで働く機会が与えられました。このようにキャリアの早い段階で、先物やチャート、そして統計的なプログラミングを先物に応用することに興味をもったのです。その時、私は21歳でした。

LHP 当時の他の人々がしていたこととは対照的に、統計の技術を市場に応用しようとどのようにして決めたのですか。

DWH 私は、長い数字の羅列が上がったり下がったりするのをみてチャートを描いていました。科学者としての訓練を受け、物理の専攻でフーリエ解析をはじめとするデータ分析手法について多くを学びましたので、私にはその時みていた時系列にこれが応用できるのではないかと考えずにはいられませんでした。

LHP あなたのキャリアの針路を決めるような特別な出来事は何かありましたか。

DWH 1980年代半ばに2年間、毎日手作業でチャートを描いて過ごしました。非常に面倒なプロセスでしたが、時系列データにたくさん触れることができました。コンピュータのボタンを押すだけでチャートが現れるようでは、深くデータとかかわることはなくなります。しかし、これらのグラフを毎日手で描いていれば、データの経験的特性をじっくり考えることになります。サーベル・ファンド・マネジメント（Sabre Fund Management）で過ごした期間が、データがランダムではないという自分の感覚に大きな影響を及ぼしたのかなと思っています。

LHP チャートにはあなたの注意をひく何か特別な特徴があったのですか。

DWH トレンドです。トレンドこそだれもが探し求めているものです。ト

レンドを予言、予測しようとするためにこそテクニカルアナリストは存在します。人がデータのなかにトレンドをみるのは、データのなかにトレンドがあるからです。人はデータ中のトレンドを理解するのが得意なのです。

LHP 投資プロセスについて話していただけますか。現在の投資プロセスとそれに至った経緯をお願いします。

DWH 市場データを分析して、市場が上昇や下落する確率がちょうど50/50にはならない証拠をデータのなかに見出します。そして、勝つ確率が高いときにベットします。

LHP あなたは幅広い調査を通じて勝率が50/50でないかどうかを判断し、そのうえでシステマティックな方法で取引をするのですね。

DWH はい、そのとおりです。われわれはたくさんの市場で同時に取引し、ポジションをとったり外したりします。複雑過ぎて個人のトレーダーでは管理できないため、すべてはコンピュータ・プログラムとしてコード化されています。

LHP あいまいな情報に基づく人間の直感や判断によるトレーディングと比較して、モデル主導の投資の良い点と悪い点は何でしょうか。

DWH 長所は知的厳密さ、規律です。根拠に基づくアプローチであり、そのため投資資金をリスクにさらす前にかなり厳しい科学的な証拠が求められます。

　主な短所は、すべての要因を考慮できないことではないでしょうか。これまで起こったことがないことは、調べても何もわかりません。

LHP あなたの研究によれば、すべての投資対象に同じタイプのモデルを使うのが望ましいのでしょうか。それともそれぞれに固有のモデルを使うのがよいのでしょうか。

DWH さまざまな市場ごとに異なるモデルを使うと、データのオーバーフィッティング（過剰適合）という問題が生じます。

LHP そうした機会が生じるのは、トレーダーがすべての異なる市場にわ

たって似たようなシステマティックな誤りを犯すからなのでしょうか。

DWH　遠まわしな言い方になりますが、それはある理論のせいだと答えておきたいと思います。その理論は学者にとても愛されており、それによれば市場は効率的で、将来のすべての情報は完全に織り込まれていることになります。

　その理論の最も極端なかたちでは、市場は将来を織り込むだけでなく、すべての経済ファンダメンタルズ、会社について知られているすべてのこと、その他さまざまなことを正確に反映します。そして、市場はこの情報を統合し、完全な価格をつけるのです。

　もしこれほどまで広く信じられていなかったら、この理論はばかげていると思われたでしょう。この理論はオプションの評価と拡散過程のモデル化から生まれました。拡散過程というのはブラウン運動と熱伝導方程式を用いて価格変動を表したものです。これは短期のオプションをモデル化する際にはよい近似となりますが、あらゆるものが完全に価格に反映されるという考え方にまでこれを敷衍することは、脆弱な科学的基礎のうえに過度の荷重をかけることにほかなりません。これは科学の世界でもいわれていることです。

LHP　では、あなたのモデルは、市場が完全に効率的でないことから、どのようにして利益をあげるのですか。

DWH　市場は社会制度であり、社会制度に反映されると考えられるいろいろな現象を市場は反映しています。市場には価格形成プロセスに関するある種の物事が反映されており、明らかにこの1つは市場が系列相関する傾向です。なぜなら、考えはゆっくりと受け止められ、拡散し、熱狂が発達して、人々は過度に楽観的になり、そして失望に変わるという傾向があるためです。

LHP　マネジド・フューチャーズの価値を示す事態や出来事はありますか。

DWH　収益はサプライズから得られる傾向があり、人はサプライズを予見

するのが苦手です。過去100年の歴史を振り返ると、第一次世界大戦は青天の霹靂でした。効率的市場理論についていうと、債券の利回りと株価は1914年7月25日や23日には動きませんでした。1カ月前にフランツ・フェルディナンドが暗殺されたにもかかわらず、何が起こりそうか市場価格は知りませんでした。つまり、市場は第一次世界大戦を効率的には織り込まなかったのです。それから、ロシアで共産主義革命が起こりましたが、効率的市場理論ではわかりませんでした。第二次世界大戦、ヒトラー、軍備拡大競争、コンピュータの発明も同様です。市場が予想だにしなかったサプライズが次から次へと起きたのです。そして、この20年間についていえばきりがありません。銀行システムの崩壊をはじめ、さまざまなことが起こりました。

LHP では、マネージド・フューチャーズやトレンド追随はどうやってサプライズから利益を得るのですか。

DWH 人間の歴史には明らかに大きなサプライズがたえずありました。しかし、1つの市場だけに影響を及ぼすような小さなサプライズもあります。

LHP しかし投資家がサプライズから利益を得るには、それが完全なるサプライズではあってはならず、実際に起こる前に価格に表れる、つまり少しずつ伝播していく必要がありますよね。

DWH まあ、そのとおりなのでしょう。幸運にも、ほとんどのサプライズは徐々に広がります。効率的市場理論というおかしな考え方が成り立つためには、すべてのサプライズが即座に織り込まれなければなりません。しかし、それは絶対に不可能です。銀行システムの崩壊はうんざりするような一連の出来事とともに時間をかけて広がりました。そのため株式市場は1年かけて50%下落し、トレンド追随システムが機能したのです。

LHP わかりました。トレンド追随投資は価格をファンダメンタルズのほうに動かすのでしょうか、それともファンダメンタルズから離れる

ほうに動かすのでしょうか。

DWH　ある物のファンダメンタル価値をはっきりさせることは実際にはあまり簡単ではないと思います。ファンダメンタルズという考えは、需給を釣り合わせる1つの均衡価格が存在することを示唆しますが、当然ながら世界は均衡していません。それは、常に変化していますよね。1つのファンダメンタル価値が存在すると考えるべきではなく、ファンダメンタル価値にはとりうる値の範囲が存在するのです。そして、おそらくトレンド追随投資は値がとりうるの範囲内で価格を動かすのでしょう。

LHP　マネージド・フューチャーズ投資家がふえるとトレンドは消えるのでしょうか、それとも強まるのでしょうか。

DWH　満足のいく答えになっていないと思いますが、価格データの自己相関の範囲が変わるのだろうと思っています。つまり、トレンドの性質がいくぶん変わるでしょう。

LHP　マネージド・フューチャーズにはテールリスクをヘッジする特性があるという人がいますが、同意しますか。

DWH　どちらかというとその考え方は好きではありません。過去20年以上、株式市場の下落時に、コモディティ・トレーディング・アドバイザーのパフォーマンスは優れている傾向がありました。しかし、CTAは時に株式市場と強い正の相関をもち、時に強い負の相関をもちます。これは取引している最大の市場が株価指数だからです。もしちょうどロングにしているときに株式市場が大幅に下落すれば、テールリスクに対するヘッジという特性はまったくなく、むしろテールを悪化させる特性をもつことになります。

　CTAに投資することで得られる最大の分散効果は、将来に関する見解をもたないマネージャーに運用を委託するということです。運用を委託すると、ほとんどのマネージャーは彼らの将来の見通しを説明しようとするでしょう。将来についてなんら見解をもたないマネージャーに委託するというのは、新しいアイデアです。

LHP 投資に関する自分のアプローチを刷新し続け、研究し続けることはどれくらい重要ですか。

DWH 金融市場には最終的かつ不変的な真実は存在しません。もし、答えを見つけたと思い、やるべきことはそれを永遠に実践することだと考えれば、やがては消えゆく運命となります。競争力を持ち続けるためには、懸命に、根気強く、常に努力する必要があります。

LHP そうはいっても、シグナルなりモデルの一部なりに、あなたが1980年代に一種の出会いを果たして、いまでも使っているものがあるのではないですか。

DWH もちろんです。われわれは比較的ゆっくり取引しますので、モデルを絶え間なく大変革する状態には置かれていません。われわれは物事を徐々に変えていくとともに、長期的な研究をしています。このことによって、年月が経つにつれておそらくモデルは変化するのです。

LHP さまざまな資産クラスに配分するとき、たとえばコモディティと株式のどちらにウェイトを置くのかについては、研究のみに基づくのですか、それともなんらかのジャッジメントがあるのですか。

DWH それはなんとも研究的な質問ですが、唯一の正確な答えはありません。われわれの研究による答えは多くの場合、人々が考えているより非常に漠然としたものです。しかし、一連の期待リターンや分散行列、取引コストをもって、これらをなんらかの最適ポートフォリオに変換するには、明らかにいくつかの方法があります。

LHP あなたは、トレンド追随投資が「不可知論的（agnostic）」なかたちの投資であるといったことがありますが、この意味を教えてください。

DWH はい。トレンド追随投資が前提とする仮定は、他のタイプの投資に比べて少ないということです。われわれは、来年、再来年、さらにその翌年に何が起こりそうかという見通しをもちません。われわれには中国が急成長するか崩壊しそうかに関する見通しはありません。

たとえば、現在進行中のコモディティ不足が今後も続くかどうかについての見通しがないのです。今後10年、20年の間にコモディティがひどく不足するだろうという絶対的な確信をもってポートフォリオをせっせとつくりあげている人々がいます。それは、彼らにとって人口が増加していることが明らかだからですが、それがどうしたというのでしょう。彼らは10年前には同じことを考えていませんでした。つまり、価格が10年かけてすでに上がった後で実践しているのです。価格が上がる10年前に実践していたのなら、彼らに多大な敬意を払うでしょう。彼らがやっているのは、弱いかたちのトレンド追随投資、偶然のトレンド追随投資です。

　投資の世界で起きていることの多くは、昨日との戦いなのです。

第IV部

裁定取引戦略

第13章

裁定に基づくプライシングと取引の基礎

ウォール街では、古いことわざが次のように言い換えられている。
「人に魚を与えれば一日生かすことができるが、人に裁定取引を教えれば一生養うことができる」（しかし、彼がアイヴァン・ボウスキー・スクール・オブ・アービトラージ[1]で学べば、食事を与えるのは国家機関になるかもしれない）。

——ウォーレン・バフェット（Warren Buffett）、年次報告、1988年

教科書における裁定取引（アービトラージ、arbitrage）とは、安値買いと高値売りを同時に行うことで確実に利益をあげること指す。具体的には、ある証券を買うとともに、他の割高な証券（あるいは証券のポートフォリオ）を売る。ただし、購入する証券のキャッシュフローは、売却する証券と同じかあるいはそれを上回る。理論上、裁定取引はいかなる資金も必要とせずに、ある時点において正の確率で正の利益をもたらす。

そのような教科書的な裁定取引は現実の世界ではほとんど存在しないが、それでも実務家は、ほとんど同じ証券を魅力的な相対価格で売買する取引に対して裁定という用語を使っている。本書でも実務家が用いる意味で裁定取引という用語を用いる。安値買いと高値売りによって多くの場合に利益をもたらすと期待できるが、ほぼ常にキャッシュの支出が必要となり（たとえば証拠金所要額）、取引が収束する前に大きな損失を被る可能性もある。そして、

---

[1] （訳注）アイヴァン・ボウスキー（Ivan Boesky）は、裁定投資家として名を馳せたが、インサイダー取引により逮捕された。

裁定関係が崩れて取引がまったく収束しない重大なリスクが生じることもしばしばある。後にみるとおり、裁定の機会は、企業イベントに関連するディールリスクや、転換社債や債券市場における流動性リスクに対する報酬として生じる。裁定機会は金融市場がどう機能しているのかを知る機会にもなる。言い換えれば、裁定機会は市場が効率的に非効率であることを最も直接的に示す証である。

13.1 裁定に基づくプライシングと取引
――一般的なフレームワーク――

　ファイナンスにおける重要な洞察として、競争は裁定機会を消失させようとする強い力である。そのため、ファイナンスのモデルの多くは、裁定機会がまったく存在しないといういわゆる無裁定条件を課している。

　裁定取引はファイナンスの聖杯である。映画『インディ・ジョーンズ／最後の聖戦』においてハリソン・フォード演じる考古学の教授が学生に次のようにいう場面を思い出させる。

> **失われた都市とか、エキゾチックな旅とか、世界を掘り起こすとかいった考えを捨てなさい。地図のとおりに×印を掘って埋まった宝が出てきたためしはないのだ。**

しかし、映画の残りの部分では、彼は聖杯を探すため、これらをすべて行うことになる。同様に、ファイナンスの教授も学生に以下のようにいう。

> **簡単な金儲けとか、エキゾチックなオプションとか、世界を裁定取引するとかいった考えを捨てなさい。数学のとおりに裁定取引を行って埋まった宝が出てきたためしはないのだ。**

しかし、教室の外ではファイナンスの教授が裁定機会を探し回っていることはよくある。幸いにも裁定価格理論（arbitrage pricing theory）は、裁定機会がないときに証券価格がいかに定まるのかを示しているだけでなく、もし

裁定機会が存在するならばいかに利用するのかについても語っている。

　裁定機会が存在しないことと市場に摩擦がないことを用いるだけで、資産の相対的な価格に関する美しい理論が得られる。関連する別の証券の価値に基づいてファンダメンタル価値を計算できるという意味で、証券の価格を裁定取引によって定めることができる。裁定に基づくプライシングには以下の3つの方法がある（順に複雑になる）。

1．2つの証券のペイオフが同一ならば、これらは同じ価値でなければならない。
2．証券と同一のペイオフをもつポートフォリオが存在するならば、この証券の価値はポートフォリオの価格に等しい。このポートフォリオは複製ポートフォリオ（replicating portfolio）と呼ばれる。
3．証券と同一のペイオフをもつ資金自己調達的取引戦略（self-financing trading strategy）が存在するならば、証券の価値はこの戦略の初期コストに等しい。資金自己調達的取引戦略は、動的ヘッジ戦略とも呼ばれ、期初と期末を除いて資金の出入りが生じないようにリバランスする取引戦略である。

　もしある証券を別の証券や複製ポートフォリオ、動的ヘッジ戦略によって複製できれば、その証券の価値を知ることができる。証券が異なる価格で取引されていれば、裁定取引を構築でき、裁定取引によってミスプライスを解消させるはずである。実際に、証券の価格が複製コストより低ければ、その証券を買って複製ポートフォリオを売ればよい。証券を買うことで価格が上昇するため、裁定取引を行うことは裁定機会の排除に寄与する。

　同様に、証券の価格が価値より高ければ、証券を空売りして複製ポートフォリオを買えばよい。ここで重要なのは、証券を複製する方法を見つけることである。以下ではオプションを対象にこの方法を議論し、次章以降で他の多くの裁定取引について考察する。

　現実の世界では、トレーダーは取引コストや資金調達コストに直面するた

め、裁定取引にはコストがかかるうえ、リスクフリーではまったくない。取引コストを考慮すると、無裁定条件を用いた厳密なファンダメンタル価値の特定ができなくなるが、価値の上界と下界を見つけることはできる。先の3つのタイプの裁定取引で、摩擦の影響は順に大きくなる。タイプ1とタイプ2はバイアンドホールドであるが、タイプ3では動的な取引が必要で、高い取引コストを伴う。したがって、タイプ3に基づく裁定関係は、効率的に非効率な市場において、より容易に成り立たなくなる可能性がある。

裁定関係の強さは、自然収束する時間の有無にも依存する。たとえば、同じ証券が2つの異なる場所で取引されている場合を考えよう。一方の取引所で株式を買ってもう一方の取引所でそれを売ることができるという意味で両者が代替可能であるなら、裁定取引はきわめて簡単である。つまり、一方の取引所で「買い」のキーを叩き、もう一方の取引所で「売り」を叩くだけで取引は収束する。このタイプの裁定取引は簡単なので、現実の世界で裁定機会が生じることはほとんどなく、たとえ生じたとしてもあっという間に消えてしまう。しかし、代替可能でなければ状況は異なる。たとえば、ユニリーバのような重複上場の会社は2つの異なる取引所で取引されるが、一方の取引所で買った株式をもう一方の取引所で売ることはできない。この場合、自然収束する時間が存在せず、相対的なミスプライスは長い時間にわたって持続しうる。

13.2 オプションの裁定取引

裁定によるプライシングは、特にデリバティブ(派生証券)、つまり別の証券の価格にペイオフが依存する証券を評価する際に有用である。この別の証券を原資産(原証券)と呼ぶ。

デリバティブのうち特に重要なのがオプションである。オプションには何種類かあり、最も代表的なのがコールオプションとプットオプションである。コールオプションは定められた価格(行使価格と呼ばれる) X で原資産を買

う権利である（義務ではない）。プットオプションは定められた価格で原資産を売る権利である。ヨーロピアンオプションは満期時点でのみ権利行使可能であるのに対し、アメリカンオプションは満期までの任意の時点で行使できる。

原資産株式の現在価格 S_t が行使価格 X を上回っている場合（すなわち、もし行使すれば差額が得られる）、コールオプションはイン・ザ・マネー（ITM）と呼ばれる。また、株価が行使価格を下回っている場合、コールオプションはアウト・オブ・ザ・マネー（OTM）、$S_t = X$ の場合はアット・ザ・マネー（ATM）と呼ばれる。

満期時点でコールオプションは、OTMであれば価値がなく、ITMの場合は $C_t = S_t - X$ の価値になる。同様に、プットオプションは、ITMならば $P_t = X - S_t$ の価値があり、それ以外の場合には無価値になる。満期前には、原資産の価格がITMになる可能性がある限り、オプションが無価値になることはない。

オプションが利用される理由は多い。なかでも重要なのはレバレッジが埋め込まれていることである[2]。実際、コールオプションの買いは、購入資金の一部として X だけ借入れをして株式を買うことに似ている。同じ金額でも、株式に比べて多くのコールオプションを買うことができ、同額を投資すると、オプションのほうが大きな利益が得られる可能性がある。もちろん、リスクとリターンは関連しており、株式よりもオプションのほうが大きな損失を被る可能性もある。

ヨーロピアンオプションのプット・コール・パリティ

コールとプットの価格には密接な関係がある。このことは簡単な裁定取引によって理解できる。行使価格 X のヨーロピアンのコールオプションを買うとともに、同じ行使価格のヨーロピアンのプットオプションを売り、現在から T 年後の満期時に X になる額を銀行に預ければ、「合成」株式をつく

2　Frazzini and Pedersen（2013）を参照。

ることができる。合成株式の価格は実際の株式の価格に等しくならなければならないことから、次の古典的なプット・コール・パリティが得られる[3]。

$$C_t - P_t + \frac{X}{(1+r^f)^T} = S_t$$

プット・コール・パリティは、現実の世界でも通常成り立っている。もし成り立たなければ、比較的簡単な裁定取引の機会となるだろう。実際にプット・コール・パリティからの乖離を裁定するには、所与の収束期間、すなわちオプションの満期まで、バイアンドホールドでポジションを保有すればよい。例外の1つは株式を空売りするのがむずかしいときで、その場合には右辺が左辺より大きくなる可能性がある。

二項モデルによるオプションの裁定取引

配当支払のない株式に関するコールオプションの価値をどのように導くか、そして潜在的な取引機会をどう利用できるかを考えよう。ただし、この方法は相当に一般性があり、ほぼあらゆる原資産に関するほぼあらゆるオプションに適用することができる[4]。図13.1のように、まず株価が「ツリー」に沿って時間とともに変化することを仮定する。このツリーは枝が常に2本で、株価が各期に上昇または下落する可能性があることに対応する。満期までには複数の期間があり、終端で株価がとりうる値には多くの可能性がある。

期初におけるオプション価値を計算するためには、時点をさかのぼってツリー全体のオプション価値を計算する必要がある。終端のシナリオはオプションの満期時に対応し、オプションの価値は単純に行使または放棄した場合の価値、つまり$S-X$かゼロのいずれか大きいほうとなる。

---

[3] この形式のプット・コール・パリティは、株式がオプションの満期までに配当をまったく支払わないことが条件となる。そうでない場合は、右辺から配当の現在価値を差し引く必要がある。
[4] アメリカンデリバティブについては、ツリー上のすべての分岐点において、行使するのが最適かどうかを調べなければならない。しかし、摩擦のない市場では、配当支払のない株式に関するコールオプションの早期行使は最適ではない。

図13.1　株価の推移を表す二項ツリー

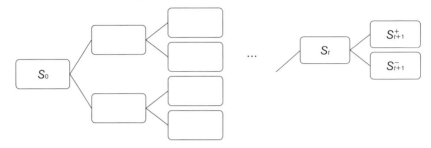

満期より前のオプション価格をどのように計算するのかをみるため、任意の時点 t におけるオプション価値を C_t と置く。現在の株価 S_t と次期になりうる株価 S_{t+1}^+ と S_{t+1}^-、さらに株価が上昇する場合と下落する場合のシナリオに対応するオプション価値（それぞれ C_{t+1}^+ と C_{t+1}^-）を所与とする。

オプションの価値を求めるには、株式とキャッシュからなる、オプションを複製するポートフォリオを求める必要がある。動的ヘッジ戦略における株数はヘッジ比率（またはデルタ）Δ_t と呼ばれ、短期金融市場に投資する額を b_t と置く。目標は、株価が上昇するか下落するかによらずヘッジ戦略がオプションの価値に一致するように、以下の式を満たす Δ_t と b_t を決定することである。

$$\Delta_t S_{t+1}^+ + b_t(1+r^f) = C_{t+1}^+$$
$$\Delta_t S_{t+1}^- + b_t(1+r^f) = C_{t+1}^-$$

この2個の変数を含む2本の方程式を解くことにより、適切なヘッジ比率は以下になる。

$$\Delta_t = \frac{C_{t+1}^+ - C_{t+1}^-}{S_{t+1}^+ - S_{t+1}^-}$$

また、対応する短期金融市場への投資額は以下になる。

$$b_t = \frac{C_{t+1}^- S_{t+1}^+ - C_{t+1}^+ S_{t+1}^-}{(S_{t+1}^+ - S_{t+1}^-)(1 + r^f)}$$

オプション価格はヘッジ戦略の現在価値 $C_t = \Delta_t S_t + b_t$ によって与えられる。簡単な計算によって、オプション価格は以下になることが示される。

$$C_t = \frac{qC_{t+1}^+ + (1-q)C_{t+1}^-}{1 + r^f}$$

ここで、$q = \dfrac{1 + r^f - S_{t+1}^-/S_t}{(S_{t+1}^+ - S_{t+1}^-)/S_t}$ は 0 と 1 の間に値をとり、株価が上昇するリスク中立確率（risk neutral probability）と呼ばれる。あたかも投資家がリスク中立的で、かつ株価の上昇確率が q であるかのように考えれば、単純な現在価値計算によってオプションの価格を導けることがわかる。リスク中立確率が存在することは、裁定に基づくプライシングで用いられる一般的性質である。リスクプレミアムはリスク中立確率のなかに隠れていて、実世界における上昇確率は通常、リスク中立確率のもとでの上昇確率よりも高い。そのために価格の上昇が実際よりも低い確率でしか起こらないかのように、証券の価格が定まる。

時点 t におけるオプション価値 C_t が各シナリオについて得られれば、同様の手法を再度使って時刻 $t-1$ におけるオプション価値を求めることができる。そして、期初時点のオプション価値が得られるまでこれを繰り返す。この方法により、株式とリスクフリー証券を用いた動的ヘッジ戦略によって、オプションのペイオフをどのように複製するか、すなわち各時点で株価に応じてヘッジをどう選ぶかがわかる。

したがって、オプションの市場価格がこの価値と異なる場合、裁定取引の実行方法を得られる。たとえば、オプションの価格が価値よりも 2 ドル高い場合には、オプションを売って、動的戦略によってオプションをヘッジすればよい。原理的には、この裁定取引によってミスプライス分の 2 ドルが期初に得られ、その後のペイオフは完全に相殺されることになる。

トレーダーは実際にこの種の取引を行っているが、物事はもっと複雑である。第一に、証拠金所要額のために、一般的にトレーダーはすぐには 2 ドル

を手に入れることができない。第二に、たとえポートフォリオ価値が満期時のオプションと同じになる（満期時点ですべてのシナリオにおいて2ドルの利益があがる）ように、トレーダーがヘッジを完璧に実行しても、満期までの間にオプションのミスプライスが急拡大して、一時的な損失に直面する可能性がある。第三に、株式は完全にはツリーどおりに変動しないため、ヘッジが完全にはできない可能性がある。

インプライド・ボラティリティに基づく裁定取引
―ブラック－ショールズ－マートンの公式―

二項モデルにおいてシナリオをさらにふやすと（あるいはモデルを連続時間で書けば）、オプション価格は以下の有名なブラック－ショールズ－マートンの公式（Black-Scholes-Merton formula）[5] に収束する。行使価格を X とするヨーロピアン・コールオプションのオプション価格 C_t は

$$C_t = S_t e^{-\delta T} N(d_1) - X e^{-r^f T} N(d_2)$$

である。ここで、δ は配当利回り、r^f はリスクフリー金利、T は満期までの期間である。また、$d_1 = (\ln(S_t/X) + (r - \delta + \sigma^2/2)T)/(\sigma\sqrt{T})$、$d_2 = d_1 - \sigma\sqrt{T}$ を表す。

d_1 と d_2 は株式のボラティリティ σ（株式リターンの年率の標準偏差）に依存する。ブラック－ショールズ－マートン・モデルの重要な知見として、オプション価格はボラティリティに大きく依存する。ボラティリティが高いほど、対応するオプション価格も高くなる。

この知見はまた、任意のオプション価格 C_t に対応するボラティリティ σ が存在することを意味する。すなわち、この σ をブラック－ショールズ－マートンの公式に代入すれば、正しい価格が出力される。この株式ボラティリ

---

[5] Black and Scholes（1973）と Merton（1973）を参照。これによって、マイロン・ショールズ（Myron Scholes、第14章のインタビューに登場する）とロバート・C・マートン（Robert C. Merton）は1997年にノーベル賞を受賞した（ノーベル賞は死後に与えられず、フィッシャー・ブラック（Fischer Black）は1995年に他界している）。

ティはインプライド・ボラティリティと呼ばれる。

　ブラック−ショールズ−マートン・モデルに従えば、同一の株式を原資産とするすべてのオプションのインプライド・ボラティリティは等しく、その株式の真のボラティリティに一致すべきである。したがって、オプション価格の比較は、インプライド・ボラティリティに注目することによって容易に行うことができる。もし、あるオプションのインプライド・ボラティリティが高ければ、ブラック−ショールズ−マートンによるファンダメンタル価値に比べて相対的に割高なため、売りの候補となる。オプションの裁定投資家は、自身で評価した真のボラティリティよりも高いインプライド・ボラティリティをもつオプションを売って、真のボラティリティよりも低いインプライド・ボラティリティをもつオプションを買うことを考える。

　もちろん、オプションの市場価格がモデルから導かれるファンダメンタル価値と異なるものになりうることは認識しておかねばならない。両者が異なる理由には、裁定機会の可能性や、モデルの誤り、真のボラティリティを推定する際の誤り、あるいはこれらの複合要因が考えられる。明らかに、ブラック−ショールズ−マートン・モデルは、現実の世界では満たされない強い仮定に基づいている。特に、現実の株価は突然ジャンプすることがあり、またボラティリティは時間とともに変化するが、これらの特徴は標準的なブラック−ショールズ−マートン・モデルでは考慮されていない（ただし、基本モデルを拡張すれば考慮できる）。OTMプットオプション（特に指数オプションで）のインプライド・ボラティリティは高くなる傾向があり、これはボラティリティ・スマーク（volatility smirk）と呼ばれている。株価のジャンプの可能性によってこの原因が説明でき、ボラティリティ・スマークには裁定機会だけでなく、実際の暴落リスクも反映されている。

　二項モデルと同様に、ブラック−ショールズ−マートン・モデルでもオプションを複製するポートフォリオを導出できる。ヘッジファンドがオプションを売る場合、次のΔ_t分の株数を買うことによってポジションをヘッジする。

$$\Delta_t = \frac{\partial C_t}{\partial S_t} = e^{-\delta T} N(d_1)$$

Δ_t は時間とともに変化するため、保有する株数を調節し続けなければならず、これを動的ヘッジと呼ぶ。ヘッジファンドは、通常少なくとも日次でヘッジの調整を行う。

13.3 需要ベースのオプションプライシング

　現実の世界では、オプション価格は裁定関係だけでなく需給の状況にも依存する。多くの投資家は株式市場の激しい暴落に対して保険をかけたいと考えるため、株価指数のプットオプションに超過需要が生まれる。さらに、下方リスクを限定しつつ市場へのレバレッジを内包したものに対する需要もオプションへの需要につながる。もし競争力のある仲介者（intermediary）がブラック–ショールズ–マートン・モデルのように完全にオプションを裁定できるなら、こうした需要によってオプションの価格が上昇することはないだろう。しかし、現実の世界では、仲介者はオプションの裁定取引を実行する際に相応のコストやリスクに直面する。それゆえ、需要圧力によってオプション価格が変化する可能性がある。人々が自動車事故の保険数理上のリスクに比べて割高な自動車保険料を払うのとまったく同様に、投資家はしばしばブラック–ショールズ–マートン・モデルが示唆するオプション価格よりも高い「市場保険料」を支払う。銀行やヘッジファンドがこの取引の反対側に立つことで得られるのは、オプション価格が効率的に非効率な水準にまで調整されることによる期待利益であり、確実な裁定利益ではない[6]。

6　Bollen and Whaley（2004）は、オプションへの需要がオプション価格を動かすことの証拠を得ている。Gârleanu, Pedersen and Poteshman（2009）は、需要ベースのオプションプライシングのモデルを整合的な証拠とともに示している。

第14章

債券の裁定取引

債券の裁定取引は、蒸気ローラーの前で小銭を拾うようなものだ。
——トレーダーの格言

　グローバル債券市場は、発行残高、売買高、関連するデリバティブ市場の規模のいずれの点においても巨大である。最も重要な債券市場は国債市場で、これに社債市場とモーゲージ債市場が続く。主要なデリバティブ市場には、債券先物、金利スワップ、クレジット・デフォルト・スワップ、オプション、スワップション（スワップ取引を結ぶオプション）がある。

　ほぼすべての債券の価格はリスクフリー金利に強く依存しているため、債券利回りと債券リターンの間にはかなりの連動性がある。したがって、債券裁定取引（fixed-income arbitrage）のトレーダーは、密接に関連する証券の間の価格差を活用するために、債券間の相対価値に基づく取引をすることが多い。証券間に密接な関連があれば、ロングとショートによって多くのリスクをヘッジできる。しかし、リスクが限定的であることや、アービトラージャー間の競争により、効率的に非効率な市場において債券間の相対的な価格の差は通常小さい。このため高いリターンを得るには、大きなレバレッジを要することが多い。相対価格の差が収束すれば、大きなレバレッジをかけた裁定取引から、ほどほどの利益が得られる（「小銭を拾う」）。しかし時として、多くの債券アービトラージャーがポジションのレバレッジを同時に外すことを強いられると、投げ売りによって甚大な損失が発生する（「蒸気ローラー」）。

古典的な債券の裁定取引の例に、既発のオフザラン銘柄をロングし、新発のオンザラン債券をショートするものがある。他の古典的な取引には、バタフライと呼ばれるイールドカーブ取引や、スワップスプレッド取引、モーゲージ取引、債券ボラティリティ取引がある。

これらの取引の詳細に立ち入る前に、最初に債券利回りと債券リターンの基礎を考えよう。すべての満期にわたる債券の利回りの集合をイールドカーブあるいは金利の期間構造と呼ぶ。債券裁定取引のトレーダーはイールドカーブのことばかりを考えている。イールドカーブが水準、傾き、および曲率によってどのように特徴づけられるかを論じる。水準は中央銀行によって設定され、傾きと曲率は将来の政策金利の期待値とリスクプレミアムによって定まる。これらの期間構造の要素をいかに理解し、期間構造に基づいてどのように取引するかについて述べる。

14.1 債券の基礎

債券利回りと価格

債券価格と債券利回りは、コインの両面である。債券価格 P を所与とすれば、最終利回り（yield to maturity, YTM）は、債券を満期まで保有する場合の内部収益率に等しい。逆に債券のYTMを所与とすれば、価格はYTMを割引率とした将来のクーポン C と額面 F の割引価値である。

$$P_t = \sum_{\text{クーポン発生日} t_i} \frac{C}{(1+\text{YTM}_t)^{t_i-t}} + \frac{F}{(1+\text{YTM}_t)^{T-t}} \quad (14.1)$$

ここで、t は現在時点、T は満期で、$T-t$ は残存期間を表す。

イールドカーブ

図14.1のように、すべての満期の債券の利回りを集めたものをイールドカーブあるいは金利の期間構造と呼ぶ。

図14.1 イールドカーブ（金利の期間構造とも呼ばれる）

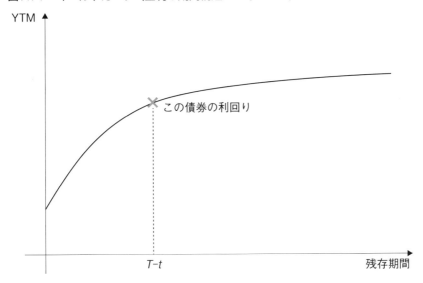

満期が同じでもクーポンレートが異なる国債が存在することがある。たとえば、新発の10年債と、20年前に元来30年債として発行された「古い」10年債があるとしよう。両者は、クーポンが異なるために利回りがわずかに異なることが多い（オンザランとオフザランに関する節で述べるように、流動性の違いにもよる）。この場合、図14.1の10年にはどちらの利回りをプロットすればよいのだろうか。この疑問に対処するため、債券トレーダーは割引債の利回りの期間構造に注目することが多い。割引債は$C=0$の債券で、その価値は１時点でのみ支払われる額面からもたらされる。割引債を観測するには、実際に取引されている割引債の価格をみる場合と、利付債の価格から割引債の利回りを推定する場合がある。実際、利付債はそれぞれのクーポンを支払う割引債と額面を支払う割引債のポートフォリオとみなすことができる。したがって、利付債の価値は割引債の利回りから導くことができ、逆もまた可能である。

債券リターンとデュレーション

債券価格と債券利回りを理解したところで、次に債券のリターンについて理解しよう。リターンは、債券を保有することで得られる利益を割合で表したものである。たとえば、債券トレーダーは、長期債の金利がパーセントの何分の1か動いただけで大金を得たり失ったりする。なぜ長期債の価格は満期の短い債券よりも、利回りの変化に対して大きく反応するのだろうか。直感的にいえば、長期間にわたってこの利回りを得ることから、影響が積み重なるためである。債券のリターンをより詳しく分析しよう。

債券を満期まで保有すれば、リターンは債券を買った時のYTMとなる（キャッシュフローをYTMで再投資できるものと仮定する）。では、短い保有期間、たとえば t から $t+1$ までの債券のリターンはどうだろうか。保有期間を1期間とした短期のリターンは以下による。

$$債券リターン_{t,\,t+1} = \frac{P_{t+1} + 得られるクーポン}{P_t} - 1 \qquad (14.2)$$

もし債券のYTMが変わらなければ、短期の保有期間のリターンはYTMに厳密に一致する（クーポンが払われるかどうかによらない）。したがって、リターンがYTMから乖離することと、利回りが変化することは同値である。クーポンと額面の支払が固定されているため、これらの確定した支払額の価値が増減するのは利回りが変化する場合のみである。式14.2からわかるとおり、債券の価格は利回りとは逆方向に動き、利回りが上昇すると価格は下落し、逆もまたそうである。したがって、利回り変化に対する価格の感応度は負で、以下の D はデュレーション（duration）と呼ばれる。

$$D_t = -\frac{\partial P_t}{\partial \text{YTM}_t} \frac{1 + \text{YTM}_t}{P_t} \qquad (14.3)$$

債券数学のマジックにより、デュレーションは、残存するすべてのキャッシュフロー（クーポンと額面）について、発生時までの期間を加重平均したものに等しいことが示される（式14.1を微分すればよい）。

$$D_t = \sum_{\text{クーポン発生日および満期日}_i} (t_i - t) w_t \tag{14.4}$$

ここで、各ウェイトw_tは、t_i時点で発生するキャッシュフローの現在価値の債券価値に対する割合を表す。

$$w_t = \frac{\text{キャッシュフロー}_t}{(1+\text{YTM}_t)^{t-t} P_t} \tag{14.5}$$

式14.4は、デュレーション（期間）という用語が用いられる理由を示しており、D_tは残存するキャッシュフローの期間$t_i - t$の加重平均を表す。たとえば、5年の割引債のデュレーションは、もちろんその満期までの期間5年に一致する。また、D_tは式14.3としても与えられており、債券の価格が利回り変化に対してどの程度敏感なのかも表している。したがって、式14.3と式14.4をあわせれば、長期債の価格は短期債に比べて利回りに対する感応度が大きいことがわかる。

デュレーションの定義から、瞬間的に利回りがΔYTM_tの変化をする際の価格の変化ΔPを算出できる。

$$\frac{\Delta P_t}{P_t} \cong -\frac{D_t}{1+\text{YTM}_t} \Delta \text{YTM}_t = -\overline{D}_t \Delta \text{YTM}_t \tag{14.6}$$

最後の等式の$\overline{D}_t = D_t/(1+\text{YTM}_t)$は修正デュレーション（modified duration）と呼ばれる。瞬間的なショックだけでなく、時点tから$t+1$までの期間の債券のリターンの直感的な表現を表すのにも、デュレーションを用いることができる。この期間においてYTMが不変ならば、債券のリターンはYTMに等しい（式14.1と式14.2を組み合わせればわかる）。YTMが変化するならば、この利回り変化は修正デュレーション（現在の利回りで計算される翌期の値）を通して追加的な影響を与える。

$$\text{債券のリターン}_{t, t+1} \cong \text{YTM}_t - \overline{D}_{t+1}(\text{YTM}_{t+1} - \text{YTM}_t) \tag{14.7}$$

図14.2のように利回りが上昇すると、式14.7からわかるとおり、この期間のリターンは低下する。しかし、利回りが上昇するために、将来の期待リターンは高くなる。割引債を満期まで保有すれば、リターンは平均的に元の

図14.2 債券のリターンとイールドカーブ変化

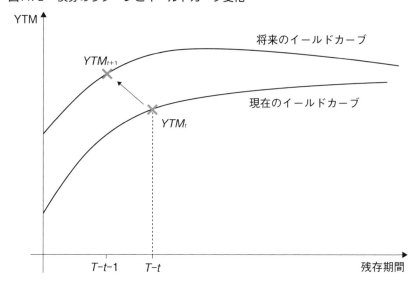

YTMに等しいままである。

レバレッジをかけた債券の利回りとリターン

多くの場合、トレーダーの関心はリスクフリー金利に対する超過リターンにあり、これに対応するのは、債券利回りが短期金利を上回る部分である。実際に、借入れをして買うことにより（その場合は債券が担保として使われる）、債券にはレバレッジがかけられることが多く、債券の超過リターンは、実質的にこうしたレバレッジのかかったポジションのリターンである。

アービトラージャーがレポ取引によって債券を担保に資金を借りる場合、レポレートと呼ばれる利子を払わなければならない（証拠金所要額に関する5.8節参照）。したがって、図14.3のように、レバレッジをかけたポジションの利回りは$YTM_t - repo_t$となる。大半の国債のレポレートはほとんど同じで、一般担保（general collateral, GC）レポレートと呼ばれる。一方、特に魅力的な担保とみなされる債券を保有するアービトラージャーは、より低いレ

図14.3　レバレッジをかけた債券の利回り

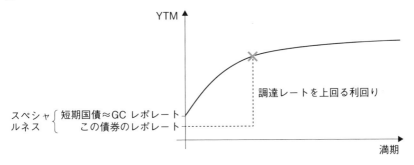

ポレートで資金を借りることができる。こうした債券をスペシャル（special）といい、レポレートの割引分をスペシャルネス（specialness）と呼ぶ。

$$\text{repo}_t = \text{GC}_t - \text{スペシャルネス}_t \quad (14.8)$$

　債券のレポレートは時間とともに変化する。この変動は主にGCレポレートの変化によって生じ、GCレポレートの変動は中央銀行の金融政策によって生じる。また、債券市場の流動性の変化に起因するスペシャルネスの変化によっても、レポレートは変動する。債券を満期まで保有する場合、もし購入時のYTMがその債券が償還するまでの期間の平均レポレートより大きければ、かつその場合に限り、投資は収益をもたらす。レバレッジをかけた債券のリターンは、資金調達レートを控除することを除いて前出の式と同じである。

$$\text{レバレッジをかけた債券のリターン}_{t, t+1}$$
$$\cong \text{YTM}_t - \text{repo}_t - \overline{D}_{t+1}(\text{YTM}_{t+1} - \text{YTM}_t) \quad (14.9)$$

イミュニゼーション

　債券裁定取引のトレーダーは、金利水準の変化、すなわちイールドカーブが上下に平行移動するリスクをヘッジしたいと考えることがよくある。このリスクをヘッジするには、ロングポジションのデュレーションを金額で測っ

たもの（すなわち、買い持ちの銘柄数x^{long}に修正デュレーションと証券価値をかけたもの$x^{\text{long}}\overline{D}^{\text{long}}P^{\text{long}}$）がショートポジションのデュレーション$x^{\text{short}}\overline{D}^{\text{short}}P^{\text{short}}$に等しくなるようにする。このいわゆるイミュニゼーション（immunization）によって、イールドカーブの瞬間的なパラレルシフトがヘッジされる。特に、$\Delta \text{YTM}^{\text{long}} = \Delta \text{YTM}^{\text{short}}$の場合は、実現する損益（P＆L）が近似的にゼロとなる[1]。

$$\begin{aligned}\text{P\&L}^\$ &\cong -x^{\text{long}}\overline{D}^{\text{long}}P^{\text{long}}\Delta\text{YTM}^{\text{long}} + x^{\text{short}}\overline{D}^{\text{short}}P^{\text{short}}\Delta\text{YTM}^{\text{short}}\\ &= 0\end{aligned} \tag{14.10}$$

コンベクシティ

前述のとおり、債券の利回りが変化すると債券価格は反対方向に反応し、その大きさは修正デュレーションと利回り変化の積によって近似的に与えられる。しかし、これは近似にすぎない。小さい利回り変化に対してはよい近似であるが、コンベクシティを用いて近似を改善できる。

$$\frac{\Delta P_t}{P_t} \cong -\overline{D}_t \Delta\text{YTM}_t + \frac{1}{2}\text{コンベクシティ}_t \cdot (\Delta\text{YTM}_t)^2 \tag{14.11}$$

コンベクシティ（convexity）は、債券価格の利回りに関する2階微分として定義され、式14.5で与えられるウェイトw_tを用いて以下のように書くことができる。

$$\begin{aligned}\text{コンベクシティ}_t &= \frac{\partial^2 P_t}{\partial(\text{YTM}_t)^2}\frac{1}{P_t}\\ &= \sum_{\text{クーポン発生日および満期日}} \frac{(t_i - t)(t_i - t + 1)}{(1 - \text{YTM}_t)^2} w_t\end{aligned} \tag{14.12}$$

債券のリターンには、コンベクシティに利回り変化の二乗を乗じたものが含まれる。これは正の値であるため、ロングの投資では、利回りが変化する際に大きなコンベクシティであることが好ましい。ロングショートのトレーダーにとっては、利回りの変化によって利益が得られることから、ロングポ

---

[1] P＆L$^\$ = x^{\text{long}}\Delta P^{\text{long}} - x^{\text{short}}\Delta P^{\text{short}}$であることと、式14.6をロングポジションとショートポジションの双方に適用して得られる。

ジションのコンベクシティがショートポジションよりも大きいことが望ましい。第15章では、転換社債のトレーダーがコンベクシティからどのように利益を得るのかについて述べる（これはガンマ取引とも呼ばれる）。

価格に織り込まれている利回り変化―フォワードレート―

債券投資家は、金利の方向感をもつことが多い。たとえば、短期金利がすでにゼロであるなら、おそらく上昇する可能性が高い。ただ、これは債券をショートすべきことを意味するかといえば、そうではない。債券の利回りには、少なくともある程度まで、すでに期待が反映されているからである。債券利回りが価格に織り込まれているよりも速く上昇する、あるいは大幅に上昇すると考えられる場合に限って、債券を空売りすべきである。しかし、織り込まれているものをどのように知ることができるだろうか。

この疑問に答えるには、現時点での投資と等価になるような将来の債券利回りを定めればよい。この将来の利回りはフォワードレート（またはブレークイーブンレート）と呼ばれる。フォワードレートを定義する前に、現時点 t における任意の満期 T の割引債利回り y_t^T を考えよう。ある将来時点 s における満期 T の債券のフォワードレート $f_t^{s,T}$ は下記の「ブレークイーブン条件」によって与えられる。

$$(1+y_t^T)^{T-t} = (1+y_t^s)^{s-t}(1+f_t^{s,T})^{T-s} \qquad (14.13)$$

言葉で表現すれば、満期 T の債券に投資した場合のリターン（式の左辺）は、満期 s の短期の債券に投資し、さらにその資金をフォワードレートで再投資した場合のリターン（式の右辺）に一致することを意味する。満期 T の長期債を時点 t で買うとしよう。将来時点 s においてこの債券の利回りがフォワードレート $f_t^{s,T}$ になれば、時点 t から時点 s までのリターンは y_t^s に等しい。債券の将来の利回りがフォワードレートより低ければ価格は上昇し、リターンは高くなる。したがって、債券トレーダーは、将来の利回りがイールドカーブから示唆されるフォワードレートよりも低いと予想すれば債券を買うだろう。フォワードレートは以下になる。

$$f_t^{s,T} = \frac{(1+y_t^T)^{(T-t)/(T-s)}}{(1+y_t^s)^{(s-t)/(T-s)}} - 1 \tag{14.14}$$

フォワードレートは、今日確定することができる将来の利回りとしてもみることができる。原理的に、満期 T の債券を買って、満期 s の債券を同額売ることにより、フォワードレートを確定させることができる。

債券トレーダーはフォワードレートを2つの方法で用いる。1つは、将来のある時点、たとえば1年後のイールドカーブ全体を計算するためである[2]。トレーダーがこのイールドカーブに注目するのは、これが彼らの将来の利回りの見通しと整合的かどうかを判断し、違いがあれば取引を行うためである。たとえば、もし1年後の9年債の利回りが非常に高いようにみえれば、10年債を現時点で買うかもしれない。

もう1つは、将来の任意の時点における短期金利の期待値を計算するためである[3]。トレーダーはこの金利パスが中央銀行の政策に関する自身の見通しと整合的かどうかを判断する。次節ではこれについて詳しく述べる。

14.2 利回りを定めるもの
―経済と中央銀行―

中央銀行は翌日物金利を設定する。これは金融政策の中心となる原理である。第11章で詳しく述べたように、ほとんどの中央銀行はインフレのコントロールと高い雇用（すなわち高い経済成長）を達成するように翌日物金利を設定する。したがって、もしインフレ率が上昇していると、中央銀行は金利を引き上げ、経済を冷ますことでインフレ率を目標値まで押し戻そうとする傾向をもつ。同様に、経済が過熱しているときも、中央銀行は金利を引き上げる。逆に、インフレ率が低下し、経済が減速している景気後退期には、中

---

[2] 数学的には、将来の時点 s（たとえば $s=1$ 年）を固定して、さまざまな満期 T に対応する $f_t^{s,T}$ を計算することを意味する。

[3] 数学的には、将来のさまざまな時点 s に関する $f_t^{s,s+1\text{month}}$ を計算することを意味する。

央銀行は金利を引き下げる。

翌日物金利は、他のすべての金利に影響を与える（これは金融政策の波及経路（monetary transmission mechanism）と呼ばれる）。これがどのように機能するかを理解するために、ある債券を時点 t から満期 T まで保有する場合のリターンを考えよう。特に、レバレッジをかけた債券ポジションを満期まで保有する場合のリターンは、単にその債券の超過リターンとみなすことができる。

$$\text{レバレッジをかけた債券リターン}_{t,T} = \text{YTM}_t - \text{平均}(R^f) \quad (14.15)$$

ここで、R^f は翌日物リスクフリー金利（たとえば前述のレポレート）で、基本的には中央銀行によって設定される。式14.15の両辺に期待値をとって書き直すと、以下の関係が得られる。これは、債券利回りの決定要因を理解するうえで重要である。

$$\text{YTM}_t = \text{E}_t(\text{平均}(R^f)) + \underbrace{\text{E}_t(\text{レバレッジをかけた債券リターン}_{t,T})}_{\text{リスクプレミアム}} \quad (14.16)$$

したがって、債券利回りは2つの要素の和として考えることができる。すなわち、(i)債券の残存期間における翌日物金利の平均の期待値と、(ii)リスクプレミアムである。最初の項は直感的で、1年債を買うことの代替は、資金を短期金融市場で再投資し続けて翌日物金利を毎日得ることである。もし、現在の翌日物金利が高く、少なくとも1年間は高いままと予想するなら、1年債を買うにはそれに対して要求する利回りも高いものになるだろう。ゆえに、中央銀行が金利を引き上げると、ほとんどの債券の利回りは上昇する傾向をもつ。このメカニズムは短期債にとってかなり強力で、長期債にとってはそれほどでもない。当然、1カ月物の債券利回りは翌日物金利に非常に近くなければならないが、30年債の利回りは大幅に乖離することもある。

古典的な期待仮説（expectations hypothesis, EH）によれば、リスクプレミアムはゼロである。EHの背景にある考え方は、怖いもの知らずなアービトラージャー間の競争によって、超過リターンがゼロとなる水準にまで価格が

押し上げられるというものである（すなわち、期待リターンは債券の残存期間にわたって期待される平均短期金利に等しくなる）。しかし、EHは過去のデータから明確に否定されている。現実の世界ではアービトラージャーは怖いもの知らずではなく、リスクをとることに対して報酬を求める。リスクプレミアムが平均的にゼロではなく、一定でもないという2点において、EHは成立していない。

第一の点について、債券のリスクプレミアムは平均的に正である（ゼロではない）。したがって歴史的に、レバレッジをかけた債券ポジションは平均的に利益をあげてきた。この期待利益は期間プレミアム（term premium）と呼ばれる。期間プレミアムは、資金をリスクフリーの短期金融市場に置くのではなく、長期債（価格は突然下落する可能性がある）に置くことで「資金が縛られる」ことに対する報酬である。長期の債券は短期の債券に比べて大きなリスクと期待リターンをもつため、期間プレミアムは満期とともに増加する傾向がある[4]。

EHに関する第二の問題は、債券の利回りが現在および将来の翌日物金利の期待のみに基づいて動くことをEHが意味している点である。たしかに債券の利回りは短期金利の変化に応じて変動するが、他の理由によっても変動する。したがって、債券の期待超過リターン（すなわちリスクプレミアム）は、時間とともに変動し、債券間でも異なる。この後で述べるように、たとえばキャリーが変化すれば債券の期待リターンも変化する。さらに、投資家のリスク許容度が変われば、あるいは年金基金の金利ヘッジへの需要が変動すれば、あるいは特定の債券に対する大きな需要があれば（たとえば中国の通貨準備による投資）、あるいは政府が新たに債券を発行すれば、債券の期待リターンは変わりうる。こうした供給と需要の効果は、イールドカーブのいわ

---

[4] 単位リスク当りの期待超過リターン、すなわちシャープレシオは、短期債が最も高い。その理由は、投資家がリスク調整後リターンそのものを得ることはできないため、短期債で大きな超過リターンを得るためにはレバレッジをかけなければならないことによる。また、期間プレミアムを得たい投資家は短期債にレバレッジをかけるよりもレバレッジをかけない長期債のほうを好む。よって、短期債はより大きなシャープレシオをもたらすことになる（Frazzini and Pedersen, 2014）。

ゆる特定期間選好理論（preferred habitat theory）の基礎をなしている。

14.3 期間構造の水準、傾き、曲率に基づく取引

すでに述べたように、すべての満期にわたって債券の利回りを集めたものを期間構造（term structure）と呼ぶ。期間構造はかたちを変えながら時間とともに変動する。原理的には、期間構造の形状は無限にあり得るが、その変動の大部分は水準、傾き、曲率によってとらえることができる。債券裁定取引のトレーダーは、こうした期間構造の各次元に基づいた取引を行うことができる。

水準に基づく取引

　期間構造の水準に基づく取引とは、単純に金利の上昇や低下にベットすることを指す。金利が上昇すると思えば、債券をショートする。単に金利の水準にベットするのであれば、あらゆる種類の債券や債券先物が対象になるだろう。同様に、金利が低下すると思えば、債券を買う。

　水準の方向にベットする取引は、中央銀行の行動に関する見通しや、背景にあるマクロ経済ファンダメンタルズ、特にインフレや経済成長の見通しに基づいて行われる。こうしたマクロの方向へのベットは、まさにグローバルマクロのトレーダーの領域であり、典型的な債券裁定取引のトレーダーは相対価値取引により着目する。

　債券裁定取引のトレーダーは、各国の金利水準の差にベットすることもあるだろう。たとえば、利回りが低下しそうな国の債券に投資する一方で、金利がより上昇しそうな国の債券をショートする。こうした相対価値取引では、金利のグローバルな水準に対してヘッジしつつ、ローカルな金利差にベットすることになる。

傾きに基づく取引

　債券アービトラージャーは、期間構造の傾きを利用した取引をすることもできる。たとえば、2年債を買って10年債を売るといった、いわゆる「カーブのスティープナー」を買うことがある。これがスティープナーと呼ばれるのは、2年債の利回りが10年債に対して相対的に低下する、すなわちイールドカーブがスティープ化するときに利益が得られるからである。逆の取引は「フラットナー」と呼ばれる。

　この取引のポジションの大きさをどのように決めればよいのか考えてみよう。トレーダーが2年債を1本買うとしたら、これに対して10年債をどれだけショートすべきだろうか。ショートする10年債の本数をxとすると、瞬間的な利回り変化による損益P＆L$^\$$は以下になる。

$$\mathrm{P\&L}^\$ \cong -\overline{D}^2 P^2 \Delta \mathrm{YTM}^2 + x \cdot \overline{D}^{10} P^{10} \Delta \mathrm{YTM}^{10} \qquad (14.17)$$

ここで、2年債に関するすべての変数には上付添字「2」をつけている（すなわち、修正デュレーションは$\overline{D}^2$、価格はP^2、利回り変化は$\Delta \mathrm{YTM}^2$）。10年債についても同様である。トレーダーによって方法が多少異なるものの、自然な方法として、ポートフォリオのデュレーションを中立とするように、すなわち期間構造の水準変化の影響を消すように（水準へのベットから分離して傾きにベットするため）、xを選択する。したがって、$x = \overline{D}^2 P^2 / (\overline{D}^{10} P^{10})$を得る。これにより、$\Delta \mathrm{YTM}^2 = \Delta \mathrm{YTM}^{10}$となるイールドカーブの水準変化に対して、実現する損益はほぼゼロになる。また、$\Delta \mathrm{YTM}^2 < \Delta \mathrm{YTM}^{10}$となってイールドカーブがスティープ化すれば損益は正になり、フラット化すれば負になる。

　たとえば、クーポンが4％で、価格が$P^2 = P^{10} = 1,000$の2つのパー債券（価格が額面に等しい債券）を考えると、修正デュレーションは$\overline{D}^2 = 1.9$と$\overline{D}^{10} = 8.1$で、$x = 0.23$となる。すなわち、傾き取引では、2年債のロングに対してその約4分の1の大きさの10年債をショートすることになる。このようなポジションになるのは、長期債は価格のボラティリティが大きく、イールドカーブの水準変化に対する感応度は2年債より大きいためである。

デュレーションをあわせるのではなく、ロングとショートのポジションのボラティリティをあわせるようにヘッジ比率を決める場合もある。もしこれらの債券の利回りのボラティリティが等しければ、デュレーションをあわせるのと同じである（リターンのボラティリティは近似的にデュレーションと利回りのボラティリティの積である）。しかし、長期債の利回りのボラティリティは短期債よりも小さい傾向がある。

曲率に基づく取引─バタフライ─

　債券トレーダーは、イールドカーブ上で相対的に「割高」や「割安」にみえる年限を特定したいと考えることがよくある。たとえば、ある債券トレーダーは、イールドカーブの曲率を過去の典型的な形状と比較し、曲率の平均回帰にベットする。彼らは期間構造の形状をモデル化し、債券の実際の利回りがモデルによる利回りと大きく乖離する年限に着目する。経済学者は、こうした差異を「プライシングエラー」と呼び、市場価格が正しく、期間構造モデルが誤って的を外していると考える。トレーダーはそれほど謙虚ではなく、こうした差異を「取引機会」と呼ぶ。債券の実際の利回りがモデルによる利回りより低ければ、市場利回りがモデル利回りに収束し、価格が下落することを期待して、債券トレーダーはこの債券を空売りする。

　市場利回りとモデル利回りの差異がプライシングエラーなのか、それとも取引機会なのか、どうすればわかるだろうか。簡単にいえば、差異に基づく取引をして損をすればプライシングエラーであり、そうでなければ取引機会である。これを前もって知るにはどうすればよいのだろうか。確実な方法はないが、徴候はあるだろう。たとえば、利回りが「非常に低く」みえる債券があり、その債券を特別な理由で必要とする、価格にあまり敏感ではない保険会社が大量に買い続けたばかりだとしよう。そのような需要圧力によってトレーダーは、異常な価格が取引機会の存在を示しているという確信を得る。また、システマティックなトレーダーは、取引シグナルが過去において機能したのかどうかを知るために、価格差異に基づく取引全般のバックテストを行う。

図14.4 バタフライ取引

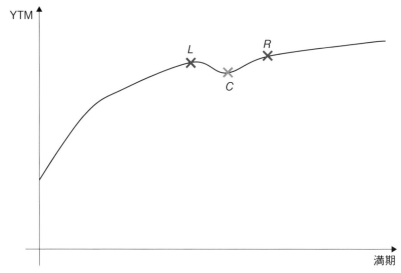

債券アービトラージャーは、債券 C の利回りが低過ぎると判断して空売りする。ヘッジとして債券 L と債券 R を買う。

図14.4のとおり、バタフライ取引はこのような異常な債券に対して逆方向にベットするもので、同時にこれを挟む2つの債券を買うことによってヘッジする。中央の債券 C の利回りは異常に低いが、これはたとえば、複数の年金基金が負債に一致させる好ましい手段としてこの債券を大量に買っていることなどによる。債券のアービトラージャーは、この低い利回りを観察し、それが経済ファンダメンタルズではなく、年金基金の買い圧力によって引き起こされたものだと判断すれば、この債券の空売りをする。

アービトラージャーはヘッジとして、図14.4のように、満期の短い左側の債券 L と、満期の長い右側の債券 R を買う。左側の債券は C よりも期間が短く、右側の債券は C よりも長いため、ヘッジポートフォリオ全体は C に類似したものとなるが、平均利回りは C よりも高い。したがって、ヘッジによって大きなリスクを取り除くことができ、相対価値評価による収益を追求することが可能になる。では、ヘッジ・ポートフォリオのウェイトはど

図14.5 バタフライ取引：期間構造の水準変化

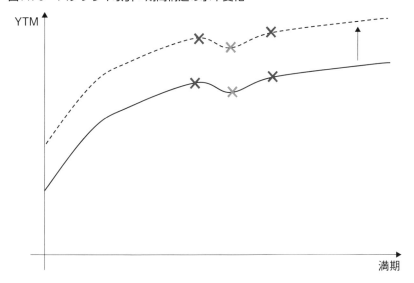

う決めればよいのだろうか。バタフライ取引の美しさとして、期間構造の水準および傾きの両方をヘッジできる。

実務において、ヘッジを具体的に定める方法は各種あるが、ここでは簡単な例を考えよう。アービトラージャーが債券 C を空売りして、左側の債券を x^L、右側の債券を x^R だけ買うと、損益は以下になる。

$$\mathrm{P\&L}^\$ \cong \overline{D}^C P^C \Delta \mathrm{YTM}^C - x^L \overline{D}^L P^L \Delta \mathrm{YTM}^L - x^R \overline{D}^R P^R \Delta \mathrm{YTM}^R \quad (14.18)$$

表現が多少複雑になったため単純化しよう。すなわち、債券の数量ではなく、得られる金額デュレーションに着目する。具体的には、$D^{\$,L} = x^L \overline{D}^L P^L$、$D^{\$,R} = x^R \overline{D}^R P^R$、$D^{\$,C} = \overline{D}^C P^C$ とすれば、式14.18は以下になる。

$$\mathrm{P\&L}^\$ \cong D^{\$,C} \Delta \mathrm{YTM}^C - D^{\$,L} \Delta \mathrm{YTM}^L - D^{\$,R} \Delta \mathrm{YTM}^R \quad (14.19)$$

図14.5が示すような期間構造の水準変化をヘッジするためには、$\Delta \mathrm{YTM}^C = \Delta \mathrm{YTM}^L = \Delta \mathrm{YTM}^R$ となるショックの影響を受けないようにしなければなら

図14.6 バタフライ取引:期間構造の傾き変化

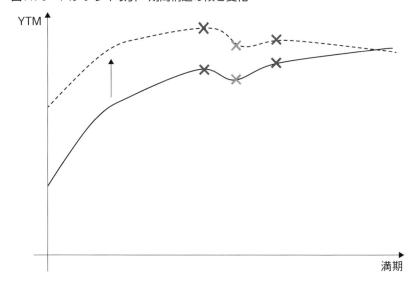

ない。ゆえにポジションの大きさは以下の関係を満たす必要がある。

$$D^{\$,C} = D^{\$,L} + D^{\$,R} \tag{14.20}$$

図14.6のような傾きのヘッジも同様に行う。典型的な傾きの変化が $\Delta YTM^L = \beta \Delta YTM^C$ および $\Delta YTM^R = \gamma \Delta YTM^C$ で与えられると仮定しよう(パラメータ β, γ はたとえば期間構造モデルから導出される)。このとき、以下によって傾きをヘッジする。

$$D^{\$,C} = \beta D^{\$,L} + \gamma D^{\$,R} \tag{14.21}$$

2個の未知数をもつ2本の方程式を解くと、以下を得る。

$$D^{\$,L} = \frac{(\gamma - 1)}{\gamma - \beta} D^{\$,C}, \quad D^{\$,R} = \frac{1 - \beta}{\gamma - \beta} D^{\$,C} \tag{14.22}$$

図14.6に示すようなケースとして、たとえば $\beta = 0.9$, $\gamma = 1.1$ と仮定する

図14.7 バタフライ取引：期間構造の「ねじれ」の変化

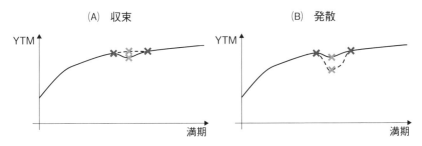

と、$D^{\$,L} = D^{\$,R} = 0.5 D^{\$,C}$ となる。この選び方は直感にあう。すなわち、ヘッジ側全体の金額デュレーションは空売りした債券に等しく、そのうち半分は短期側の債券に、残り半分は長期側の債券による。ヘッジ側のデュレーションが空売りした債券に一致しているため、水準変化はヘッジされ、ヘッジに短期側と長期側が含まれていることによって傾きの変化もヘッジされる。

最後に、債券 C の周りで期間構造の「ねじれ」の大きさに変化があるとしよう。単純化のため、図14.7に示されているように、債券 C の利回りが ΔYTM^C だけ変化し、その他の債券の利回りは変わらないものとする。すなわち $\Delta \text{YTM}^L = \Delta \text{YTM}^R = 0$ とする。この場合の損益は以下になる。

$$\text{P\&L}^\$ \cong D^{\$,C} \Delta \text{YTM}^C \neq 0 \tag{14.23}$$

このヘッジは、ねじれの変化に対しては効力がないことがわかる。実際、アービトラージャーがベットしているのはまさにこのねじれであり、このリスクをヘッジしたくはない。アービトラージャーが期待しているのは、図14.7の(A)のように、ねじれが消えて（$\Delta \text{YTM}^C > 0$）、利益を得ることである。逆に、図14.7の(B)のように、ねじれが拡大するとアービトラージャーは損失を被る。これは、たとえば債券 C を買っていた年金基金が、その債券をさらに買い増す必要が突然に生じた場合である。

14.4 債券のキャリーとキャリー取引

期待リターンは時間を通じて変動し、銘柄によっても異なる。債券トレーダーは高いリターンを探している。債券の高リターンを予測する特性の1つに、キャリーの高さがある[5]。債券のキャリーは、イールドカーブの水準、傾き、曲率に基づく取引はもちろん、次節で考察するオフザラン銘柄とオンザラン銘柄の債券取引にも利用することができる。

債券のキャリーとは、市場が同じ状態を保った場合に得られるリターンである。単純なキャリーの指標は、自身のYTMが変わらないとした場合のリターンで、式14.7からわかるとおり、このキャリー指標は、単純にその債券のYTMである。より洗練されたキャリーの指標は、金利の期間構造全体が同じ形状を保つ場合のリターンにより与えられる[6]。

$$\text{債券のキャリー}_{t,\,t+1} \cong \text{YTM}_t^{満期 T} - \overline{D}_{t+1}\left(\text{YTM}_t^{満期 T-1} - \text{YTM}_t^{満期 T}\right) \quad (14.24)$$

ここで、右辺の第1項は現時点における利回りで、第2項はロールダウン・リターンと呼ばれる。ロールダウンは、図14.8に示すように、期間構造が変化しないという仮定のもとで、満期に近づくことによる債券価格の上昇の期待値を意味する。

たとえば、2013年の秋、米国10年国債の利回りは約2.6%と歴史的に非常に低い水準にあった。しかし、イールドカーブの傾きは比較的大きく、ロー

---

[5] Koijen, Moskowitz, Pedersen and Vrugt（2012）は、債券のキャリーが債券のリターンを予測することを示している。Ilmanen（1995）やCochrane and Piazzesi（2005）は、債券リターンの他の予測変数について報告している。

[6] 式14.24は近似であり、厳密なキャリーはフォワードレート$f_t^{T-1,\,T}$である。債券のキャリーとしてフォワードレートが現れるのは意外かもしれないが、よく考えれば直感にあう。もしイールドカーブが不変ならば、債券はtから$t+1$までの期間にキャリーを稼ぎ、残りの$t+1$からTまでの期間の利回りはYTM$_t^{満期 T-1}$で、平均すると現在の利回りYTM$_t^{満期 T}$となる。フォワードレートは、tから$T-1$までYTM$_t^{満期 T-1}$のリターンを稼ぎ、残りの$T-1$からTまでフォワードレートで稼ぐ場合のリターンが現在の利回りに等しくなるものとして定められる。どちらの利回りを先に稼ぐかは関係ないため、キャリーはフォワードレートに等しい。

図14.8 債券のキャリー：利回りとロールダウンの和

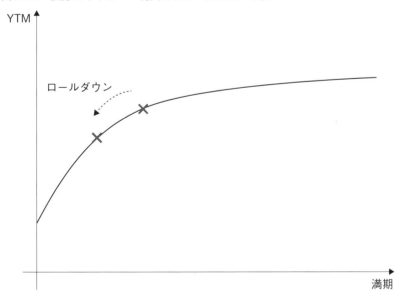

図14.9 キャリーと債券のリターン

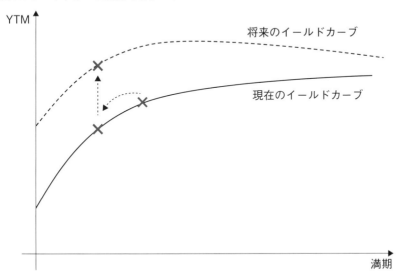

ルダウン・リターンは1.6%であった。これは、8年というデュレーションに9年と10年の国債の利回り格差0.20%をかけて計算される。したがって、トータルキャリーは2.6%＋1.6%＝4.2%となる。この値は、特に短期金利が0.25%に満たないことを考えれば、低いものではない。

　もちろん、債券の実現リターンは通常、キャリーとは異なる。図14.9のとおり、実現リターンは、キャリーに金利の期間構造の変化による価格上昇が加わる。

　前述の期待仮説（EH）では、債券の期待リターンは一定とされる。したがって、この仮説に従えば、（イールドカーブの好ましくない変化によって）高いキャリーは価格の低下によって相殺されるため、高いキャリーは高いリターンを予想しない。しかし、実証的にみてEHは成立していない。これは、キャリーが取引のシグナルとして使える可能性があることを意味するため、債券トレーダーにとって好ましい情報である。

14.5　オンザランvsオフザラン

　オフザラン銘柄と引き換えにしたオンザラン銘柄の取引は、古典的な国債の裁定取引である。この取引は、キャリー取引やバリュー取引、あるいは収束取引として理解できる。割高な低キャリー債券と引き換えに割安な高キャリー債券を購入し、価格の収束によって手早く利益が得られることを期待する。以下にその手法をみよう。

　オンザラン国債とは新たに発行された国債を指す。発行されたばかりで、活発に取引され流動性が非常に高い。すなわち、低い取引コストで容易に売買できる。さらに、貸し手が安全で流動性が高い担保を好むため、レバレッジをかけるトレーダーにとって、オンザラン銘柄の調達は容易である。このためオンザラン銘柄のレポレートは低い傾向がある。一方、オフザラン国債は発行から時間が経過した債券で、市場の流動性や調達の流動性が劣る。結果として、オフザラン国債は割安で、利回りが高い。

図14.10のパネルAにみられるように、オンザラン銘柄とオフザラン銘柄の利回りスプレッドは大きく変動する。ロングターム・キャピタル・マネジメント（LTCM）の出来事があった1998年の流動性危機や2008〜2009年の世界金融危機の時期に、利回りスプレッドは拡大した。スプレッドが小さかったのは、トレーダーが利回りを求めて流動性が十分にあった期間である。たとえば、危機前の2007年前半には、スプレッドは低下して安定的に推移した。これは豊富な流動性をもつ債券裁定取引トレーダーがスプレッドのほとんどを消失させたことによる。

　図14.10のパネルBは、世界金融危機時の2008年11、12月に、イールドカーブが興味深い形状だったことを示している。もともと30年国債として発行された既発10年国債の利回りは、新発10年国債の利回りから大きく乖離している。流動性が高い期間に、イールドカーブはこれよりも正常で滑らかなかたちをしている。

　典型的なオンザラン／オフザラン取引は、「割安な」オフザラン国債を買って、「割高な」オンザラン国債を空売りすることによって行われる。レバレッジをかけたポジションの1期間の損益は以下になる。

$$\begin{aligned} P\&L_{t,\,t+1} &= 利回り格差 - 資金調達スプレッド + 価格上昇格差 \\ &\cong (YTM_t^{off} - YTM_t^{on}) - (repo_t^{off} - repo_t^{on}) \\ &\quad - \overline{D}(\Delta YTM_{t+1}^{off} - \Delta YTM_{t+1}^{on}) \end{aligned} \quad (14.25)$$

割安なオフザラン銘柄の利回りのほうが高いため、第1項の利回り格差は正である。第2項の調達スプレッドは、オフザランの調達レートのほうが高いことから、損益を押し下げる。最終項の利回りの相対的な変化は明らかに事前にわからない。しかし、オンザラン銘柄が新しくなくなりスペシャルネスが薄れるにつれてオンザラン銘柄とオフザラン銘柄の利回りが収束し、正の損益をもたらすことが期待される。

　債券裁定取引のトレーダーは、オンザランとオフザランのスプレッドが大幅に拡大したときにこの取引を始めようとする。しかしもちろん、このスプレッドがさらに拡大する可能性は常にある。債券トレーダーは時に逆の取引、

図14.10 オンザラン／オフザランの利回りスプレッド

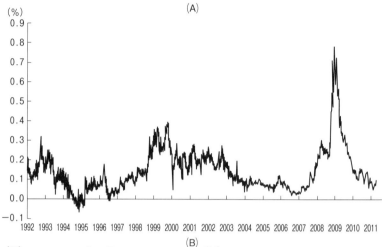

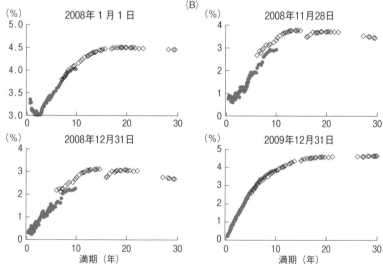

(A)は、10年国債のオンザラン銘柄とオフザラン銘柄の間の利回りスプレッドの時系列を表す。(B)は、選択した4つの時点における全年限のイールドカーブを表す。当初発行年限が30年の債券（オフザラン）は菱形（◇）で、その他のすべての債券は黒丸（●）で示されている。10年債のオンザランとオフザランの相違が世界金融危機時にはっきりみられる。
(出所) パネルA：AQRキャピタル・マネジメントのデータを使用、パネルB：Gürkaynak and Wright（2012）

つまりオンザラン銘柄を買ってオフザラン銘柄をショートする取引を行うこともあるだろう。この逆の取引は、利回りスプレッドが近い将来に拡大することにベットするもので、その根拠は、たとえば現在のスプレッドが異常に低い、あるいは、流動性危機が迫っているといったものである。

14.6 スワップとスワップスプレッド

　金利スワップは、固定金利ローンのキャッシュフローを変動金利ローンのキャッシュフローに交換するデリバティブである。固定金利を支払うカウンターパーティは「ペイヤー（払い手）」と呼ばれ、固定レートを受け取るカウンターパーティは、「レシーバー（受け手）」と呼ばれる。ここでは、レシーバー（債券をロングする投資家と同じように金利リスクに直面する）の視点からみることにする。

　レシーバーはスワップレートと呼ばれる固定金利YTM^{swap}を受け取り、変動のLIBORレートr_t^{LIBOR}を払わなければならない。したがって、それぞれの期のネットの受け取り額は、$YTM^{swap} - r_t^{LIBOR}$に想定元本（たとえば10万ドル）と支払いの期間をかけたものになる。交換する固定金利ローンと変動金利ローンの間で想定元本が相殺されるため、満期時において元本の交換はない。店頭（OTC）取引の伝統的なスワップでは、期初に現在価値がゼロとなるようにスワップレートを設定するが、スワップ契約の締結には一般に証拠金所要額が伴う。金利スワップ契約の市場価値はゼロに近く、値洗いされるため、カウンターパーティのクレジットリスクは限定的である。

　スワップのレシーバーは、レバレッジをかけて国債をロングするのと同様のポジションをもつ。レポレートで調達した国債の（額面価額での）所有者もまた、$YTM^{Treasury}$の固定クーポンを受け取る一方で、レポによる資金調達の利息$repo_t$を支払う。こうしたレバレッジがかかった債券では、借り入れた資金で購入するために期初での支払はほとんどなく（ただし証拠金所要額は要求される）、ポジションを満期まで保有すれば額面を借入れの返済にあて

ることになる。このことから、スワップと完全に類似している。レバレッジをかけた債券の資金調達コスト控除後の利回りは$YTM^{Treasury} - repo_t$となる。

スワップスプレッドは、国債のYTMと対応する満期のスワップレートとの差を表す。

$$スワップスプレッド = YTM^{swap} - YTM^{Treasury}$$

スワップスプレッドは正になる傾向がある。つまり、スワップレートは国債金利より高くなりやすい。この理由はいくつかあり、最も重要なのは、スワップの変動金利であるLIBORがレポレートよりも高い傾向があるためである。スワップは他方に高い変動金利をもつことから、交換するもう一方の固定金利も高いはずである。LIBORがレポレートよりも高いのは、LIBORが無担保の（つまりリスクのある）銀行借入れに対応する金利であるのに対し、レポレートは担保国債で保証された借入れに対応することによる。

スワップスプレッドは正になることが予想されるが、典型的なスワップスプレッド取引に、スワップスプレッドの「タイトナー」の買いがある（この反対は「ワイドナー」である）。この取引は、スワップをロングする一方で、レバレッジをかけた国債をショートする。スワップスプレッドのタイトナーは、短中期的にスワップスプレッドが縮小することへのベット、あるいは、スワップスプレッドが残存期間を通じて調達スプレッド$r_t^{LIBOR} - repo_t$の平均の期待値よりも大きいことにベットするものである。歴史的にスワップスプレッドは調達スプレッドよりも大きいことが多く、これはタイトナーのキャリーがプラスであることを意味する。

14.7 クレジットリスクとクレジット取引

企業は倒産する可能性があり、社債はデフォルトする可能性があることから、社債の利回りは当然に国債よりも高い（政府もまたデフォルトする可能性があるが、ほとんどの国ではありそうもないとみなされることが多い。企業のク

レジットリスクに焦点を当てるために、ここでは国債のクレジットリスクを無視する）。クレジットスプレッドは、同等な満期をもつ国債の利回りを上回る、社債に約束された利回り部分を指す。

$$\text{YTM}^{\text{社債}} = \text{YTM}^{\text{国債}} + \text{クレジットスプレッド}$$

クレジットスプレッドはクレジットリスクに当然に依存し、(i)デフォルトが起こる確率と(ii)デフォルト時の損失率の2つの要素に分解できる[7]。デフォルト確率と損失率の積がデフォルトによる期待損失率である。投資家はリスクに対する報酬としてリスクプレミアムを要求するため、クレジットスプレッドは一般的にデフォルトによる期待損失率よりも高い。

$$\text{クレジットスプレッド} = \underbrace{\text{デフォルト確率} \times \text{損失率}}_{\text{デフォルトによる期待損失率}}$$
$$+ \text{クレジットリスクプレミアム}$$

債券アービトラージャーは、ファンダメンタル面から企業のクレジットリスクを評価してクレジット分析を行い、社債を取引するだろう。その際に、このクレジットスプレッドは、デフォルトリスクや期待回収率と比較してどのくらい大きいのかを問う。リスクに比べてクレジットスプレッドが大きければ、期待リターンは高い。債券トレーダーはこうした割安で期待リターンが高い債券を買って、国債やスワップをショートすることで金利リスクをヘッジする。企業固有のデフォルトリスクの多くは分散化により消去できるが、市場全体のクレジットリスクの変化は残る。市場全体のクレジットリスクを負う判断をする債券トレーダーもいれば、過大評価された社債やCDXのようなクレジット・インデックスをショートしてヘッジしようとする者もいる。同様の取引は、クレジット・デフォルト・スワップ（CDS）、ソブリン債、ローンを用いて行われることもある。

債券トレーダーはまた、資産クラスをまたがる相対価値取引も考察する。対応するCDSと引き換えに社債を取引し、いわゆるCDS−債券ベーシスに

---

[7] 損失率はデフォルト時の損失を割合で表したもので、いわゆる回収率と密接に関連している。デフォルトした債券の損失率が40%の場合、60%の回収率に対応する。

ベットする。CDXクレジット・インデックスをその構成銘柄のCDSと引き換えにする取引や、CDXのトランシェを互いに引き換えに取引をする。資本構成裁定取引（capital structure arbitrage）を行うこともあり、同一企業の社債と株式、劣後債と優先債、異なる通貨建てで発行された債券、CDSと株式や株式オプションをそれぞれ引き換えに取引する。資本構成裁定取引は、権利（株式と社債）が別でも、これらはすべて同一の企業価値に依存しているために、互いに密接に関連するはずだという考え方に基づく。たとえば、株価や株式リターンのボラティリティ、債務水準に着目すれば、（Merton (1974) のモデルを用いて）企業がどの程度デフォルトに近づいているのかを推定することができる。企業価値が債務水準まで下落し、株式価値が消滅する時点でデフォルトが発生するためである。これによって社債の公正価値を推定し、市場価値と比較することが可能になる。両者に違いがあれば、株式と引き換えに社債を取引できる。

14.8 モーゲージ取引

債券トレーダーはモーゲージ担保証券（mortgage-backed securities（MBS）、不動産担保証券）を取引することも多い。MBSは、住宅ローンの支払を裏付けとする証券で、通常は政府系機関によって保証されている。最も単純な証券はパススルー債で、これは実質的に、住宅ローンの全支払額を債券の保有者が持ち分に応じて受け取るものである。

最も単純なモーゲージ関連取引は、いわゆるモーゲージ・ベーシス取引である。この取引ではMBSを買い、国債やスワップをショートすることによって金利リスクをヘッジする。基本的な考え方は、国債の利回りよりも高いMBSの利回りから利益を得ようとするものである。当然ながら、MBSの高い利回りは、この取引の裏にあるいくつかのリスクに対する報酬である。第一に、MBSには若干のクレジットリスクがある。ただし、担保の質の高さや超過担保、政府による保証により、このリスクは小さいと考えられる。一

方、期限前返済リスクは深刻なリスクになりえて、負のコンベクシティを伴う。すなわち、金利が低下すると期限前返済が増加して満期が短くなるため、金利の低下は（ショートしている）国債ほどにはMBSに恩恵をもたらさない。これとは逆に、金利の上昇は、期限前返済の減少によって国債と同じ程度にMBSの価格下落要因となる。さらに、MBSのベーシス取引は流動性リスクにさらされている。危機時にはMBSの流動性が突如として低下することがあり、これを担保に借入れをするのがむずかしくなる可能性がある。

　さらに複雑なものとして、MBSの「発表前」（to-be-announced, TBA）先物、住宅ローンプールのトランシェ（利息のみおよび元本のみのトランシェを含む）、民間組成のモーゲージプール、商業用モーゲージ担保証券（commercial mortgage backed securities, CMBS）、不動産投資信託（real estate investment trust, REIT）などが、ロングショートの相対価値取引の対象となる。

14.9 金利ボラティリティ取引と他の債券裁定取引

　金利関連オプション商品を取引する債券トレーダーもいる。これには、スワップション、キャップ、フロアー、債券先物オプションがあり、ボラティリティの方向にベットする取引と相対価値取引の双方がある。ボラティリティの方向にベットする取引では、デリバティブのインプライド・ボラティリティと、自身が予測する実現ボラティリティを比較し、インプライド・ボラティリティが低ければ、デリバティブを買うとともに現物債や債券先物、スワップを用いて金利リスクをヘッジする。一方、インプライド・ボラティリティが高ければ、逆の取引を行ってデリバティブをショートする。また、債券裁定取引のトレーダーは相対価値に基づくボラティリティ取引を行い、異なるデリバティブの価格を比較して、相対的な魅力度に基づいてロングとショートのポジションをとる。

　最後に、債券のアービトラージャーはこれら以外にもさまざまな取引を探求している。たとえば、地方債スプレッド、新興国債券、現物債市場（最割

安受渡（cheapest-to-deliver）銘柄を考えることによる）に対する債券先物のベーシス、仕組み型クレジット商品（structured credit）、ブレークイーブン・インフレ率の取引などがある[8]。

14.10 ノーベル賞受賞者マイロン・ショールズへのインタビュー

マイロン・ショールズ（Myron Scholes）は、ブラック－ショールズ－マートンの公式としてとりわけ有名な、デリバティブの価値を決定する新たな方法を開発したことにより、1997年にノーベル賞を授与された。いくつかの教授職を歴任し、現在はスタンフォード大学経営大学院のフランク・E・バック・ファイナンス名誉教授である。また、プラチナム・グローブ・アセットマネジメント（Platinum Grove Asset Management）の会長、ロングターム・キャピタル・マネジメント（Long-Term Capital Management）のプリンシパル兼リミテッド・パートナー、ソロモン・ブラザーズ（Salomon Brothers）のマネージング・ディレクターも務めてきた。博士号とMBAをシカゴ大学から、学士号をマクマスター大学から授与された。

LHP　あなたに初めて会った日のことをはっきり覚えています。ノーベル賞を受賞した日のことでした。当時LTCMにいたあなたが、突然スタンフォード大学に現れたのです。私は授業を休んで記者会見に出席しました。

MS　いうまでもありませんが、とても興奮しました。言葉では言い表せません。ペブルビーチで講演があったために近くにいて、受賞を知ったのは講演の直前でした。その後、名誉教授であるスタンフォードに出向きました。

---

[8] 多くの債券裁定取引に関する「実務家向けガイド」としてHuggins and Schaller（2013）、債券モデルを詳しく分析したものとしてMunk（2011）、各種の債券裁定取引におけるリスクとリターンの分析についてはDuarte, Longstaff and Yu（2007）を参照。

LHP　あなたが自分の学術的なアイデアを現実の市場に適用しようと考えたのはどうしてですか。

MS　長年学者をしているなかで、仲介プロセス（intermediation process）がどのように機能するかを経験し、深く理解するには、フルタイムで学者をするのを一度やめて、業界にかかわるのが自分にとって興味深いだろうと感じたのです。

　水を遠くからみたときの見え方と、ぴったり近づいてみたときの見え方は違います。遠くからみたときに穏やかにみえるものも、近づけば混沌としているようにみえます。混沌とした世界での経験が理論的な能力と結びつき、自分独自の見方を得られるのではないかと感じたのです。そのような理由で、しばらくソロモン・ブラザーズで働くようになりました。

LHP　ほとんどの人は、ブラック―ショールズの公式と聞いてまず株式オプションのことが頭に浮かびますが、あなたは債券の裁定取引に着目しました。なぜですか。

MS　そうですよね。債券裁定取引に魅力を感じるようになったのは、ごく当たり前に分断化されている顧客（clientele）[9]が存在するというアイデアについて長年考えた後です。保険会社や年金基金は、金利カーブの最長期部分に存在する傾向があります。マクロヘッジファンドは自らのマクロ的な見方を表現するのにカーブの10年部分を使いますし、モーゲージ債などの発行体はカーブの10～15年部分にいます。また、カーブのより短い年限部分には銀行や企業などがいて、借入れや投資を行っています。

　そして、モディリアーニ（Modigliani）の見方（米国ファイナンス学界の会長講演で述べられている）にあるように、顧客が生じて、市場はある程度分断化されます。これにより仲介者（intermediary）にとっては、カーブのまったく異なる部分を結びつける機会が得ら

9　（訳注）本章における顧客とはclienteleのことで、特定の年限やセクターを選好する投資家層のことを指す。

れ、市場はより効率的になります。市場でいかに顧客が生じて、仲介者が市場をどのように円滑にするのかを考えることは、ほとんどが機関投資家で占められる債券市場の魅力的な部分です。

　また、債券には多くのオプションが埋め込まれており、コンベクシティ問題もあります。私はそういった複雑なモデルに惹かれたのです。多くの市場参加者はオプションが埋め込まれている商品を保有したがらず、コンベクシティのリスクを抑えたいと考えます。彼らがそのような商品を安く売る結果、コンベクシティやコンベクシティヘッジについて理解する投資家にとっては、そのリスクを市場仲介により引き受けて将来に持ち越す機会となるのです。

LHP　つまり大局的にみて、債券裁定取引のトレーダーは、顧客の間を仲介し、コンベクシティのヘッジに応えているのですね。債券裁定取引について詳しく話していただけますか。

MS　債券裁定取引とは、市場のフローから生じる需要と供給の不均衡を仲介することです。このためには、フローを理解して対応できなければなりません。ほとんどの機会は平均回帰的な取引です。その際に主要な問題となるのは、平均回帰が起こるまでにどの程度の時間を要するのか、投資家の参入やポジションの変化によって需給の不均衡が和らぐまで、どの程度の反対方向のフローが継続するのかということです。システムは、正と負のフィードバックの組合せです。

　平均回帰の取引では、均衡値すなわちモデル価値から価格が乖離する原因を理解して、平均に回帰する速度や均衡値に戻るまでにかかる時間を推定し、予想される資本利益率（return on capital）を確定させるためにポジションの維持にはどの程度の資本が必要かを考慮する必要があります。

　債券裁定取引には大きく分けて、カーブ取引、スプレッド取引、コンベクシティ取引、およびベーシス取引の４つがあります。

LHP　その主な４つの取引について説明していただけますか。ベーシス取引については、ほとんど同一だが異なる価格で取引されている２つ

の証券や証券バスケットを取引するものとして、私は定義しています。

MS　そのとおりで、ベーシス取引は重要です。スプレッド取引はより方向にベットするもので、類似する2つの投資対象を利用します。たとえば、国債とスワップの間にはスプレッドがあります。あるいは、イタリアの債券とドイツの債券のスプレッドを利用する取引もあります。さらに、ドイツのスワップとイタリアの債券の間のスプレッドに拡張することもできるでしょう。したがって、これらの取引の一部には、方向だけでなく、クレジットの要素もあります。

LHP　ということは、スプレッドがどのように変化しそうなのかについて、見通しをもつのですね。

MS　そうです。述べたとおり、スプレッド取引はより方向にベットする取引です。不均衡を生じさせている原因がわかれば、たとえ方向やクレジットのリスクをいくらかとっても、不均衡を仲介する機会を得ます。たとえば、投資銀行は大量の仕組み商品を発行することがあり、その際、彼らはスワップ市場でリスクを外したいと考えます。この需要によってスワップ市場でヘッジが行われると、原債券に対するスプレッドを拡大あるいは縮小させる原因になります。ここで、投資銀行は客と取引する価格を決めるために市場価格を用いることに注意が必要です。彼らは市場で相対的に価格を設定するのです。仲介者は、均衡モデルを用いて仲介する価格を決定します。

LHP　次は、カーブ取引についてお願いします。

MS　マネージド・フューチャーズのファンドやジョージ・ソロスのようなマクロトレーダーが、たとえば日本の債券価格が上昇しそう、すなわち利回りが低下しそうだと考えているとしましょう。彼らは日本の債券先物を買うことでその見通しを実行します。なぜなら、彼らにとって見通しを実行する最も簡単な方法が先物だからです。彼らは通常、現物の日本国債を買うことはないでしょうし、そのための設備ももっていません。彼らの専門はマクロ取引であり、日本の

債券価格が上昇するか下落するかを判断することです。

　この先物取引の（需要あるいは供給の）反対側にいるのがディーラーです。ディーラーは自分のリスクをヘッジしなくてはなりません。なぜなら、ディーラーの収益源は市場の方向を予測することではなく、先物取引のビッド・アスク・スプレッドだからです。したがって、たとえば、ディーラーがマクロトレーダーに先物を売る場合、最割安受渡銘柄の債券を買うことによってリスクを直接ヘッジします。ほとんどの場合、最割安銘柄は7年債です。これにより、隣接する満期の債券との間に不均衡が生じます。つまり、10年債と5年債の適当な組合せに比べて、7年債が割高になり、供給と需要の不均衡が生まれます。このとき、カーブトレーダーは7年債をショートして、リスクをヘッジするために10年債と5年債を適切な組合せで買います。カーブの7、10、5年という部分には非常に短い間隔しかありません。7年債は2年後には5年債になるのです。さらに長い年限のカーブ取引として、期間構造の10年部分と30年部分の間の取引があります。顧客効果によって、債券価格が常に効率的とは限らないことに注意が必要です。効率的にさせるのは仲介者の役割であって、これによって仲介者は利益を得るのです。

　別の例として、ヨーロッパの多くの年金基金では（たとえばオランダ）、株式部分に損失が生じると、カーブの最長期にある債券を買って債務をヘッジすることが求められます。2002年に株式市場が下落した時（2008年も同様）、年金基金は株式を売却してカーブの最長期部分の債券を買うことを強いられました（ほとんどの年金の債務は長期なので、金利が低下するほどその傾向が強まる）。厳しい制約条件のもと、あらゆる政府年金基金は迅速に負債をヘッジする必要に迫られ、カーブの最長期部分でスワップの固定受けポジションをとりました（後でスワップから債券に乗り換えるため）。この結果、スワップの価格を競り上げ、彼らがスワップで受けることができる固定レートは債券に比べて非常に低くなりました。これは年金基金が

市場で引き起こした不均衡によるものです。結果として、金利カーブの最長期部分が中期部分に比べて非常に割高になり、30年（のスワップ）を売って10年を買うとともに、カーブの傾きや水準の変化によるリスクをヘッジするために2年部分も買うというカーブ取引が可能になります。このとき、（スワップのみの）カーブ取引も可能ですし、カーブ取引とスプレッド取引の組合せも可能です。どちらにするかは、需要とポジションを構築し維持するコストによって決まります。

LHP コンベクシティ取引の話もありましたね。

MS はい。まず、モーゲージ市場には2種類のコンベクシティ取引があります。第一のタイプは借換えが急増するときにみられます。こうした時期は、一般に住宅ローン金利が低下するときで、住宅ローンのオリジネーターは借り手に対し、将来のある時点に契約が始まる新しい住宅ローンの提供を約束します。借換需要が加速すると、住宅ローンのオリジネーターは事務手続を完了するためにさらに時間がかかるようになります。結果として、住宅ローンの供給が短期的に急激に増加します。たとえば、自分の家に古い住宅ローンがあり、借換えによって、1、2カ月後に新たな住宅ローンを組むとしましょう。オリジネーターはこの新たな住宅ローンの金利を確定するのと同時には契約を結べないという摩擦があります。そのためオリジネーターは、新しい契約が締結されて古い契約が完済されるまで、住宅ローン契約の先渡しに付随するリスクをヘッジしたいと考えます。こうして借換えの供給が増加すると、住宅ローンのオリジネーターによるコンベクシティ・ヘッジへの巨大な需要が生じるのです（オリジネーターはオプションを与えていることになるため、リスクをヘッジしなければ金利上昇時に損失を被る）。そして、この金利確定オプションを与えていることによって生じる不均衡を仲介する機会が生まれるのです。

　もう1つのコンベクシティ取引のタイプは、住宅ローン債権回収

業者（サービサー）に関係するものです。彼らは住宅ローンが残存する限り毎年報酬を受け取って住宅ローンの回収業務を提供します。金利が上昇すると、借換えの可能性は低下し、報酬の受け取り期間が延びます。これは彼らにとっては好ましいことです。一方で、もし金利が低下すると、借換えによって住宅ローン業務の報酬が打ち切られてしまうのではないかと懸念します。そのため、彼らは、カーブの最長期部分や、投資銀行が組成する仕組み商品を買って、報酬を受け取れる期間の変化をヘッジしようとします。たとえばコンスタント・マチュリティ・スワップやコンスタント・マチュリティ住宅ローン証券で、収入フローを保護します。彼らはオプションによるプロテクションを買っているのです。この結果、仲介者は反対側に立って、こうした不均衡を仲介します。

　債券の不均衡はこのようなホールセール市場において生じます。投資家に固有の制約条件や需要は何か、こうした需要はどのように変動するのか。また、ブローカー・ディーラーはこうした需要をどのように満たすのか、そして、どのようにしてこれがカーブ上で（あるいは地域を横断して）仲介が可能になる顧客効果（clientele effect、特定の地域や投資対象における需要と供給の不均衡が価格に反映されてそれが伝達されること）につながるのか。顧客の需要は、顧客のなかで垂直的に満たされヘッジされます。債券裁定取引はカーブ上で水平的に行われるものです。

LHP　もし明らかな機会があるとしても、実際にフローを特定できなかったり、その機会をつくりだしている需要圧力を特定できなければ、取引を躊躇するのですか。

MS　ええ、もちろんです。フローが理解できなければ躊躇します。方向にベットしないなら、債券ビジネスの大部分は負のフィードバック型のビジネスです。方向へのベットは、正のフィードバック型すなわちトレンド追随型です。トレンド追随は常に平均回帰とは相いれないため、問題はこの2つをどう統合させるかです。フローには常

に悩まされます。たとえ仲介機会があっても、資本利益率があまりに低ければ、最初は取引を始めません。そのフローを理解するまで待つのです。しかし、前に述べたように、金利の動きによって、実際にフローを観測しなくても、フローを予測することができます。

LHP 取引フローがどこから出てきているのかがわからなければ、その裏にどのくらいの潜在的なフローがありそうかもわからないのではないですか。

MS そのとおりです。それが正のフィードバック、すなわちモメンタム効果なのです。仲介者はフローに逆らうことによって損失を被ることになり、初期にはポジションで損失が生じます。しかし、もし判断が正しければ平均回帰の機会が増し、ポジションをふやすことができます。

LHP どのようにすれば、取引フローの出所がわかり、取引をいつ行うべきかわかるのでしょうか。

MS 不均衡がどこから生じているかがわかると、市場を理解するのに役立ちます。だからこそ、ビジネスの経験と知識が重要なのです。均衡金利モデルを用いると、解析的に不均衡を見つけることができ、ブローカー・ディーラーの助けを借りると、なぜ不均衡が存在するのかを説明できます。債券裁定取引が興味深い点の1つは再保険ビジネスに似ているところです。つまり、ブローカー・ディーラーは仲間内でリスクを再保険し合っているのです。彼らはよく、市場の状況をヘッジファンドに話そうとしますが、彼ら自身のリスクを移転したければ、そうすることが彼らにとって都合がいいのです。彼らは、客の需要を満たすことと自らのヘッジの両面からスプレッドを決めるため、ヘッジコストを引き下げることができれば、客からサービスをさらに欲してもらえるでしょう。そして、保険会社が再保険会社と再保険の契約をするのとまさに同じことが、ブローカー・ディーラーがリスクを外す際に金融市場で起きるのです。彼らはリスクをヘッジするためにリターンをあきらめてもかまわない

と考え、彼らがヘッジしたいと思う理由を他者に説明するのです。

LHP　つまり、あなたが正のフィードバックと負のフィードバックについて話をする際に念頭にあるのは、負のフィードバックはフローに逆らって取引して流動性を供給することに対する報酬を得ようとするもの、正のフィードバックはトレンドに乗ろうとするものということでしょうか。

MS　そのとおりです。基本的には、資本利益率が高くなるまですぐにはフローに逆らうような売買はせず、フローに付き合うという考え方です。小銭程度に割安なものなら放っておくかもしれませんが、ある程度割安なら参戦するということです。仲介者は、フローが彼らに逆らって続くことを常に恐れています。これは彼らにみえません。波が重ね合わさるように市場の需要が大きくなるかもしれませんが、波がおさまれば仲介者は儲かります。そうなれば、均衡価格に向かうようなフローが生じます。

LHP　あるいは、小銭程度に割安なだけならショートすることさえありますか。

MS　そうかもしれません。トレンド追随投資は、マクロ経済の進展や政府の行動に関する理解に基づくか、価格変動の統計モデルに基づきます。価格が上昇するとさらに価格が上昇しやすくなります。とはいえ、トレンドが続くかどうかを判別するのは可能なことではありません。

LHP　市場にストレスがかかると、なぜスプレッドが拡大しやすいのですか。

MS　物理的資本と人的資本の両方が不足します。つまり、仲介者にとって混乱時には何が起きているかを理解するのに十分な時間がないのです。金融においては、カレンダー時間ではなくボラティリティ時間が重要なのです。平穏な時期には、物事を理解し、質問をし、取引を行うための十分な時間が仲介者にあります。しかし、市場のボラティリティがきわめて高い時期には、仲介者は判断を下すのに十

分なカレンダー時間がとれません。そのために難局にあたるだけの十分な人的資本がなくなるのです。ボラティリティ時間は、市場価格を理解するためにとても重要です。その結果、仲介者は市場から資本を引き上げて、仲介をすべきかや、どのように行うのかが判明するまで資本を使おうとしません。仲介者がリスクを縮小するとフローは好ましくない方向に動き、仲介者が投じた資本に損失が生じます。つまり、リスクを減らさなければならないときには、仲介者は流動性の需要者になるのです。そして、混乱した市場で金融機関と投資家はより多くの仲介サービスを必要とします。スプレッドは広がり、市場価格は均衡価値から乖離します。ショックの時期に、均衡価格がどの程度変わったのか、需要と供給の不均衡がどの程度拡大したのかを市場参加者は整理しなければなりません。それには時間がかかります。

LHP 最後に、ソロモン・ブラザーズや、LTCM、プラチナムの経験から得られた、最も重要な教訓は何でしょうか。

MS 債券裁定取引ビジネスの運営において、資本構成の問題がとても重要だということです。ヘッジファンド内でこれを行うなら、通常、レバレッジは資本構成の一部です。したがって、ショックに備え、ショック時に保有するポジション全般に発生する損失に備える計画を立てる必要があります。スキルがあることや、不均衡を理解して仲介できる能力はもちろんですが、資本構成の効能を理解することはとてもむずかしく、とても重要なのです。つまり、ポジションに対する負債とそのデュレーション、ポジションの裏付けとなる自己資本、そしてビジネスに資金を投じている投資家からの信頼です。これがむずかしいのは3つのことを同時に扱わねばならないからです。つまり、どの資産を買うのか、どのビジネスに参入するのか、実際にどのように資金調達を行うのかということです。三点目については、株式か負債か、それとも両者の組合せなのかや、特別な時期において株式保有者や負債保有者がどのような需要をもつのかを

考えなければなりません。ショックが発生すると、再保険サービス（仲介サービス）をディーラーに提供することや、ディーラーから資金を借りることが非常に困難になります。仲介者の状況が悪化すると、ディーラーは短期的になり、サービスを提供しているさなかに、貸したがらなくなるのです。そして、ショック時には、仲介者は既存のポジションから損失を被り、リスクを削減しなければならず、機会を分析する時間を費やして、損失を引き受ける投資家の信頼を維持する必要があります。レバレッジをかけたビジネスを運営することは、ロングオンリーのビジネスよりもずっとむずかしいのです。したがって正しい形態は、ロングオンリーのビジネスの範囲内で仲介し、ロングオンリーの仕組みのなかで証券を借りてリターンを向上させることかもしれません。これによって、仲介プロセスにおけるレバレッジ要素の死荷重コスト（deadweight cost）を抑制できるからです。

第 15 章

転換社債の裁定取引

> 転換証券……と株式の間に存在する価格の関連性を予想し、分析する。これによって、将来の価格の関連性と利益を予測することができる。勝つためには、個々の証券の価格を予想する必要はない。
> ——Thorp and Kassouf（1967）

15.1 転換社債とは

　転換社債（convertible bond）は、株式に転換できる社債である。したがって、転換社債は実質的に普通社債とワラントが組み合わされたもので、定められた価格で新規発行される株式を買えるコールオプションが組み込まれている。転換社債にはいくつかの重要な特徴がある。もちろん額面は保有者が満期時（満期前に転換されていないか、期限前償還されていない場合）に受け取る額で、クーポンは期中で支払われる利息である。転換比率は、転換社債を転換することで受け取る株式数を表す。転換価格は、転換する際の１株当りの名目上の株価（社債の額面を基準とする）である。したがって、以下の関係式が成立する。

$$転換比率 = 額面 / 転換価格$$

いわゆるパリティ価値は、即座に転換する場合の転換社債の価値を指す。

$$\text{パリティ価値} = \text{転換比率} \times \text{株価}$$

多くの転換社債では発行体による期限前償還が可能（コーラブル）で、他のオプション性が付与されている場合もある。期限前償還が可能な転換社債は、ある種の制約のもとで、発行体が満期日前に償還できる（つまり、額面価額を支払ってクーポンの支払を止める）。典型的な制約条件に期限前償還留保期間があり、ある一定期間は期限前償還ができない。

　転換社債は少なくとも1800年代から発行されてきたが、米国が誕生して間もない頃は、とりわけ鉄道の資金調達のために発行された。今日では、転換社債は強い資金需要を有する小規模な会社によって発行されることが多い。企業が転換社債を発行する理由はさまざまである。転換社債による資金調達コストは、買い手が転換オプションも受け取るため、普通債務に比べて低い（すなわちクーポンが低い）。転換社債は自己資本を希薄化するものの、実際に株式を発行するほどではない（たとえば、1株当り利益の希薄化は小さい）。さらにヘッジファンドや他のアービトラージャーにとって転換社債は普通社債よりもヘッジしやすいため、転換社債を迅速に売り出すことができる。転換社債は引受けによって売り出されるのが普通で、わずか1日程度しかかからない。SEC（証券取引委員会）に未登録のいわゆる144a証券として売り出されることが多く、この場合には適格機関投資家（qualified institutional buyer, QIB）の間でのみ取引が可能で、登録されるまでの間は特に流動性が低い。一般の市場で売り出せるようになるのは登録されてからとなる（通常は3〜6カ月後）。流動性リスクプレミアムと逆選択のために、転換社債の売出し価格は平均的にディスカウントされることが報告されている（株式公開（initial public offering, IPO）の公募価格に類似している）。したがって、転換社債の裁定取引による利益の一部は、発行市場に参加し、募集額以上に申込みのある債券の割当てを確実に受けられるよう奔走することによって得られる。

15.2 転換社債裁定取引の流れ

　転換社債の裁定取引の歴史は転換社債そのものと同じくらい長いことが知られている。ウェインスタイン（Weinstein）は1931年の本*Arbitrage in Securities*で、簡単な転換社債裁定取引について述べている。オプション価格のブラック-ショールズ-マートンの公式に先立ち、ソープ（Thorp）とカッスーフ（Kassouf）は、1967年の本*Beat the Market*でこの取引を大きく発展させている。

　概略としては、取引はきわめて単純である。すなわち割安な転換社債を買って、株式をショートしてヘッジする。このポジションがポートフォリオの全体で、さらに金利やクレジットリスクのヘッジを加えることもある。秘訣は転換社債が割安かどうかを判断して、適切なヘッジを定めることであり、この際にオプションプライシングの技術が役立つ。

　おもしろいことに、転換社債の裁定取引では方向がほぼ決まっていて、通常は転換社債を買って株式をショートする。ただし、転換社債の価格が割高ならば、ヘッジファンドは転換社債をショートして株式を買うという逆の取引をすることもある。転換社債をロングすることが多いのは、おそらくは流動性リスクに対する報酬として、歴史的に転換社債が割安だったことによる。

　実際に、転換社債の割安さは効率的に非効率な水準にあり、流動性に対する需要と供給が反映されている。転換社債は迅速に資金を調達したいニーズをもつ企業によって発行され、その多くはレバレッジをかけて転換社債の裁定取引を行うヘッジファンドによって購入される。転換社債の供給がヘッジファンドの資本やレバレッジの利用可能性に比べて相対的に大きければ、より割安になる。たとえば、転換社債ヘッジファンドが大量の資金流出に見舞われる際や、取引銀行が資金供給を引き上げる際に、転換社債は非常に割安になるとともに流動性が低下する。

　図15.1に取引の流れを簡単に示した。まずトレーダーは、転換社債を発行市場で安く買うか、流通市場で割安なものを見つけてロングする。そして、

図15.1 転換社債の裁定取引の流れ

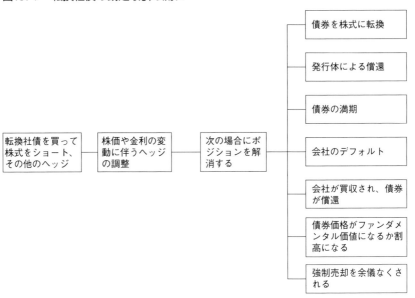

原証券である株式をショートして転換社債をヘッジする。さらに、普通社債の空売りや、オプション取引によってヘッジの精度を高めることもある。ただし、こうしたヘッジは非常にコストがかかるため、銘柄固有のクレジットリスクを分散化させて、ポートフォリオレベルで全体のクレジットや金利のエクスポージャーをヘッジするほうがより安価である。

その後、転換社債の裁定取引トレーダーは転換社債のクーポンを受け取るとともに、ショートしている株式の配当を負担し、株価の変化に応じてヘッジの調整を行う。

図15.1のとおり、取引の解消はさまざまである。転換社債を株式に転換すると、株式の大部分は空売りしているショートポジションのカバーに使われ、残りは売却される。転換は、一般に取引が成功する終わり方である（転換の最適タイミングについては後述する）。また、転換社債は単純に満期になることもあれば、発行体によって期限前償還されることもある。ほかに可能性のある帰結として、会社がデフォルトすることや買収されることがあるが、

こうしたイベントは通常、トレーダーにとって好ましいものではない。さらに、債券が十分に割高になって利益を確定させる場合や、追加証拠金のために売らざるをえなくなる場合に、トレーダーは転換社債のポジションを解消することもある。

15.3 転換社債の評価

　転換社債は、オプションのプライシング技術を用いて評価することができる。簡単なのは、普通社債の価値を考えて、これにブラック－ショールズ－マートン・モデルを用いて算出したコールオプションの価値を加える方法である。この方法は、転換時における株式の購入の対価が現金ではなく転換社債で、債券価値が変動することを考慮していないため、厳密ではない。またこの方法では、期限前償還の可能性など、転換社債の目論見書に含まれるすべての特殊条項を考慮できるわけではない。したがって、転換社債のプライシングモデルのほとんどは、ブラック－ショールズ－マートンの枠組みを拡張したものに基づき、二項モデルや偏微分方程式といったオプションのプライシング方法を用いて数値的に解く。簡単にいえば、こうしたモデルでは、株価が推移する可能性のある経路をツリーや格子で表現して、それぞれのノードにおける転換社債の価値を計算し、時間をさかのぼってバックワードに現在の価値を算出する。

　この計算（今日では標準的な金融工学の手法である）の詳細には立ち入らず、図15.2に示すように、転換社債の価値が株価にどのように依存するのかについて直感的に考えよう。この図で、点線は普通社債（すなわち、転換オプションがない債券）の価値を表す。デフォルトリスクがないと仮定すれば、普通社債の価値は株価には依存しない。すなわち、点線は水平である。破線はパリティ価値、すなわち直ちに転換する場合の価値である。当然ながら、パリティ価値は株価に対して線形であり、その傾きが転換比率である。満期での転換社債の価値は、これら2本の線の上側の包絡線となる。ホッケース

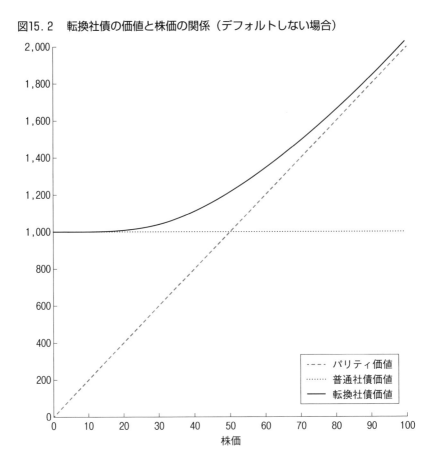

図15.2 転換社債の価値と株価の関係（デフォルトしない場合）

ティックのようなかたちをしていて、株価が0から50までの範囲では1,000の価値で、株価がさらに高くなると価値も上昇する。転換社債の保有者は、株価が50以下の場合には転換を選択せずに債券の価値を受け取り、株価が50を超える場合には転換するのが最適となる。

　満期前の転換社債の価値は滑らかな曲線（実線）になり、オプション価値があるためにホッケースティックよりも上になる。この理由を理解するために、たとえば、株価が50である場合を考えてみよう。株価が上昇すれば転換社債は1,000以上の価値になり、株価が下落すれば1,000の価値になるため、

図15.3 転換社債の価値と企業価値や株価の関係

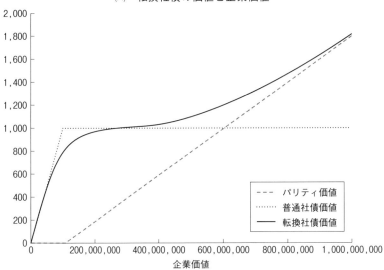

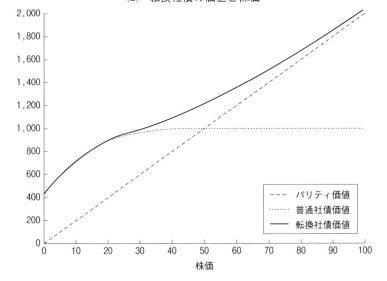

明らかに転換社債の現在価値は1,000以上である。1,000と1,000より大きい値の平均はもちろん1,000より大きい。どの程度1,000を超えるかは、残されている時間の長さと、株式のボラティリティに依存する。

図15.2は倒産のリスクがない企業によって発行された転換社債の例を考えたものであるが、図15.3は倒産する可能性がある場合を表す。(A)は、x軸が株価ではなく企業全体の価値である。この企業には1億ドルの総負債があり、企業価値がこの水準を下回ると倒産するものとする。すべての債券の保有者の優先順位が同じ（たとえば、転換社債が現存する唯一の負債）ならば、企業価値が0から1億ドルに増加するとき、満期時点における未転換の社債の価値は0から額面まで増加するが、企業価値が1億ドル以上でも普通社債の価値は額面にとどまる。デフォルトリスクは企業価値を原資産とするプットオプションの売りと似ている。満期前の時点における転換社債の価値はさらに複雑な形状をしていて、企業価値が非常に低い部分では（デフォルトリスクによって）凹で、それよりも高い部分では（転換オプションの価値によって）凸となる。

図15.3の(B)は、株価の関数として転換社債の価値を描いた。パリティ価値は前のものと同じであるが、普通社債の価値は異なる。この図は満期前の時点における、デフォルトリスクを反映した普通社債の価値を表している（x軸を株価として満期時の価値を描くのはむずかしいため）。ここでも転換社債の価値は凹と凸の形状になる。

15.4 転換社債のヘッジ

転換社債価値の計算とヘッジ比率の計算には密接な関係がある。実際、最適ヘッジ比率は、原株式の変化1単位当りの転換社債の価値変化によって与えられる。

ヘッジ比率は、アービトラージャーが市場中立（マーケットニュートラル）になるよう転換社債ごとに空売りすべき株式数であり、通常デルタΔで表さ

図15.4 転換社債のヘッジ

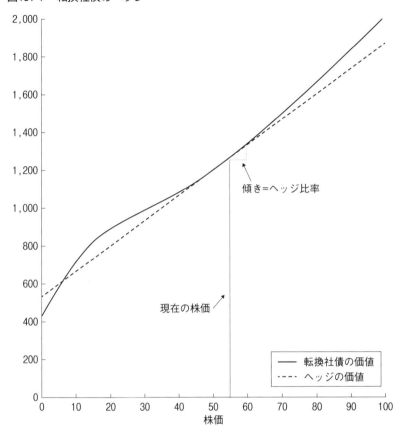

れる。図15.4のように、裁定トレーダーは、ヘッジの株価感応度が転換社債の株価感応度に等しくなるように、ヘッジ比率を選ぶ必要がある。

図15.4は、現在の株価が55である場合の最適ヘッジ比率を表している。点線は転換社債の価値に対する接線で、傾きがヘッジ比率を表す。明らかにヘッジ比率は株価に依存するため、株価が変動すれば、転換社債アービトラージャーはヘッジ比率を再調整する必要がある。株価が非常に高くなれば、転換の可能性がより高まり、ヘッジ比率は転換比率に近づく。逆に低い株価に対しては、ヘッジ比率も低下するが、クレジットリスクが重大な懸念とな

るほど株価が低下すれば、ヘッジ比率は上昇する。

15.5　転換社債をいつ転換すべきか

「転換社債を転換してはならない」というウォール街の言い習わしは正しい。株価が上がり続けた後に転換するにしても、株価が下落して額面価値を受け取るにしても、通常はオプションをそのまま持ち続けたほうがよい。転換を先送りすべき理由は、アメリカン・コールオプションの行使を先送りする理由と同じである[1]。

しかし、満期前に行使してはならないというルールにはいくつかの重要な例外がある。第一に、株式の配当支払が間近な場合で、この際には早期転換が最適になることがある。実際、配当支払の前に債券を株式に転換すれば、配当を受け取ることができる。一方で、転換しなければ、配当を受け取れないことに加えて、配当の権利確定日が過ぎると株価が下落し、転換オプションの価値が低下することが予想される。言い換えれば、会社から資金が流出しようとしているときには、この資金を要求することが自分の投資を防衛する最善策になりえて、そのためには転換社債を株式に転換する必要がある。

転換するほうが投資を守れるかもしれない第二の例は、合併が間近に迫っている場合である。合併によって負債のリスクが高まり、合併後に転換ができなくなる（たとえば合併後に非公開企業となる場合）ならば、早期転換が最適となる。

第三に、金融摩擦が転換社債の運用者に転換を迫るかもしれない。たとえば、株式の貸借手数料が高いと、株式の空売りコストは高くつく。貸借手数料は、配当を継続的に払い出す株式のように、転換社債のヘッジポジション

---

[1] 摩擦がない場合のオプションの最適行使政策はMerton（1973）による。また、転換社債に関する類似点はBrennan and Schwartz（1977）やIngersoll（1977）による。Jensen and Pedersen（2012）は、空売りコストや資金調達コスト、取引コストによって早期転換が最適になりうることを示している。

に恒常的に負荷をかける。このため、こうした転換社債は転換するのが最適となりうる。

ディープ・イン・ザ・マネーの転換社債も、資金調達コストを考慮すると、転換するのが最適になることがある。こうした債券では早期転換コストが小さいため（ディープ・イン・ザ・マネーであれば最終的に転換することがほとんど確実である）、資金調達コストの抑制分が早期転換コストを上回ることがあり得る。実際、転換社債は他の取引のために使える資本を拘束するため、調達スプレッドから生じる資金調達コストを伴う。調達スプレッドは、株式のショートポジションを維持するための現金担保から得られる利息収入と、転換社債のレバレッジのために支払う利子の差である。また、債券を転換する以外の方法として、売却することも可能であるが、おそらく好ましくない。転換社債は取引コストが高いことと、潜在的な買い手も同様の資金調達コストに直面する可能性があるためである。

15.6 転換社債裁定取引の損益

資金の流出入

転換社債のポジションからは、債券によって支払われるクーポンが得られる。ほとんどの裁定取引トレーダーが行うように、転換社債にレバレッジをかけている場合には、借り入れた資金の利子を支払わなければならない。また、空売りした株式の配当支払のコストに加えて、空売りコストもカバーしなければならず、特に「スペシャル」な銘柄（すなわち、株式の貸出可能な供給に対して空売りの需要が相対的に多い銘柄）についてはそうである。実際に、転換社債の発行残高が大きい会社の株式は、転換社債の保有者による借入れの需要によって、空売りコストが高くなる傾向がある。

しかし、損益の主要な決定要因は、株式と転換社債の価格変化である。株価の変化は転換社債の価格に当然織り込まれるが、以下で詳しく述べるよう

表15.1 株価が上昇や下落する場合の転換社債裁定取引の損益

株価が55ドルから85ドルになる場合の損益	
転換社債1単位ロング	$500.17
株式13.4単位ショート	-$403.00
合計	$97.17
株価が85ドルから55ドルになる場合の損益	
転換社債1単位ロング	-$500.17
株式18.6単位ショート	$558.16
合計	$57.99
往復の合計の損益	$155.16

に、両者の価格の動きは完全には相殺されない。また転換社債の価格は、株価ボラティリティの変化や、転換社債に対する需要と供給の変化からも影響を受ける。需要は、転換社債を取引対象とするヘッジファンドやミューチュアル・ファンドの資金フロー、彼らのリスク選好度や資金調達環境（転換社債アービトラージャーがレバレッジをかけてポジションをとる能力に影響する）によって変動する。

ガンマ―株価の上昇と下落から得られる利益―

　ヘッジした転換社債のポジションの特徴の1つが、意外かもしれないが、株価の上昇と下落のいずれの場合にも利益が得られることである。実際、株価が上昇すると、株式によるヘッジ以上に転換社債の価格は上昇し、利益が出る。転換社債のほうが大きく動くのは、株価が上昇することと、転換の可能性が高まることの双方から恩恵を受けるためである。株価が下落する際には、転換社債の下落は株式ヘッジに比べて小さく、やはり利益が出る。転換社債のほうが動きが小さいのは、債券としての特性によって下落余地が限定されるためである。

　図15.5と表15.1に例を示した。この図では、株価がまず55から85まで跳ね上がり、その後すぐに55に戻る場合が示されている。このように上昇と下

図15.5 株価が上昇や下落する場合の転換社債裁定取引の損益（P＆L）

(A) 株価が上昇する場合の転換社債裁定取引の損益

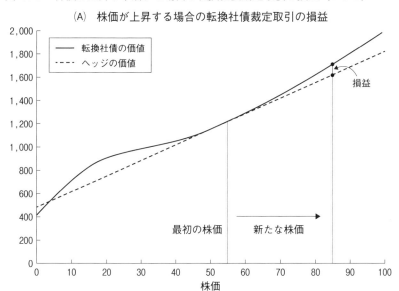

(B) 株価が下落する場合の転換社債裁定取引の損益

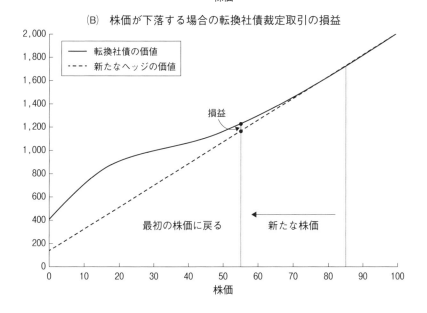

落の双方の動きから恩恵を受ける特性はコンベクシティと呼ばれる。これは図15.5における転換社債価値の形状、すなわちヘッジを表す点線に比べて上方向に曲がっていることに由来する（正式な定義は債券裁定取引に関する章で与えられている）。この性質はポジティブガンマとも呼ばれ、ガンマは転換社債価値の株価に関する2階微分を指す。

図15.5の(A)のとおり、株価が55から85に上昇すると、転換社債の価値は株式ヘッジ以上に上昇する。具体的には表15.1のように、転換社債は500.17ドル上昇し、13.4株のヘッジによる上昇分403.00ドルを相殺する以上の額となる。差額の97.17ドルがヘッジされたポジションの損益である。

株価が85から55まで下落しても、最初の利益の単に反対にならないのはなぜだろうか。もちろん、その間にヘッジを調節しなければ、最初の利益の反対になるだろう。差をもたらすのはヘッジ比率の変化である。株価が85になると、当初のヘッジ比率である13.4株のショートはもはや適切でない。これは、転換社債がさらにイン・ザ・マネーになって転換の可能性が増し、株価に対する感応度が高まるためである。この結果、正しいヘッジ比率は18.6株に上昇する。

この新たなヘッジ比率によって、株価の下落によるヘッジ部分の価値の下落は転換社債よりも大きくなる。ゆえに表15.1にあるとおり、株価の下落が57.99ドルの利益をもたらす。表15.1で、転換社債自体の損益は往復でちょうどゼロになることに注意しよう。株価が下落して戻ると、最初の利益500.17ドルがちょうど消し去られるのは自明である。株価が上下に往復した結果生じる利益は、ヘッジの非対称性による。

このように、転換社債裁定取引は株価が上昇しても下落しても収益が得られる。しかし、この戦略が決して損をしないのかといえば、もちろんそうではない。これからみていくように、この戦略が損をするケースはいくつもある。第一に、ポジションはあらゆる箇所で凹だとは限らない。図15.5にあるように、転換社債の価値は低い株価の領域で下に折れ曲がる形状になる。これは、プットオプションのショートの効果をもつデフォルトリスクから生じるネガティブガンマである。したがって、極端な株価下落は転換社債に

図15.6 タイムディケイによって生じる転換社債裁定取引の損失

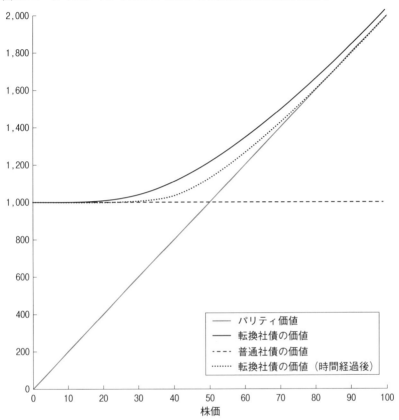

とって悪いものであり、たとえば企業がデフォルトすれば転換社債のアービトラージャーは損失を被ることがあり得る。

タイムディケイ―何も起こらないことによる損失―

　転換社債裁定取引は株式市場の上下の変動の双方から利益が得られることをみてきたが、もう1つの意外な効果が、株価が動かなければ損失が生じることである。つまり、株価が動かないまま時間が経過すると、転換社債の裁定取引トレーダーにとっては損失となる。

図15.6はタイムディケイ（すなわちセータ、時間に対する感応度）と呼ばれるこうした効果を示したものである。転換社債の価値は、オプション価値を含むため、パリティ価値や普通社債価値よりも厳密に高いことを思い出そう。転換社債を買うということは、価格の変動から得られる潜在的な収益に対してプレミアムを支払うことである。この価格プレミアムこそが、減価を理解する鍵となる。時間が経過すると価格の変動から得られる将来機会が減少するため、オプションの価値は低下し、図15.6にみられるとおり、転換社債の価格は普通社債の価値やパリティ価値の方向に縮小する。このオプション価値の低下は転換社債トレーダーにとっては損失となり、これがタイムディケイである。

　したがって、株価の上下変動は利益をもたらすが、株価の動きがないまま時計の針が進むと損失が生じる。この取引の通期での総利益は、実際の株価がどの程度頻繁に変動したのかと、購入時に株価がどの程度頻繁に変動するのかを暗黙裡に想定して払ったかの違いによって決まる。

ベガ―上下変動が激しいことへの期待―

　ヘッジした転換社債のポジションは価格が上下に動くことで利益を生み出すため、株価のボラティリティが高いほど、転換社債の価値は高くなる。ただし、認識される株価ボラティリティが高いほど、将来に高い利益が得られるというわけではない。市場は将来を織り込むので、転換社債の現在時点における価格が高くなっているためである。つまり、認識される株価ボラティリティが上昇すると、転換社債の価格も上昇する傾向があり、ボラティリティが低下すると逆になる。ボラティリティの価格に対する感応度はベガと呼ばれる。転換社債にはコールオプションのロングが組み込まれていることから、トレーダーは転換社債の裁定取引をポジティブベガと表現する。

アルファと割安さ

　転換社債裁定取引のアルファは、ファンダメンタル価値に比べて割安な転換社債を買うことから得られる。歴史的に、転換社債はその構成要素（債券

図15.7 割安になる転換社債

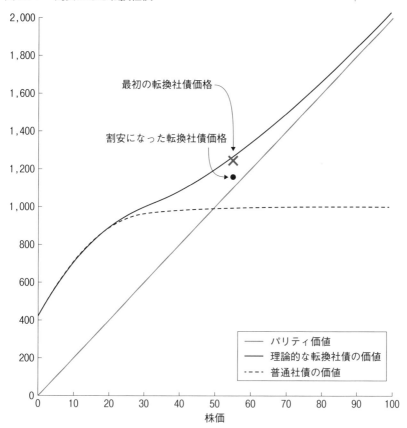

＋オプション）の価値から平均的にディスカウントされて売り出されてきたが、これにはいくつかの理由がある。

　第一に、企業が発行する証券の買い手の多くは転換社債を避ける、すなわちプレミアムとして高いリターンを要求する。転換社債の取引には専門知識を要し、取引コストが高く、市場流動性リスクにさらされ（取引コストがときに急激に上昇し、ディーラーはマーケットメイクを停止することさえある）、資金調達はむずかしく高コストで、資金調達流動性リスク（証拠金所要額が上昇する、あるいは融資が引き揚げられることもある）を負う。

第二の理由として、キャッシュを必要としている転換社債の発行体は、転換社債を迅速かつ他の資金調達源よりも低い投資銀行手数料で発行できるなら、流動性ディスカウントを受け入れるのを厭わない。

　このように転換社債裁定取引は、市場流動性リスクや資金調達流動性リスクを有する資産を保有することにより、流動性リスクプレミアムを得るとともに、他の手段では借入れするのがむずかしいのかもしれない企業に、資金を提供している。

　図15.7は、転換社債の流動性ディスカウントを表す。転換社債の最初の価格（グラフ中の×）は、理論価値（実線）よりも低い。この価格のディスカウントが転換社債裁定取引のアルファの源泉となる。これに対して、転換社債を理論価値で買えば戦略のアルファはゼロとなり、理論価値を上回る価格で買えばアルファはマイナスになるだろう。

　転換社債市場の状況が悪化すれば（株価の変化はないとする）、図15.7のように、転換社債は理論価値に比べてさらに割安になる。これはアービトラージャーに損失をもたらすが、将来の期待利益は高まる。

15.7　転換社債の類型

　図15.8に示すように、転換社債はいくつかのタイプに大まかに分類されることがある。タイプには、困窮状態、困窮懸念、複合型、高マネーネス[2]があり、転換社債の運用者は特定のタイプの転換社債に特化することもある。特化することによって自らの専門性を高められるが、債券が各タイプの間を移動する際に売買すると、追加的な取引コストが伴う。

　高マネーネスの転換社債はイン・ザ・マネーであり、したがって株式に対する感応度が高い。転換社債裁定取引を行う運用者のなかには、このような高価格の転換社債が最も高いリスク調整後リターンをもつと考える者がいる

2　（訳注）マネーネスとは、価格（先物価格やフォワード価格）を転換価格で除した値のこと。

図15.8 転換社債の類型

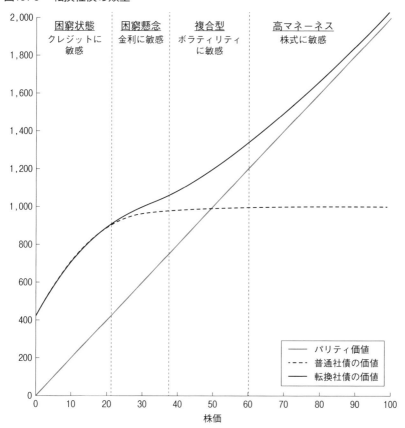

が、意味のあるリスクとトータルリターンを生み出すには、こうした債券が最もレバレッジを必要とする。

　複合型の転換社債はアット・ザ・マネーに近い状態にあり、そのため特に株価ボラティリティに対する感応度が高い。困窮懸念の転換社債はアウト・オブ・ザ・マネーであり、オプション性はほとんどない。ただし、困窮状態の転換社債のようにクレジットリスクが重要な役割を果たすほどには株価は低くない。

15.8 転換社債ポートフォリオのヘッジできるリスクとできないリスク

市場リスク、金利リスク、クレジットリスク

　転換社債ポートフォリオを保有することで負担する最も明白なリスクは、株式市場リスクである。しかし、その大部分は前述のデルタヘッジによって対応できる。また、金利が高まると、債券の固定クーポンの価値が低下するため、転換社債は金利リスクにもさらされている。金利リスクは債券先物や普通社債、国債、金利スワップをショートすることによってヘッジできる。

　さらに、転換社債にはクレジットリスクがある。株式ヘッジによって部分的にはデフォルトリスクから保護されるが、このヘッジではデフォルト時の転換社債の損失を完全にはカバーできないことが多い。それぞれの債券のデフォルトリスクは、クレジット・デフォルト・スワップ（CDS）のプロテクションの買い（当該企業のCDSが取引されている場合）や、普通社債の売りによってヘッジできる。しかし、ポートフォリオのすべての転換社債に対してプロテクションを買うのは高くつき、大きな取引コストも伴う。そのかわりに、ポートフォリオを十分に分散化させれば、固有のクレジットリスクを低減することができる。そして、市場全体のクレジットリスクの変化は、CDXやiTraxxといったCDS指数でヘッジできる。また転換社債には、買収などの会社イベントに関連するリスクもある。そのようなイベントリスクのヘッジはむずかしいが、ある程度は分散化することが可能である。

評価と流動性リスク─効率的に非効率な転換社債価格─

　ヘッジや分散化をできない主要なリスクには、(1)理論価値に対するシステマティックな割安化、(2)資金調達流動性リスク、(3)市場流動性リスクがある。悪いことに、この3つのリスクには密接な関連があり、しばしば同時に実現する。転換社債の割安化は転換社債トレーダーに損失をもたらし、資金調達上の問題を引き起こす。こうした資金調達の問題は強制売却につながり、ト

レーダーが一斉にポジションを解消すると市場の流動性は枯渇し、価格と流動性に下方スパイラルを生じさせる。転換社債市場においてこうした流動性イベントは1998年と2005年にも起きたが、最も激しかったのは2008年である[3]。

　図15.9は2008年6月から2010年12月の期間において、転換社債裁定取引の大型ファンドがプライムブローカーから利用可能だったレバレッジを示している。高マネーネスの転換社債は、ヘッジできないリスクが小さいため、低マネーネスの転換社債よりも大きなレバレッジをかけられることがわかる。重要なことに、リーマン・ブラザーズが破綻し、ほとんどのブローカーが困難に見舞われた世界金融危機の時期には、利用可能なレバレッジは大きく落ち込んだ（すなわち証拠金所要額が大幅に上昇した）。実際には、多数の小型のヘッジファンドにとって、証拠金所要額の上昇はこれ以上に大きく、資金供給が引き揚げられて清算せざるをえなかったファンドもあるため、この図が示している転換社債市場における資金調達危機は控えめである。

　この結果、転換社債の価格は急激に下落した。価格下落の極端な例では、転換オプションのない同等の債券よりも低い価格で取引されたものもあった。図15.10は、同じ会社によって発行された転換社債と普通社債の利回りの差の平均と中央値を示している。具体的にサンプルは、残存期間が1年以上で、満期が類似する普通社債が現存し、額面未満の価格をもつ596銘柄の困窮懸念の転換社債を対象にしている。オプション価値が小さい（額面未満の価格で取引されているため）転換社債が選択されているものの、依然としてオプション性があるため、転換社債の利回りは普通社債よりも低いはずである。通常はたしかにそのとおりで、図15.10から初期の期間には利回り格差は6％を超えていた。しかし、リーマン・ブラザーズの破綻時に転換社債市場を襲った流動性危機はかなり深刻で、利回り格差をゼロ近くまでつぶし、負になることもあった。転換社債市場で支配的だったのは、レバレッジをかけ

---

[3] このような流動性スパイラルは、Brunnermeier and Pedersen (2009) によって理論的に分析され、転換社債市場や他の市場を対象に Mitchell, Pedersen and Pulvino (2007) やMitchell and Pulvino (2012) によって実証的に分析されている。

図15.9　転換社債裁定取引の大型ファンドにとって利用可能なプライムブローカーのレバレッジ

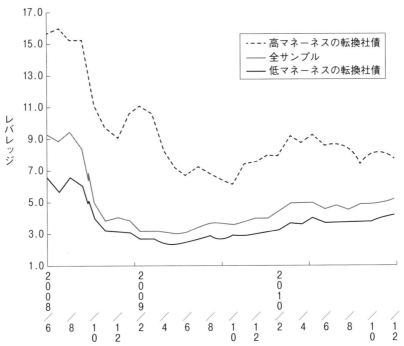

レバレッジは、純資産価額（NAV）に対する転換社債のロングポジションの価値で測られている。
（出所）　Mitchell and Pulvino（2012）

るロングショートのヘッジファンドである。彼らのブローカーの流動性問題が原因で、ヘッジファンドも深刻な流動性問題を抱えたのである。一方で、レバレッジをかけないロングオンリーの投資家が支配的な普通債券市場では、このイベントの影響が相対的に軽微だった。

　転換社債市場における同様な流動性イベントは、1998年にもヘッジファンドのLTCMの崩壊に関連して起きている。図15.11が示すように、転換社債の価格は理論価値に比べて大幅に下落した。転換社債裁定取引は損失を被り、その後は割安さが解消されるにつれて高いリターンをあげている。

図15.10 普通社債と転換社債の利回り格差

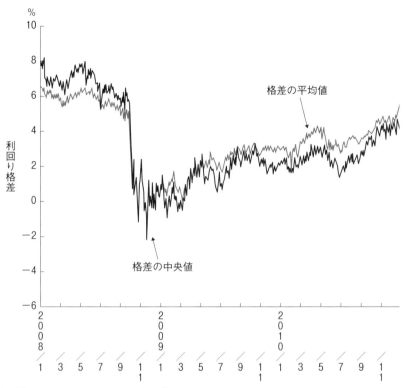

（出所） Mitchell and Pulvino（2012）

合併、買収、その他のリスク要因

　合併や買収、特別配当、企業再構築（リストラ）は、転換社債の保有者にとってリスクとなる。他のステークホルダーは企業から価値を得られる可能性があるが、転換社債は償還され、オプション価値を失う可能性がある。また、契約書のただし書によって転換社債は不利な影響を受けることもある。
　買収によって、良くなることもあれば悪くなることもある。もし転換社債がイン・ザ・マネーで、公開買付けが株価を急騰させれば、概してヘッジさ

図15.11 転換社債価格の理論価値に対する比率と転換社債ヘッジファンドのリターン

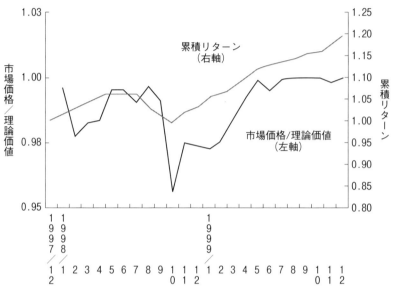

（出所）Mitchell, Pedersen and Pulvino (2007)

れた転換社債はコンベクシティによって利益が生まれる。

　一方、転換価格を下回る価格で買収される場合を考えよう。このとき、転換社債はアウト・オブ・ザ・マネーの状態にとどまる。もし、転換社債が償還される、あるいは合併後にオプション価値が失われると（たとえば、信用力の低い非公開企業となる場合）、転換社債の価格は額面やそれ以下に下落するだろう。同時に、株価は買収の発表時に上昇し、株式の売りヘッジに損失を与えるだろう。したがって、この状況では、転換社債のアービトラージャーは、転換社債のロングと株式のショートの両方で損失を被るかもしれない。

　買収リスクを限定するため、今ではほとんどの転換社債は買収保護条項付きで発行される。この条項は、転換社債の保有者が買収時に発行体から額面で債券を買い戻すことができるもので、ある特定の条件のもとで追加的に株

式を購入する権利が与えられることもある。

15.9 ケン・グリフィン（シタデル）への インタビュー

ケネス・C・グリフィン（Kenneth C. Griffin）は、世界最大のオルタナティブ資産運用会社の1つであり、証券ディーラーでもあるシタデル（Citadel）の創業者兼最高経営責任者である。グリフィンはハーバード大学から学士号を授与され、在学中に2つのヘッジファンドを立ち上げ運営した。卒業した直後の1990年にシタデルを設立し、若くして成功したことで彼はすぐに伝説の人となった。転換社債裁定取引を専門としてスタートしたが、いまやシタデルは複数のオルタナティブ投資戦略を担う多くのヘッジファンドを抱えている。

LHP　まず伝説となっている寮の部屋での取引と、トレーディングの世界に足を踏み入れた頃のことを教えてください。

KG　ハーバード大学1年生の時に取引を始めました。ホーム・ショッピング・ネットワーク社（Home Shopping Network）が極端に割高になっている理由に関するフォーブズの記事がきっかけです。記事を読んだ後、この株式のプットを買い、その後間もなく株価が下落して数千ドル儲かりました。しかし、ポジションを解消した時、マーケットメイカーから受け取ったのは、オプションの本源的価値から25ベーシス分を差し引いた額でした。

LHP　そこで、マーケットメイクや、取引コスト、裁定取引について考えるようになったのですね。

KG　はい、リスクと報酬を比べれば、マーケットメイカーの執行は私の投資よりもはるかによいことに気がつきました。自分が幸運だったことには感謝しましたが、マーケットメイカーが稼いだ50ドルは基本的にリスクフリーだったのです。このことは私の興味を搔き立て、

洗練された市場参加者が実践する投資とはどのようなものかを理解したいと思うようになりました。相場の方向性に賭けるポジションではなく、相対価値取引の観点から市場を見始めました。

LHP　どうして転換社債の取引が儲かるとわかり、そしてどのように始めたのですか。

KG　学部学生だった時、ハーバード・ビジネススクールのベイカー図書館で、S&P債券ガイドに出会いました。S&P債券ガイドの末尾に転換社債のリストがあり、各債券のクーポン、転換比率、転換価値など、投資対象の目立った条件が掲載されていました。この本の市場価格に基づくと、ミスプライスされているように思える債券があったのです。これらの投資対象を独学で勉強し、転換社債のプライシングと取引を理解することを目標にしました。

LHP　その直感は、大雑把な計算だけで得られたのでしょうか、それともブラック−ショールズ公式や二項オプション価格モデルのようなものを早くも正しく理解する必要があったのでしょうか。

KG　簡単な計算とある程度の常識、ミスプライスを生じさせる仕組みに関するちょっとした直感です。ミスプライシングの多くは、原資産株式の借入れができないことや、それによって裁定取引がむずかしいために転換社債が転換価値の付近で取引されることによって引き起こされます。とはいえ、当時はこうした相互関係を理解していませんでした。ベイカー図書館でS&Pのガイドをみた時に、興味を惹かれたのです。

LHP　それから、あなたは多くの人に出会い、取引を実際にするようになったのですね。

KG　転換社債市場を理解することに没頭し、それまで何年にもわたって書かれてきた転換社債裁定取引に関する記事や本をたくさん見つけました。また、この分野で資金を運用するための小さなパートナーシップ会社を友人と一緒に立ち上げました。そして、友達や家族からおよそ25万ドルの資金を集め、この戦略の運用を開始しました。

覚えているのが不思議ですが正確には26万5,000ドルでした。これが1987年9月のことです。

LHP　それはほかでもない、大暴落の前の月ですね。

KG　そのとおりです。下落市場でこうした債券がどのように動くか十分にはわからなかったため、ベア相場の場合の不確実性に備えようと、株式を多めに空売りするヘッジ戦略をとることが多かったです。

LHP　いい動き方ですね。

KG　はい、このことが1987年の大暴落から資本を守るのに役立ちました。1987年の大暴落では市場で多くの混乱が起こり、私の小さなファンドはそれに便乗することができました。またこのことにより、2つ目のファンドを立ち上げることができたのです。2つのファンドを合わせると100万ドル以上を在学中に運用していました。

LHP　大学でこれらのファンドを運用している姿を想像してみたいのですが、実際にどのようにしていたのですか。

KG　寮の屋根の上に衛星放送受信用アンテナをつけていました。電話とファクシミリを設置し、使っていないエレベーターシャフトに伝わせてケーブルを建物の屋根まで引き、株価のリアルタイム配信を受けるための衛星アンテナを取り付けたのです。廊下まで何本かワイヤーを引き下ろさなければなりませんでしたが、だれも気に留めることはなかったようです。

LHP　取引はどのように行っていたのですか。

KG　授業の合間に取引をしました。キャンパスで何度も公衆電話を使いました。

LHP　それはヘッジの調整ですか、新たな転換社債ポジションの追加ですか、それともそれを外そうとしたのですか。

KG　すべてです。株式のヘッジ調節のための取引を週に2、3回行いました。また、ほかに転換社債を売り買いする取引をしました。

LHP　どの債券をいつ買うべきか、どのように判断していたのですか。コンピュータや評価モデルを使っていたのですか。

KG　当時は紙と鉛筆を使って、キャッシュフローやクレジットの違い、転換社債に固有のコール条項に基づくと、債券の価格がどのあたりで取引すべきと考えられるのかを概算することによって判断していました。まず、ブラック－ショールズの原理に基づいて単純なモデルを組み立てることから始めました。転換社債をモデル化する本物の作業を本格化させたのは、卒業してから2年後の1991年頃でした。

LHP　初期の頃、債券ポートフォリオの記録はどのようにつけていたのですか。頭のなかですか、ノートですか、それともコンピュータを使っていたのですか。

KG　頭のなかで整理していました。ポジションはそれほど多くありませんでしたが、これが私のトレーダー人生で最も興味深い日々だったとはっきりいえます。当時はあらゆるポジションについて、転換比率からクーポンまで何でも覚えていました。どこへ行くにもスプレッドシートと紙をもっていました。授業中も、HP12C金融電卓や紙の切れ端をもっていて、頭のなかで情報を精査し、判断を下していました。

LHP　これだけのことを全部やる時間をどうやってつくっていたのですか。授業にも出なければならなかったのでしょう。

KG　皆勤賞とはいえませんね。

LHP　小さなファンドを運用することのむずかしさと有利な点は何ですか。

KG　当時、利点だった1つは、多額の資金を運用していなかったことです。そのような立場にあるときに考えるべきは、運用資金がいくらあるのかではなく、手持ちの資金をどうすれば最大限に活用できるかです。自分のファンドが小さければ、大手の運用者にとっては取るに足らなくても自分にとってはきわめて十分な量の株式を借りられることがわかりました。そして、株式を借りるのがむずかしいためにミスプライスされていた転換社債で、当時のポートフォリオの大部分を占めることができたのです。

LHP　では、空売りする株式の貸借をどう管理したのですか。

KG　チャールズ・シュワブの決済口座を使いました。同社のリテール口座で株式をもつことができ、ロングとショートのポジションをとることができました。1980年代後半や1990年代前半に、プライムブローカーとしてチャールズ・シュワブを使う大手のヘッジファンドはありませんでした。

LHP　そこで、株式の空売りがむずかしい企業の転換社債で技術を磨いたのですね。

KG　そうです。私が2、3人のディーラーに電話をかけると、手に入る証券のうち私が興味をもちそうなものを電話で伝えてくれました。私は、借りるのがむずかしい株式に関連する銘柄のキープレーヤーだという評判になりました。

LHP　フローの一部になることは、転換社債裁定取引にとても役立つのですね。しかし、ディーラーが大学生に電話するとは驚きです。

KG　そうかもしれませんね。しかし、ご存知のように、当時の転換社債市場は、多くの取引があったとはいえ、規模は数十万ドルにすぎず、取引の多くが少額でした。だからこそ、10万ドルの取引ができた私はディーラーの電話リストに載っていたのです。今日、われわれは電子取引で1,500万ドルや2,000万ドルの債券を取引しますが、当時の市場はずっと小さく、参加者はほとんどいませんでした。さらに、市場を通る注文フローの大部分はリテールによるものでした。ディーラーは、コーヒー会社のチョックフルオーナッツ社（Chock Full o'Nuts）のような銘柄の注文をリテールから受けていたかもしれません。私が日常的に借りられて、取引に興味をもちそうな銘柄が彼らにはわかっていたのです。

LHP　だれが取引コストで儲けているかを考えたことが最初の動機の1つだったということですが、特に小さなヘッジファンドだったときには、転換社債の取引に大きなスプレッドを払う必要があったのではないですか。

KG　寮の部屋から取引していたことから、控えめにいっても、ウォール

街にとってちょっとした目新しさがありました。ウォール街の人々との付き合い方の常識に反して、業界の人々は驚くほど好意的に対応してくれました。彼らはいい人で、私を支援したいと考え、とても公正な条件でビジネスをしてくれました。在学中の取引相手だった多くの人は今でも友人です。

LHP その後の展開はどうだったのですか。

KG 卒業後、私は有名なファンド・オブ・ファンズの資金を運用するためにシカゴに来ました。転換社債市場にはさほどよい機会がなくなり、日本の転換社債と株式ワラントの取引に資源を投じ、1990年代前半には会社はこの取引に重点を置くようになりました。私のよき相談相手であるフランク・マイヤー（Frank Meyer）は、多くのビジネスには周期性があることを強調していました。また、キャリアを始めたばかりの私に、強力なプラットフォームの上に会社を築くことや、単一ではなく複線化した戦略群の設計を検討すべきだともいっていました。

そして、1990年代前半に転換社債ビジネスをグローバルに拡大し、1994年には統計的裁定取引に、1994年か1995年頃にはリスクアービトラージに参入しました。時間が経つにつれて、われわれは10あまりもの異なった投資戦略をシタデルのプラットフォームに加えたのです。

LHP 会社が最終的にどこまで成長すると計画したのですか。

KG 基本計画があったとはいえません。しかし、早くからこのビジネスが好きだったのです。そして当時もその後も、私と同じくらい可能性に胸を高鳴らせる人々と一緒に何かユニークなものをつくりたかったのです。信じられないほど優秀で意欲のある同僚たちと一緒に働いています。彼らは当初のゲームプランになかった数々の戦略、世界のさまざまな地域、そしてビジネスへとシタデルを導いています。感謝と敬意を表すとともに、これから何年も一緒にやっていけることに対して非常に興奮しています。

LHP　これまでのキャリアの取引のなかで、特に優れたものはありますか。

KG　グラクソ（Glaxo）への投資が記憶に残っています。グラクソは英国上場の製薬会社で、日本市場で円建ての転換社債を発行しました。すなわち、英国上場の株式に対する東証上場の円建ての転換社債です。グローバル金融の最前線に立っていたことは刺激的で、この取引は何年もたったいまでも傑出したものです。

LHP　あなたは3大陸にまたがって取引をしていますが、その証券はあまり理解されていなかったのでしょうか。

KG　日本の国内投資家は、イギリスの製薬会社が発行したこの転換社債をどう扱うかまったくわかっていませんでした。そして、グラクソの主要な保有者である外国人は、日本に目を向けて割安な転換社債を特定して仕入れることなど考えもしませんでした。

LHP　ある証券のことを人よりも先に理解することが、優れた取引の典型的な要件だと思いますか。

KG　人に先んじて取引することは素晴らしい逸話にはなりますが、通常は素晴らしいビジネスになりません。素晴らしいビジネスとは、明けても暮れても日々行っていることに傑出して有能であることです。それは、市場のなかで流動性があるスイートスポットを見つけることです。つまり、十分な流動性があって大きなポジションをとれるだけでなく、ファンダメンタルズ分析や定量分析を通じて、価値を定めて変動させるものを他者に勝って理解して証券を取引することです。

第16章

イベントドリブン投資

> リスクアービトラージとは、一般的に、企業イベントの最中にある会社の証券に投資するもので、リターンは株価の上げ下げではなく、イベントの成功や完了に基づく。
>
> ——ジョン・A・ポールソン（John A. Paulson）

　イベントドリブン投資（event-driven investment）は、会社固有のイベントや市場全体のイベントの機会をうかがって投資する戦略である。イベントドリブンの運用者は、たえず多くの種類のイベントを探し、これに関連して生じる取引機会を見つけようとしている。

　古典的なイベントドリブンの取引に、合併裁定取引（リスクアービトラージとも呼ばれる）がある。この取引では、合併が公表される際に生じる価格の変動から利益をねらう。2つの企業の合併による一時的な価格の動きから機会が生まれる可能性があるのと同様に、反対の企業イベント、すなわち会社を小さな会社に分割する場合にも機会が生じる可能性がある。こうしたイベントには、スピンオフ、スプリットオフ、カーブアウトがある。

　他の形態の取引には、自社株買い、債務交換、証券発行などの資本構成の調整といった、企業の資本構成の変更に関するものがある。困窮状態の企業に特化するイベントドリブン運用者もいて、企業が財務的な破綻や訴訟に直面する際に証券を取引する。こうしたディストレスト投資では、会社への積極的な関与が必要となることが多い。イベントドリブン運用者が債権者委員を務めたり、債務の再交渉をしたり、事業再生（ターンアラウンド）の方法

を見つけたりする。

　第三の取引の形態は、異なる種類の証券間の格差から利益を得ようとするものである。資本構成裁定取引（capital structure arbitrage）では、同一の会社が発行する異なる証券を互いに取引する。たとえば、社債を購入して、株式のショートをする。あるいは、クローズドエンドファンドや上場投資信託（exchange traded fund, ETF）、特別目的買収会社（special purpose acquisition company, SPAC）、パイプ（private investment in public equity, PIPE）[1]といった特殊な構造をもつ証券を取引することもある。

　第四のイベントの形態は、証券の市場構造の変化に関するものである。たとえば、Ｓ＆Ｐ500株価指数などのインデックスへの組入れや除外がこれに当たる。

　イベントドリブン運用者は、企業イベントだけではなく、他の市場や資産クラスでイベントを探すこともあるだろう。最も有名な例は、イベントドリブン型ヘッジファンド運用者のジョン・Ａ・ポールソン（John A. Paulson）による「史上最高の取引」と呼ばれてきた取引であろう。ポールソンはサブプライム住宅ローンに関連するデリバティブをショートし、報道によれば2007～2008年に150億ドル以上の利益をあげ、これはヘッジファンド史上最も稼いだ取引の１つとなった。このクレジットへのベットは、グローバルマクロ取引として考えることもできよう。

　取引ごとにイベントは大きく異なるが、ポートフォリオ構築の方法論には共通するものがあり、２つの原則に基づいて構築される。すなわち、(1)イベントに固有のリスクを分離して、市場リスクや金利リスク、クレジットリスクをヘッジによって除去する、(2)固有のイベントリスクを最小化するために多くのイベントにわたって分散化する。たとえば、合併が完了すれば利益が出て、失敗すれば損が出るポートフォリオを構築し、合併の失敗に伴うリスクをとることに対する報酬を求める。このリスクを除去することはできないが、多くの異なる合併に絡んだ小さな多数のポジションを保有することに

1　（訳注）私募方式で募集・売出しが行われる公開企業の証券。

よって分散化できる。ウォーレン・バフェットは以下のように述べている。

> もちろん、幅広い分散化が求められる投資戦略もあることはいうまでもない。われわれが何年にもわたって取り組んできた裁定取引もこれに該当する。1つの取引に重大なリスクがあれば、互いに独立な多数の契約のなかの1つとすることによって全体のリスクを抑制すべきである。つまり、損失や損害をもたらす可能性も十分にあるリスクの高い投資を行ってよいのは、利益の期待値が損失の期待値を大幅に上回ると信じることができ、しかも多くの類似した互いに無相関な機会に取り組むことができる場合である。多くのベンチャーキャピタリストが採用するのがこの戦略である。この道の追求を選ぶなら、ルーレット台を所有するカジノのような見方をしなければならない。そのようなカジノにとって、確率的な観点から好ましいのは数多くの賭けをしてもらうことであり、単一の大きな賭けは受け付けるべきでない。
>
> ——ウォーレン・バフェット
> (Warren Buffett, Annual Report, 1993)

こうした戦略について詳細に論じよう。

16.1 合併裁定取引

合併と買収

　企業は常に売り買いされている。こうした取引では、買い手と売り手の双方、あるいはどちらかが非公開企業であることが多いが、合併裁定取引のトレーダーは被買収企業、すなわち「ターゲット」が公開市場で取引されている場合にのみこの取引に参加する。図16.1のように、合併にはいくつかの形態がある。買収者は、シナジー効果を見込む第三者の企業（ストラテジックバイヤーと呼ばれる）の場合もあれば、（プライベート・エクイティの）レバ

図16.1 合併取引の形態

支払	ターゲット企業の経営者のスタンス	買収者のタイプ
現金	友好的	戦略的買収者（ストラテジックバイヤー）
固定比率での株式交換	敵対的	LBO
変動比率での株式交換		
カラー型の株式		
複雑		

レッジド・バイアウト（LBO）のファンドの場合もある。また、「友好的」な買収もあれば、「敵対的」な買収もある。前者は、ターゲット企業の経営者や取締役会から支持されていることを意味し、後者はターゲット企業の経営者が買収に反対していることを意味する。買収者のタイプと買収される側の経営者のスタンスは、ディールの行く末に決定的な影響を及ぼす可能性がある。

　ディールは、提案されるターゲット企業の代金の支払方法によっても異なる。多くの場合、買収者は現金による買収を提示する。たとえばLBOのディールでは、買収者が提示する株式をもっていないため、現金で行われることが多い。逆に、ストラテジックバイヤーは、ターゲット企業の代金を自社株で支払うことを提示する場合がある。たとえば、買収者がターゲット企業の株式1株当り自社の株式を2株提供するなどである。この株式交換は2対1の固定比率であるが、変動比率の場合もあり、株式数が買収公表後のある時点における買収者の株価によって決まる。たとえば買収者の株式の価値

で100ドルになるように、株式数を2月1日に決定するというような変動比率の設定も可能である。つまり、2月1日の買収者の株価Pによって、$100/P$の株式数を与えるという提案である。さらには、たとえば提示価格に上限や下限を設定するなど、オプション性を有するものもある。こうした取引はカラーディールと呼ばれる。より複雑な合併の提案もあり、買収者が発行した債券など他の企業証券が関係することもある。

合併裁定取引と機能する理由
―効率的に非効率なディールスプレッド―

合併を公表する際、その時点の所有者に売却してもらえるよう、買収者は時価にプレミアムを乗せてターゲット企業を買う提示をする。たとえば、株価が1株当りおよそ100ドルで取引されていた場合、買収者は1株当り130ドルを提示する。公表後にターゲット企業の株価は跳ね上がるが、この最初の株価ジャンプは一般に合併裁定取引が目的にするものではないことを認識しておこう。合併裁定取引のトレーダーにとって、どの企業が買収されるかを前もって予想するのはきわめてむずかしい（本当に事前に知っていればインサイダー取引によって刑務所に入ることになる）。

合併裁定取引では、公表後に、すなわちターゲットの株価がすでにジャンプした後に、ターゲットを購入する。ターゲットの株価に合併提案がすでに織り込まれているのに、なぜこの取引によって収益が得られるのだろうか。この理由は、典型的にターゲットの価格が提示価格に届くほどまでには上昇せず、途中までの上昇にとどまるからである。たとえば、買収者が130ドルを提示すると、ターゲットの価格は120ドルまでしかジャンプしないかもしれない。このため、合併が完了すれば、合併裁定取引の運用者は1株当り10ドルの利益が得られる。この潜在的利益は、当然ながら潜在的リスクを考慮してみなければならない。もし合併が失敗すると、ターゲットの株価が100ドルくらいに反落しそうならば、合併裁定取引の運用者は20ドルの損失を被ることになる。また、提示価格には再交渉の余地があり、上がることもあれば下がることもある。競合する買い手が現れて、より高い価格を提示するこ

ともある。つまり、この合併裁定取引の期待利益は、合併の成功確率と、失敗した場合の期待損失、完了した場合の利益に依存する。

合併取引の期待利益を評価するのはむずかしいが、現在の合併提案が成立した場合の利益を計算するのは容易である。これはディールスプレッドと呼ばれる。

$$\text{ディールスプレッド} = \frac{\text{提示価値} - \text{ターゲットの株価}}{\text{ターゲットの株価}}$$

上記の例におけるディールスプレッドは10ドル/120ドル＝8.3%である。したがって、合併提案が文字どおり完了すれば、合併裁定取引の運用者は予定どおり8.3%の利益を得る。このディールスプレッドの指標は、合併予定時期までの配当支払や、考えうる執行コストを考慮することによって改良することも可能である。

正のディールスプレッドが存在することが、合併裁定取引が平均して儲かることを意味するかといえば、そうとは限らない。つまり、ディールスプレッドには、ディールリスクが反映されている。ディールスプレッドが通常は正であっても、ディールの失敗による損失をちょうど相殺する程度であれば、アービトラージャーにとっての利益は平均的にゼロになるはずである。しかし、歴史的にみて、ディールスプレッドは損益分岐点のスプレッドよりも厚く、合併裁定取引は収益性のある取引である。

合併裁定取引が利益をもたらしてきた理由はいくつかあるが、主たる理由は、合併が公表されると、多くの既存投資家が合併ターゲットの株式を売ることにある。この売却によって、ターゲットの価格は売却がなかったほどには上昇せず、合併裁定取引は平均的に利益をあげるに十分なほど大きなディールスプレッドになる。

多くの投資家が合併ターゲット企業の株式を売るのは、合併が中止されるとターゲットの株価が突然下落する可能性があることを認識していることによる。ミューチュアルファンドや個人投資家といった典型的な株主がこの株式を買ったのは、その会社が好きだからである。買収者もまた同じ理由でこの会社を好むのかもしれない。買収者が会社全体を買うという提案をすると、

こうした投資家は株式を買っていたことの自らの正しさが立証されたと感じるだろう。しかし、この株式を選択した専門知識をもつ投資家でさえも、自らの専門性はディールリスクを評価することではないと感じるかもしれない。実際に合併が不確実になると、成長見通しやビジネスの効率性は、突如としてターゲット企業の株価の主要な決定要因ではなくなる。ターゲット企業の取締役会や利害関係者が提案を受け入れるかどうか、買収者がデューディリジェンスの結果として提案を修正もしくはキャンセルするかどうか、合併が監督機関によって認可されるかどうかといった法的な問題、買収者が必要な資金を調達できるかどうかが、株価の主要な決定要因になる。

株主の多くがディールにリスクを感じるため、ディールが失敗するリスクに対する「保険」を自然と要求するだろう。現実的に最も簡単なこの「保険」を得る方法は、株式を売ることである。この保険の価格がディールスプレッドに相当する。

言い換えれば、本来の株主が突如として株式の売り手になる。（どのような結果であっても）合併が決着した後に、新たな本来の株主が現れるまでの間、市場には一時的に大きな流動性需要が生じる。

合併裁定取引のトレーダーは、他の投資家がターゲット企業を売るときに買う。したがって、ディールリスクを避けるためにその株式から抜け出したいと思っているすべての者に対して、彼らは流動性を供給する。言い換えれば、ディールリスクに対する保険を提供していることになり、彼らの平均的な利益は保険収益、すなわち流動性供給に対する報酬である。合併裁定取引の運用者はどのようにリスクを扱うのか。彼らは多くのディールに分散化して、1つのディールの失敗がポートフォリオ全体に悪影響を及ぼさないようにする。

ディールスプレッドは、合併裁定取引の運用者が流動性供給に対する見返りが得られるほどの効率的に非効率な水準に達する。合併ディールの件数やリスクが合併裁定取引の資本に比べて大きいほど、期待リターンは上昇する。また、さまざまな合併案件が比較されて、ディールスプレッドは効率的に非効率な水準へと向かう。実際に、合併裁定取引の運用者は、どの案件が失敗

しそうで、どれが成立しそうかを見定めて、成功しそうなディールについてのみターゲット企業の株式を買おうとするため、よりリスクの高いディールほど、ディールスプレッドは厚い傾向がある。

合併裁定取引の流れ

　合併裁定取引は、合併が公表された時から始まる。多くの場合に公表は市場が閉まっている時間帯に行われるが、もし市場が開いているときであれば、取引は一時的に停止される。市場が開いた後、合併裁定取引の運用者は価格とターゲット株式を評価し、ディールスプレッドや提示価格が引き上げられる可能性と、ディールが失敗するリスクとの間で天秤にかける。取引を気に入れば、ターゲット企業の株式を買って、後に説明する量（ゼロの可能性もある）の買収者の株式を空売りしてヘッジする。ポジションやヘッジ量の決め方については後述する。

**　まず、アナリストの一人が新たに公表されるディールがないかを確認する。もしディールが公表されれば、直ちに詳細な財務分析を行う。具体的には、会社の業績、売上の成長、EBITDA（利払前・税引前・償却前利益）、純利益、1株当り利益を調べて、EBITDAやEBIT、純利益に対する合併マルチプルを算出し、ターゲット企業と比較した買収者の規模や、支払われるプレミアムを確認する。そのうえで、ディールの財務的なメリットを総合的に評価する。通常は、プレミアムが過度ではない、適切なマルチプルで買収される健全な会社を探す。調査の第二段階として、経営者の電話会見に参加し、ウォール街の証券会社によるリサーチや、SECへの報告、合併契約について入念に調べる。合併契約を吟味する際には、デューディリジェンス、資金調達、ビジネス、規制など特殊な条件がないかをチェックする。基本的にわれわれが求めるのは、最低限の条件しかない手堅い合併契約である。また、合併のタイミングや、合併の承認に影響を及ぼす可能性がある規制問題についても調査する。そのために独占禁止法に詳しい優れた社外の弁護士と契約しており、社**

内にも取引の結果に影響を及ぼす可能性があるあらゆる法律問題を確認するための弁護士がいる。基本的に調査を行ううえで重視するのは、リスクが大きく成立確率が低いディールを除外することである。その結果残った、リターンと比較してリスクが低いディールに着目し、リスクがより低く、潜在的なリターンがより高いディールに焦点を定めるようにする。

——ジョン・A・ポールソン（John A. Paulson, 2003）
（Hedge Fund Newsから引用）

　運用者は合併裁定取引のポジションを組むと、イベントの進行を見守り、ディールが完了するのを待つ。その間、ターゲット株式のロングポジションから、ターゲット企業が支払う配当を得られるが、一方で、買収者が支払う配当を負担しなくてはならない。さらに、ターゲット株式を買って買収者の株式を空売りする際の執行コストや、空売りコスト、資金調達コストも負担する。

　合併裁定取引を手仕舞う典型は、単に合併が完了することであり、ディールスプレッドが得られる。しかし、図16.2のとおり、他の結果が生じる可能性もある。より好ましい結果は、他の潜在的買収者がターゲット企業を買収するために競争的な価格を提示して、価格を引き上げる場合である。時には複数の買い手が現れて価格をつり上げ、合併裁定取引の利益は当初のディールスプレッドを大幅に上回ることもある。競争買付けとなる可能性がかなり高いと市場が評価すれば、ターゲット価格が現在の提示価格よりも高くなる可能性があることから、ディールスプレッドは負になることもある。ディールスプレッドが負になると、ポジションを解消する合併裁定取引の運用者もいれば、競争買付けの可能性が高いと考えてポジションを積み増す運用者もいるだろう。

　合併ディールは再交渉される可能性があり、提示価格が引き上げられることも引き下げられることもあり得る。最悪の結果は、合併が失敗に終わることである。概してこの場合には、合併公表の前の水準にまでターゲット企業

図16.2　合併取引の流れ

の株価が反落する。たとえば、合併の破談の原因がターゲット企業に関するなんらかの悪いニュースである場合や、合併公表前の株価にすでに合併の可能性が織り込まれていた場合、あるいは単に市場の動きによって、ターゲット企業の株価は公表前の価格よりも下落することもある。一方、上回る水準までしか下落しないこともあり得る。たとえば合併の提示によってターゲット企業の潜在的価値が明らかになり、合併がなくてもそれが有効なものならば、公表前の株価までには下落しないであろう。

　合併取引の一連の流れのなかで、さまざまな結果のうちどの結果が実現する可能性が高いのかに依存して、ディールスプレッドは拡大したり縮小したりする。図16.3に、最終的に成功あるいは失敗したディールのそれぞれについて、ディールスプレッドの中央値を示した。成功したディールのスプレッドは低い傾向があり、典型的には8％前後から始まり、時間とともに潜在的な障害が克服されて成功確率が高まるにつれ、徐々に縮小していく。最終的に失敗するディールはより大きなディールスプレッドをもつ傾向があり、約20％から始まる。どの取引が失敗するかについて事前には分からないが、市場はリスクが高いディールを認識している。そうしたディールは予想どおり失敗に終わることが多い。ディールが失敗すると、ディールスプレッドは15％以上拡大し、成功したディールとの差は約30％となる。

図16.3 解決までの合併裁定取引のディールスプレッドの推移

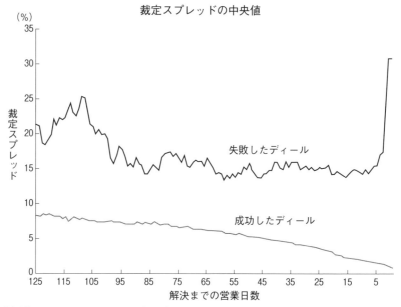

（出所） Mitchell and Pulvino（2011）

アーケータのケース

ウォーレン・バフェットは、バークシャー・ハサウェイの1988年の年次報告書で、合併裁定取引の興味深い例をあげている。

> 裁定取引の状況を評価するには、以下の4つの問題を考える必要がある。すなわち、(1)約束されたイベントが実際にそのとおりになる可能性はどの程度か、(2)資金はどの程度の期間拘束されるのか、(3)たとえば競合する買収提案など、より好ましい事態になるチャンスは何かあるか、(4)独占禁止措置や資金調達の不調などでイベントが起こらなかったらどうなるのか、である。
>
> われわれが経験した裁定取引のなかでも幸運だったアーケータ

（Arcata Corp.）のケースは、このビジネスの紆余曲折を示すよい例である。1981年9月28日にアーケータの役員は、コールバーグ・クラビス・ロバーツ（Kohlberg, Kravis, Roberts & Co., KKR）に会社を売却することで原則合意した。KKRは当時もいまもレバレッジド・バイアウトの中心的なプレーヤーである。アーケータは印刷と林産品を扱う企業であるが、ほかに抱えている問題があった。米国政府はレッドウッド国立公園を拡大するために、アーケータが所有する1万700エーカーの森林（主としてレッドウッド（セコイア）の原生林）の権利を1978年に取得し、この土地に9,790万ドルを分割で払っていたが、アーケータはこれが著しく不十分であると争っていたのである。また、両当事者は不動産の取得から最終決済までの期間に適用される金利についても争っていた。授権法規（訳注：法の執行権限を行政機関に付与する法律）は6％の単利を明記していたが、アーケータはそれよりもかなり高い複利の金利を主張していた。

　訴訟によって不確実性の高い多額の要求をしている会社を買収することには、その要求が認められるのか否かという交渉上の問題がある。この問題を解決するために、KKRはアーケータの株式1株当り37.00ドルに加え、レッドウッドの土地に対して政府から追加的に支払われる額の3分の2を支払う提案をした。

　この裁定取引の機会を評価するため、われわれはKKRが取引を最後まで実行するかどうかを考える必要があった。最大の理由は、その提案が「満足な融資」を得られることを条件としていたことである。この種の条項は売り手にとって常に危険がつきまとう。プロポーズから結婚までの間に熱が冷めてしまうような求婚者に安易な逃げ道を与えるようなものだ。しかし、KKRはそれまでに多くのディールを完了していたため、この可能性について特に心配はしなかった。

　また、われわれはKKRのディールが失敗に終わったときに何が起こるのかについても考えなくてはならなかったが、これについてもかなり安心していた。アーケータの経営者や取締役会は売却先の検討に時間を

要したとはいえ、売る決心をしているのは間違いなかった。KKRがいなくなればもちろん価格は下がるだろうが、アーケータはおそらく別の買い手を見つけることができそうだった。

最後にわれわれは、レッドウッドの権利にどの程度の価値がつくのかを考える必要があった。ニレとナラを見分けることができない会長（訳注：バフェットのこと）にとって、これはまったく問題にならなかった。会長は、ゼロからきわめて大きな額までの間のどこかだと、冷静に権利を評価したのである。

そして9月30日に、われわれはアーケータの株式を約33.50ドルで買い始め、8週間で会社全体の5％に当たる約40万株を買った。最初の公表では、37.00ドルが1982年1月に払われることになっていた。すべてが完全に行われれば、年率40％のリターンを達成するはずだった。ただし、これはレッドウッドの権利をあいまいなまま考慮していない値である。

しかし、すべてが完璧とはならなかった。12月にディールの完了が少々遅れるという公表があった。それでも1月4日には最終合意が調印された。それに勇気づけられ、われわれは1株当り約38.00ドルで買うことで賭け金を引き上げ、保有株式数をこの会社の7％に相当する65万5,000株までふやした。ディールの完了が延期されたとはいえ、われわれがより高い価格でも買おうとしたのは、レッドウッドの権利について「ゼロ」ではなく「きわめて大きな額」のほうに傾いていたからである。

そして2月25日、資金の貸し手が「住宅業界の深刻な不況とアーケータの先行きへの影響を考慮して」、融資条件を「見直す」といってきた。株主総会は4月まで再び延期された。アーケータのスポークスマンは、「合併そのものの結論までが危うくなるとは思わない」と述べた。懸念を払拭しようとするかのようなこの発言を聞いたアービトラージャーの頭のなかには、「通貨切り下げ直前の蔵相のように嘘をつく」という古いことわざが浮かんだ。

3月12日に、KKRは当初の提案は有効ではないと主張し、まず提示

価格を33.50ドルに切り下げ、2日後には35.00ドルに引き上げた。しかし、3月15日に取締役会はこの提案を断り、37.50ドルにレッドウッドからの回収分の半分を上乗せするという別グループの提案を受け入れた。株主はこのディールを了承し、6月4日に37.50ドルが支払われた。

われわれは2,290万ドルのコストに対して2,460万ドルを受け取った。平均保有期間は約6カ月だった。この取引が直面したトラブルを考慮しても、レッドウッドの権利の価値を除いて年率15%という収益率は十分に満足のいくものだった。

しかし、その後がさらに素晴らしかった。予審判事は、2つの委員会を指名した。1つは森林の価値を調べるためのもの、もう1つは金利問題を検討するためのものだった。1987年1月に、前者の委員会はレッドウッドには2億7,570万ドルの価値があったとし、後者の委員会は約14%となる複利の混合レートを推奨した。

1987年8月に、裁判官はこれらの結論を支持した。これによって、ネットで約6億ドルの金額がアーケータに支払われることとなった。その後、政府は控訴したが、1988年、この訴えが受理される前に、5億1,900万ドルで決着した。この結果、われわれは1株当り29.48ドル、つまり約1,930万ドルを受け取った。1989年には、さらに80万ドルほど受け取ることになる。

合併裁定取引の実行―ヘッジの決定方法―

合併裁定取引とは、ディールが失敗するリスクを負担する報酬として、ディールスプレッドを得ることである。したがって、ディールが失敗するリスクはヘッジできない。これこそが合併裁定取引の運用者がとりたいリスクである。実際に、イベント裁定取引は、イベントリスクだけを分離し、他のリスクをヘッジによって消す（さらに、後に詳細に論じるように、多数の無関係なイベントにわたって分散化する）。どのようにディールリスクを分離して、不要なリスクをヘッジするのかについて考えよう。

正しいヘッジは、合併ディールの支払方法によって決まる。図16.1に示

図16.4 買収者の株価と提示価値の関係（現金ディールの場合）

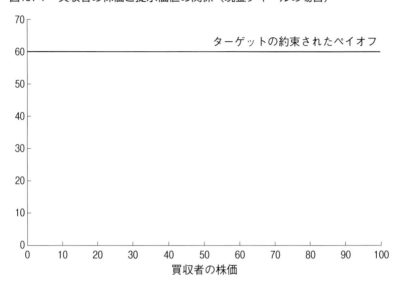

した合併の主な支払方法の概要を思い出そう。最も単純な合併取引は現金ディールで、買収者が単純に現金を支払ってターゲットを買収することを申し出る。図16.4は、買収者がターゲットを買うために1株当り60ドルを提示した例を表す。もちろん、このケースでは提示価値は買収者の株価とは関係がない。したがって、この場合の合併取引は非常に単純である。ターゲットを買うだけであり、ディール特有のヘッジはない（以下に記すように、それでも運用者はポートフォリオ全体のヘッジを多少は行うかもしれない）。

図16.5は、固定比率の株式交換によるディールの価値を表している。この例では、買収者はターゲット株式1株に対して1.2株を提供する。したがって、アービトラージャーがターゲット株式を買うと、買収者の株式価値が下落するリスクに明らかにさらされる。このリスクをヘッジするためには、購入するターゲット株式1株当り、単純に買収者の株式を1.2株空売りすればよい。

図16.6は、変動比率による株式交換の考え方について図示したものであ

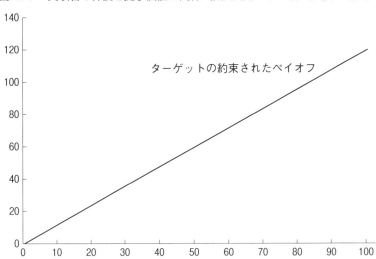

図16.5 買収者の株価と提示価値の関係（固定比率による株式交換の場合）

る。買収者は、価格設定期間における平均価格に基づいて60ドルに相当する買収者の株式を提供する。当初の価格設定期間以前は、現金ディールとまったく同じである。したがって、この期間はヘッジの必要がない。価格設定期間の後には、ディールが固定比率の交換とまったく同じになる。価格設定期間中については、交換比率が徐々に決定され、合併アービトラージャーはヘッジ比率をゼロからフルヘッジまで徐々に引き上げる。

最後に、図16.7は異なる2種類のカラー型の株式交換合併の価値を示す。これは、支払（現金の額または買収者の株式の数）が状況に応じて調整されるものである。したがって、約束された支払には、カラーオプション戦略のようなオプションの特性が組み込まれている。(A)の支払構造は「トラボルタ」ディール、(B)の構造は「エジプシャン」ディールと呼ばれる（『サタデー・ナイト・フィーバー』でのジョン・トラボルタの腕の位置と、エジプト人の古典的なイメージに由来する）。このグラフは、合併の完了時点における価値を示しており、オプションのペイオフのように区分線形である。したがって、オプ

図16.6 買収者の株価と提示価値の関係（変動比率による株式交換の場合）

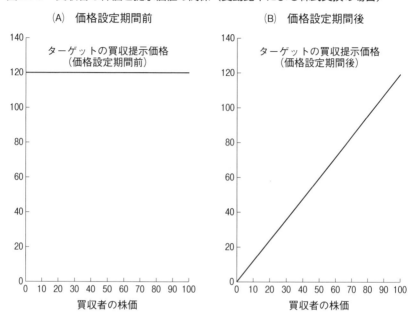

ションの取引が可能ならば、合併のペイオフに一致する株式とオプションからなるポートフォリオによって、こうしたディールをヘッジすることができる。オプションの取引ができない場合や取引にかなりのコストがかかる場合には、かわりにデルタヘッジと呼ばれるオプションの技術を用いることもできる。この場合には、買収者の株式をショートする量が時間とともに変化する。

自社の株価を上げようとする買収者

株式合併の買収者は、自社の株価を上げるインセンティブをもつ。これと整合的に、Ahern and Sosyura（2014）は以下のことを明らかにしている。「固定交換比率の買い手は、変動交換比率の買い手と比べて、水面下で交渉している期間中、金融メディア向けのプレスリリースの数を急激にふやす。後者の変動交換比率の買い手には、合併交渉の期間中にメディアを活用する

図16.7 買収者の株価と提示価値の関係（カラー型の株式交換の場合）

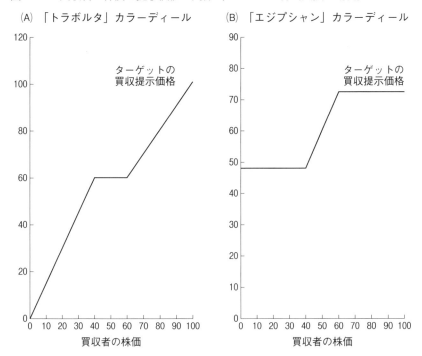

インセンティブがない。この影響は、メディアの報道や買い手のバリュエーションが一時的に高まることと関係している」。さらにこの論文によれば、変動交換比率の買い手は価格設定期間の前後にニュースをより多く発信する。これはおそらく、最も重要な時期に株価を高めようとしているのであろう。

合併裁定取引のポートフォリオ

ポートフォリオの構築は合併裁定取引にとって重要である。合併裁定取引の運用者は、どの合併ターゲットを買うべきか、そしてポジションの大きさをどうすべきかを判断しなければならない。そのために、まず利用可能なユニバース（母集団）を考える必要がある。

合併や買収は多く、ほとんど常に何かが進行している。Mitchell and

Pulvino（2001）は、1963～1998年に米国で9,026件の合併取引が行われたことを確認している。これは年当り平均251件に相当する。取引の数はこの期間の初期には少なく、1980年代後期に最も多くなり、以降は比較的堅調に推移している。それぞれのディールは平均して約3カ月継続する。平均期間3カ月で1年につき251個の取引があれば、この期間中に米国で約63個の合併がどの時点でも進行していたことになる。過去10年間についてみると、各時点で100個以上の合併が米国で進行中だったことも多い。この数は、グローバルにみればさらにふえる。

　利用可能な合併ディールの母集団を所与として、合併裁定取引の運用者は投資するディールの数や、1案件当りの最大ウェイト、どのディールに投資するのかを決めなければならない。慎重に分析したディールに大きくベットするのが強みであると考えて、比較的集中して投資する運用者もいるが、多くは十分に分散化するのを好み、1つ当りのディールのウェイトをポートフォリオ全体の3～10%を超えないように制限する。この理由を理解するため、合併取引が失敗したときに何が起こるかを考えよう。たとえば、現金合併のターゲットの株価が合併公表後に20%上昇すると仮定する。そして、この合併が取り消され、ターゲットの株価が20%下落するとしよう。この場合、合併裁定取引の運用者が資本の5%をターゲットに投資すると、損失は資本の5%×20%＝1%である。さらに極端なケースとして、資本の10%をこのディールに投資し、（株式ディールをヘッジした場合にはこれも考慮して）ターゲットの株価が50%下落すると、資本全体の5%が毀損する。そのような損失は痛いが、それでも合併裁定取引の運用者はまだその年は終わっていないと考えるかもしれない。1つのディールで資本の5%の潜在的損失を被るのは、あまりに大きいと認識する運用者もいれば、成立するという強い確信があるディールには大きくベットしたいと考える運用者もいるだろう。もしポジションの上限を保守的に3%に設定すれば、進行中の全ディールの多くを対象にして、幅広く多様な合併ディールに投資する必要がある。実際に、これが合併裁定取引の運用者の一般的な行動である。

　後に示すヒストリカルデータから、分散化された合併ディールの裁定取引

のポートフォリオのリターンはかなり良好であることがわかる。つまり、合併裁定取引の運用者は、特定のディールに関する特別な情報がなかったとしても、ディールリスクの流動性プレミアムを単純に稼ぐことができた。これと整合的に、ウォーレン・バフェット（1988年の年次報告書）は、「ピーター・セラーズの映画のように、トリックは単に"Being There"（そこにある）」と合併裁定取引のことを述べている。

　また、運用者はディールの種類を分散化し、ディールの種類ごとにポジションの大きさを変えることもあるだろう。たとえば、現金ディールは（以下で説明するように）市場リスクによりさらされるため、総エクスポージャーを制限することがある。また、次に述べるように、ディールの種類ごとにリスクは異なる。

合併裁定取引のリスク

　いかなる合併ディールも失敗するというリスクを無視できない。全ディールの約10％は失敗している。失敗しやすいディールには一般的なパターンがある（Mitchell and Pulvino（2001）の表V参照）。まず、当然ながら、敵対的ディールは、買収者が支配権獲得のために闘わなければならないため、友好的ディールに比べて失敗しやすい。また、レバレッジド・バイアウト（LBO）は戦略的ディールに比べて失敗しやすい。おそらく、LBOは外部資金に大きく依存し、買収者が資金を調達できなければディールが成立しないためである。そして、小型なディールほど失敗しやすい。これはおそらく、大型ディールは買収者によってより慎重に検討され、ターゲットは株式アナリストによって一般に調査されているからであろう。また、たとえば独占につながる可能性があると考えられているディールのように、より多くの取引規制上の精査対象になるディールは失敗しやすい。ディールが失敗するリスクを最も簡単に予想するのがディールスプレッドである。つまり、スプレッドが大きなディールはリスクも大きい。事実、市場は良い案件と悪い案件を事前に見分けている。これは合併スプレッドが効率的に非効率であることを示している。

買収市場の状態に応じて、ディールリスクは時間の経過とともに変化する。株式市場全体が大きく下落しているときほど、ディールが失敗するリスクは高まる。これは特に現金ディールに当てはまる。これを理解するため、会社Aが現金1億ドルで会社Bを買収する提案をしたものの、ディールが成立する前に株式市場全体が30%下落したと仮定しよう。このとき、提示価格は突如あまりに高くなったようにみえるだろう。そして買収者は、最初に提示した時よりも30%ほど安く別の会社を買収することを考えるかもしれない。したがって、買収者は提案を取り下げるか、再交渉をすることになりやすい。一方で、もし最初の合併提案が100ドル相当のA社自身の株式で支払うというものだったならば、状況は異なっていただろう。この場合、A社の株価が調整されて、提示価格はおそらく市場に連動して下がる。したがって、提示価値はA社にとって（おそらくB社にとっても）引き続き妥当にみえるかもしれない。このように、ディールが失敗するリスクは市場全体の環境に依存する。これは次に調べる合併裁定取引のヒストリカルリターンに表れている。

合併裁定取引のヒストリカルリターン

　分散化された合併裁定取引のポートフォリオのリスクとリターンを評価するため、Mitchell and Pulvino（2001）は1963年から1998年までの合併の広範なデータを収集し、「リスクアービトラージ・インデックス・マネージャー（RAIM）」と呼ぶシステマティックな戦略を構築している。RAIMは、各月において利用可能な現金合併と株式合併に仮想的に投資する（より複雑な条件の合併ディールは除外する）ものである。戦略のシミュレーションを1963年に100万ドルから始め、以下の2つの制約のもとですべてのディールに時価加重で投資する。

・ポジション限度1：いずれのディールも純資産価額（NAV）の10%を超えないようにする
・ポジション限度2：推定したマーケットインパクト関数を用いて、いずれのディールも、ターゲットまたは買収者の株価を5％以上動かさないよう

にする

　これらの仮定に基づき、合併裁定取引のリターンのシミュレーションを行う。ブローカーの手数料とマーケットインパクトによる取引コストを考慮する。1963年から1998年までの期間において、RAIM合併裁定取引インデックスの算術平均の年率リターンは11.1%（幾何平均による複利リターンは10.64%）、ボラティリティは7.74%であった。この期間のリスクフリー金利を考慮すると、年率シャープレシオは0.63（幾何平均複利では0.57）に相当する。これは同じ期間における株式市場全体のシャープレシオ0.40よりも高い。

　したがって、合併裁定取引は取引コスト考慮後で高い超過リターンをあげたことになる。このリターンが市場中立なのかそれとも市場の動きに影響を受けたかをみてみよう。

　図16.8は、RAIM合併裁定取引インデックスの超過リターンと株式市場全体の超過リターンの関係を表す。緩やかな下落相場と上昇相場においては、合併裁定取引のリターンは市場リターンと無相関であることがわかる。しかし、株式市場全体が1カ月に5％以上下げるような大幅な下落相場においては、相関がかなり高まる。

　分散化された合併裁定取引のポートフォリオは、ヘッジされていることから株式市場の影響を直接受けない（すなわちロングショートのポートフォリオ）。しかし、全般的なディールの失敗率が間接的に株式市場の影響を受けるため、合併裁定取引ポートフォリオも間接的に影響を受ける。市場リターンがゼロに近いか正の場合には、市場の全般的なイベントは個々の合併が成功するか否かにほとんど影響を及ぼさず、合併裁定取引のリターンは主に固有なイベントで決まる。したがって、市場リターンがこの範囲にあれば、合併裁定取引の株式市場ベータはほぼゼロである（この図の水平線部分で示されている）。

　しかし、図16.8の左側にみられるように、大幅な下落相場では合併裁定取引のベータは正となり、市場が大幅に下落する局面では合併裁定取引も市場全体の苦境をともにする。こうした市場エクスポージャーになるのは、（上

図16.8 合併裁定取引の超過リターンと市場超過リターンの関係

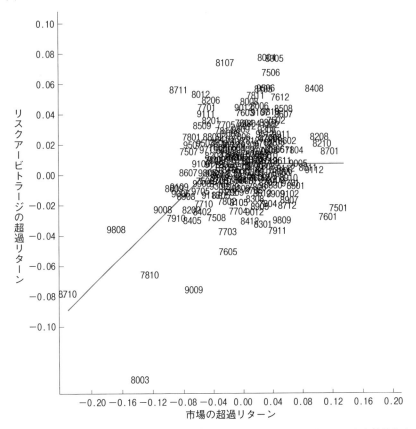

各時点のデータが年月で表示されている。超過リターンはリスクフリーレートを控除したもの。
(出所) Mitchell and Pulvino (2001)

で述べたように)大きな市場の下落によってディールが失敗に終わるリスクが一般に高まることによる。特に下落相場では買収者がディールから撤退する可能性が高まる。現金買収の場合には、急に割高にみえるようになるため、なおさらである。さらに、下落相場では資金調達がむずかしくなり、金融セクターが信用収縮に見舞われると特にその傾向は強まる。

市場エクスポージャーが非線形であることは、標準的な資本資産価格モデル（CAPM）が合併裁定取引のパフォーマンスの評価には適さないことを意味する。合併裁定取引のペイオフは、リスクフリー債券に個別のノイズを加え、市場を原資産とするプットオプションのショートを控除したものと似ている。したがって、合併裁定取引のリターンのアルファを計算するには、単に市場を原資産とするプットオプションをショートすればリスクプレミアムが得られることを考慮する必要がある。このため、合併裁定取引のリターンを株式市場インデックスの超過リターンとプットオプションのショートの超過リターンに回帰する。

$$R_t^{\text{RAIM}} = \alpha + \beta^{\text{MKT}} R_t^{\text{MKT}} + \beta^{\text{PUT}} R_t^{\text{SHORT-PUT}} + \varepsilon_t$$

　この回帰によれば、プットオプションの係数は統計的に有意で、アルファも有意で正である。これは、合併裁定取引が非線形の市場エクスポージャーを考慮しても、正の超過リターンをもたらしてきたことを意味する。したがって、合併裁定取引の運用者は合併ディールを売る市場参加者に対して流動性を供給することによってプレミアムを得ている。本質的にこれは、ディールリスクの「保険」を提供していることになる。

合併裁定取引に対するポートフォリオレベルでのヘッジ

　以上のように、合併裁定取引のポートフォリオは、たとえすべてのディールをヘッジしても、非線形な市場エクスポージャーをもつ。このポートフォリオのエクスポージャーは、特に現金ディールについて、一般的に下落相場ではディールが失敗するリスクが高まる結果である。この非線形のリスクをヘッジするために、合併裁定取引の運用者は、株価指数先物の売りや指数プットオプションの買いによって、戦略のオーバーレイをすることが可能である。しかし、ほとんどの運用者は高いコストがかかるためにこうしたヘッジを行わない。もしするのであれば、ポートフォリオ全体で市場の方向リスクをヘッジできるように、ヘッジ比率を調整すべきであろう。したがって、どのくらいのヘッジが必要かはポートフォリオに含まれる全ディールの価値

と、ディールの種類の構成によって決まる。

16.2 スピンオフ、スプリットオフ、カーブアウト

スピンオフ、スプリットオフ、カーブアウトとは

　合併の反対は、会社が別々のものに分割されることである。興味深いことに、合併とともにダイベストメント（売却）もイベント運用者に機会をもたらす。会社が子会社を売却するのにはさまざまな形態がある。たとえば、第三者の会社への売却や、公開売却がある。公開売却には、スピンオフ（spin-off）、スプリットオフ（split-off）、カーブアウト（carve-out）など複数の方法がある。スピンオフでは、親会社から子会社が分離され、親会社の株主は按分して子会社株式を受け取る（したがって現金の受払いはない）。スプリットオフも似ているが、親会社の株主が子会社株式と引き換えに親会社株式を拠出するかどうかを選択しなければならない点が異なる。

　図16.9は、スピンオフやスプリットオフとともに、カーブアウトがどのように行われるのかを示している。株式のカーブアウトでは、親会社は自己のバランスシートに子会社株式の一部を保有しながら、残りの株式を売却する。カーブアウトによって子会社株式の市場が生まれ、通常はその後に残りの親会社株式のスピンオフやスプリットオフが行われる。カーブアウトされた子会社株式は、部分的に株式公開（IPO）で売却される、あるいは按分して親会社株主に割り当てられる。

スピンオフやスプリットオフに基づく取引

　スピンオフやスプリットオフは、子会社と残りの親会社部分のそれぞれについて、経営陣や潜在的なビジネス能力の見通しにベットする機会をイベント運用者に与える。さらには、企業イベントによって投資家がポートフォリオをリバランスすると、需要と供給が不均衡になる可能性がある。たとえば、

図16.9 スピンオフ、スプリットオフ、カーブアウト

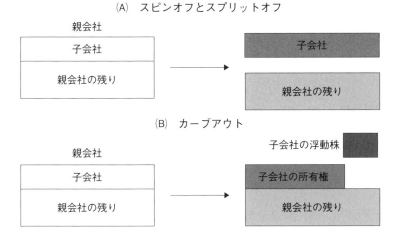

多くの投資家が子会社株式ではなく親会社株式を保有し続けたいと考えれば、初期段階で子会社に売り圧力が生じる。これは特に子会社が親会社と異なる業種に属する場合や、親会社が株式指数に組み入れられるが子会社は組み入れられない場合に顕著である。スピンオフした子会社はスプリットオフした子会社よりも強い売り圧力にさらされる傾向がある。これは、スピンオフの場合には元のすべての株主が子会社株式を受け取るのに対して、スプリットオフの場合は株式を買うことを決めなければならないためである。しかも当初は、子会社はアナリストにさほどカバーされず、投資家は子会社についてまだ十分に理解できていないと感じるのが通常である。

時間が経つにつれて売り圧力は収まり、投資家は子会社や経営陣について知るようになり、アナリストはカバーするようになる。さらには、子会社と残りの親会社がそれぞれに、経営に集中するインセンティブをもてることや、エージェンシー問題が緩和されることなどによって、会社が効率的になることが奏功し、中期的な潜在パフォーマンスは向上する可能性がある。

表16.1 親会社とスタブのバランスシート

(A) 親会社のバランスシート

資産	負債
他の資産	負債
子会社持ち分	親会社の自己資本

(B) スタブ（親会社から子会社を除いた部分）のバランスシート

資産	負債
他の資産	負債
	スタブの自己資本

カーブアウトに基づく取引

スピンオフやスプリットオフへの投資は裁定取引にはならないことが多いが、カーブアウトはイベントドリブンの裁定取引の機会をもたらす。親会社が子会社の大きな割合を所有するため、親会社を子会社との比較によって取引することで利益を得られる可能性がある。

表16.1は、親会社と「スタブ」のバランスシートを示している。スタブ（stub）とは、親会社から子会社の所有権を除いた部分を意味する。資産は常に負債に等しいことから、親会社のバランスシートにおける各部分の市場価値（MV）は次式を満たす。

$$MV(他の資産) + MV(子会社持ち分) = MV(負債) + MV(親会社の自己資本)$$

同様に、スタブのバランスシートから以下になる。

$$MV(スタブの自己資本) = MV(他の資産) - MV(負債)$$

これらの関係をあわせると、以下の自明な関係が得られる。

$$MV(スタブの自己資本) = MV(親会社の自己資本) - MV(子会社持ち分)$$

イベント運用者はスタブの価値が負になる時期にとりわけ注意を払う。この

場合、子会社持ち分の価値よりも低い価格で、親会社を買うことができることになるので、これは格安な特売品のようなものである。

負のスタブ価値が真の裁定取引になるのは、親会社が自ら所有する子会社株式を分配することが判明したときである。たとえば、親会社が自らの発行済株式1株に対してN株の子会社株式をもっている場合、イベント運用者は親会社株式を買って、そのN倍の株数の子会社株式を空売りする。イベント運用者はこのポジションをとることによって基本的に利益が得られるのは、スタブの価値が負のためである（ポジションが証拠金所要額のために資本を拘束することがあるにせよ）。親会社が子会社株式を分配する際に、イベント運用者はその株式をショートポジションのカバーに使うことができる。これによって、イベント運用者には親会社の残余部分の所有権が残ることになるが、その価値は（債務が限定されていることによって）ゼロ以上である。

このような負のスタブ価値は、オールドエコノミーの企業（ブリック・アンド・モルタル・ビジネス）がIT子会社をカーブアウトした、ITバブルの時期に何度か起きた。ハイテク子会社の株価は親会社に比べて急激に上昇し、スタブの価値が負になった。図16.10は、ITバブル末期のスリーコム（3 Com）とパーム（Palm）のスタブの価値の例を表している。スタブの価値は大きな負の値から始まり、最終的には正に転じたことがわかる。

しかし、スタブの価値が負であっても、裁定機会はリスクフリーではなく、うまくいかないこともある。第一に、たとえ親会社がそうするという意向を発表しても、親会社が子会社株式を分配しない可能性はある。たとえば、IRSが非課税での分配を承認しない限り、分配によって税の負の影響が生じうる。さらに悪いことに親会社が倒産する、あるいは上場廃止になる可能性もある。

さらに、子会社の空売りはコストが高い場合があり、それ自体がむずかしく、リスクが高いこともある。実際に、スタブ価値が負の子会社株式は、空売りコストが高いことが多く、空売りのために借りられる株式を見つけるのがむずかしいことさえある（第8章で述べたように、高い貸借手数料を収益化することは、子会社の株価の上昇要因になる）。また、イベントトレーダーが

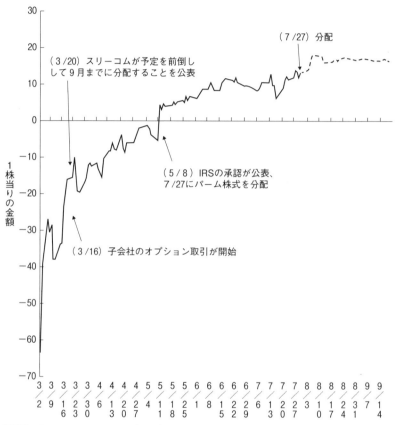

図16.10 2000年にパームをカーブアウトした期間中のスリーコムのスタブ価値

(出所) Lamont and Thaler (2003)

ショートポジションをとれたとしても、株式を借り続けられなくなり（バイイン）、ポジションを最悪のタイミングで閉じねばならないリスクがある。さらに、スタブの価値は大きく変動する可能性があり、短期的な損失や追加証拠金が発生するリスクがある。

Mitchell, Pulvino and Stafford (2002) は、スタブ価値が負の82個の状況を調査し、「サンプルの30%では、相対的な価値の乖離が修正される前に、親会社と子会社の関係が解消されている。また、もし収束する過程が観測さ

れるものよりも滑らかならば、裁定取引を専門にする投資家が得られるリターンは50%高くなるであろう」ことを報告している。

親会社が子会社の株式を持ち続けると何が起こるのだろうか。この場合にもなおスタブ価値が負であれば裁定機会になるのだろうか。おそらくは、そうではないだろう。親会社がほとんど負債をもたない健全な会社なら、市場は乖離を認識し、時間とともにスタブ価値は正になるだろう。一方、親会社が子会社以外の資産価値を大幅に上回るような負債をもっている場合、スタブ価値が負であっても不思議ではない。あるいは、経営者の地位が守られていて（エントレンチメント）、相当な資産を無駄に使うことが予想される場合も、スタブ価値が低くなることが説明できる。そうはいっても、スタブの価値が親会社の残りの部分の価値に比べて低いように思えば、スタブ価値が正でもイベント運用者は積極的に買うことがある。こうしたケースを評価するには、イベント運用者は子会社の価値や、親会社の残りの部分の価値、さまざまな負債を考慮しなければならない。

16.3 ディストレス投資と他のイベントドリブン投資

ディストレス投資

イベントドリブン運用者のなかには、ディストレス投資（distressed investment）を専門にする投資家もいて、多くの場合、財務的な困窮状態にある会社の負債に投資する。困窮状態の企業には、すでにデフォルトした企業（たとえば米国では破産法第11条が適用された企業）と倒産に近づき苦闘している企業の両方が含まれる。苦闘中の企業については、同様なデュレーションの国債に対するクレジットスプレッドが1,000bp以上の企業として定義されることがある。このクレジットスプレッドは、企業の債権の価格が非常に低く、利回りが国債よりも10%以上高いことを意味する。クレジットスプレッドが大きければ、支払を得られないリスクも大きい。実際にいくつか

のインデックスによると、意外なことにディストレスト債権へのパッシブ投資は歴史的にあまり報われてこなかった。

したがって、ディストレスト投資の運用者は付加価値をつけるためにアクティブでなければならない。事実、困窮状態の企業には機会とリスクの双方があり、基盤となる事業が不安定で、さまざまなステークホルダーが残されている価値を絞り取ろうとする。ディストレスト投資の取組みにはさまざまな方法がある。とりわけ投資家は負債や株式の所有者となって、事業の改善を援助することができる。倒産企業に対しては、DIP（debtor-in-possession）ファイナンスを確保することによって、運用者は会社が新たなスタートを切るのを援助することができる。DIPファイナンスは、あらゆる無担保の債権者よりも優先するために破産裁判官の承認を要する。あるいは、エグジット（exit）ファイナンスによって倒産状態からの脱却を助けることもできる。

また、イベント運用者は、たとえば債権者委員会の委員を務めるなど、積極的に自身の投資を守る必要もある。実際に株主や他の債権者は、会社から価値を絞り取ろうとする可能性があり、残りの債権者に害をもたらすかもしれない。また、イベント運用者は債務の再交渉や、企業や銀行、他の利害関係者（すなわち債券保有者）からの証券の直接買取りを行うこともある。さらに、会社の支配権を得ようとすることもある。

イベント運用者はまた、投機的等級への格下げや、財務的な困窮や倒産する際に起こる価格圧力から、利益を得ようとする場合もある。多くの投資家がディストレスト証券を手放したいと考える際やその必要性がある際には、売り圧力が生じる。イベント運用者は、流動性を供給できるものの、リスクを入念に調査しなければならない。リスクには、ビジネスが好転して会社が利益を生むようになる可能性や、その時まで生存できる可能性、デフォルトした場合の回収、資本構成上の各証券の優先順位があげられる。

資本構成裁定取引

同じ企業が発行する2つの証券の売りと買いを行うのは古典的な裁定取引である。たとえば、ある会社の社債を購入して株式をショートする、あるい

は、ある会社の優先株式と引き換えにして普通株式を取引する、株式や債券と引き換えにクレジット・デフォルト・スワップ（CDS）を取引する。これは資本構成裁定取引（capital structure arbitrage）と呼ばれ、会社が全体として良いか悪いかにベットするのではなく、資本構成の一部が他に対して相対的に割安かどうかにベットする。

この取引は、会社に対するすべての請求権（自己資本と負債）は企業価値のデリバティブであり、これらの証券の価格が整合的でなければ裁定機会が生じるという考え方に基づく。たとえば株価、企業のレバレッジ比率、株価のボラティリティを考慮して、社債のフェアバリューを定め、安いものを買って、高いものを売る。

資本構成の変更

他のイベント裁定取引として、たとえば自社株買い、株式発行、債券発行、債務交換といった、会社の資本構成の変更に基づく取引がある。一組のイベント取引は、資本構成の変更によってその一部が他の部分の犠牲によって有利になることを利用して取引する。たとえば、株式の発行によって債券保有者は恩恵を受ける可能性があるが、市場はこれをすぐに織り込まないかもしれない。

概して、企業による自社株買いや債務の返済は、経営陣の自信を示唆する。一方、証券、特に株式の発行は、証券が過大評価されていることや、企業にエージェンシー問題が存在することを示唆する。しかし、もし平均的に過小評価されていて、かつ、たとえば募集額を超える申込みが多いときでも株式の割当てを受けられるなど、イベント運用者が株式の配分に関する逆選択を避けられるならば、証券の募集に参加することによって利益を得られる可能性がある。さらには、発行日前取引市場のように、ライツイシューの市場に裁定機会が含まれていることもある。

特殊な証券構造と市場の変調

イベント運用者はまた、ETFやクローズドエンドファンドといった特殊な

構造の証券に機会を見出すことがある。こうした証券の価値が、証券の保有する銘柄の価値から大きく乖離することがあり、この場合、価値が収束することにベットする取引機会が生じる。また、特別目的買収会社（special purpose acquisition company, SPAC）や公開株への非公開投資（private investment in public equity, PIPE（パイプ））に、明らかなミスプライシングが生じることがあるが、非常に流動性の低い投資であり、流動性リスクにさらされる。

　イベントの機会は、会社固有または市場全体の混乱に関連して起こることもある。たとえば、ある企業の株式が株式指数に組み入れられる際、インデックス投資家の購入によって組入れ日前後に平均的に価格が上昇するという予測可能な動きが歴史的にみられてきた。ただし、この影響はもはや強くない。同様に、指数から除外される株式は除外日前後に下落することがある。広範囲な市場の混乱については、最も有名で最も高い利益率となった例として、ジョン・A・ポールソンのサブプライム取引がある。

16.4　ジョン・A・ポールソン（ポールソン社）へのインタビュー

　ジョン・A・ポールソン（John A. Paulson）はポールソン社（Paulson & Co. Inc.）の社長兼ポートフォリオマネージャーである。同社はグローバルな合併や、イベント裁定取引、クレジット戦略を専門としている。1994年に創立され、多くの賞を受賞してきた。サブプライム市場の下落にベットした取引の成功により広く知られるようになり、これは「史上最高の取引」と呼ばれている。ポールソンは1978年にニューヨーク大学を卒業し、1980年にハーバード・ビジネススクールからMBAを授与されている。投資運用会社を創設する前は、グラス・パートナーズ（Gruss Partners）のゼネラル・パートナー、ベアー・スターンズ（Bear Stearns）の企業の合併・買収（M&A）部門のマネージング・ディレクターを歴任した。

LHP　初めてイベントドリブン投資に興味をもったのはどういった経緯

だったのですか。

JAP　リスクアービトラージを初めて学んだのはニューヨーク大学の学生だった時です。ガスターブ・レヴィ（Gustave Levy）が教えていたセミナー形式のコースに受講登録をしました。彼はゴールドマン・サックスの会長で、ニューヨーク大学の卒業生でもあり、ゴールドマン・サックスでリスクアービトラージの部門を運営していたこともあります。残念なことに、このコースが始まる直前にガスターブ・レヴィは他界したため、ジョン・ホワイトヘッド（John Whitehead）が会長になり、ガスターブの後任として授業を引き継ぎました。

　ジョンはその授業の重要性がよくわかっていました。彼自身による講義のほか、M&A、リスクアービトラージ、コーポレートファイナンスのそれぞれ1回ごとの授業に、各部門のヘッドパートナーを連れてきました。当時、リスクアービトラージを担当していたパートナーがボブ・ルービン（Bob Rubin）でした。彼はその後ゴールドマン・サックスの会長になり、さらに財務長官に就任しました。そこで初めて私はリスクアービトラージに触れたのです。

　振り返ってみるとこの約80年間、リスクアービトラージはゴールドマン・サックスやベアー・スターンズにとって重要な投資戦略でした。会社のなかで収益性が非常に高い部門だったため、リスクアービトラージ部門の出身者が歴代の会長や社長になる傾向があったのです。ガスターブ・レヴィもそうでしたし、ボブ・ルービンもそうでした。理由は簡単です。10億ドルの資本が割り当てられて20％ふやせば、このグループは2億ドルの利益を会社にもたらしたことになります。合併や企業財務のアドバイスをする伝統的な投資銀行家がそうしたフィーをまとめて稼ぎ出すのはとてもむずかしいでしょう。そのため、彼らがパートナーだった時、ベアー・スターンズやゴールドマン・サックスでリスクアービトラージの部門はたいてい会社で最も収益性の高い部門だったのです。

　　　　ヘッジファンドの黎明期に、パートナーも若手も銀行を去り、これと同じ戦略を行うため、自分たちでヘッジファンドを立ち上げるようになりました。時が経って投資銀行に多くの利益相反が生じるようになり、いかなる利益相反もないヘッジファンドと張り合うのがむずかしくなってきました。いまでは、投資銀行は公開され、政府によって規制されています。現在はボルカールール（Volcker Rule）と呼ばれる新たな規制のもとで、彼らはもはや自己勘定取引をすることが許されません。そのため、銀行はこの種のビジネスの蚊帳の外に置かれることになったのです。その結果、いまはリスクアービトラージの有力なプレーヤーとしてヘッジファンドが残りました。

LHP　投資プロセスについて解説していただけますか。

JAP　リスクアービトラージは、一般に、企業イベントの最中にある会社の証券に投資するものです。こうした証券のリターンは、株価の上げ下げではなく、イベントの成功や完了によります。リスクアービトラージの最も重要な対象は合併行動です。次に重要なのは破綻企業投資であり、破綻して再編されようとしている企業に投資します。これには、債務の株式化と非公開企業としての再出発、もしくは他の巧妙な手段など、なんらかの非常に重要な債務のリストラが伴います。そして、第三のカテゴリーは、より一般的な他の種類の企業のリストラです。これにはスピンオフや再資本化（recapitalizations）が含まれ、後者にはアップル（Apple）のように、会社が資金を借りて株主に大きな配当を支払うというものがあります。

LHP　合併裁定取引にはどのように取り組むのでしょうか。

JAP　合併のケースでは、通常は買収者がターゲットに対する買い値を提示します。全額が現金の場合もあれば、株式による場合もあり、現金と株式を組み合わせる場合もあります。ターゲットの株式は提示価格の近くまで急上昇しますが、ディールが完了しないリスクがあるため、提示価格よりもいくぶん割り引かれて取引されます。

LHP そのスプレッドから利益を得ようとするのですね。

JAP そうです。スプレッドを取引期間で調整したものがリスクアービトラージへの投資からの年率リターンになります。簡単な例をあげてみましょう。30ドルで取引されている会社Aがあったとして、それが50ドルでの買収提案を受けて、株価が49ドルまで上昇したとします。そこには1ドルのスプレッドが残っています。これを49ドルで買って、50ドルで売れば、1ドルの収益を得ます。

しかし、ディールが成立しなければ株式は30ドルに反落するかもしれません。したがって、アップサイドは1ドルですが、ダウンサイドは19ドルです。明らかに小心者のゲームではありません。以前からこの株式をもっていた人の多くは、保有し続けたくないと考えるでしょう。彼らはこのリスク・リターンを好まないために、売却するのです。

では、なぜ私は買うのか。49ドルでこの株式を買えば、儲けは1ドルです。単純に1ドルを49ドルで割れば約2％のリターンです。しかしディールが60日、つまり2カ月でクローズされれば、リターンは年率12％に相当します。小さな金額に思えても、年率換算では満足できるリターンでしょう。これを繰り返せば、平均的に得られるリターンは市場のリターンよりも高くなりえます。

この戦略のもう1つの長所は、市場全体の動きに依存しないことです。49ドルで株式を買ったものの、買った後に株式市場が30％下落し、市場が急落したとしましょう。それでも、この取引の結果は影響を受けないでしょう。この取引に関係している会社は、市場には注目していないのです。そのため、60日後にディールがクローズすることが十分に確かなら、市場が下落した環境でもなお12％の年率リターンを得られます。したがって、リターンが平均的に市場より高いだけでなく、市場との相関もありません。このリターンをあげるのに、市場が上昇する必要はないのです。

LHP とはいえ、リスクはありますよね。

JAP　そうです。求められるのは、ディールの完了リスクを評価する専門知識です。ダウンサイドが19ポイントでアップサイドが1ポイントのこのディールが完了しないリスクは何か、規制上のリスクはあるのか、独占禁止法の承認は得られるのか、そういったリスクを評価するのがわれわれの専門です。たとえば、買収の前からこの株式を保有している平均的な投資家は、独占禁止法についてまったく知らないでしょう。彼らは問題が何か、どれだけのディールが認可され、認可されてこなかったかについて知りません。彼らは米国やドイツ、中国における独占禁止の状況を知りません。さらに、独占禁止に加えて多くのさまざまな規制上の認可事項もあります。

　また、普通の投資家は合併合意書を読みませんが、これには合併が成立する条件が書かれています。合併合意は解除される場合があり、たとえば市場が10％下落すると、買い手には中止する権利があるというものです。この場合、株式市場が30％下落すると、買い手は「もはや買いたくない」というでしょう。買い手には退出する法的権利があるのです。

　そのため、裁定取引を始める前に、合併合意書を読む必要があります。しかし、合併合意書を完全に理解するには、優秀な合併弁護士になる必要があります。このゲームをするためには、ディールの成立に影響を及ぼす事項に関する多くの専門知識が必要とされます。合併合意書を理解する能力、規制上の事項を理解する能力が必要です。独占禁止法だけではありません。銀行規制や保険規制があり、連邦政府の規制や州の規制など多くのものがかかわってくるのです。

LHP　また、取引の資金調達上の問題によってディールが完了しない可能性もありますね。

JAP　そうです。資金調達が問題になることもあります。ですから、買収者に資金があるのか、銀行融資によるのか、銀行融資が条件なのか、銀行融資の条項を読んだのか、といったことを押さえておく必要があります。銀行の関与がとても密接で、反故にするのがとてもむず

かしいこともあれば、銀行の関与が緩いこともあります。これらをすべて押さえなければ、ディールに固有のリスクを評価する際に不利になります。

　そこで専門家の出番なのです。われわれはこれらをすべて行います。だからこそ、買収が公表されてからその証券に関与してくる99％の市場プレイヤーに対して、ゲームを優位に進めることができるのです。そして、この知識を投資における優位性に変えて、平均的に市場よりも高い無相関のリターンを生み出すことができます。

LHP　しかし、あなたが競合しているのは一般人ではなく、合併裁定取引の専門家が競合相手になるのですよね。

JAP　そうです。合併裁定取引には競合相手がいます。しかし、彼らの専門知識の程度はさまざまです。専門知識こそがわれわれの優位性です。では、私は専門知識をどこで得たのか。リスクアービトラージを始める前に、私は合併・買収部門のパートナーでした。融資契約、合併契約、敵対的買収提案、友好的買収提案、スピンオフなど、その頃の私には合併のことしか頭にありませんでした。そのため、この会社を始めた時、これらすべての問題に関する高度な専門知識をもっていたのです。私は弁護士ではなく、銀行家です。多くの法的な取決めの交渉にあたってきたことを通じて自分の限界も知っています。ですから、最高のM＆A弁護士を法律アドバイザーとして契約しています。

LHP　専門知識をどのように合併裁定取引に適用するのですか。たとえば、競合他社がより高額な価格を提示することが予想できるのでしょうか。

JAP　合併裁定取引をみるとき、まずはディールスプレッドがどのくらいかが注目されます。しかし、会社のバリュエーションについても考える必要があります。たとえばB社が1株当り50ドルをA社のために支払うとしましょう。しかし、利益マルチプルはどうでしょう。EBITDA（利払前・税引前・償却前利益）に対するマルチプルは？

会社Aの成長性は？　この業種でほかに合併はあったのか？　より高い価格を払いそうな企業がほかにいないのか。

　最初にすることは、すべての買収マルチプルの算出です。すなわち、利益、純資産、EBITDA、EBITに対するマルチプルです。これを成長率と比較します。その後、さまざまなセクターで起きた買収に関するすべての公表データを収録したわれわれ独自のデータベースを調べます。メディアや情報通信セクターといったセクターに含まれていれば、すぐにコンプ（比較）シートを取得できます。これによって、過去5年間や10年間に買収されたすべてのテレビ局とそのすべての買収者、そして支払われたマルチプルがわかります。たとえば、マルチプルの平均が12倍だとしましょう。このディールが10倍ならば、いくぶん割安ですので、直ちに信号が点灯します。

　では、割安なのはなぜか。競り売りではなかったのか。会社が自らを売却する際に、ゴールドマン・サックスを雇って、すべてのメディア会社に検討させたのか。もしそうなら、だれもがすでにみており、他のだれかが買収することはなさそうです。

　しかし、これが買い手と売り手の単なる交渉だったとすれば、他者は売りに出されていることを知りません。このディールが公表されてはじめて耳にすることになります。そして、マルチプルを計算して、ほかよりも安い取引であることがわかり、興味が掻き立てられるかもしれません。そうなると、すべての他の銀行も手数料を稼ぎたくなります。そして銀行は顧客のもとへ行き、「この会社をみてください。10倍での取引です。あなたは同じ分野の会社を12倍で買ったばかりですよね。もっと高い買い値を提示しませんか」というでしょう。

　次に、合併合意書を読む必要があります。売却しない特定の株主はいるのか。議決権株と無議決権株があるのか。株主と買い手の間の合意はどのようなものなのか。合併合意書のなかに合併不成立時の違約金はあるのか。第三者が買い手に参入するのを思いとどまら

せるよう、前の買い手にプレミアムを支払う必要があるのか。

　結果としてディールが割安にみえ、他の潜在的買収者を特定することができれば、1％や2％といった平均的なポジションをとるのではなく、「このディールが成立する可能性は相当高く、成立しない可能性はきわめて低いようだ。さらに、第三者が参入して買い値を提示する確率がかなりある」と考えるでしょう。こうした場合には、とりたいのは平均的なポジションではなく、ポートフォリオの10％のポジションをとりたいのです。可能な限り多くの株式を買い、その会社の10％にまで達することもあり得ます。

LHP　つまり、かなり好ましいディールであっても、**資産の10％かつその会社の10％という、ポジションの限度額があるのですね。**

JAP　そうです。ポジションには限度額はあります。結局のところ、どんなに確信があっても、どんなに自信があっても、どれほどうまくいくと思っても、これまで何度経験したことであっても、必ずしも予想どおりにうまくいくとは限らないからです。ですから、常にダウンサイドに注意しなくてはなりません。過剰に集中投資して誤りを犯せば、痛い目にあう可能性があります。われわれは通常、ポジションの最大の大きさを10％に制限し、常に分散投資の感覚をもって業務を行います。もちろん1つのディールに100％のお金を注ぎ込んで最高の提示価格になれば、一財産を築けるのは明らかです。しかし、もし何かがうまくいかなければ、もしなんらかの事情により提示が打ち切られれば、財産を失う可能性があるのです。

　儲ける秘訣は損をしないことです。まず考えなければならないのはダウンサイドであり、ポジションの大きさは、いくら儲かりそうかではなく、いくら損をしそうなのかによって決めなければなりません。ポートフォリオ全体の損失許容度に基づいて限度を設定する必要があるのです。

LHP　では、ある程度は分散投資しながらも、最高の提示価格が得られそうなディールのウェイトを高めるのでしょうか。

JAP　そうです。その会社が好きなら、その会社の10％まで買います。ディールが公表されて、株式が30ドルから49ドルまで上昇すると、多くの機関は最後の１ドルのために保有したいとは思いません。そして彼らが売るため、すぐにその会社の9.9％を取得できます。ここで、われわれが正しく、他のだれかが現れて50ドルのかわりに60ドルを提示したとしましょう。そうすると、儲けは１ドルではなく、11ドルになります。１ドルが12％の収益率だとすれば、11ドルでは120％です。こうなるときわめて高いリターンの戦略になります。ディールのウェイトを高めて、こうしたことになれば、ポートフォリオにきわめて大きな影響がもたらされます。

LHP　そのような取引の具体例をあげていただけますか。

JAP　昨年のスプリント（Sprint）です。ソフトバンクは、スプリントの70％を１株当り5.75ドルで買収提案をしました。そこで、先ほど述べたマルチプルを計算したところ、過去に取引された他の無線通信会社と比較して低いマルチプルでした。他者が参加してくる見込みがあると考え、われわれはスプリント株を２億2,000万株買いました。もちろんこの投資は大金で、5.75ドルに２億2,000万株をかけた13億ドルを１銘柄に注ぎ込んだのです。そして待ちました。それみたことか、ディッシュ（Dish）が現れて、１株当り７ドルを提示しました。これがソフトバンクに１株当り7.75ドルを再提示させることになったのです。この１つの合併取引で、最終的には２億2,000万株について１株当り２ドル、実際の金額で４億4,000万ドルの利益になりました。

LHP　合併裁定取引の他の要素には何がありますか。

JAP　ディールが公表されると、公表の前日や前週の取引株価に対して30％、50％、時にはそれ以上のプレミアムになるのは明らかです。そのため、次に買収される会社を予測して公表前にその株式を所有できれば、巨額な収益が得られます。

　　　当然ながら、不正行為の可能性が生じます。インサイダー取引が

行われる余地があり、人々はインサイダー情報に基づく取引によって優位に立とうとします。これにはわれわれはまったく関心がありません。インサイダー情報にアクセスすることについてとても厳格な方針をもっています。万一、偶然に情報を入手した場合、いうまでもなく、その株式を取引しません。しかし、次に買収される会社を見定めようというのは別です。業界分析や特別ではない情報に基づく限りは、違法ではありません。

当社では、それぞれの業界の専門家を配置しています。そのため、たとえば通信業界で合併が公表されれば、通信会社の合併を専門に扱う者が担当します。当社には通信業界に関する専門知識と合併に関する専門知識の双方があります。通信の場合なら、この業界に専念する者がいて、何年もの間あらゆる経営者とミーティングし、だれがどの会社を何のために買ったのかや、だれがほかにどこを買いたがっていそうなのかがわかっているのです。

LHP 統合が進んでいる業界において、合併が起こる前に予想しようとするのですね。

JAP そのとおりです。業界で統合の動きがみられると、次はだれなのかが多少は明らかになり始めます。通信セクターでは最大手のベライゾン（Verizon）がいて、これにAT&Tが続きます。しかし、さらに小規模なプレーヤーとして、スプリント（Sprint）、T-モバイル（T-Mobile）がいます。以前はメトロPCS（MetroPCS）、リープ・ワイヤレス（Leap Wireless）、クリア・ワイヤレス（Clear Wireless）があり、国内のプレーヤーは7社でした。業界の成長が鈍化し始め、CAPEX（資本的支出）のニーズが高まると、これら小さいプレーヤーはもはや単独では生き残れないのが明らかでした。このように、だれが買収されそうで、だれが買収されそうな会社の株式を取得しそうかを予想することが可能だったのです。予想どおり、これらはすべて買収されました。スプリントはソフトバンクに、メトロPCSはT-モバイルに、クリア・ワイヤレスはスプリントに、リープは

AT&Tに、それぞれ買収されました。リープのケースでは、われわれは9.9%を出資し、AT&Tが110%のプレミアムを支払いました。

LHP　ディストレスト投資と破綻企業に移りたいと思います。これらをどのように取引するのでしょうか。

JAP　破綻企業への投資もまた非常に魅力的な分野ですが、われわれの専門知識は限られます。会社が破綻すると、債券保有者は債券をどう扱うべきかわからないことが多々あり、多くの伝統的な保有者は証券を売却します。そのため、破綻を専門にしている人々はこれらの証券を買い、会社のリストラのプロセスを実行していきます。十分な資本をもち、望むらくは健全な会社になるように会社の組織を再編成するか、あるいは、ビジネスの見通しがよくなければ、投資家は清算を検討する可能性もあります。非常に複雑です。合併裁定取引と似てはいながらも異なるスキルが必要です。財務分析は似ていますが、異なる法律の専門知識を要します。

LHP　破綻企業取引の例をあげてください。

JAP　前回の景気後退期に破綻企業への投資を積極的に行ったため、多くの例があります。そのなかから、エクステンデッドステイ・ホテルズ（Extended Stay Hotels）というホテルチェーンについて話しましょう。この会社は米国内に所有する670のホテルを運営していて、2007年にレバレッジド・バイアウトにより80億ドルで買われました。内訳は70億ドルが借入れ、10億ドルが株式です。当時、この会社はEBITDAで5.5億ドルの利益をあげていました。収益の成長が続くと考えられていたため、EBITDAに対するマルチプルは比較的高くて15倍でした。

　　　しかし、リーマン・ブラザーズが破綻した後、経済は不況に陥りました。経済活動が縮小し、ビジネス活動が低下すると、人々は旅行を控え始めました。エクステンデッドステイ・ホテルズの稼働率は下がり、EBITDAは5.75億ドルから2.5億ドルになりました。2.5億ドルでは70億ドルの借入れを維持できなかったため、債務が不履

行になり、倒産したのです。

　われわれはこの会社を理解していました。資本構成を知っていましたし、ホテルが景気に依存することも知っています。不況期には落ち込み、経済が回復すれば上向きます。ホテルチェーンには何も問題がありませんでした。問題は、債務が大き過ぎて、景気循環がこの会社に不利な方向に動いたことでした。

　そこで、支配するには魅力的な会社だろうと考え、破綻債務を大量に買いました。同様に大量の債権を買った他のヘッジファンドがあったこともわかっていました。経済が回復し始めると、われわれはエクステンデッドステイを再編に導こうと決めましたが、他のヘッジファンドも同じ決定をしていました。われわれは競合するのではなく、それぞれの負債ポジションを共同することに決め、これにより負債の3分の1以上を支配しました。倒産すると、破綻計画を承認するためには債権者の3分の2が必要です。負債の3分の1を支配することで、われわれはあらゆる再編にも拒否権をもつことになりました。

　だれもわれわれの賛成なしでこの会社を再編することができなかったため、リストラを主導する立場にありました。結局、われわれはリストラを主導しました。パートナーとしてブラックストーン（Blackstone）を招き入れ、最終的にすべての債権者に39億ドルを現金で支払って、破綻した会社を買収しました。この金額は2年前にこの会社が取引されたときから50％以上引き下げられています。この枠組みの内訳として、われわれは5億ドルを拠出し、センターブリッジ（Centerbridge）とブラックストーンも5億ドルを拠出しました。合計15億ドルの資本を拠出し、その後、第一順位の担保債務として24億ドルを調達しました。

　こうして、われわれは39億ドルを用いて、3年前に支払われた額よりも50％安くエクステンデッドステイを買いました。経営陣をいくらか入れ替え、多少のリストラは行いましたが、基本的には経済

の回復とともに収益は増加しました。現在、エクステンデッドステイは約6億ドルの利益をあげ、収益性は過去の水準にまで戻っています。そして、われわれは株式を公開し、この収益で負債を返済しました。現在、同社には再び80億ドルの価値があります。およそ4億ドルの負債を返済したので、負債は20億ドルのみです。つまり株式の価値は60億ドルです。したがって、2010年に拠出した15億ドルがいまや60億ドルの価値になりました。これは破綻再編の好例です。

LHP あなたの最も有名なクレジット投資は、サブプライム取引ですね。ソロスにインタビューした時、ペイオフが非対称な際には激しく攻めるという彼の考え方に基づいて、あなたが判断したと語っていました。本当でしょうか。

JAP はい、本当です。あなたが執筆中の本書のような本を読むことは大切です。ビジネスを始めた頃、*Soros on Soros*（『ジョージ・ソロス)』）というソロスの本を読みました。これは彼の投資哲学でした。彼がポンドのショートを決断した時のことを思い出します。彼のアナリストの一人がきて、これを議論し、ソロスは素晴らしいアイデアだと考えたのです。アナリストはある程度の取引規模を提案しましたが、ジョージはそれでは小さ過ぎるといったのです。優れた投資アイデアにめぐり逢うことはさほど多くありません。優れたアイデアを見つけたら、受け身になってはならず、積極的に攻めなければならないと、彼は語っています。

LHP サブプライム市場にこれをどう適用したのでしょうか。

JAP 2002年に景気後退から脱却するなかで、われわれは先に述べたディールのような破綻再編にかかわってきました。しかし、2006年までには、クレジット市場は魅力のないものになっていました。利回りが非常にタイトになったため、ロングポジションを売却しました。最良の機会はショート側にあると感じたのです。クレジット市場をかなり入念に分析し、最も過大評価されている証券がサブプライム・モーゲージ証券だと感じました。当時、サブプライム証券の

BBB格トランシェは国債をわずかに１％上回る利回りで取引されていましたから、サブプライム債券をショートして同じ満期の国債をロングすれば、国債から５％の利回りを得てサブプライムに６％の利回りを払うことになります。サブプライムをショートするネットのコストは１％でした。
　住宅価値の低下で、最終的にこのBBB格の価値はゼロになる可能性があると感じました。とても非対称なリターンの形状をもつ、とてつもなくミスプライスされた証券を見つけたのです。最悪の事態が起これば１％を払い、予想していたことが実際に起これば100％のリターンが得られるのです。つまりリターンとリスクのトレードオフは100対１でした。住宅市場のサブプライム証券を調べるほど、ゼロになる確率がとてつもなく高いという確信が深まりました。経済学など無意味でした。われわれは巨大なクレジットバブルの真っただ中にいたのです。
　そして、まずこうした債券を１億ドルショートしました。１億ドルは大金ですが、コストはわずか100万ドルだと考えたのです。当時、60億ドルを運用していて、「１億ドルをみずに、取引のコストだけをみよう。国債をロングして、これと引き換えにショートしても、年に100万ドル以上損をすることはないのだ」と。そして「ポジションを拡大しよう」ということになり、５億ドルに引き上げましたが、それでもわずか年に500万ドル失う可能性があるだけです。さらに10億、20億、30億ドルと引き上げていきました。事態が進展するにつれ、事が起こるだろうという確信が徐々に高まってきました。いったいいくら得られるのだろうか、と。
　その時に私はジョージ・ソロスの言葉を思い出しました。優れた投資を本当に見つけたならば、「したたかにその機会を突くべきである」という言葉です。そして、「数字について考えないようにしろ。みたこともないような優れたリスクとリターンのトレードオフだ。とどまってはならぬ。激しく攻めよう」と考えました。最終的

に、250億ドルまでショートのポジションを積み上げました。ジョージの言葉はポジション拡大において大きな役割を果たしたのです。

LHP　BBB格のサブプライム証券が崩れることをどのような分析によって確信したのですか。

JAP　サブプライム証券の構造を理解するのが役立ちます。構造は驚くほど奇妙なクレジットの仕掛けでした。たとえば10億ドル分のサブプライム住宅ローンを取得して、1つにプールします。そして、これを担保に15個ほどの異なるトランシェに分割して、証券を売り出します。損失が発生すると最下位のトランシェから影響が及ぶ一方で、最上位のトランシェは優先的に返済を受けます。最上位のトランシェはAAA格の証券で、これにはAAA1、2、3、4、5、6があり、構造全体の約70%を占めます。これら7つのトリプルAのトランシェの後に、AAプラス、AAフラット、AAマイナスが続き、さらにAプラス、Aフラット、Aマイナスと続きます。そして、BBB格（BBBプラス、BBBフラット、BBBマイナス）となり、その下は非投資適格のBB格とエクイティトランシェになります。

　BBB格に非常に大きな需要があったのは、最後の投資適格等級のトランシェで、そのために投資適格等級のなかで最も利回りが高かったためです。多くの機関投資家はグローバルに投資適格証券を求めていたと同時に、可能な限り最も高い利回りを欲していました。BBB格証券には莫大な需要があったのです。

　しかし、サブプライムプールで6%の損失が生じれば、BBB格は全滅します。損失はまずエクイティトランシェが吸収し、総損失が3%になると、エクイティトランシェは全滅します。次にBB格のトランシェに及びます。続いてBBBマイナス、BBB、BBBプラスときて、さらにA格に波及していきます。しかし、BBB格証券にとっての限界点はわずか5%程度で、かつ1%の厚みしかなかったため、6%の損失でBBB格のすべてが吹き飛ぶことになっていました。

　市場が崩壊し始めると、サブプライム証券のデフォルト率は10%

から15％、20％、30％、40％と上昇しました。ローンがデフォルトして住宅を売ると、50％未満しかローンを回収できませんでした。そのため、仮にデフォルト率が40％で回収率が50％ならば、資本構成の20％まで損失が拡大していくことになります。まさにこのことが起きたのです。5％の損失でBBB格の証券は毀損しました。

LHP　どのようにしたら最後まで取引を続けることができたのですか。危機が徐々に広がっていくにつれて、多くの投資家が途中でポジションを閉じようとしたようですが、あなたはかなり拡大させました。

JAP　とてもいい質問です。BBB格が下落し始めると、額面から90、80、70、60、50と下落していきました。「どうしてやめないのか。もう十分に儲かっただろう。どこまで取りに行くのか」といわれたものです。彼らは、このプールの損失率がすでにわかりきっていることを理解していなかったのです。デフォルト率はそれほどに高いものでした。差押えが広がり、われわれの予測ではプールの損失は20％を超えそうでした。利益はほとんど手に入ったも同然で、単に放置しておけば、デフォルトが起こって差し押さえられます。まさにそれを待っていたのです。そして、5％になれば100セントが得られました。その時の私の思いは、「なぜ50で手仕舞うのか。必要なのは忍耐強く待つだけだ。デフォルト率の上昇と住宅価格の下落が続いて、損失が積み上がれば、これらの証券は完全にゼロになるのだから」ということでした。

　したがって、「100から50に下落したものが、また100に戻るのが怖い」とは考えませんでした。もし裏付けの担保を理解して、できる限りデータをみれば、ほぼ全滅しそうなことがわかったでしょう。回復する望みはなかったのです。待ってさえいれば結局は市場が織り込み、価値はゼロになったはずです。それを行ったのです。ただ待って、価値がゼロになったのです。

参考文献

Abreu, Dilip, and Markus Brunnermeier (2003), "Bubbles and Crashes," *Econometrica* 71, 173-204.

Acharya, V., and L. H. Pedersen (2005), "Asset Pricing with Liquidity Risk," *Journal of Financial Economics* 77, 375-410.

Agarwal, Vikas, Naveen D. Daniel, and Narayan Y. Naik (2009), "Role of Managerial Incentives and Discretion in Hedge Fund Performance," *Journal of Finance* 5, 2221-2256.

Ahern, Kenneth, and Denis Sosyura (2014), "Who Writes the News? Corporate Press Releases during Merger Negotiations," *Journal of Finance* 69, 241-291.

Amihud, Y., and H. Mendelson (1986), "Asset Pricing and the Bid-Ask Spread," *Journal of Financial Economics* 17, 223-249.

Aragon, George O., and Vikram Nanda (2012), "On Tournament Behavior in Hedge Funds: High-Water Marks, Fund Liquidation, and Managerial Stake," *Review of Financial Studies* 25, 937-974.

Ashcraft, Adam, Nicolae Gârleanu, and Lasse Heje Pedersen (2010), "Two Monetary Tools: Interest Rates and Haircuts," *NBER Macroeconomics Annual* 25, 143-180.

Asness, C. (1994), "Variables That Explain Stock Returns," Ph.D. Dissertation, University of Chicago.

Asness, C. (2003), "Fight the Fed Model," *Journal of Portfolio Management* Fall, 11-24.

Asness, C. (2004), "An Alternative Future," *The Journal of Portfolio Management* 31, 8-23.

Asness, C. (2007), "How I Became a Quant," *How I Became a Quant: Insights from 25 of Wall Street's Elite*, Richard R. Lindsey and Barry Schachter (Eds.), John Wiley and Sons, Hoboken, NJ.

Asness, C., A. Frazzini, and L. H. Pedersen (2012), "Leverage Aversion and Risk Parity," *Financial Analysts Journal* 68(1), 47-59.

Asness, C., A. Frazzini, and L. H. Pedersen (2013), "Quality Minus Junk,"

Working paper, AQR Capital Management and New York University.

Asness, C., A. Frazzini, and L. H. Pedersen (2014), "Low-Risk Investing without Industry Bets," *Financial Analysts Journal* 70, July/August, 24-41.

Asness, Cliff, Tobias Moskowitz, and Lasse Heje Pedersen (2013), "Value and Momentum Everywhere," *The Journal of Finance* 68(3), 929-985.

Asness, C., R. Krail, and J. Liew (2001), "Do Hedge Funds Hedge?" *Journal of Portfolio Management* 28(1), 6-19.

Baker, Malcolm, and Jeffrey Wurgler (2012), "Behavioral Corporate Finance: An Updated Survey," *Handbook of the Economics of Finance*, 2, 351-417.

Baltas, A.-N., and R. Kosowski (2013), "Momentum Strategies in Futures Markets and Trend-Following Funds," working paper, Imperial College, London.

Barberis, N., A. Shleifer, and R. Vishny (1998), "A Model of Investor Sentiment," *Journal of Financial Economics* 49, 307-343.

Berk, Jonathan B., and Richard C. Green (2004), "Mutual Fund Flows and Performance in Rational Markets," *Journal of Political Economy* 112, 1269-1295.

Berk, Jonathan B., and Jules H. van Binsbergen (2013), "Measuring Skill in the Mutual Fund Industry," working paper, Stanford University.

Bikhchandani, S., D. Hirshleifer, and I. Welch (1992), "A Theory of Fads, Fashion, Custom, and Cultural Change as Informational Cascades," *Journal of Political Economy* 100, 992-1026.

Black, F. (1972), "Capital Market Equilibrium with Restricted Borrowing," *Journal of Business* 45, 444-455.

Black, F. (1992), "Beta and Return," *The Journal of Portfolio Management* 20, 8-18.

Black, F., and R. Litterman (1992), "Global Portfolio Optimization," *Financial Analysts Journal* September/October, 28-43.

Black, F., M. C. Jensen, and M. Scholes (1972), "The Capital Asset Pricing Model: Some Empirical Tests," *Studies in the Theory of Capital Markets*, M. C. Jensen (Ed.), Praeger, New York, 79-121.

Black, F., and M. S. Scholes (1973), "The Pricing of Options and Corporate

Liabilities," *The Journal of Political Economy* 81, 637-654.

Bollen, N. P., and R. E. Whaley (2004), "Does Net Buying Pressure Affect the Shape of Implied Volatility Functions?" *Journal of Finance* 59, 711-753.

Brennan, M. J., and E. S. Schwartz (1977), "Convertible Bonds: Valuation and Optimal Strategies for Call and Conversion," *The Journal of Finance* 32, 1699-1715.

Brinson, Gary P., L. Randolph Hood, and Gilbert L. Beebower (1986), "Determinants of Portfolio Performance," *Financial Analysts Journal* 42(4), 39-44.

Brunnermeier, Markus, and Stefan Nagel (2004), "Hedge Funds and the Technology Bubble," *Journal of Finance* 59, 2013-2040.

Brunnermeier, Markus, Stefan Nagel, and Lasse Heje Pedersen (2008), "Carry Trades and Currency Crashes," *NBER Macroeconomics Annual* 23, 313-348.

Brunnermeier, M., and L. H. Pedersen (2005), "Predatory Trading," *Journal of Finance* 60, 1825-1863.

Brunnermeier, M., and L. H. Pedersen (2009), "Market Liquidity and Funding Liquidity," *The Review of Financial Studies* 22, 2201-2238.

Budish, Eric, Peter Cramton, and John Shim (2013), "The High-Frequency Trading Arms Race: Frequent Batch Auctions as a Market Design Response," working paper, University of Chicago.

Buraschi, Andrea, Robert Kosowski, and Worrawat Sritrakul (2014), "Incentives and Endogenous Risk Taking: A Structural View on Hedge Fund Alphas," *Journal of Finance*, forthcoming.

Calvet, L. E., J. Y. Campbell, and P. Sodini (2007), "Down or Out: Assessing the Welfare Costs of Household Investment Mistakes," *Journal of Political Economy* 115, 707-747.

Clarke, R., H. de Silva, and S. Thorley (2013), "Minimum Variance, Maximum Diversification and Risk Parity: An Analytic Perspective," *Journal of Portfolio Management* 39, 39-53.

Cochrane, John, and Monika Piazzesi (2005), "Bond Risk Premia," *American Economic Review* 94, 138-160.

Cohen, Lauren, Karl B. Diether, and Christopher J. Malloy (2007), "Supply and Demand Shifts in the Shorting Market," *The Journal of Finance* 62, 2061-2096.

Constantinides, G. M. (1986), "Capital Market Equilibrium with Transaction Costs," *Journal of Political Economy* 94, 842-862.

Cramer, J. (2002), *Confessions of a Street Addict*, Simon & Schuster, New York.

Cutler, D. M., J. M. Poterba, and L. H. Summers (1991), "Speculative Dynamics," *Review of Economic Studies* 58, 529-546.

Damodaran, A. (2012), *Investment Valuation: Tools and Techniques for Determining the Value of Any Asset*, John Wiley & Sons, New York.

D'avolio, Gene (2002), "The Market for Borrowing Stock," *Journal of Financial Economics* 66, 271-306.

Daniel, K., D. Hirshleifer, A. Subrahmanyam (1998), "A Theory of Overconfidence, Self-Attribution, and Security Market Under- and Over-Reactions," *Journal of Finance* 53, 1839-1885.

De Bondt, W. F. M., and R. Thaler (1985), "Does the Stock Market Overreact?" The *Journal of Finance* 40(3), 793-805.

De Long, J. B., A. Shleifer, L. H. Summers, and R. J. Waldmann (1990), "Positive Feedback Investment Strategies and Destabilizing Rational Speculation," *The Journal of Finance* 45, 379-395.

De Long, J. B., Andrei Shleifer, Lawrence H. Summers, and Robert J. Waldmann (1993), "Noise Trader Risk in Financial Markets," *Journal of Political Economy* 98, 703-738.

de Roon, F., T. E. Nijman, and C. Veld (2000), "Hedging Pressure Effects in Futures Markets," *Journal of Finance* 55, 1437-1456.

Dechow, Patricia M., Richard G. Sloan, and Amy P. Sweeney (1996), "Causes and Consequences of Earnings Manipulation: An Analysis of Firms Subject to Enforcement Actions by the SEC," *Contemporary Accounting Research* 13, 1-36.

Derman, Emanual (2004), *My Life as a Quant*, John Wiley & Sons, Hoboken, NJ.

Desai, Hemang, K. Ramesh, S. Ramu Thiagarajan, and Bala Balachandran (2002), "An Investigation of the Informational Role of Short Interest in the

NASDAQ Market," *The Journal of Finance* 57, 2263-2287.

Dimson, E. (1979), "Risk Measurement When Shares are Subject to Infrequent Trading," *Journal of Financial Economics* 7, 197-226.

Duarte, Jefferson, Francis A. Longstaff, and Fan Yu (2007), "Risk and Return in Fixed-Income Arbitrage: Nickels in Front of a Steamroller?" *Review of Financial Studies* 20, 769-811.

Duffie, D. (2010), "Asset Price Dynamics with Slow-Moving Capital," *Journal of Finance* 65, 1238-1268.

Duffie, Darrell, Nicolae Gârleanu, and Lasse Heje Pedersen (2002), "Securities Lending, Shorting, and Pricing," *Journal of Financial Economics* 66, 307-339.

Duffie, D., N. Gârleanu, and L. H. Pedersen (2005), "Over-the-Counter Markets," *Econometrica* 73, 1815-1847.

Duffie, D., N. Gârleanu, and L. H. Pedersen (2007), "Valuation in Over-the-Counter Markets," *The Review of Financial Studies* 20, 1865-1900.

Edwards, W. (1968), "Conservatism in Human Information Processing," *Formal Representation of Human Judgment*, Kleinmutz, B. (Ed.), John Wiley and Sons, New York, 17-52.

Engle, Robert, Robert Ferstenberg, and Jeffrey Russell (2012), "Measuring and Modeling Execution Cost and Risk," *The Journal of Portfolio Management* 38(2), 14-28.

Fama, E., and K. French (1993), "Common Risk Factors in the Returns on Stocks and Bonds," *Journal of Financial Economics* 33, 3-56.

Fama, E., and K. French (2010), "Luck versus Skill in the Cross-Section of Mutual Fund Returns," *The Journal of Finance* 65, 1915-1947.

Fama, E. F., and MacBeth, J. D. (1973), "Risk, Return, and Equilibrium: Empirical Tests," *Journal of Political Economy* 81(3), 607-636.

Frazzini, A. (2006), "The Disposition Effect and Underreaction to News," *Journal of Finance* 61, 2017-2046.

Frazzini, A., and L. H. Pedersen (2013), "Embedded Leverage," working paper, AQR Capital Management and New York University.

Frazzini, A., and L. H. Pedersen (2014), "Betting Against Beta," *Journal of Financial Economics* 111(1), 1-25.

Frazzini, Andrea, Ronen Israel, and Tobias Moskowitz (2012), "Trading Costs of Asset Pricing Anomalies," working paper, AQR Capital Management and University of Chicago.

Frazzini, Andrea, David Kabiller, and Lasse Heje Pedersen (2013), " Buffett's Alpha," working paper, AQR Capital Management.

Fung, W., and D. A. Hsieh (1999), "A Primer on Hedge Fund," *Journal of Empirical Finance* 6, 309-331.

Fung, W., and D. A. Hsieh (2001), "The Risk in Hedge Fund Strategies: Theory and Evidence from Trend Followers," *Review of Financial Studies* 14, 313-341.

Gabaix, X., A. Krishnamurthy, and O. Vigneron (2007), "Limits of Arbitrage: Theory and Evidence from the Mortgage-Backed Securities Market," *Journal of Finance* 62, 557-595.

Gârleanu, N., and L. H. Pedersen (2007), "Liquidity and Risk Management," *American Economic Review* 97, 193-197.

Gârleanu, N., and L. H. Pedersen (2011), "Margin-Based Asset Pricing and Deviations from the Law of One Price," *The Review of Financial Studies* 24, 1980-2022.

Gârleanu, N., and L. H. Pedersen (2013), "Dynamic Trading with Predictable Returns and Transaction Costs," *Journal of Finance* 68, 2309-2340.

Gârleanu, N., and L. H. Pedersen (2014), "Dynamic Portfolio Choice with Frictions," working paper, University of California, Berkeley.

Gârleanu, N., L. H. Pedersen, and A. Poteshman (2009), "Demand-Based Option Pricing," *The Review of Financial Studies* 22, 4259-4299.

Gatev, Evan, William N. Goetzmann, and K. Geert Rouwenhorst (2006), "Pairs Trading: Performance of a Relative-Value Arbitrage Rule," *The Review of Financial Studies* 19(3), 797-827.

Geanakoplos, John (2010), "The Leverage Cycle," *NBER Macroeconomics Annual* 24, 1-65.

Geczy, Christopher C., David K. Musto, and Adam V. Reed (2002), "Stocks Are Special Too: An Analysis of the Equity Lending Market," *Journal of Financial Economics* 66, 241-269.

Goetzmann, William N., Jr., Jonathan E. Ingersoll, and Stephen A. Ross

(2003), "High-Water Marks and Hedge Fund Management Contracts," *Journal of Finance* 58, 1685-1717.

Graham, J. R. (1999), "Herding among Investment Newsletters: Theory and Evidence," *Journal of Finance* 54(1), 237-268.

Graham, B. (1973), *The Intelligent Investor*, HarperCollins, New York.

Graham, B., and D. Dodd (1934), *Security Analysis*, McGraw-Hill, New York.

Grant, J. (1838), *The Great Metropolis*, vol. II, E. L. Carey & A. Hart, Philadelphia.

Greenwood, Robin, and Dimitri Vayanos (2014), "Bond Supply and Excess Bond Returns," *Review of Financial Studies* 27, 663-713.

Griffin, John M., and Jin Xu (2009), "How Smart Are the Smart Guys? A Unique View from Hedge Fund Stock Holdings," *Review of Financial Studies* 22, 2531-2570.

Griffin, Paul A. (2003), "A League of Their Own? Financial Analysts' Responses to Restatements and Corrective Disclosures," *Journal of Accounting, Auditing & Finance* 18, 479-517.

Grossman, S. J., and J. E. Stiglitz (1980), "On the Impossibility of Informationally Efficient Markets," *American Economic Review* 70(3), 393-408.

Grossman, S. J., and Z. Zhou (1993), "Optimal Investment Strategies for Controlling Drawdowns," *Mathematical Finance* 3, 241-276.

Gürkaynak, Refet S., and Jonathan H. Wright (2012), "Macroeconomics and the Term Structure," *Journal of Economic Literature* 50(2), 331-367.

Harrison, J. Michael, and David M. Kreps (1978), "Speculative Investor Behavior in a Stock Market with Heterogeneous Expectations," *The Quarterly Journal of Economics* 92, 323-336.

Harvey, Campbell R., and Yan Liu (2013), "Backtesting," working paper, Duke University, Durham, NC.

Harvey, Campbell R., Yan Liu, and Heqing Zhu (2013), "... and the Cross-Section of Expected Returns," working paper, Duke University, Durham, NC.

Hong, H., and J. Stein (1999), "A Unified Theory of Underreaction, Momentum Trading and Overreaction in Asset Markets," *Journal of*

Finance 54(6), 2143-2184.

Hou, Kewei, Mathijs A. van Dijk, and Yinglei Zhang (2012), "The Implied Cost of Capital: A New Approach," *Journal of Accounting and Economics* 53, 504-526.

Huggins, D., and C. Schaller (2013), *Fixed Income Relative Value Analysis: A Practitioners Guide to the Theory, Tools, and Trades*, John Wiley & Sons, West Sussex, U.K.

Hurst, Brian, Yao Hua Ooi, and Lasse Heje Pedersen (2013), "Demystifying Managed Futures," *Journal of Investment Management* 11(3), 42-58.

Hurst, Brian, Yao Hua Ooi, and Lasse Heje Pedersen (2014), "A Century of Evidence on Trend-Following Investing," working paper, AQR Capital Management, Greenwich, CT.

Ilmanen, Antti (1995), "Time-Varying Expected Returns in International Bond Markets," *Journal of Finance* 50, 481-506.

Ilmanen, Antti (2011), *Expected Returns: An Investor's Guide to Harvesting Market Rewards*, John Wiley & Sons, Chichester, U.K.

Ingersoll, J. E. (1977), "A Contingent-Claims Valuation of Convertible Securities," *Journal of Financial Economics* 4, 289-321.

Jagannathan, Ravi, Alexey Malakhov, and Dmitry Novikov (2010), "Do Hot Hands Exist among Hedge Fund Managers? An Empirical Evaluation," *The Journal of Finance* 65, 217-255.

Jegadeesh, Narasimhan, and Sheridan Titman (1993), "Returns to Buying Winners and Selling Losers: Implications for Stock Market Efficiency," *The Journal of Finance* 48(1), 65-91.

Jensen, Mads Vestergaard, and Lasse Heje Pedersen (2012), "Early Option Exercise: Never Say Never," working paper, Copenhagen Business School, Copenhagen.

Jones, Charles M. (2013), "What Do We Know about High-Frequency Trading?" working paper, Columbia Business School, New York.

Jones, Charles M., and Owen A. Lamont (2002), "Short-Sale Constraints and Stock Returns," *Journal of Financial Economics* 66, 207-239.

Ketchum, Richard G., and John H. Sturc (1989), Prepared Statement from Division of Enforcement, Securities and Exchange Commission, before the

House Committee on Government Affairs, Subcommittee on Commerce, Consumer, and Monetary Affairs, Washington, DC, Dec. 6.

Keynes, J. M. (1923), "Some Aspects of Commodity Markets," *Manchester Guardian Commercial*, European Reconstruction Series, Sec. 13, 784-786.

Keynes, John Maynard (1936), *The General Theory of Employment, Interest and Money*, Harcourt, Brace, and World, New York.

Khandani, Amir E., and Andrew W. Lo (2011), "What Happened to the Quants in August 2007? Evidence from Factors and Transactions Data," *Journal of Financial Markets* 14, 1-46.

Kiyotaki, N., and J. Moore (1997), "Credit Cycles," *Journal of Political Economy* 105, 211-248.

Koijen, Ralph, Tobias Moskowitz, Lasse Heje Pedersen, and Evert Vrugt (2012), "Carry," working paper, London Business School, London and AQR Capital Management, Greenwich, CT.

Kosowski, R., A. Timmermann, R. Wermers, and H. White (2006), "Can Mutual Fund 'Stars' Really Pick Stocks? New Evidence from a Bootstrap Analysis," *Journal of Finance* 61, 2551-2595.

Kosowski, Robert, Narayan Y. Naik, and Melvyn Teo (2007), "Do Hedge Funds Deliver Alpha? A Bayesian and Bootstrap Analysis," *Journal of Financial Economics* 84, 229-264.

Krishnamurthy, Arvind, and Annette Vissing-Jorgensen (2012), "The Aggregate Demand for Treasury Debt," *Journal of Political Economy* 120, 233-267.

Lakonishok, Josef, Andrei Shleifer, and Robert W. Vishny (1994), "Contrarian Investment, Extrapolation, and Risk," *The Journal of Finance* 49(5), 1541-1578.

Lamont, Owen (2012), "Go Down Fighting: Short Sellers vs. Firms," *Review of Asset Pricing Studies* 2, 1-30.

Lamont, Owen, and Richard H. Thaler (2003), "Can the Stock Market Add and Subtract? Mispricing in Tech Stock Carve-Outs," *Journal of Political Economy* 111(2), 227-268.

Lefèvre, E. (1923), *Reminiscences of a Stock Operator*, John Wiley & Sons, New York.

Lin, Hai, Junbo Wang, and Chunchi Wu (2011), "Liquidity Risk and Expected Corporate Bond Returns," *Journal of Financial Economics* 99, 628-650.

Liu, H. (2004), "Optimal Consumption and Investment with Transaction Costs and Multiple Assets," *Journal of Finance* 59, 289-338.

McLean, R. David, and Jeffrey Pontiff (2013), "Does Academic Research Destroy Stock Return Predictability?" working paper, University of Alberta, Edmonton.

Malkiel, B. G. and A. Saha (2005), "Hedge Funds: Risk and Return," *Financial Analysts Journal* 61, 80-88.

Mallaby, S. (2010), *More Money than God*, Penguin Press, New York.

Merton, R. C. (1973), "Theory of Rational Option Pricing," *The Bell Journal of Economics and Management Science* 4, 141-183.

Merton, R. C. (1974), "On the Pricing of Corporate Debt: The Risk Structure of Interest Rates," *Journal of Finance* 29, 449-470.

Miller, Edward M. (1977), "Risk, Uncertainty, and Divergence of Opinion," *The Journal of Finance* 32(4), 1151-1168.

Mitchell, M., L. H. Pedersen, and T. Pulvino (2007), "Slow Moving Capital," *American Economic Review* 97, 215-220.

Mitchell, Mark, and Todd Pulvino (2001), "Characteristics of Risk and Return in Risk Arbitrage," *The Journal of Finance* 56(6), 2135-2175.

Mitchell, Mark, and Todd Pulvino (2012), "Arbitrage Crashes and the Speed of Capital," *Journal of Financial Economics* 104(3), 469-490.

Mitchell, Mark, Todd Pulvino, and Erik Stafford (2002), "Limited Arbitrage in Equity Markets," *Journal of Finance* 57(2), 551-584.

Moskowitz, T., Y. H. Ooi, and L. H. Pedersen (2012), "Time Series Momentum," *Journal of Financial Economics* 104(2), 228-250.

Munk, C. (2011), *Fixed Income Modelling*, Oxford University Press, Oxford, U.K.

Nagel, Stefan (2012), "Evaporating Liquidity," *Review of Financial Studies* 25, 2005-2039. Novy-Marx, R. (2013), "The Other Side of Value: The Gross Profitability Premium," *Journal of Financial Economics* 108(1), 1-28.

Pastor, Lubos, and Robert F. Stambaugh (2003), "Liquidity Risk and Expected Stock Returns," *Journal of Political Economy* 111, 642-685.

Pastor, Lubos, and Robert F. Stambaugh (2012), "On the Size of the Active Management Industry," *Journal of Political Economy* 120, 740-781.

Pastor, Lubos, Robert F. Stambaugh, and Lucian A. Taylor (2014), "Scale and Skill in Active Management," working paper, University of Chicago.

Pedersen, L. H. (2009), "When Everyone Runs for the Exit," *International Journal of Central Banking* 5, 177-199.

Perold, A. (1988), "The Implementation Shortfall: Paper Versus Reality," *Journal of Portfolio Management* 14, Spring, 4-9.

Preinreich, Gabriel A. D. (1938), "Annual Survey of Economic Theory: The Theory of Depreciation," *Econometrica* 6, 219-241.

Sadka, Ronnie (2010), "Liquidity Risk and the Cross-Section of Hedge-Fund Returns," *Journal of Financial Economics* 98, 54-71.

Scholes, M., and J. Williams (1977), "Estimating Betas from Nonsynchronous Data," *Journal of Financial Economics* 5, 309-327.

Schwager, Jack D. (2008), *The New Market Wizards: Conversations with America's Top Traders*, John Wiley & Sons, Hoboken, NJ.

Shefrin, H., and M. Statman (1985), "The Disposition to Sell Winners Too Early and Ride Losers Too Long: Theory and Evidence," *Journal of Finance* 40, 777-790.

Shiller, R. J. (1981), "Do Stock Prices Move Too Much to Be Justified by Subsequent Changes in Dividends?" *American Economic Review* 71, 421-436.

Shleifer, A. (1986), "Do Demand Curves for Stocks Slope Down?" *Journal of Finance* 41, 579-590.

Shleifer, Andrei (2000), *Inefficient Markets: An Introduction to Behavioral Finance*, Oxford University Press, Oxford.

Shleifer, A., and R. Vishny (1997), "The Limits of Arbitrage," *Journal of Finance* 52(1), 35-55.

Silber, W. L. (1994), "Technical Trading: When It Works and When It Doesn't," *Journal of Derivatives* 1(3), 39-44.

Soros, George (2010), *The Soros Lectures at the Central European University*, PublicAffairs, New York.

Staley, K. F. (1997), "The Art of Short Selling," John Wiley & Sons, New

York.

Stambaugh, R. (1999), "Predictive Regressions," *Journal of Financial Economics* 54, 375-421.

Stattman, Dennis (1980), "Book Values and Stock Returns," *Chicago MBA: A Journal of Selected Papers*, 5, 25-45.

Swensen, D. (2000), *Pioneering Portfolio Management: An Unconventional Approach to Institutional Investment*, Free Press, New York.

Taylor, J. B. (1993), "Discretion versus Policy Rules in Practice," *Carnegie-Rochester Conference Series on Public Policy* 39, 195-214.

Thorp, Edward O., and Sheen T. Kassouf (1967), *Beat the Market*, Random House, New York.

Tversky, A., and D. Kahneman (1974), "Judgment under Uncertainty: Heuristics and Biases," *Science* 185, 1124-1131.

U.S. Commodities and Futures Trading Commission and Securities and Exchange Commission. (2010). "Findings Regarding the Market Events of May 6, 2010," Report of the Staffs of the CFTC and SEC to the Joint Advisory Committee on Emerging Regulatory Issues, Washington, DC.

U.S. Securities and Exchange Commission (1963), "The Market Break of May 1962," Chapter XIII in "Report of the Special Study of Securities Markets," Washington, DC.

Vayanos, Dimitri, and Paul Woolley (2013), "An Institutional Theory of Momentum and Reversal," *Review of Financial Studies* 26, 1087-1145.

Wason, P. C. (1960), "On the Failure to Eliminate Hypotheses in a Conceptual Task," *The Quarterly Journal of Experimental Psychology*, 12, 129-140.

Weinstein, Meyer H. (1931), *Arbitrage in Securities*, Harper & Brothers, New York.

Welch, I. (2000), "Herding among Security Analysts," *Journal of Financial Economics* 58, 369-396.

Welch, I., and A. Goyal (2008), "A Comprehensive Look at the Empirical Performance of Equity Premium Prediction," *Review of Financial Studies* 21 (4), 1455-1508.

Wurgler, J., and E. V. Zhuravskaya (2002), "Does Arbitrage Flatten Demand Curves for Stocks?" *Journal of Business* 75, 583-608.

事項索引

【数字】
130/30 戦略 ……………………… 192
13D ファイリング ……………… 149
144a 証券 ………………………… 380
2の20（報酬体系）………… 29, 314
2ファンド分離定理 ……………… 8
3ファクターモデル ……………… 41
60/40 ポートフォリオ……… 241, 301

【A】
AD（aggregate demand）曲線 … 277
ADR（American depositary receipt）
　……………………………… 215
AM（alpha-to-margin）ratio …… 44
AQR キャピタル・マネジメント
　……………………………… x, xii, 224
AS（aggregate supply）曲線 …… 275
AT&T ……………………………… 452
ATM（at-the-money）オプション
　……………………………… 332
AUM（asset under management）
　……………………………… 105

【B】
B/M（book-to-market ratio）…… 41
BAB（betting against beta）…… 200
BM（book-to-market）…………… 193
BTOP 50 指数 …………………… 313

【C】
CAPE（cyclically adjusted price earnings ratio）………………… 255
CAPM（capital asset pricing model）
　……… 9, 40, 61, 199-203, 241, 433
CDS（credit default swap）
　→ クレジット・デフォルト・スワップ
CDX インデックス ………… 365, 398
CTA（commodity trading advisor）
　…………………………… 17, 297

【D】
DD（drawdown）………………… 50
DIP（debtor-in-possession）ファイナンス ……………………………… 440
DJCS マネジド・フューチャーズ指数 ……………………………… 313

【E】
EH（expectations hypothesis）
　→ 期待仮説
ES（expected shortfall）………… 84
ETF（exchange traded fund）
　……………………………… 215, 441

【F】
Fed モデル ……………………… 254

【G】
GARP（growth at a reasonable price）
　→成長株（適正価格の）
GC（general collateral）………… 344
GTAA（global tactical asset allocation）……………………… 250

【H】
HFT
　→ 高頻度取引
HML（high-minus-low）············ 194
HWM（high water mark）············ 30

【I】
IPO（initial public offering）
　······························ 380, 434
IR（information ratio）············· 42
IS-LM モデル ······················ 276
IS-MP モデル ······················ 276
IS（investment-saving）曲線 ····· 276
ITM（in-the-money）オプション
　······································ 332
iTraxx インデックス················ 398
IT バブル
　········58, 230, 248, 289, 294, 437

【L】
LBO（leveraged buyout）
　→ レバレッジド・バイアウト
LIBOR レート ····················· 363

【M】
MADD（maximum acceptable
　drawdown）························ 86
MBS（mortgage-backed securities）
　······································ 366
MDD（maximum drawdown）······· 50
MSCI World 株価指数············· 309

【N】
NAV（net asset value）
　························ 79, 104, 430

【O】
OTM（out-of-the-money）オプション
　······································ 332

【P】
PB（prime brokerage）············· 113
PIPE（private investments in
　public equity）···················· 442
PPP（purchasing power parity）
　···························· 259, 280

【Q】
QARP（quality at a reasonable
　price）
　→ クオリティ（適正価格の）
QIB（qualified institutional buyer）
　······································ 380

【R】
RAIM（risk arbitrage index
　manager）························· 430
RAROC（risk-adjusted return on
　capital）····························· 45
ROE（return on equity）······· 45, 139

【S】
S（Sortino ratio）···················· 45
S&P 500 株価指数
　············· 29, 70, 221, 310, 312, 411
S&P GSCI コモディティ指数
　······························· 66, 309
SML（security market line）······· 199
SPAC（special purpose acquisition
　company）························· 442
SR（Sharpe ratio）
　→ シャープレシオ

【T】
T-モバイル 451
TIPS (Treasury inflation-protected securities) 273
t 値 40, 75

【V】
VaR (value-at-risk) 45, 83-87
VWAP (volume-weighted average price) 96

【Y】
YTM (yield to maturity)
→ 最終利回り

【あ】
アーケータ 420
アーサー・アンダーセン 175
アービトラージ
→ 裁定取引
アインホーン, デイビッド 172
アウトオブサンプル 76, 229
——検定 70, 225, 234
——のバックテスト 249
アクティビスト 143, 148, 214
アクティブ投資
i, ii, 4, 10-11, 26-28, 37, 56, 59, 77, 90, 122, 132, 240, 297
アクティブリスク 30
アクルーアル（会計発生高） 141
アスネス, クリフ
ii, 2, 21, 80, 189, 224-235
アダム・ハーディング・アンド・リューク 319
アマランス 33
アメリカン

——オプション 332
——コールオプション 388
——デリバティブ 333
アルゴリズム 221
——取引, 189
コンピューター 78
アルファ 38-44, 309, 315
——証拠金（AM）レシオ 44
合併裁定取引の—— 433
転換社債裁定取引の—— 394
バフェットの—— 146
アンカリング 301
安全性 9, 139, 142
安全余裕率 125, 136

【い】
イールドカーブ
256, 267, 271, 340-362
——のキャリー取引 267
イェール大学基金 242
イギリス通貨危機 290
一物一価 9
委任状争奪戦 149
イベントドリブン
ii, 12, 18, 410-457
イミュニゼーション 346
イングランド銀行 2, 266
インサイダー取引
13, 57, 328, 414, 451
インサンプル
——検定 70
——のバックテスト 78, 249
インディ・ジョーンズ／最後の聖戦（映画） 329
インフォメーションレシオ 42, 53
インプライド

――期待リターン 130
　　――資本コスト 130
　　――ボラティリティ 336, 367
インプリメンテーション・ショート
　フォール 99-102
インフレ
　........ 251-261, 270-279, 281, 284,
　　348, 351
　　――連動国債 273

【う】
ウィントン・キャピタル・マネジメ
　ント 319
ウェイル, ジョナサン 175
ウォール街（映画） 13
失われた10年 273, 278

【え】
エインズリー, リー
　........ ii, 2, 21, 79, 150-161
エージェンシー問題 435, 441
エグジットファイナンス 440
エクステンデットステイ・ホテルズ
　............................ 452
エントレンチメント 439
エンロン 2, 175

【お】
オークンの法則 270
オーバーフィッティング 321
大馬鹿理論 150
オフザラン国債 360-362
オプション調整スプレッド 257
オランダ病 283
オルタナティブ投資 403
オンザラン国債 360-362

【か】
カーブアウト 434
カーブ取引 371
会計操作 141, 176
会計発生高（アクルーアル） 141
買戻し契約
　→ レポ
解約通知期間 105
価格の遅行性 51
確証バイアス 302
過剰適合 321
過小反応 ... iii, 18, 58, 197, 298, 300
過剰反応 ... iii, 18, 58, 197, 298, 302
カタリスト 148, 197, 232, 301
合併裁定取引
　........ 19, 65, 410, 412-434, 444
株価収益率 .... iii, 130
　景気循環調整―― 255
株価純資産倍率
　........ iii, 137, 144, 198, 280
株価配当率 128, 251-253
株式益回り 194, 253
　景気循環調整後の―― 255
株式クオンツ ... ii, 12, 122, 189-235
株式公開 380, 434
株式のキャリー取引 267
株式プレミアム
　................ 14, 59, 133, 167,
　　175, 240, 248, 252-253
株式リターン 251-255
下方リスク 45, 295, 338
空売り 162-188
ガンマ 390
　――取引 347

事項索引　473

【き】

幾何平均 …………………………… 46
期間貸借 …………………………… 166
期間プレミアム ……………… 240, 350
期限前償還 ………………………… 380
　——リスク …………………… 257
期待仮説 ……………………… 349, 359
期待ショートフォール …………… 84
キニコス・アソシエーツ ………… 179
逆指値注文 ………………………… 303
逆選択 ………………… 220, 380, 441
キャッシュフロー
　——株価倍率 ………………… 195
　——割引モデル ……………… 126
キャップ …………………………… 367
キャパシティ ………… 32, 101, 191
キャリー ………… 22, 240, 259, 264
　債券の—— …………………… 358
キャリー取引 …… iii, 17, 22, 261-268
　——の巻き戻し ……………… 265
　イールドカーブの—— ……… 267
　株式の—— …………………… 267
　クレジットの—— …………… 267
　コモディティの—— ………… 267
　債券の—— …………………… 267
　通貨—— ……………… 259, 263
　通貨の—— …………………… 266
ギャンブラーの破産 ……………… 114
業種ローテーション ……………… 136
偽陽性 ……………………………… 41
金融政策の波及経路 ……………… 349
金利の期間構造 ……………… 340, 358
金利平価
　カバー付き—— ……………… 19
　カバーなし—— ……… 259, 264

【く】

クオリティ
　………… 139, 152, 192, 201, 240
　——投資 …… iii, 23, 139-146, 198
　適正価格の—— …… 139, 145, 198
クオンツ ………………… 80, 118, 154
　——イベント（2007年の）…… 205
　——投資 ……………… 14, 189-235
グラクソ …………………………… 409
クリーンサープラス関係 …… 129, 254
グリーンスパン，アラン …… 271, 289
グリーンライト・キャピタル …… 172
グリフィン，ケン
　……………………… ii, 2, 21, 403-409
グレアム，ベンジャミン ………… 132
クレジット
　——インデックス ……………… 365
　——サイクル …………………… 19
　——スプレッド …… 256, 271, 365
　——のキャリー取引 …………… 267
　——のリターン ………………… 256
　——リスク
　　……… 256, 364, 365, 382, 397
　——リスクプレミアム …… 240, 365
クレジット・デフォルト・スワップ
　………… 256, 273, 365, 398, 441
クローズドエンドファンド
　…………………………… 217, 441
グローバルマクロ ……… 16, 262-284
　——投資 ………………………… ii
クロスマージニング ……………… 113

【け】

経験則（ヒューリスティック）…… 302
経済資本 …………………………… 45
経常収支 …………………………… 283

ケインズ，ジョン・メイナード
　……………… 19, 168, 194, 290
ケインズの美人投票 ……………… 168
ゲート …………………………… 106
ケストラーの分水嶺 ……………… 190
決算公表後ドリフト ……………… 58
現在価値モデル ………………… 126

【こ】
交易条件 ………………………… 283
行動バイアス
　……………58, 66, 82, 190, 235, 298
購買力平価 ………………… 259, 280
高頻度
　——取引 ………… 14, 190, 218-224
　——トレーダー ………………… 63
効率的
　——市場 ………………… iv, vii, 4
　——市場仮説 …………… i, 287
　——に非効率な市場
　　……… i, 26, 28, 33, 55-56, 124
コーエン，アビー ………………… 228
ゴードン成長モデル ………… 127, 139
コーポレートガバナンス ………… 142
コーラブル ……………………… 380
ゴールドマン
　——サックス・コモディティ指数
　　………………………………… 68
ゴールドマン・サックス
　………………… 120, 227, 443, 448
　——アセット・マネジメント … 224
コールバーグ・クラビス・ロバーツ
　（KKR）………………………… 421
顧客 …………………………… 369-374
　——効果 ……………………… 374
国内総生産（GDP）…………… 67, 274

ゴッドファーザー（映画）……………vii
コモディティ
　——トレーディング・アドバイ
　　ザー（CTA）…………… 297, 324
　——のキャリー取引 …………… 267
　——のバリュー取引 …………… 281
ゴルディロックス経済 ……… 273, 278
根拠なき熱狂 …………………… 289
コングロマリット（複合企業）ブー
　ム ……………………………… 287
コンビニエンス・イールド ……… 267
コンベクシティ … 346, 366, 370, 392
　——取引 ……………………… 373

【さ】
サーチ摩擦 ……………………… 165
再帰性 …………………………… 285
債券
　——裁定取引 …………… ii, 18, 339
　——のキャリー取引 …………… 267
　——のバリュー取引 …………… 281
　——のリターン ……… 255, 342-347
最終利回り（YTM）…… 255, 340-365
最小分散ポートフォリオ ……… 201
サイズ …………………………… 41, 192
最大ドローダウン ………………… 50
裁定価格理論 …………………… 329
裁定取引 …………………… 18, 328
　ETF—— ……………………… 217
　イベントドリブン—— ………… 436
　インデックス—— ……………… 217
　オプション—— ………… 331, 338
　合併—— ……………………… 412
　クローズドエンドファンド——
　　……………………………… 217
　債券—— ……………………… 339

事項索引　475

先物—— 217
　資本構成—— 440
　転換社債—— 379
裁定の限界 10, 57-59
サイドポケット 106
裁量的
　——株式投資 .... ii, 12, 122, 132
　——取引 14, 189
最割安受渡銘柄 367
サタデー・ナイト・フィーバー（映画） 425
サブプライム
　——住宅ローン 456
　——証券 455
　——信用危機 .... v, 206
算術平均 46
残余利益モデル 128

【し】

死荷重コスト 378
資金自己調達的取引戦略 330
資金調達 104
　——コスト 89
　——流動性リスク
　　 .... 59, 63, 90, 115, 398
仕組み型クレジット商品 368
自己資本利益率（ROE） 45, 139
資産横断的証拠金 113
資産価格理論 3, 76
資産配分
　戦術的—— 238, 250
　戦略的—— 238
自社株買い
　 .... 125, 142, 251, 410, 441
市場
　——中立

 .... 39, 192, 199, 203, 239, 386
　——ポートフォリオ 241
　——流動性リスク
　　 .... 59, 89, 115, 395, 398
自然失業率（NAIRU） 270
シタデル 403
実現コスト 96
実効コスト 95
シティグループ 287
シナジー効果 412
資本構成裁定取引 ... 20, 365, 440, 441
資本資産価格モデル
　→ CAPM
資本フロー 283
シャープレシオ 42-49, 75
　バフェットの—— 145
シャム双生児株式 9
収益性 141
収穫逓減 33
収束取引 18, 360
需要圧力 64, 338, 353
種類株式 212
純資産価額 79, 104, 430
純資産株価倍率 41, 76, 193
証券市場線 200
証拠金
　——所要額 ... 44, 63, 108-110, 164
　——請求 112
上場投資信託
　→ ETF
商品投資顧問業者 17
情報
　——の生産 57
　——へのアクセス 57
ショート
　→ 空売り

ショートスクイーズ ……… 119, 166
ショートバイアス戦略
　………………ⅱ, 12, 13, 122, 162
ショールズ，マイロン
　………ⅱ, 2, 21, 336, 368-378
ジョーンズ，アルフレッド・ウィン
　ズロウ ………………………… 27
ジョーンズ，ポール・チューダー
　………………………………… 262
シラー，ロバート ……… 4, 247, 255
新古典派 ………………………… 8
信用格付け …………………… 257

【す】
スウェンセン，デイビッド ……… 242
スタイルドリフト ……………… 103
スタグフレーション …………… 278
スタットアーブ
　→統計的裁定取引
スタブ …………………… 436-439
スティープナー ………………… 352
ストップロス
　──オーダー ………………… 303
　──メカニズム ……………… 85
ストラテジックバイヤー …… 412, 413
ストレス
　──損失 ……………………… 84
　──テスト ………………… 45, 84
ストレンジアトラクター ……… 293
スピンオフ ………………… 20, 434
スプリットオフ …………… 20, 434
スプリント …………………… 450, 451
スプレッド取引 ………………… 370
スペシャル ………………… 345, 389
スペシャルネス ………………… 345
スマイル（時系列モメンタムの）… 312

スワップ
　──スプレッド ……………… 363
　──のペイヤー ……………… 363
　──のレシーバー …………… 363
　──レート …………………… 363
　金利── ……………………… 363
　コンスタント・マチュリティ──
　………………………………… 374
スワップション ………………… 367

【せ】
成功報酬 ………………… 29, 49, 314
政策ポートフォリオ …………… 240
生産ギャップ …………………… 269
生存者バイアス ………………… 32
成長 …………………………… 140
　──株投資 ………………… 143
　良い── …………………… 140
　悪い── …………………… 140
成長株
　適正価格の── …………… 145
セータ ………………………… 394
世界金融危機
　……… ⅻ, 8, 28, 118, 165, 273,
　362, 401
セクターローテーション ……… 136
絶対リターン・ベンチマーク … 28
接点ポートフォリオ …………… 244
センターブリッジ ……………… 453
センチメント …………………… 149
全要素生産性 ………………… 274

【そ】
総供給 ………………………… 274
　──曲線 …………………… 275
総需要 ………………………… 276

事項索引　477

――曲線 ······························ 277
相対価値 ······················ 17-22, 354
　――取引 ········· 273, 351, 365, 404
ソート ································· 72
　二重―― ··························· 72
遡及バイアス ························· 32
ソフトバンク ························ 450
ソブリン債 ·························· 365
ソルティーノレシオ ················· 45
ソロス, ジョージ
　········· ii, 2, 16, 21, 58, 266, 285,
　　　290-296, 371
ソロモン・ブラザーズ ·············· 368

【た】
ダーマン, エマニュエル ··········· 123
タイガー・マネジメント ········ 2, 151
大逆転（映画） ······················ 16
貸借手数料 ················ 164-175, 437
代表性 ······························· 302
タイムディケイ ···················· 393
探索摩擦 ···························· 165
担保
　·····36, 107-113, 164-167, 344, 360

【ち】
チェイノス, ジェームズ
　········· ii, 2, 21, 79, 175, 179-188
中央銀行
　···10, 268, 276, 301, 340, 345, 348
仲介
　――者 ····················· 338, 369-378
　――プロセス ················ 368, 378
注文
　――の不均衡 ························ 116
　――フロー ·························· 149

重複上場 ······················ 212, 331

【つ】
通貨
　――のキャリー取引 ········· 17, 266
　――のバリュー取引 ·········· 280
　――のリターン ·················· 258
　――ペッグ ························ 266

【て】
ディール
　――スプレッド ·················· 415
　エジプシャン―― ··············· 425
　カラー型の―― ·················· 414
　現金の―― ························ 424
　固定比率の株式交換の―― ····· 424
　トラボルタ―― ·················· 425
　変動比率の株式交換の―― ····· 424
帝国建設 ······················ 140, 142
ディストレスト投資 ··············· 439
ディスポジション効果 ······· 147, 301
低ベータベット ················ 23, 200
テイラールール ··········· 9, 269, 276
低リスク ························ 192, 240
　――投資 ···················· iii, 22, 201
データマイニング ············· 69, 225
テールリスク ··············· 78, 83, 324
適格機関投資家 ···················· 380
適者生存の法則 ······················ 7
出来高加重平均価格（VWAP） ······ 96
デフォルト
　――確率 ··························· 365
　――損失 ····················· 257, 365
　累積――確率 ······················ 257
デュレーション ···················· 342
　修正―― ····················· 256, 343

デルタ ……………………… 334, 386
転換社債 …………………………… 379
　——裁定取引 ………… ii, 18, 379

【と】
投機的バブル ……………………… 169
統計的裁定取引
　……… 14, 190, 212, 216, 217, 408
投資スタイル ……………… 3, 20-23
投資・貯蓄曲線 …………………… 276
動的ヘッジ ………………………… 330
特定期間選好理論 ………………… 351
特別目的買収会社 ………………… 442
トップダウン ……………………… 239
トラッキングエラー …………… 30, 43
ドラッケンミラー, スタンリー …… 16
トランシェ ………………… 365, 456
取引コスト ………… 54, 71, 89, 99
トレンド …………………… 17, 58
　——追随 ………………… 240, 374
　——追随投資 ……… iii, 3, 297-325
ドローダウン ……………………… 50
　——コントロール ………… 86-88
　　最大 ……………………………… 50
　　最大許容—— …………………… 86
ドンチアン, リチャード ………… 297

【な】
内在価値 …………………………… 125
内部収益率 ………………… 130, 340

【に】
二項モデル ………………… 333, 383
入退出取引ルール ………………… 68

【の】
ノイズトレーダー ………………… 58
ノルウェー中央銀行投資管理部門
　……………………………………… 238

【は】
バークシャー・ハサウェイ
　………………… 145, 147, 229, 420
バークレイズ債券指数 …………… 309
バークレイヘッジ ………………… 297
ハーディング（群集行動）…… 298-302
ハーディング, デイビッド
　…………………… ii, 2, 21, 319-326
ハードルレート …………………… 30
バーナンキ, ベン ………………… 271
バイアス（データマイニング）
　……………………………… 41, 69
バイイン …………………… 166, 438
ハイウォーターマーク ………… 30, 49
売却益会計 ………………………… 175
買収
　敵対的—— ……………………… 413
　友好的—— ……………………… 413
ハイゼンベルクの不確定性原理 … 192
配当
　——成長 ………………………… 251
　——利回り
　……… 22, 73, 194, 245-253, 267
　——割引モデル ………… 126-129
パイプ ……………………………… 442
パススルー債 ……………………… 366
バタフライ取引 …………………… 354
バックテスト
　……………… 15, 54, 66-72, 191, 249
パッシブ投資 …………………… i, 241
バフェット, ウォーレン

事項索引　479

……9, 10, 12, 122, 138, 145-147,
　　　156, 201, 229, 328, 412, 420,
　　　429
　パフォーマンス ………………………… 31
　　――測度 ……………………… 38, 47
　　――要因分析 …………………… 53
　バラッサ-サミュエルソン効果…… 280
　パリティ価値（転換社債の）……… 379
　バリュー ………… 21, 41, 192, 240
　　――効果 ……………………………… 225
　　――指標 ……………………………… 195
　　――戦略 ……………………………… 279
　　――投資
　　　………… iii, 3, 12, 20, 124-131,
　　　　134-138, 143, 145, 193,
　　　　198, 267
　　――の罠 ……………………………… 138
　バリューアットリスク …… 45, 83-87
　バリュー取引
　　株価指数の―― ………………… 280
　　コモディティの―― …………… 281
　　債券の―― ………………………… 281
　　通貨の―― ………………………… 280
　バリュエーションレシオ
　　………… 127, 130, 139, 253, 280
　ハンセン，ラース ……………………… 4
　パンプ・アンド・ダンプ …… 150, 174

【ひ】
　非効率性
　　二重の―― ………………………… 31
　非効率な市場
　　→ 効率的市場
　ビッグバス減損会計 ……………… 184
　ビッド・アスク・スプレッド
　　………………………………… 89, 92

　非伝統的金融政策 ……………… 10, 269
　ヒューリスティック（経験則）…… 302

【ふ】
　ファーマ-フレンチ ………………… 226
　ファーマ-マクベス法 ………………… 74
　ファーマ，ユージン …………… 4, 224
　ファクター
　　――投資 ………………………………… 20
　　――モデル …………………… 41, 83
　ファンダメンタル
　　――価値 ……………………… 125, 193
　　――クオンツ ……………………… 190
　　――クオンツ投資 ………… 14, 192
　　――分析 …………………… 57, 135, 190
　ファンド・オブ・ファンズ … 31, 206
　フィーダーファンド ………………… 37
　フィードバック取引 ………………… 302
　　正の―― ……………………………… 22
　　負の―― ……………………………… 22
　フィリップス曲線 …………………… 274
　フォワードレート …………… 347, 358
　複製ポートフォリオ ………………… 330
　双子株式 ………………………………… 214
　プット・コール・パリティ … 332-333
　不動産担保証券 ……………… 257, 366
　ブラーエ，ティコ …………………… 190
　プライベート・エクイティ ……… 412
　プライムブローカー（PB）……… 36
　プライムブローカレッジ ………… 113
　プラチナム・グローブ・アセットマ
　　ネジメント ………………………… 368
　ブラック-ショールズ-マートンの公
　　式 …………………………… 336, 368
　ブラックストーン …………………… 453
　ブラック，フィッシャー ………… 336

フラッシュクラッシュ 221
フラットナー 352
フリーランチ 78, 235
プリンス，チャック 287
ブレークアウト 68
ブレークイーブン
　──インフレ率 368
　──レート 347
フレンチ，ケン 224, 253
フロアー 367
フロントランニング 149
分散化 78, 189

【へ】
ベアー・スターンズ 33, 442
ヘアカット 109
ペアトレード 216
ペイアウト 139
平均回帰 370
平均分散アプローチ 80
米国預託証券（ADR）......... 215
ベーシス取引 370
ベータ 38
ベガ 394
ペソ問題 266
ヘッジ比率 334, 386
ヘッジファンド 26, 36
　──の組織形態 34
　──のバランスシート 105
ベライゾン 451
ベンチマーク 28
　──ポートフォリオ 240
偏微分方程式 383

【ほ】
ホイヘンス，クリスティアーン ... 115

貿易
　──収支 283
　──フロー 283, 284
ボウスキー，アイヴァン 328
膨張／破裂サイクル 21, 285
ポートフォリオ
　──インシュアランス 303
　──の構築 77
　──リバランス・ルール 67
ポールソン，ジョン
　...ii, 2, 21, 294, 410, 418, 442-457
保険フロート（保険契約準備金）
　..................................... 146
ポジション限度額 85
ボトムアップ 239
ボラティリティ 42, 74, 82
　──スマーク 337
　固有── 142, 201
　トータル── 142, 201
ボルカールール 444
ホワイトヘッド，ジョン 443
本源的価値 126, 136

【ま】
マーケット
　──インパクト・コスト 89
　──タイミング
　........... 72, 73, 238, 245-250
　──ニュートラル
　......... 39, 192, 199, 203, 239, 386
　──メイカー 63, 92, 218-224
マージンコール 112
マートンルール 9-10
マートン，ロバート 336
マーベリック・キャピタル・マネジメント 150

事項索引　481

マイヤー，フランク ·············· 410
マクドナー，ビル ················ 293
マクロ
　――整合的 ················· 241
　――バリュー投資 ············ 280
　――モメンタム投資 ·········· 280
マスター
　――ファンド ················ 34
　――フィーダー構造 ·········· 34
マネージド・フューチャーズ
　················· ii, 17, 297, 371
マルチプル ·········· 139, 417, 448

【む】
ムーディーズ・インベスターズ・サービス ···························· 258
無裁定条件 ······················ 329

【め】
銘柄選択戦略 ················· 72-76
　株式の―― ················· 122

【も】
モーゲージ
　――担保証券 ··············· 366
　――ベーシス取引 ··········· 366
目標最低収益率 ·················· 30
モディリアーニ，フランコ ········ 369
モディリアーニ-ミラーの定理 ··· 8, 10
モメンタム ·········· 21, 58, 192, 232
　――効果 ············· 2, 225, 375
　――戦略 ··················· 279
　――投資 ················ 20, 196
　時系列――戦略 ·········· 298-317

【ゆ】
優先株 ························· 213
ユニリーバ ············ 212-218, 331

【よ】
ヨーロピアンオプション ····· 332-333
予測回帰 ··················· 72, 245

【ら】
ライツイシュー ················· 441
ランダムウォーク ··· iv, vii, 208, 246

【り】
リアルビジネスサイクル ············ 9
リカード，デイビッド ············ 297
リカードの等価原理 ················ 9
リコールリスク ················· 166
リスク
　――限度額 ·················· 85
　――測度 ················ 45, 82
　――中立確率 ··············· 335
　――バジェット ············· 243
　――パリティ ··············· 244
　――プレミアム ·············· iii
　――報酬レシオ ·············· 41
　――モデル ················· 193
　――予算 ··················· 243
リスクアービトラージ
　················· 19, 408, 410
　→ 合併裁定取引
リスクアービトラージ・インデックス・マネージャー（RAIM）···· 430
リスク管理 ················ 77, 82
　対処的―― ················· 85
　予見的―― ················· 85
リスク調整後

482　事項索引

──アルファ ················· 42
──資本収益率 ·············· 45
──リターン ················ 42
リスク目標
　戦術的── ················· 85
　戦略的── ················· 85
リッパー／タス・データベース … 313
リバーサル戦略 ············· 216
　残差── ··················· 217
リバーサルトレード ········· 217
リバモア，ジェシー ········· 297
リバランス
　定率── ··················· 241
略奪取引 ··············· 119
流動性 ················ 6, 51, 242
　──危機 ········ 8, 211, 360, 399
　──供給
　　 ······ iii, 3, 22, 37, 64, 219, 376, 418
　──スパイラル
　　 ····· vii, 9, 115-119, 208, 209, 265
　──の枯渇
　　 ········ 10, 62, 115, 223, 265, 399
　──リスクプレミアム
　　 ········ iii, 60, 62, 240, 380, 396
　資金調達──
　　→ 資金調達流動性リスク
　市場──
　　→ 市場流動性リスク
量的緩和 ················ 269
リンチ，ピーター ············ 147

【る】
ルービン，ボブ ············· 443

ルネッサンス・テクノロジーズ ····· 32

【れ】
レヴィ，ガスターブ ············· 443
レバレッジ ···················· 104
　──制約 ········ iii, 64, 201, 244
　──の限界 ·················· 108
　グロス── ·················· 105
　ネット── ·················· 105
レバレッジド・バイアウト
　 ············ 10, 201, 206, 413, 429
レポ ························· 113
　──レート ············ 113, 344
連邦公開市場委員会（FOMC）···· 271
連邦準備制度理事会 ········ 269, 271

【ろ】
ローリングウィンドウ ············ 71
ロールダウン ·········· 256, 267, 358
ロールリターン ················· 22
ロックアップ条項 ··············· 105
ロバートソン，ジュリアン ····· 2, 151
ロングターム・キャピタル・マネジメント（LTCM）
　 ········ 33, 120, 293, 360, 368, 400
ロンドン国際金融先物取引所（LIFFE） ·················· 320

【わ】
ワッデル・アンド・リード・ファイナンシャル ·················· 221
ワラント ······················ 379
割引債 ······················· 341
割戻率 ··················· 111, 164

訳者紹介

内山　朋規（うちやま　とものり）

首都大学東京大学院経営学研究科教授。三井信託銀行受託資産運用部、野村證券金融工学研究センター、UCLAアンダーソンスクール客員研究員などを経て、2015年10月より現職。早稲田大学卒、青山学院大学修士、京都大学大学院経済学研究科博士後期課程修了、博士（経済学）。

角間　和男（かくま　かずお）

野村アセットマネジメント投資開発部長兼資産運用先端技術研究室長。野村総合研究所システムサイエンス部、野村證券金融工学研究センター、同ポートフォリオコンサルティング部長、エンサイドットコム証券代表取締役社長などを経て、2017年10月より現職。東京大学理学部卒、同大学院修士課程修了。

浦壁　厚郎（うらかべ　あつお）

野村アセットマネジメント運用部マルチアセット＆ソリューションズグループシニア・ポートフォリオ・マネージャー。野村総合研究所コンサルティング事業本部、金融ITイノベーション事業本部を経て、2017年12月より現職。慶應義塾大学商学部卒、同大学院商学研究科修士課程修了（経営・会計学修士）。

ヘッジファンドのアクティブ投資戦略
──効率的に非効率な市場

2019年1月8日　第1刷発行
2024年5月9日　第3刷発行

　　著　者　　ラッセ・ヘジェ・ペデルセン
　　訳　者　　内　山　朋　規
　　　　　　　角　間　和　男
　　　　　　　浦　壁　厚　郎
　　発行者　　加　藤　一　浩

〒160-8520　東京都新宿区南元町19
発　行　所　一般社団法人　金融財政事情研究会
企画・制作・販売　株式会社きんざい
　　　　　出版部　TEL 03(3355)2251　FAX 03(3357)7416
　　　　　販売受付　TEL 03(3358)2891　FAX 03(3358)0037
　　　　　URL https://www.kinzai.jp/

※2023年4月1日より企画・制作・販売は株式会社きんざいから一般社団法人金融財政事情研究会に移管されました。なお連絡先は上記と変わりません。

DTP・校正：株式会社友人社／印刷：株式会社太平印刷社

・本書の内容の一部あるいは全部を無断で複写・複製・転訳載すること、および磁気または光記録媒体、コンピュータネットワーク上等へ入力することは、法律で認められた場合を除き、著作者および出版社の権利の侵害となります。
・落丁・乱丁本はお取替えいたします。定価はカバーに表示してあります。

ISBN978-4-322-13062-1